NOMOSSTUDIUM

Thorsten Deppner | Prisca Feihle | Matthias Lehnert
Cara Röhner | Friederike Wapler

Examen ohne Repetitor

Leitfaden für eine selbstbestimmte und erfolgreiche
Examensvorbereitung

4. Auflage

Die Deutsche Nationalbibliothek verzeichnet diese Publikation in
der Deutschen Nationalbibliografie; detaillierte bibliografische
Daten sind im Internet über http://dnb.d-nb.de abrufbar.

ISBN 978-3-8487-2581-6 (Print)
ISBN 978-3-8452-8080-6 (ePDF)

4. Auflage 2017

Vorwort zur 4. Auflage

Seit der letzten Auflage dieses Leitfadens hat sich einiges getan: Es entscheiden sich heute noch mehr Studierende für eine selbstbestimmte Examensvorbereitung, die langsam aber sicher ihrem Nischendasein zu entschwinden verspricht. Zudem haben immer mehr Universitäten erkannt, dass sie einen Beitrag dazu leisten können und Angebote für die unbezahlte Examensvorbereitung entwickelt. Darüber hinaus haben uns seit dem Erscheinen der dritten Auflage immer wieder E-Mails von Personen erreicht, die sich mit dem Buch erfolgreich auf ihr Examen vorbereitet haben. All das hat uns darin bestärkt, mit dem Projekt weiterzumachen.

Auch bei dieser Auflage hat sich wieder etwas auf dem Buchdeckel verändert: Prisca Feihle und Cara Röhner sind als Herausgeberinnen hinzugestoßen. Für ihre eigene Examensvorbereitung haben sie die Vorauflage dieses Buches genutzt und Ex-o-Rep-Workshops des vorherigen Autor*innen-Teams besucht. Nun bringen sie ihre eigenen, noch relativ frischen Erfahrungen in das Buchprojekt ein. Philip Rusche ist aus dem Team ausgeschieden, sein Anwaltsdasein überlässt ihm gerade zu wenig Zeit für dieses Projekt. Achim Berge, Christian Rath und Friederike Wapler haben zusammen die erste Auflage geschrieben. Herzlichen Dank an Euch. Friederike Wapler wird auch in dieser Auflage ihre langjährigen Erfahrungen einbringen und ihren Rollenwechsel von der Lernenden zur Lehrenden im Anschluss an dieses Vorwort reflektieren und erzählen, worauf es aus ihrer Sicht bei der Prüfungsvorbereitung ankommt.

Die ersten drei Teile sind aktualisiert, aber nicht grundlegend überarbeitet worden. In diesen Teilen findet ihr weiterhin alle wichtigen Informationen, die euch bei einer Entscheidung für eine selbstorganisierte Vorbereitung und bei der konkreten Umsetzung in die Tat unterstützen sollen. Nach diesen gut einhundert Seiten praktischer Informationen kommen wie gehabt andere als die Autor*innen zu Wort: In achtzehn Interviews berichten ehemalige Ex-o-Repler*innen über ihre individuellen Erfahrungen, ihre Lernstrategien und die Höhen und Tiefen der Vorbereitungszeit. Von unseren Interviewpartnern Tobias Klarmann und Jan Flindt haben wir neue Lernpläne bekommen. Diese findet ihr als Lernpläne Nr. 1 und 5 im Teil 6 des Buchs.

Eine „Innovation" der letzten Auflage wollen wir fortführen: In Teil 5 könnt ihr euch einen Überblick über die universitären Programme für die Examensvorbereitung verschaffen. Zur Vorbereitung dieser Auflage haben wir alle rechtswissenschaftlichen Fachbereiche nach ihren Angeboten befragt und diese in einer Tabelle am Ende des Buches zusammengefasst. Darüber hinaus hebt dieser Teil von uns ausgewählte „Best Practice"-Beispiele der universitären Angebote hervor.

Mit der Neuauflage möchten wir auch in Zukunft Jurastudierenden Mut machen, sich der „Panikmache" vor dem Examen zu entziehen und nicht einfach blind ins nächste Rep zu gehen. Wir hoffen, dass wir mit dem Buch weiterhin dazu beitragen, das Projekt Ex-o-Rep zu verbreiten und immer mehr Jurastudierende dazu anregen, ihre Lernzeit selbstbewusst und ihren eigenen Bedürfnissen entsprechend zu gestalten.

Auch freuen wir uns immer über Anregungen und Kritik an: mail@ex-o-rep.de.

Im Oktober 2016   Thorsten Deppner, Prisca Feihle, Matthias Lehnert,
Cara Röhner, Friederike Wapler

Wie es begann und was daraus wurde

1997. Ein Wohnzimmer in Freiburg. Anwesend: Das Team der ersten Auflage (Achim, Christian, Friederike).

„Also, diese ostfriesischen Kühe", sagt Achim.

„Ja?", frage ich.

„Müssen die sein? Die finde ich schon ein bisschen, nun ja, albern."

„Och", sagt Christian, „ich finde die ganz lustig."

„Ein bisschen lustig ist ja ok", erklärt Achim, „aber *Kühe ...*"

„Die ostfriesischen Kühe werden mittlerweile bis nach China exportiert", gebe ich zu bedenken. „Ein Erfolgsmodell!"

„Dann bleiben sie drin", sagt Christian.

„Wenn ihr unbedingt wollt", seufzt Achim.

„Aber Christian", fährt er fort, „willst du dir für dieses Buch nicht wenigstens mal neue Software zulegen?"

„Ich weiß nicht, was du gegen Word Perfect hast", erwidert Christian.

„Es ist hoffnungslos mit euch", erklärt Achim.

„Aber du brauchst uns. Wir haben nämlich Examen ohne Repetitor gemacht", sage ich.

Denn als Achim, Jurastudent aus Freiburg, damals auf einer Veranstaltung den Lektor des Nomos-Verlages angesprochen hatte, ob man nicht einmal ein Buch zum Thema „Examen ohne Repetitor" machen könne, das sei wirklich überfällig, da war er selbst noch in der Examensvorbereitung (ohne Rep). Und wohl niemand war überraschter als er selbst, als der Lektor meinte: „Schreiben Sie doch mal ein Konzept, dann machen wir das." So entstand vor gut 20 Jahren dieses Buch. Es sah noch ein wenig anders aus, aber es stand schon sehr viel von dem drin, was ihr heute in den Händen haltet. Wobei ...

2010. Ein Wohnzimmer in Hannover. Anwesend: Das Team der dritten Auflage (Thorsten, Matthias, Philip, Friederike). Man blättert in der zweiten Auflage und sondiert den Änderungsbedarf.

„Am besten fand ich den Satz, der beginnt mit ‚*Wenn ihr einen Computer habt*'", kichert Philip.

„Ich wette, da stand ‚*Falls ihr einen Computer habt*'", brummt Thorsten. „Das muss auf jeden Fall raus. Genau wie die umständliche Erklärung, welche Suchwörter man bei Juris eingeben muss, um Übungsfälle zu finden. Das ist ja wohl ein Witz!"

„'*Wenn es an eurer Uni einen Zugang zu juris-online gibt*'", zitiert Matthias,

„'*... dann könnt ihr euer Suchergebnis auf einer Diskette speichern*'", fällt Philip ein. „im ASCII-Format, was soll das denn bitte sein?"

„Dafür seid ihr noch zu jung", sage ich. „Die Disketten waren damals noch aus Holz, und wir konnten noch mit der Hand schreiben."

„Keine Kriegserlebnisse bitte", sagt Thorsten. So entstand die dritte Auflage dieses Buches.

Nun erscheint die vierte Auflage, der technischen Entwicklung angepasst und auch ansonsten aktualisiert, um neue Interviews und Lernpläne ergänzt. Achim und Christian, meine Mit-Herausgeber der ersten Auflage, haben sich längst außerhalb der akademischen Welt eingerichtet. Ich unterrichte inzwischen selbst Jura an der Uni und prüfe im ersten Staatsexamen. Das „Du", mit dem wir die Leser*innen in der ersten Auflage ganz selbstverständlich anredeten, scheint mir für mich heute kaum mehr angemessen. Was kann ich als Lehrerin und Prüferin überhaupt noch zu diesem Buch beitragen?

Wir haben das Buch seinerzeit bewusst als Ratgeber angelegt und nicht als hochschulpolitisches Manifest, obwohl es damals wie heute am Jurastudium viel zu kritisieren gäbe. Wir wollten denen, die sich – warum auch immer – auf dieses Studium eingelassen haben, einen Leitfaden an die Hand geben, der ihnen mehr bietet als die Universitäten damals an Unterstützung leisteten. Als ich mich auf das Examen vorbereitete, wurde an nicht einem einzigen juristischen Fachbereich ein durchlaufender Examenskurs angeboten (es kam auch niemand auf die Idee, dass das sinnvoll oder überhaupt die Aufgabe der Uni sein könnte). Es gab Wiederholungs- und Vertiefungsveranstaltungen und einen Examensklausurenkurs, aber keine strukturierten Programme für die Phase der Examensvorbereitung. Mittlerweile gehört ein ausgefeiltes Uni-Rep zu jedem anständigen Fachbereichsprofil – und trotzdem können die Repetitorien nicht über leere Kurse klagen. Warum ist das so?

Vielleicht liegt es daran, dass sich viele Dinge über die Zeit *nicht* geändert haben. Immer noch ist der Stoff, der für das Examen abrufbar sein soll, kaum überschaubar, und werden die Kompetenzen, die für die Prüfungen benötigt werden, weder transparent benannt noch während des Studiums konsequent vermittelt. Wie eh und je ist die Phase der Examensvorbereitung für die meisten ein akribisch geplantes Langzeitprojekt mit ungewissem Ausgang, das ihr Leben in einer Weise dominiert, die für Außenstehende oft kaum mehr nachvollziehbar ist. Und unverändert wird der Examensnote unter Jurist*innen die Bedeutung eines heiligen Grals juristischer Kompetenz beigemessen, obwohl sie – auch daran hat sich nichts geändert – nicht mehr ist als eine Momentaufnahme im Laufe eines langen Studiums, deren Bewertung keiner ernsthaften Qualitätssicherung unterliegt. Weil sich insgesamt doch so wenig geändert hat, sind auch die wesentlichen Aussagen des Buches seit 1997 aktuell: Emanzipiert euch von der Examensangst. Lasst euch kein vermeintlich sicheres Konzept der Examensvorbereitung aufschwatzen. Lernt nicht stumpf „Theorien" auswendig, sondern versucht, die Grundprobleme und Denkstrukturen zu verstehen. Bildet euch eine Meinung. Macht Pausen. Und nehmt am Ende das Ergebnis nicht persönlich, egal, wie es aussieht.

Seit ich selbst lehre und prüfe, beobachte ich an mir selbst, wie ich einige wenige Dinge immer und immer wieder sage:

(1) *Umständlich ist nicht besser*. Nach wie vor gehört es zum Geschäft der Repetitorien, das Staatsexamen als quasi „unschaffbar" darzustellen. Darum erlebe ich im Uni-Rep immer wieder sehr gut vorbereitete Studierende, die mir für einfache Probleme komplizierte Lösungswege anbieten, deren Sinn und Zweck sie mir nicht erklären können. Wichtig aber ist, zu *verstehen*, was man tut.

(2) *Das eigene Judiz ist oft genau richtig.* Oft reden sich Studierende hoffnungslos in Grund und Boden, weil sie glauben, dass der Sachverhalt auf ein bestimmtes Ergebnis zugeschnitten ist, für das sie dann verzweifelt versuchen, gute Gründe zu finden. Merke: Wo kein gutes Argument, da Lösung mit hoher Wahrscheinlichkeit falsch.

(3) *Das wichtigste Material der Jurist*innen ist das Gesetz.* Viele Studierende haben kaum den Sachverhalt gelesen und rattern schon fünfhundert sogenannte „Theorien" zu dem Problem in der dritten Zeile des Sachverhalts herunter, weil sie sicher sind, dass es am Ende darauf hinausläuft. Tut es häufig auch. Die Theorien müssen aber irgendwie mit dem Gesetz in Verbindung gebracht werden, sonst hängen sie gefährlich in der Luft. Und es ist vollkommen sinnlos, Dinge auswendig zu lernen, die man auch im Gesetz nachlesen kann.

(4) *Das wichtigste Handwerkszeug der Jurist*innen ist (neben dem Gehirn) die Sprache.* Jura ist ein Fach, in dem es mehr auf Sprache ankommt, als vielen bewusst ist. Wir müssen Texte (Gesetze, Urteile) interpretieren, Begriffe definieren und für unsere Ergebnisse gute Gründe finden. Mehr als auf jedes Detailwissen und jeden heruntergeleierten „Theorienstreit" kommt es deswegen darauf an, sich klar ausdrücken und – noch wichtiger – argumentieren zu können. Der juristische Massenbetrieb mit seinen großen Vorlesungen ist nicht unbedingt der Lebensraum, in dem man diese Kompetenzen erwerben kann, wenn man sie nicht schon aus dem Leben vor dem Studium mitbringt. Das spricht wiederum sehr für etwas, das wir seit gut 20 Jahren notorisch empfehlen – für die Examensvorbereitung in einer AG, in der man diskutieren und argumentieren übt.

Und übrigens: die ostfriesischen Kühe sind immer noch drin (→ siehe S. 92).

Im Oktober 2016   Friederike Wapler

Inhalt

Teil 1: Die Entscheidung*

Der letzte Schein ist in Sicht oder schon in der Tasche. Eigentlich ein Grund zum Feiern. Doch kaum jemand fühlt sich in dieser Situation auch nur annähernd mit der Juristerei im Reinen, also examensreif. Im Gegenteil: Irgendwie muss der ganze Stoff, den man bislang gerade mal in Ansätzen gehört hat, jetzt erst richtig gelernt werden. Das heißt, ein bis eineinhalb Jahre intensives Lernen; zwölf bis achtzehn Monate ein Leben führen, das ziemlich auf einen Punkt ausgerichtet zu sein scheint: auf das Examen.

Was nun? Und vor allem wie? In diesem ersten Kapitel wollen wir euch bei der Entscheidung begleiten, auf welche Art und Weise ihr euch auf das Examen vorbereitet. Dabei werden wir die verschiedenen Möglichkeiten der Examensvorbereitung vorstellen und versuchen, Mut zu machen für ein Examen ohne Repetitor – dies verrät schon der Titel des Buches.

A. Ein neuer Lebensabschnitt

Wir nehmen an, dass auch ihr – wie die Autor*innen dieses Buches – nicht wie die Weltmeister*innen studiert habt, dass euer juristisches Wissen vor allem von beachtlichen Lücken geprägt ist, und dass euch der große Überblick über den zu lernenden Stoff noch fehlt. Das alles, so meinen wir, ist aber kein Grund zur Panik, sondern völlig normal. Denn noch stehen euch alle Wege zur Prüfungsreife offen.

Welchen Weg aber solltet ihr nehmen? Wahrscheinlich habt ihr schon zahlreiche Flyer und Probeskripten der kommerziellen Repetitoren in die Hand gedrückt bekommen. Möglicherweise habt ihr bei einem der Angebote auch schon einmal probegehört, und vielleicht haben sich einige eurer Freund*innen auch schon dazu entschieden, von nun an jede Woche zum Kommerz-Rep zu gehen.

Bei all dem aber solltet ihr bedenken: Diese Angebote gaukeln zunächst vor allem die Sicherheit nur vor, sich das Examen durch den regelmäßigen Besuch eines Kurses und gegen eine ganze Stange Geld quasi erkaufen zu können. Vor vorschnellen Schritten kann jedoch nur gewarnt werden. Denn tatsächlich existieren vielfach erprobte Alternativen: universitäre Angebote und die Möglichkeit, das Examen in die eigene Hand zu nehmen – im Rahmen einer Arbeitsgruppe oder ganz individuell. Und wie im sonstigen Leben hat auch bei der Examensvorbereitung jede*r unterschiedliche Bedürfnisse – deshalb sollte auch die Frage, welche Art der Examensvorbereitung für euch selbst die beste ist, individuell beantwortet werden. Dabei ist der kostspielige Massenbetrieb des Kommerz-Reps nicht unbedingt das Geeignetste.

Fest steht in jedem Fall: Die Entscheidung will wohl überlegt sein – sonst ärgert man sich später umso mehr. Es empfiehlt sich daher, alle Möglichkeiten einmal gründlich durchdacht zu haben. Weil das Erste Staatsexamen verglichen mit anderen akademischen Abschlussprüfungen eine besondere Gestalt hat, erklären wir in den folgenden Abschnitten kurz, wie es dazu gekommen ist, dass dies so ist, wie es ist, und vor allem: was all das mit euch zu tun hat, die ihr jetzt in einem oder eineinhalb Jahren soweit seid.

---

* Dieser Teil wurde in den ersten beiden Auflagen von Christian Rath verfasst und in den Folgeauflagen weitgehend übernommen.

B. Über das Examen

Niemand beneidet euch um eure Situation. Das Juraexamen ist als besonders hart verschrien, und ganz falsch – ohne die Abschlussprüfungen anderer Fächer abwerten zu wollen – ist das nicht. Ihr könnt euch kaum spezialisieren, sondern müsst in den Klausuren und der mündlichen Prüfung große Teile aller drei Rechtsgebiete parat haben. Daneben nimmt die Menge des Lernstoffes von Jahr zu Jahr zu. Schließlich wird der Examensnote auch eine geradezu lebensentscheidende Bedeutung beigemessen. Aber der Reihe nach.

1. Woher kommt die Ausbildung von heute?

Die juristische Ausbildung hatte schon immer vor allem ein Ziel: Die Studierenden sollen für die gängigen juristischen Berufe ausgebildet werden. In Deutschland wird man sogar direkt für alle juristischen Berufe ausgebildet. Dieses – im Vergleich zu anderen Staaten – fast einzigartige Konzept von einheitlichen, also für alle juristischen Berufe notwendigen und allumfassenden Staatsprüfungen am Ende der beiden Ausbildungsabschnitte ist keine Idee aus den Zeiten der Bundesrepublik. Die heutige Form der juristischen Ausbildung geht vielmehr zurück auf die Zeit des preußischen Königs Friedrichs II. Der „Corpus Iuris Fridericianum" aus dem Jahre 1781 regelte den Zugang zum Richteramt und setzte zugleich die Maßstäbe für die gesamte Juristenschaft – Friedrich II. misstraute diesem Berufsstand und wollte die Kontrolle über dessen Ausbildung behalten. Die universitäre Phase spielte damals noch eine untergeordnete Rolle, dauerte drei Jahre und schloss mit einem schlichten Zeugnis ab. Es folgte als „Erstes Examen" sowie als Beginn der praktischen Phase eine Justizeingangsprüfung. Vier Jahre Ausbildung in der Justiz und zwei weitere staatliche Examina machten den jungen Mann zum fertigen Juristen (Frauen war die Ausbildung erst ab dem Ende des 19. Jahrhunderts nach und nach zugänglich). Ziel der staatlichen Ausbildung war die Erziehung zum treuen Staatsdiener mit Rechtskenntnis – oder neutraler ausgedrückt: ein Mensch, der nach seiner Ausbildung zuverlässig alle juristischen Berufe ausüben konnte.

Es folgte eine größere Reform zu Bismarcks Zeiten mit dem Gerichtsverfassungsgesetz von 1877 und der Einführung der zweiphasigen Ausbildung (Universität und Referendariat) in heutiger Form, jeweils abschließend mit Erstem bzw. Zweitem Staatsexamen. Die Prüfung nach dem universitären Teil – auch damals das Erste Staatsexamen – war jedoch sowohl vor als auch nach dieser Reform noch vergleichsweise einfach zu bewältigen. Denn die Richter – Richterinnen gab es noch immer nicht –, welche zu dieser Zeit noch alleine die rein mündlichen Prüfungen abnahmen, fragten nach festen Katalogen immer dasselbe ab. In der Richterschaft hatte man damit keine Probleme. Denn sowohl die universitäre Ausbildung als auch die darauf folgende Erste Staatsprüfung hatten ohnehin keine praktische Relevanz: Es stand ganz das Römische Recht im Mittelpunkt; das 1794 eingeführte Preußische Allgemeine Landrecht und erst recht das geltende Recht in den übrigen Staaten des Deutschen Reiches wurden sowohl von den Professoren als auch von den Prüfern als „unwissenschaftlich" weitgehend ignoriert. Man ging davon aus, dass der nachfolgende juristische Vorbereitungsdienst aus den schwachen Kandidaten schon noch gute Juristen machen würde. Immerhin wurde der juristische Nachwuchs im Referendariat in vollem Umfang mit dem geltenden Recht konfrontiert.

Eine neue Ära für die Rechtswissenschaft begann, als im Jahr 1900 das Bürgerliche Gesetzbuch (BGB) in Kraft trat. Das BGB wurde wegen seiner Wissenschaftlichkeit auch an den Universitäten akzeptiert, das Studium damit praxisnäher. Gleichzeitig entwickelte sich das Erste Staatsexamen zu einer Prüfung, in der es verstärkt auf das Verständnis des Rechts und nicht mehr ausschließlich auf auswendig gelerntes Wissen ankam. Diese Entwicklung wurde auch dadurch gefördert, dass neben der mündlichen Prüfung Hausarbeiten und Klausuren geschrieben werden mussten.

2. Die Generalausbildung hat bis heute überlebt ...

Kleine Reformen gab es seitdem immer mal wieder; im Großen und Ganzen aber hat die zunächst preußische Ausbildung von Jurist*innen bis heute überlebt – wesentliche Kennzeichen waren und sind: die Ausbildung zu „Generalist*innen"; so gut wie kein Bezug zu anderen Wissenschaften und den theoretischen Grundlagen des Rechts; das staatliche Monopol über die Ausbildung; die Staatsprüfungen, die über den gesamten beruflichen Werdegang entscheiden; die zweiphasige Ausbildung, in der Theorie und Praxis getrennt vermittelt werden.

Das bedeutet, dass sich auch am Ziel der Ausbildung bis heute nicht viel geändert hat: Die Studierenden sollen vor allem für die gängigen juristischen Berufe ausgebildet werden. Das klingt selbstverständlich, bedeutet aber eben auch, dass theoretische, philosophische, politische und soziologische Hintergründe keine Rolle spielen, zumindest nicht im Staatsexamen. Zwar ist in den meisten Justizausbildungsgesetzen eine Formulierung zu lesen wie etwa in § 2 Abs. 2 des Justizausbildungsgesetzes von Nordrhein-Westfalen: „Die Prüfung soll zeigen, dass der Prüfling [...] über die [...] erforderlichen Rechtskenntnisse in den Prüfungsfächern mit ihren [...] wirtschaftlichen und politischen Bezügen [...] sowie philosophischen, geschichtlichen und gesellschaftlichen Grundlagen verfügt." Abgesehen von ein paar seltenen Fragen in der mündlichen Prüfung dürfte ihr aber jetzt schon wissen: Das Examen beschränkt sich im Wesentlichen auf die dogmatische Lösung von Fällen.

Das Beharrungsvermögen dieser Ausbildung hat bis heute sogar weitgehend dem so genannten „Bologna-Prozess" widerstanden, dessen Ziel ein einheitliches europäisches Hochschulwesen ist. Im Rahmen des Bologna-Prozesses wurden in den vergangenen Jahren die meisten Studiengänge in Deutschland auf das Bachelor- und Master-System umgestellt. Die traditionell konservative Rechtswissenschaft konnte das altbekannte Staatsexamen zumindest bislang vor einer Umstellung bewahren. Daran ändern auch die mittlerweile an Hochschulen vereinzelt angebotenen juristischen Bachelor- und Master-Studiengänge nichts, da man mit ihren Abschlüssen nicht in den klassischen juristischen Berufen, also vor allem als Rechtsanwält*in oder Richter*in, arbeiten kann. Wer sich diese Optionen offen halten möchte, kommt am Staatsexamen nicht vorbei.

3. ... aber die Stofffülle nimmt zu

Geändert hat sich in den letzten Jahrzehnten trotz allem einiges, vor allem sind die inhaltlichen Anforderungen aus mehreren Gründen stetig gestiegen, und dieser Prozess dauert an. Zunächst einmal werden das Recht und die Diskussionen über das Recht immer komplexer. Die Vielfalt an Regelungen nimmt ständig zu, und die Fülle an Literatur mit den unterschiedlichsten Meinungen wächst ebenfalls von Jahr zu Jahr. Die Entscheidungsbände der Gerichte werden naturgemäß auch nicht weniger. Zu Beginn der sechziger Jahre, für die älteren der heute noch aktiven Professor*innen gerade Studienzeit, hatte das Bundesverfassungsgericht gerade einmal zehn Bände publiziert, heute sind es schon 140. Der Staatsrechtler Ernst-Wolfgang Böckenförde berichtete 1998 in einem Beitrag über die Anforderungen im Jurastudium, dass er sich für die Examensprüfung im Strafrecht mit einem 39-seitigen Skript vorbereitet habe – heute sind die gängigen Bücher allein zum Allgemeinen Teil im Strafrecht schon mehr als 400 Seiten stark. Zwar muss und sollte man nicht alles lesen, was einem in die Hände kommt, jedenfalls aber wird von den Prüflingen heutzutage viel mehr erwartet – für ein mehr als nur oberflächliches Nachdenken über das Rechtssystem als solches und seine oben genannten Bezüge bleibt da häufig wenig oder keine Zeit.

In den letzten Jahren werden neben den bisherigen Prüfungsfächern darüber hinaus zunehmend Kenntnisse im Europarecht und Internationalen Privatrecht erwartet. Auch die Einführung des Schwerpunktbereichs hat dazu geführt, dass sich das Studium inhaltlich weiter strafft: Neben der zweisemestrigen Spezialisierung bleibt für den übrigen Stoff noch weniger Zeit. Auch müssen vielerorts Scheine in so genannten Zusatz- und Schlüsselqualifikationen erworben werden, z. B. die Kenntnis einer Fremdsprache. Wer in einen Bereich mehr Lernstoff in Studium und Prüfung hineingibt, müsste in anderen Bereichen eigentlich abspecken, wenn die Studien- und Prüfungszeit sich nicht verlängern soll. Der naheliegende Gedanke, den Prüfungsstoff auf diese Weise wieder zu reduzieren, wurde aber bisher in keinem Bundesland umgesetzt.

4. Der Noten- und Zeitdruck steigt

Zum Anstieg der Stoffmenge kommt absurderweise der Druck hinzu, immer schneller studieren zu müssen. Dazu jedenfalls wird man von allen Seiten angehalten. Im Jahr 1992 wurde die Möglichkeit eingeführt, nach acht Semestern Regelstudienzeit ein „Freischussexamen" zu absolvieren – mit dem Ziel, die Studierenden zu noch schnellerem Lernen anzuhalten. Auch wird allenthalben behauptet, auf dem Arbeitsmarkt dürfe man nicht zu alt sein, wenn man sich mit dem Studienabschluss bewirbt. Immerhin können wir in dieser Ausgabe dank ihrer Wieder-Abschaffung auf einen Verweis auf Kostendruck durch allgemeine Studiengebühren verzichten.

Zum Zeitdruck gesellt sich der Notendruck. An jeder Ecke wird euch eingetrichtert, dass man ohne Prädikatsexamen ohnehin nichts wird, und die hohe Durchfallquote lädt auch nicht gerade zur Entspannung ein. In keinem anderen Studiengang wird so häufig über Noten geredet. Dabei spielt nicht nur der entfernte Blick auf den Arbeitsmarkt eine Rolle – bewusst oder unbewusst vergleichen sich Jurastudierende auch gerne untereinander und definieren sich über ihre Noten. Dies gipfelt in den an manchen Universitäten erstellten Ranglisten der „Jahresbesten" und wird gerade von den „Guten" inzwischen so verinnerlicht, dass sie in Bewerbungen nicht nur ihre Note, sondern auch ihre Platzzahl auf der Rangliste ihres Examensdurchgangs angeben.

Und dabei sind diese Noten keinesfalls nur das Ergebnis guten oder schlechten Lernens und eines guten oder schlechten Verständnisses der Juristerei. All das, was man in der Examensvorbereitung gelernt hat, muss „punktgenau" präsentiert werden, nämlich in eben jenen alles entscheidenden Klausurwochen und den Stunden der mündlichen Prüfung. Da ist die Tagesform entscheidend, und es ist viel Glück und Pech dabei – eine kleine Wissenslücke oder auch einfach die übel gesonnene Prüferin oder der strenge Korrektor können schon einige Punkte kosten. Und nach einem vom Gefühl her verpatzten Gutachten am ersten Tag kann die Motivation für die nächsten Klausuren im Keller liegen. Es gibt nicht wenige Examenskandidat*innen, die nach einem verpatzten ersten Examensversuch beim zweiten Mal und nur wenige Monate später plötzlich ein bombiges Ergebnis nach Hause bringen – dass diese Menschen nicht in der kurzen Zeit ein viel besseres „juristisches Verständnis" bekommen haben, sondern vor allem das Glück und die Tagesform den Ausschlag gegeben haben, ist offensichtlich. Martin Pagenkopf, ein ehemaliger Richter am Bundesverwaltungsgericht mit langjähriger Prüfungs- und Ausbildungserfahrung, schätzte in einer Ausbildungsreformdebatte auf dem 62. Deutschen Juristentag im Jahre 1998, dass die Examensnote zu immerhin 60 % vom Glück abhänge. Dieser Anteil dürfte mit zunehmendem Stoffumfang weiter gestiegen sein, da der Druck zum „Lernen auf Lücke" wächst, je mehr Dogmatik und Kasuistik verinnerlicht werden muss. Die Belastung durch die Klausurenwochen kann zumindest teilweise verteilt werden, wenn man die Klausuren abschichtet (→ Siehe dazu das Interview mit Jan Flindt auf S. 143 sowie den Lernplan seiner AG auf S. 228), aber auch das ist nur in wenigen Bundesländern – konkret: Nordrhein-Westfalen und Niedersachsen – möglich und auch nur dann, wenn man vorher schon schnell studiert und damit schon früher im Studium auf andere Dinge im Leben verzichtet hat.

5. Reformversuche

Reformvorschläge mit dem Ziel, diese Zustände zugunsten der Studierenden zu verbessern oder zumindest abzumildern, gab es durchaus. 1968 forderten einige Rechtswissenschaftler*innen, unter ihnen der damalige Frankfurter Professor Rudolf Wiethölter, mit dem „Loccumer Modell" die Einführung einer einphasigen Ausbildung, um die theoretische und die praktische Phase zu integrieren und daneben einen stärkeren Bezug zu den Sozialwissenschaften herzustellen. Das Ziel war die Ausbildung von reflektierteren Jurist*innen, welche sich weniger durch reichhaltiges Detailwissen, als vielmehr durch ganzheitliches Denken und theoretische Kenntnisse ihres Faches auszeichnen sollten. Daraufhin wurde 1971 mit der sogenannten „Experimentierklausel" im Richtergesetz den Universitäten die Möglichkeit gegeben, entsprechende alternative juristische Studiengänge einzurichten. An acht der insgesamt 30 juristischen Fakultäten in der Bundesrepublik wurden schließlich ab 1978 Reformerprobungsmodelle begonnen; die progressivsten Projekte wurden dabei in den norddeutschen Städten Bremen, Hamburg, Bielefeld und Hannover durchgeführt. Diese Universitäten führten projektorientierte Schwerpunktphasen und sozialwissenschaftliche Eingangssemester ein, um von Anfang an ein umfassenderes und praxisbezogeneres Bild vom Recht zu vermitteln. Der Notendruck sollte dadurch reduziert werden, dass man die Prüfungen über einen längeren Zeitraum verteilte und die Examensnoten auf „bestanden" oder „nicht bestanden" beschränkte. Die Projekte wurden jedoch jäh beendet, ehe sie sich überhaupt entfalten konnten: 1984 beschloss die CDU/CSU/FDP-Koalition, die einheitliche zweiphasige Ausbildung bundesweit wieder einzuführen. Nur wenige progressive Ideen konnten sich etablieren – man denke an die Möglichkeit, die Examensklausuren abzuschichten, oder an eine verbesserte universitäre Examensvorbereitung. Im Großen und Ganzen kehrte man jedoch zur konventionellen Ausbildung zurück.

C. Examensangst

Für euch, die ihr in absehbarer Zeit selbst die Erste Juristische Staatsprüfung ablegen sollt, hat sich die Situation also nicht nur nicht verbessert – sie wird aufgrund der zunehmenden Fülle prüfungsrelevanter Inhalte und des anhaltenden Zeit- und Notendrucks tendenziell immer schlechter. Aber auch ohne diese Entwicklung wäre das Examen kein Zuckerschlecken. Prüfungsangst war unter Jurastudierenden schon immer weit verbreitet, und das muss auch nicht wundern, denn sie ist unmittelbar im System Staatsexamen angelegt. Das heißt auch, dass sie mit euch als Person weniger zu tun hat, als die meisten glauben.

Ziehen wir es von der anderen Seite auf: Damit vor einer Prüfung gleich welchen Faches wenig Angst empfunden wird, müssten eigentlich mehrere Kriterien erfüllt sein: Vertrautheit mit dem Prüfungsgeschehen und den Prüfer*innen, transparente Bewertungsmaßstäbe, die Möglichkeit zur direkten Leistungsrückmeldung, die Erlaubnis zur Benutzung von Hilfsmitteln, die Wiederholbarkeit der Prüfung sowie ein überschaubarer Grad an Komplexität, Schwierigkeit und Umfang des Stoffes. Keine dieser Bedingungen wird im Ersten Staatsexamen erfüllt. Im Gegenteil.

1. Furchteinflößendes Prüfungsverfahren

Das juristische Staatsexamen baut nur bedingt auf eure Studienleistungen auf. Mit Ausnahme der Schwerpunktbereichsprüfungen sind alle Scheine, die ihr während des Studiums erworben habt, lediglich Zulassungsvoraussetzungen. Für die berufliche Zukunft sind sie bedeutungslos, denn es zählt ausschließlich die Examensnote. Die Prüfung ist also so gestaltet, dass sie die bisherigen Studienleistungen ignoriert und damit entwertet. Nicht zuletzt deswegen ist die Examensvorbereitung eine eigene Phase des Jurastudiums und dauert so lange: Die meisten Studierenden verbringen zwischen zwölf und achtzehn Monate damit, für das Examen zu lernen. Trotzdem fällt durchschnittlich mindestens ein Viertel der Kandidat*innen durch (im Jahr 2014 z. B. waren es laut der Statistik des Bundesamts für Justiz 29,1 %). Es ist leicht zu ermessen, als wie niederschmetternd ein Scheitern nach Jahren des – ohne Examen vergeblichen – Studiums erlebt wird; entsprechend groß ist die Furcht, selbst zu den Durchgefallenen zu gehören. Wiederholen lässt sich das Examen nur einmal. Den zweiten Wiederholungsversuch erhält nur, wer den Freischuss gemacht, also zügig studiert hat.

Zudem ist die Bewertung im schriftlichen Teil des Examens in hohem Maße intransparent – sowohl hinsichtlich der Korrektor*innen als auch hinsichtlich des Korrekturmaßstabs. Wer sich nicht zur Akteneinsicht ins Justizprüfungsamt bemühen möchte, muss sich mit den wenig aussagekräftigen Ziffernoten zufrieden geben, die nach Monaten des bangen Wartens im Briefkasten liegen. Im mündlichen Teil wird die Benotung zwar unmittelbar nach dem Prüfungsgespräch bekannt gegeben und im Regelfall auch begründet; dafür hängt der Ablauf aber gänzlich vom Gutdünken der Prüfer*innen ab, deren individuelle Vorlieben und Maßstäbe ihr allenfalls aus den Prüfungsprotokollen eurer Vorgänger*innen rekonstruieren könnt.

Zwar erzeugen Gruppenprüfungen wie die mündliche Prüfung im juristischen Examen grundsätzlich weniger Angst als Einzelprüfungen. Dies gilt aber nur für Prüfungen, in denen die Kandidat*innen ihre jeweiligen Kenntnisse einsetzen, um gemeinsam an der Lösung eines Problems zu arbeiten. Hiervon ist die mündliche Examensprüfung weit entfernt. Sie gleicht vielmehr einer Situation, in der Rival*innen um die bestmögliche Präsentation des eigenen Wissens konkurrieren. Dies führt – kaum verwunderlich – eher zu größerer Angst und Nervosität.

2. Massenphänomen Prüfungsangst

Dass das Examen übereinstimmend eher als ein „Härte-Nerven-Stresstest" denn als objektive Wissensprüfung empfunden wird, stellten Nell Bickel, Dirk Fabricius u. a. fest, als sie im Jahr 2002 für ihr Buch „Das examinierte Examen" 16 Absolvent*innen zu ihren Erfahrungen mit dem Staatsexamen befragten. Die Befragten berichteten, dass das Gefühl, sich auf sich selbst verlassen zu können, fast vollständig verloren gehe und man sich als ganze Person in Zweifel gezogen sehe. Viele stellten auch an sich selbst nachhaltige Veränderungen infolge der Examenssituation fest. Ganz ähnlich wurde das Examenserleben überwiegend auch schon 1993 bei einer größer angelegten, bundesweiten Untersuchung mit Fragebögen beschrieben. Und bereits der altehrwürdige Gustav Radbruch berichtete aus den Zeiten der Weimarer Republik von der an den juristischen Fakultäten grassierenden Furcht vor den Abschlussprüfungen.

Massive Prüfungsangst scheint also von alters her zum Staatsexamen zu gehören. Die produktive Bewältigung dieser Angst ist seit jeher eine der zentralen Voraussetzungen für den Prüfungserfolg, obwohl sie weder in den Ausbildungsgesetzen noch in den Prüfungsordnungen erwähnt wird. Aber obwohl es den Kandidat*innen so viel aufbürdet, ist das Examen praxisfern und zur Feststellung der fachlichen Eignung methodisch reichlich fragwürdig. Das zeigt sich u. a. an dem Verbot, in der Prüfung Kommentare als Hilfsmittel zu benutzen, obwohl dies im juristischen Berufsalltag selbstverständlich ist. Die Stichproben, die in den nur wenigen Klausuren und der mündlichen Prüfung gezogen werden, können nicht annähernd die Fülle des Stoffes abdecken. Und selbst den Prüfer*innen ist – wie oben anhand des Richters a. D. Pagenkopf geschildert – nicht verborgen geblieben, dass Glück einen ganz wesentlichen Faktor des Examenserfolges darstellt.

3. Wozu diese Härte?

Wer das Examen aber dafür kritisiert, dass es jedes Jahr aufs Neue zahlreiche junge Menschen einer solchen Angst aussetzt – und dies noch dazu scheinbar ohne zwingenden Grund –, wird sich bald mit einem alten Argumentationsmuster herumschlagen müssen. Diesem zufolge wirke sich Prüfungsangst günstig auf die Persönlichkeitsentwicklung aus und sei eine für außergewöhnlich gute Leistungen notwendige Motivationsquelle. Das Examen sei ein Testlauf für spätere Extremsituationen, von denen im Leben schließlich noch so einige zu erwarten seien. Die Anhänger*innen einer solchen „Didaktik der Angst" sind zwar in der bequemen Lage, auf eine Problematisierung des Phänomens verzichten zu können – schließlich ist Prüfungsangst erwünscht. Sie ignorieren aber die prüfungs- und lernpsychologischen Erkenntnisse, nach denen Stimulation durch Angst bei den meisten Kandidat*innen eben nicht zu einer besseren, sondern zu einer schlechteren Abrufbarkeit des Erlernten führt. Die mit dem Examen verbundenen Belastungen, die Prüflinge mitunter nicht nur in die soziale Isolation treiben, sondern auch zu depressiven Episoden und ernsthaften Erkrankungen führen können, als eine „förderliche Persönlichkeitsveränderung" – gar einen „Prozess der Reifung" – zu beschreiben, kann nicht als Ausdruck eines naiven Leistungsdenkens entschuldigt werden. Eine solche Beschreibung ist an Zynismus nur noch schwer zu überbieten.

Leider ist diese Argumentation unter Jurist*innen dennoch sehr wirkmächtig. Entgegen der gerade unter den Befürworter*innen eines „harten Examens" verbreiteten Leistungsideologie sieht es aber nicht danach aus, als ob ein gelungener Umgang mit Prüfungsstress und Versagensängsten vorrangig auf individuelle Anstrengungen zurückgeführt werden könnte. Angst- und stressintensive Prüfungen werden von soziologischen und psychologischen Studien vielmehr als sozial selektive Mechanismen beschrieben. Denn wie ein Mensch mit Erfolg, Misserfolg und der Angst vor dem Misserfolg umgehen kann, hängt vor allem davon ab, wie sehr er oder sie von seinem sozialen Umfeld unterstützt oder auch angetrieben wird. Wer sich zu Hause noch dafür rechtfertigen muss, dass er überhaupt studiert, wird wahrscheinlich weniger resistent sein als Kommiliton*innen, deren ebenfalls studierte Eltern schlicht voraussetzen, dass man einen solchen Lebensabschnitt eben durchsteht. Insofern kann die oben genannte Beobachtung von Nell Bickel, Dirk Fabricius u. a., wonach das Staatsexamen die Prüflinge in einen Zustand der Identitätsverunsicherung versetze, durchaus wörtlich verstanden werden. Unter den erlernten rechtsdogmatischen Kenntnissen kommt auch die bisherige Sozialisation zum Vorschein, etwa ein vom Elternhaus vermitteltes akademisches Selbstverständnis.

Diese Hypothese wird durch die – wenigen und veralteten – empirischen Untersuchungen zum Examen gestützt. Unter den 1990 befragten nordrhein-westfälischen Referendar*innen erzielten diejenigen im Examen signifikant bessere Noten, deren Eltern selbst Akademiker*innen waren. Begleitend kam eine im Wintersemester 1994/1995 bundesweit durchgeführte Befragung von Studierenden zu dem Ergebnis, dass Jura-Studierende im Vergleich zu anderen Studiengängen überproportional häufig aus Akademiker*innen-Haushalten stammten.

4. Lasst euch nicht unterkriegen!

Bitte versteht uns nicht falsch: Wir wollen mit diesen Bemerkungen nicht in das Geschäft mit der Examensangst einsteigen, in dem sich die Repetitorien so munter tummeln. Im Gegenteil: Wir wollen euch vor Augen führen, dass die Bedingungen, unter denen ihr euer Examen vorbereiten und absolvieren müsst, tatsächlich hart sind und dass die Angst davor keine euch eigene persönliche Schwäche ist. Denn ganz egal, wie cool eure Kommiliton*innen auch wirken: Uns Autor*innen ist niemand bekannt, den die Möglichkeit des Scheiterns im Examen vollkommen kalt gelassen hätte. Die Angst gehört zum Examen wie das Privatrecht – und zu lernen, mit ihr umzugehen, ist fast genauso wichtig für das Bestehen wie der Umgang mit dem BGB. Ein besonders perfider Zug des Staatsexamens liegt eben gerade darin, dass es zwar Angst systematisch erzeugt, dies aber nicht transparent macht. Wer mit „seiner" oder „ihrer" Angst nicht fertig wird, muss den nicht selten als demütigend empfundenen Gang zum psychologisch geschulten Profi antreten. Die Angst wird nicht als den Prüfungsbedingungen geschuldeter Normalzustand empfunden, sondern als Ausnahme pathologisiert. Ihr solltet also keinesfalls in Selbstzweifel verfallen, wenn ihr euch angesichts der Herausforderung Staatsexamen eingeschüchtert fühlt, sondern sofort damit aufhören, euch selbst die Schuld dafür zu geben. Weitere Hinweise zum Umgang mit Prüfungsangst findet ihr im dritten Teils dieses Buches ab S. 106.

D. (Falsche) Ratgeber

Es dürfte euch inzwischen klar geworden sein: Mit einem „Augen zu und durch" ist es nicht getan. Ebenso wenig sinnvoll ist es aber, einfach das zu tun, was alle anderen machen. Das Patentrezept für die Examensvorbereitung gibt es nicht. Auch wir wollen euch nicht vorgaukeln, es gefunden zu haben – denn welche Art der Vorbereitung sich am besten eignet, sollte jede*r für sich selbst entscheiden.

„Ratgeber" gibt es natürlich viele in dieser Zeit. Am massivsten treten dabei die kommerziellen Repetitorien auf. Kein Wunder, beraten sie doch in eigener Sache. Jedes Jahr aufs Neue müssen sie die Examenskandidat*innen von ihrer Erforderlichkeit – oder zumindest von ihrer Nützlichkeit – überzeugen. Ökonomisch gesehen ist das für die Reps eine ziemlich prekäre Situation, denn so etwas wie eine Stammkundschaft, die jedes Jahr wiederkommt, haben sie natürlich nicht. Dass deshalb der Mund ziemlich voll genommen wird, kann also nicht verwundern.

Die oben beschriebene Angst der Studierenden vor dem Examen ist das Kapital der Reps. Sie abzubauen liegt daher nicht in ihrem Interesse. Im Gegenteil: Die vermeintlichen Ursachen werden wortreich beschworen: Gewarnt wird etwa vor der „verwirrenden Fülle des Examensstoffes" und der „Kompliziertheit der Materie", natürlich auch vor der „sich ständig ändernden Rechtsprechung". Wie jede gut gemachte Werbung ist das nicht ganz falsch, erzählt aber eben auch nicht die ganze Wahrheit. Zweifelhaft ist insbesondere die vorgeschlagene „Lösung": Ohne die „Anleitung eines Profis", so die Repetitorien, könnten sich Studierende nur sehr schwer zurechtfinden. Versprochen werden Sicherheit und gute Noten, Bequemlichkeit und soziale Kontakte. Die Werbung ist erfolgreich, die Kurse der Reps sind voll. Doch Werbung bleibt Werbung; wer sie für bare Münze nimmt, ist selber schuld.

Auch die Ratschläge der Professor*innen sind häufig mit Vorsicht zu betrachten. Finanziell kann es ihnen zwar egal sein, wenn sich die Studierenden bei kommerziellen Repetitorien aufs Examen vorbereiten. Da dies jedoch häufig als Symptom für das Versagen der Universität gewertet wird, fühlen sich viele Profs in ihrer Ehre gekränkt. Teilweise haben sie ja auch Recht, denn die Universitäten bieten inzwischen durchaus ordentliche Programme zur Examensvorbereitung an. Dass die Säle der Repetitorien dennoch kaum leerer geworden sind, könnte man da durchaus als Undank der Studierenden werten.

Bedenklich ist es aber, wenn nun Professor*innen ihrerseits zu den Methoden der Rep-Werbung greifen, indem sie das Uni-Repetitorium als quasi unverzichtbar anpreisen. Teilweise werden mit dem Hinweis, dass Professor*innen auch Prüfer*innen sind, sogar direkte Vorteile im Examen versprochen. Auch das ist mehr (unlautere) Werbung als sachliche Information.

Welche Interessen haben nun aber, so fragt ihr vielleicht, die Autor*innen dieses Buches? Eine berechtigte Frage. Selbstverständlich freuen wir uns, wenn das Buch sich gut verkauft. Aber für die hier vertretenen Positionen haben wir uns auch schon eingesetzt, als wir an dieses Werk noch überhaupt nicht dachten bzw. – im Fall der „zweiten und dritten Generation" – noch nicht wussten, dass wir an der Neuauflage beteiligt sein würden. Unser Interesse ist sozusagen aufklärerischer Natur. Wir verstehen nicht, warum Generationen von Jurist*innen zum Repetitor rennen, anstatt auf den eigenen Kopf zu vertrauen. Wir sind davon überzeugt: Das „Examen ohne Rep" ist günstiger, erfolgreicher und außerdem fühlt man sich dabei auch besser. Und diese Erfahrung wollen wir euch vermitteln. Nicht als Werbung, sondern als guten Rat.

E. Grundtypen der Examensvorbereitung

Und das sind die Wege, die euch offenstehen, und die wir im Folgenden vorstellen wollen:

- kommerzielle Repetitorien,
- universitäre Angebote,
- Examen ohne Rep mit einer privaten Arbeitsgemeinschaft,
- Examen ohne Rep im Alleingang.

1. Die kommerziellen Repetitorien

Ein Repetitorium ist ein privates Unternehmen, das außerhalb der Universität gegen Entgelt Studierende der Rechtswissenschaft in Gruppen aufs Examen vorbereitet. So oder so ähnlich könnte eine Lexikon-Definition lauten. Im Unterschied zu Professor*innen konzentrieren sich Repetitor*innen ganz auf die Lehre. Methodisch spielt die Fallbearbeitung eine zentrale oder zumindest eine wichtige Rolle. Die Kurse sind geprägt vom schulartigen Frontalunterricht, zu dem auch das regelmäßige „Aufrufen" der Hörer*innen gehört. Üblicherweise sitzt man in großen Gruppen von mehr als 50 Personen zusammen und zahlt dafür um die 150 Euro pro Monat. Für Studierende, die es etwas exklusiver mögen, bieten einige der bekannten Repetitorien aber auch kleinere Gruppen bis hin zum Einzelunterricht an. Zu einem entsprechenden Preis, versteht sich. Die Kurse finden zwei- oder dreimal pro Woche statt und dauern drei bis fünf Stunden. Viele Repetitorien stellen eigene Unterrichtsmaterialien in Form von Skripten zur Verfügung. Auf diese Weise ist man für die Examensvorbereitung mehr oder weniger auf eine Lernmethode festgelegt, die in den jeweiligen Skripten angewandt wird. Daneben bieten die meisten Anbieter*innen eigene Klausurenkurse an.

Die Repetitorien setzen zwar in der Regel kein Vorwissen voraus, sondern beginnen bei Null – weshalb der Name „Repetitor" (Wiederholer) eigentlich nicht ganz korrekt ist. Durch die Klassenatmosphäre in den Lerngruppen entsteht allerdings, wie vielfach berichtet wird, eine Konkurrenzsituation und Wissenshierarchie, die auf einige Menschen motivierend, auf andere hingegen aber auch entmutigend wirken kann, wenn man das Gefühl hat, nicht so viel zu wissen wie die anderen.

a) Seit wann gibt es Repetitorien?

Repetitorien sind keine neumodische Erscheinung. Ihr erstes Auftreten wird teilweise mehrere hundert Jahre zurückdatiert. Mitgerechnet werden dann aber auch die „privaten" Vorlesungen von Professoren oder die Stunden beim persönlichen Privatlehrer, die einst manch trägem Studenten von den Eltern verordnet wurden. Der Beginn eines Repetitorienwesens heutiger Art wird im Preußen des 19. Jahrhunderts verortet.

Eine häufig gehörte These lautet in diesem Zusammenhang: Ohne Staatsexamen gäbe es auch keine Repetitorien. Tatsächlich beschränkten sich die Repetitorien, als Ende des 18. Jahrhunderts das Staatsexamen eingeführt wurde, jedoch darauf, die immer gleichen Prüfungen der Ersten Staatsprüfung auswendig lernen zu lassen (→ vgl. zur Geschichte des Staatsexamens auch oben S. 16 ff.). Als das Erste Staatsexamen, vor allem mit der Einführung des BGB, anspruchsvoller wurde, mussten sich die Repetitorien den veränderten Bedingungen anpassen. Die Privatlehrer begannen fortan, ähnlich zu „unterrichten" wie Hochschullehrer. Im Gegensatz zu jenen konzentrierten sie sich allerdings ganz auf Stoff und Niveau des Examens – und auf die Falllösungstechnik für die Klausuren. Damit war der Fortbestand der Repetitorien, deren Besuch von den Studierenden schon damals kaum hinterfragt wurde, gesichert.

Im Nationalsozialismus war der Repetitor weniger gern gesehen, da er als Konkurrenz zur gleichgeschalteten Universität galt. Direkt vorgegangen wurde jedoch nur gegen jüdische Repetitoren. Nach dem zweiten Weltkrieg nahmen auch die Repetitorien ihre Arbeit wieder auf. Zeitweise zurückgedrängt wurden sie nur, als mehrere Universitäten in den 1970er Jahren mit der Einphasenausbildung experimentierten. Hier wurde das Referendariat ins Studium integriert, wobei die Abfolge von Theorie und Praxiselementen für Repetitorien kaum noch Platz zu lassen schien – die lange Phase, die allein der Examensvorbereitung diente, war hierbei nicht mehr vorgesehen (→ vgl. zu den Reformversuchen auch oben S. 19).

Die 1970er Jahre brachten andererseits aber auch eine starke Zunahme der Studierendenzahlen, was das Geschäft für Repetitorien immer lukrativer machte. Neben den ortseingesessenen Einrichtungen entstanden überregional aktive Repetitorien wie Alpmann-Schmidt oder Hemmer. Nach Art eines Franchise-Systems werden dabei bundesweit einheitliche Materialien und Arbeitsmethoden verwandt. Im Wettbewerb versuchen sich gerade diese bundesweit tätigen Anbieter*innen mit eigenständigen Konzepten zu profilieren.

b) Fast alle gehen zum Kommerz-Rep

Was bleibt, ist die Feststellung, dass die Repetitorien mit ihren Konzepten und vor allem ihrer Werbung für sich gesehen großen Erfolg haben: Der Großteil der Studierenden geht hin, aus welchen Gründen auch immer – zum Teil auch schon während des Grundstudiums zur Vorbereitung auf die Semesterabschlussklausuren. Wie viele Studierende genau sich heutzutage beim Repetitor aufs Examen vorbereiten, ist nicht exakt festzustellen: Nach ungefähren Schätzungen sind es bundesweit aber wohl mehr als 80 %; eine Studie der Konferenz der Justizministerinnen und Justizminister aus dem Jahr 2011 gibt bei „schmaler Datenbasis" 82 % der Absolvent*innen an (Ausschuss der Konferenz der Justizministerinnen und Justizminister zur Koordinierung der Juristenausbildung, Bericht über die Auswirkungen des Gesetzes zur Reform der Juristenausbildung – Fortsetzung der Evaluation [Januar 2007 bis Oktober 2010], 30. März 2011).

2. Angebote der Fakultäten zur Examensvorbereitung

Traditionell haben die juristischen Fakultäten die Examensvorbereitung als Privatsache der Studierenden betrachtet. Natürlich wurde der Stoff des Staatsexamens in der Universität gelehrt, was aber fehlte, war ein spezifisch aufs Examen ausgerichteter „zweiter Durchgang". Bei den preußischen Prüfungen des vorletzten Jahrhunderts hätten die Professoren dies wohl als Zumutung zurückgewiesen. Doch auch nach den Veränderungen des Staatsexamens blieb der universitäre Lehrkörper gegenüber einer vor allem an didaktischen Kriterien ausgerichteten Wissensvermittlung ziemlich reserviert. Die Professor*innen wollten keine „unwissenschaftliche Rechtskunde" nach Art der kommerziellen Repetitorien betreiben.

Allerdings gab es immer wieder auch Hochschullehrer*innen, die von sich aus spezielle Veranstaltungen für Examenskandidat*innen anboten. Geeignet waren diese allerdings eher als Ergänzung zu anderen Lernformen denn als eigen- und vollständiges Angebot, schließlich waren sie nicht in ein flächendeckendes Paket entsprechender Veranstaltungen eingebunden. Ob sie überhaupt stattfinden konnten, war ohnehin Jahr für Jahr eine Kapazitätsfrage, denn zuerst musste eine Fakultät ihre Pflichtangebote sicherstellen.

a) Uni-Repetitorien werden zum Standard

In den 1970er-Jahren begann dann der Zivilrechtler Wolfgang Harms quasi im Alleingang, neue Maßstäbe zu setzen. Ab 1971 in Kiel und ab 1976 in Münster organisierte er so genannte Wiederholungs- und Vertiefungskurse (WuV-Kurse). Ziel war das regelmäßige und verlässliche Angebot einer flächendeckenden Examensvorbereitung auf didaktisch hohem Niveau. Auswirkungen hatte dies auch auf die Repetitorien vor Ort. Alpmann-Schmidt verschwand nach Harms´ Erinnerung an seinem Stammsitz Münster sogar einige Jahre von der Bildfläche.

Lange Zeit blieben die Pioniere allerdings ohne konsequente Nachahmer*innen. Das Angebot der übrigen Fakultäten erschöpfte sich meist in Klausurenkursen. Erst Anfang der 1990er-Jahre kam bundesweit Bewegung in die Szenerie. Inzwischen bieten alle juristischen Fakultäten spezielle Programme zur Examensvorbereitung an. Diese folgen allerdings unterschiedlichen Konzeptionen und sind von unterschiedlicher Qualität (→ hierzu findet sich eine ausführliche Übersicht in Teil 5 auf S. 187).

b) Auf die Didaktik kommt es an

Zu beachten ist, dass die Qualität eines Uni-Reps nicht allein aus seinem Konzept ablesbar ist. Es kann inhaltlich flächendeckend und zeitlich lückenlos angeboten werden und doch auf wenig Interesse seitens der Studierenden stoßen. Für die Attraktivität eines Uni-Reps ebenso relevant ist eben auch die didaktische Leistung der Lehrenden. Sind sie in der Lage, den Stoff verständlich zu vermitteln? Können sie sich auf das Wesentliche beschränken? Und sind sie in der Lage, den selbstgesetzten Zeitplan auch einzuhalten? Das sind aus Sicht der Studierenden die entscheidenden Kriterien. Pluspunkte bringen auch die Ausgabe von Materialien und Skripten sowie von Zeitplänen mit dem geplanten Ablauf des Uni-Reps. Letzteres ist vor allem für private Arbeitsgruppen relevant, die sich am Programm der Uni-Angebote orientieren wollen.

Insbesondere wenn das universitäre Programm an die erste Stelle treten soll, kommt es auf die durchgehende Qualität der Professor*innen an. Die Studierenden vergleichen quasi die „Pakete" der staatlichen und kommerziellen Anbieter*innen. Findet sich dabei ein Ausreißer nach unten, wird das Paket als Ganzes abgelehnt. Es werden höchstens noch einzelne Veranstaltungen zur Ergänzung besucht. Diese Paketorientierung der Studierenden ist ein Vorteil für kommerzielle Repetitorien, denn diese haben es natürlich leichter, eine schwache Lehrkraft wieder loszuwerden. An den Fakultäten kommt es deshalb sehr darauf an, diejenigen Professor*innen zu identifizieren, die für eine derartige Aufgabe besonders geeignet sind – und diese müssen dann auch bereit sein, den Job regelmäßig zu übernehmen. So konnten die kommerziellen Repetitorien in Münster ihre Schwächephase erst überwinden, als damit begonnen wurde, die WuV-Kurse reihum an alle Interessierten – und damit auch an ungeeignete – Professor*innen zu vergeben.

3. Examen ohne Rep

Schon immer gab es Studierende, die das Examen ohne kommerzielles Repetitorium in Angriff genommen haben. Sei es, weil ihnen der Repetitor zu teuer war, sei es, weil sie seinen Nutzen nicht sahen. Immer wieder fanden und finden sich auch in den juristischen Fachzeitschriften oder in Blogs und Foren im Internet kürzere Beiträge, in denen Autor*innen ihre persönlichen Erfahrungen mit einem bestimmten Lernsystem empfehlend weitergeben.

Eine erste Broschüre zum „Examen ohne Rep", erstellt von der Freiburger Jura-Fachschaft, fand 1994 in einem halben Jahr bundesweit 3.000 Interessent*innen. Das Beispiel machte Schule. In der Folgezeit produzierten mehrere Fachschaften (z. B. in München und Bielefeld) eigene Broschüren, in denen ebenfalls Erfahrungsberichte und AG-Pläne zusammengestellt waren. Die Freiburger Broschüre ist inzwischen bereits in der fünften Auflage erschienen, seit der letzten Auflage unter dem Titel „Infoheft zur Examensvorbereitung".

Das Examen ohne Rep wurde zugleich auch als ausbildungspolitisches Thema begriffen. So befasste sich der Bundesarbeitskreis Kritischer Juragruppen (BAKJ) bereits 1995 auf einem Bundestreffen mit dem Thema und forderte in einem Positionspapier die Universitäten auf, bessere Angebote zu schaffen. Aber auch die Studierenden wurden ermuntert, nicht auf den Staat zu warten, sondern ihr Geschick in die eigenen Hände zu nehmen und „selbst organisierte Examensarbeitsgruppen" zu bilden.

Von dieser politisierten Aufbruchstimmung ist zwar heute nicht mehr viel zu spüren. Nichtsdestotrotz ist das Examen ohne Rep als eine mögliche Alternative keineswegs verschwunden – vielmehr ist diese Art der Vorbereitung heutzutage nicht mehr, wie noch vor 20 Jahren, als total exotisch verschrien. Stattdessen scheinen immer mehr Jurastudierende für sich festzustellen, dass es „auch ohne" geht – denn schließlich gehört man nicht mehr nur zu einer Graswurzelbewegung, sondern es gibt viele Vorbilder, die ihr Examen ohne Rep mehr als gut gemeistert haben.

An vielen Orten versucht man zusehends, die Hemmung zu reduzieren, das Examen ohne fremde Hilfe anzugehen. Das „Examen ohne Rep" wird in Veranstaltungen vorgestellt und diskutiert, zur Vermittlung von AG-Partner*innen gibt es „Börsen" oder es werden Wochenendseminare abgehalten. Auch manche Fakultät unterstützt solche Aktivitäten, etwa indem sie Ansprechpartner*innen benennt, an die sich Examens-AGs bei fachlichen oder organisatorischen Problemen wenden können (→ Beispiele finden sich in Teil 5 ab S. 182).

Die Examensvorbereitung ohne Repetitorium kann dabei grundsätzlich in zwei unterschiedlichen Formen stattfinden: Man kann sich in einer privaten Arbeitsgemeinschaft mit anderen Kommiliton*innen organisieren oder sich ganz alleine vorbereiten.

a) Vorbereitung in der AG

Von denjenigen, die sich zum „Examen ohne Rep" entschließen, organisieren sich die meisten in einer privaten AG. Eine Arbeitsgemeinschaft hat gegenüber dem Alleingang – je nach den eigenen Bedürfnissen – drei wesentliche Vorzüge:

- eine gemeinsame Arbeitsstruktur,
- ein diskursives Klima,
- ein stabilisierendes soziales Umfeld.

Gemeinsame Arbeitsstruktur

Wie das Repetitorium, kann die private Arbeitsgemeinschaft eine klare Arbeitsstruktur bieten. Zum einen trifft man sich – in der Regel – zu festen Zeiten an einem festen Ort. Zum anderen werden die meisten AGs anhand eines Plans gestaltet (→ einige beispielhafte Lernpläne finden sich in Teil 6 ab S. 195). Dabei bieten AGs sogar noch mehr Sicherheit als die Teilnahme am Rep-Kurs: Denn Zeit, Ort und inhaltliche Gestaltung haben allesamt eine gewisse Verbindlichkeit, man ist noch stärker als beim Rep verpflichtet, zu kommen und aktiv mitzumachen, denn die anderen müssen sich darauf verlassen können. Durch den AG-Plan ist daneben sichergestellt, dass man nicht trödelt. Gewährleistet ist auch, dass der Stoff flächendeckend abgearbeitet wird und man nichts Wichtiges vergisst. Im Gegensatz zur Struktur eines Repetitoriums ist der AG-Plan freilich nicht vorgegeben, sondern kann eigenhändig mit den AG-Partner*innen erarbeitet werden – dadurch kann man den eigenen Ansprüchen, Bedürfnissen und Wissenslücken am ehesten gerecht werden. Der Plan kann außerdem gegebenenfalls im Laufe der Zeit angepasst werden – möglicherweise ist man mal zwei Wochen krank und aus anderen Gründen arbeitsunfähig, oder die AG wird mit einem Thema schneller oder langsamer fertig als gedacht.

Die AG kann natürlich mehr oder weniger stringent geplant sein. Wem die exakte Abstimmung eines Lernplans zu viel ist, der/die kann sich darauf beschränken, mit den Kommiliton*innen mehr oder weniger regelmäßig Fälle zu lösen, ohne den gesamten Lernstoff abzudecken oder gar durchzusprechen.

Diskursives Klima

Die Arbeit in der AG ist diskursiv angelegt. Das ist gut für die Konzentration, denn die Teilnehmer*innen sind immer gefordert. Auf diese Weise vermeidet man auch, sich beim Lernen allzu schnell selbst zu betrügen – dass man eine Sache nicht verstanden hat, merkt man häufig erst dann, wenn man sie anderen Leuten erklären muss. Außerdem entspricht diese Arbeitsweise auch eher dem juristischen Denken, das ja stark von streitenden Theorien, herrschenden und abweichenden Meinungen lebt. Auch für die mündliche Prüfung ist die permanente verbale Auseinandersetzung äußerst hilfreich.

Stabilisierendes soziales Umfeld

Das stabile soziale Umfeld, das die AG darüber hinaus bietet, ist gerade in der Examensphase wichtig. Schließlich beschäftigt man sich den ganzen Tag mit Dingen, die für andere Menschen ziemlich uninteressant sind. Da ist es gut, sich regelmäßig mit Leidensgenoss*innen zu treffen, denen es ähnlich geht und auf deren Hilfe und Zuspruch man sich verlassen kann.

b) Die individuelle Examensvorbereitung

Die ganz individuelle Examensvorbereitung ohne jegliche Arbeit in der Gruppe bietet, gegenüber der Vorbereitung in der privaten Arbeitsgemeinschaft und erst recht im Vergleich zum Repetitorium, mehrere Vorteile:

- hohe Flexibilität,
- kein zusätzlicher sozialer Druck.

Hohe Flexibilität

Wer alleine lernt, will sich seine Flexibilität bewahren und spart sich viele Diskussionen um Plan, Organisation und Niveau einer Arbeitsgruppe. Man kann, noch eigenständiger als in der privaten Arbeitsgemeinschaft, eigene Schwerpunkte setzen und das Tempo selbst bestimmen. Themen, die die Alleinlernerin bereits gut beherrscht, kann sie überspringen. Dafür hat sie Zeit, besonders gewinnbringende Fragen nach Belieben zu vertiefen. Schließlich ist die Vorbereitung ohne jede Arbeitsgruppe für all diejenigen gut geeignet, die am liebsten und besten durch die Lektüre von Texten und Büchern lernen – für manch eine*n ist es schlichte Zeitverschwendung, sich den Lernstoff anzuhören oder ihn zu besprechen.

Kein zusätzlicher sozialer Druck

Auch für Menschen, die ohne den Druck von anderen besser lernen können, ist dies die ideale Arbeitsform. Manch eine*r isoliert sich in einer Lernphase auch einfach gern – und sei es, weil man das Gefühl hat, schon genug mit Jura zu tun zu haben, und nicht andauernd noch andere Jurastudierende treffen will.

Mut zum Wechsel

Neben denjenigen, die von Beginn an allein lernen, gibt es noch eine zweite Gruppe, die erst im Laufe der Examensvorbereitung hierzu übergeht – sei es, weil sie mit dem Rep unzufrieden sind, sei es, weil ihre AG auseinanderfällt. Man sollte auch das nicht bloß als „Notlösung" sehen. Denn strukturierte Angebote wie ein Rep oder eine nach Plan arbeitende AG sind vor allem zu Beginn der Examensvorbereitung hilfreich. Hat man sich jedoch erst einmal ans Lernen gewöhnt und einen Überblick über Struktur und Dimension des zu bewältigenden Stoffs gewonnen, so wird das Alleinlernen schnell seinen Schrecken verlieren, und man kann die Vorteile des eigenständigen Arbeitens doch noch etwas ausnützen.

Nicht nur für „Überflieger"

Dass diese Art der Vorbereitung besonderen Mut und besonderes Selbstbewusstsein verlangt, stimmt jedenfalls nur aus einem Grund: Es machen einfach die wenigsten. Dass man allerdings ein besonders schlauer Kopf oder anderweitig „krass drauf" sein muss, um sich „ohne alles" vorzubereiten, ist unseres Erachtens ein Gerücht. Es kommt allein darauf an, welche Bedürfnisse man hat – *lernen* muss man, egal welche Form der Vorbereitung man wählt, ohnehin selbst.

4. Mischformen

Faktisch benutzen die meisten Examenskandidat*innen – dies bestätigen auch zahlreiche unserer Interviewpartner*innen – nicht nur eine einzige Vorbereitungsform. Denn egal ob Kommerz-, Uni-Rep oder eine private AG gewählt wurde, daneben muss – wie gesagt – jede*r in erster Linie für sich selber lernen. Nur die „Solist*innen" sind vom Zwang befreit, zwei Arbeitsformen aufeinander abstimmen zu müssen.

Viele besuchen ein kommerzielles Repetitorium oder universitäre Angebote und sind außerdem noch in einer AG organisiert. Steht dabei der Rep im Vordergrund – was beim Kommerz-Rep die Regel sein dürfte, schließlich hat man teures Geld dafür bezahlt –, dient die AG vor allem dem persönlichen Gespräch. Hier kommt man auch selbst in ausreichendem Maß zu Wort und kann dabei das Prüfungsgespräch einüben. Außerdem bietet die AG einen Rahmen, persönliche Unsicherheiten und Probleme offen anzusprechen. Zu beachten ist allerdings, dass dies eine äußerst zeitaufwendige Form der Examensvorbereitung ist.

Umgekehrt kann auch die AG im Mittelpunkt stehen und ein Rep nur als Ergänzung dienen – typischerweise ist das dann ein kostenloses Uni-Rep. Gleichgewichtig sind Uni-Rep und private AG dann, wenn die AG ihr Programm auf den Plan des Uni-Angebotes abstellt. Voraussetzung hierfür ist allerdings, dass das Uni-Rep überhaupt einen konkreten und verlässlichen Plan über den Inhalt der einzelnen Stunden ausgibt. An den meisten Unis ist das leider noch nicht üblich. Notwendig ist im Übrigen, dass das Uni-Rep kontinuierlich angeboten wird. Viele Fakultätsangebote pausieren jedoch noch immer in den Semesterferien und sind dafür meist im Semester zu umfangreich.

Daneben gibt es die Möglichkeit des „Rosinenpickens", das sich vor allem auf die Uni-Angebote bezieht: Man geht zu einem bestimmten Wiederholungskurs, weil der*die Dozent*in besonders gut ist. Wenn die AG-Arbeit ganz im Vordergrund steht, bleibt schon aus Zeitgründen nichts anderes übrig, als sich bezüglich des Uni-Reps auf das besonders attraktive Sahnehäubchen zu beschränken. Beim Kommerz-Rep ist so etwas weniger üblich und möglich, da es meist im Paket angeboten wird, man also alles zahlen müsste, auch wenn man gerne nur den Strafrechts-Kurs nutzen würde.

Schließlich gibt es noch unfreiwillige Mischformen, bei denen eine Arbeitsform durch eine andere abgelöst wird. Erwähnt wurden schon die Kandidat*innen, die beim Rep oder aus ihrer AG aussteigen, um alleine weiterzulernen. Umgekehrt gibt es auch die Panikreaktion, kurz vor dem Examen doch noch schnell zum Rep zu gehen.

Man sollte sich allerdings über eines im Klaren sein: In der Examensphase ist jede*r nervös; es gehört daher einfach dazu, dass man am eingeschlagenen Weg zu zweifeln beginnt. Dies allein rechtfertigt noch keinen Wechsel der Arbeitsform. Leichtfertiges Experimentieren kann euch sogar völlig aus dem Gleichgewicht bringen. Anders sieht es dagegen aus, wenn man sich nicht nur sicher ist, dass die bislang praktizierte Arbeitsform ineffizient ist, sondern auch schon eine Alternative im Blick hat, die bessere Lernerfolge verspricht. In diesem Fall sollte man den Wechsel wagen, auch mitten in der Examensvorbereitung. Schließlich geht es nicht nur um eine Prüfung, die fürs weitere Leben recht wichtig sein kann, sondern auch ums eigene Wohlbefinden.

Unser Eindruck ist, dass im Rahmen von Arbeitsform-Wechseln eher ein Rep-Besuch aufgegeben als später doch noch begonnen wird. Möglich ist ein Wechsel der Arbeitsform zu jeder Zeit. Selbst beim Rep wird in der Regel nach Monaten bezahlt, so dass ein Ausstieg kein Problem darstellt. In der AG kann dies allerdings moralisch etwas schwieriger sein, schließlich wollte man sich ja aufeinander verlassen können.

F. Die Abwägung

So, damit wären nun die Möglichkeiten, zwischen denen ihr euch entscheiden könnt, einigermaßen umfassend vorgestellt. Wer jetzt schon ganz genau weiß, dass eine private Examens-AG für ihn oder sie genau das Richtige ist, braucht den folgenden Abschnitt nicht unbedingt weiterzulesen. In Teil 2 dieses Buches wird näher beschrieben, wie man AG-Partner*innen findet, sich einen AG-Plan erstellt und wie die AG-Arbeit konkret aussehen kann. Und diejenigen, die eigentlich schon immer wussten, dass sie im eigenen Rhythmus am besten lernen, können sogar schon zu Teil 3 weiterblättern. Dort wird erläutert, wie man die richtigen Lernmaterialien findet, welche Erkenntnisse der Lernpsychologie man berücksichtigen sollte und wie man trotz allem Stress glücklich bleibt.

Für alle anderen, die die Frage „Rep oder nicht?" immer noch quälend im Herzen wälzen, haben wir im Folgenden noch einmal alle Argumente zusammengetragen, die für ein Examen ohne Repetitor sprechen. Den roten Faden unserer Betrachtungen sollen dabei die vermeintlichen Gründe für den Rep-Besuch bilden – gerade weil sie so allgemein verbreitet sind, dass sie in der Regel kaum hinterfragt werden. Am Beginn jedes Unterpunktes werdet ihr deshalb ein Zitat finden, das ihr sicher schon von Kommiliton*innen gehört habt, die sich für den Repetitor entschieden haben.

1. Selbstdisziplin

„Wenn ich Geld bezahlt habe, kann ich mich besser aufraffen".

So etwas kann nur jemand sagen, der*die den Repetitor mit universitären Veranstaltungen vergleicht. In privaten Arbeitsgruppen sind Probleme mit der Disziplin dagegen in aller Regel unbekannt. Im Gegenteil, viele AG-Teilnehmer*innen berichten, dass erst der hohe Arbeitsdruck in der AG sie zu ungeahnten Examensanstrengungen motivierte.

a) Wirksame Motivation durch Gruppendruck

Dabei spielen drei zentrale Mechanismen zusammen:

- *Verantwortung*: Alle AG-Teilnehmer*innen sind gemeinsam für den Erfolg der AG verantwortlich. Eine besondere Verantwortung hat dabei reihum derjenige, der die jeweilige AG-Sitzung planen und vorbereiten muss. Aber auch die anderen können sich nicht auf die faule Haut legen, soll die AG-Sitzung nicht zum Monolog verkommen. Alle wissen: Wer sich zu lax vorbereitet, schädigt nicht nur sich selbst, sondern auch die anderen.

- *Erwartung:* Was die Verantwortung der einen ist, ist die berechtigte Erwartung der anderen. Kommt Unzufriedenheit bezüglich der Arbeitsmoral einzelner AG-Mitglieder auf, zeigen die anderen dies schnell mehr oder weniger deutlich durch spitze Fragen, mürrische Mienen und schlechte Stimmung. Nur besonders unsensible Gemüter schaffen es, diese Art von Gruppendruck zu ignorieren.

- *Partizipation:* Gleichzeitig ermöglicht die Kleingruppen-Atmosphäre in der AG ein motivierendes Arbeitsklima. Eine Dreier- oder Vierergruppe ermöglicht eine viel aktivere Beteiligung als ein Rep mit Frontalunterricht und 20 bis 150 Leuten im Saal. Man hat nicht nur mehr Erfolgserlebnisse, auch auf individuelle Fragen kann viel ausführlicher eingegangen werden. In der AG steht nicht der Repetitor im Mittelpunkt, sondern jedes einzelne AG-Mitglied.

Und es kann wohl kaum gesagt werden, dass die Motivation jener, die zum Rep gehen, größer ist als die derjenigen, die sich „kostenlos" aufs Examen vorbereiten. Empirisch betrachtet ist es wahrscheinlich eher umgekehrt. In puncto Fachdidaktik sind die Repetitorien ungefähr so fortschrittlich wie staatliche Sekundarschulen in Süddeutschland. Entsprechend verhält es sich mit dem Arbeitsklima. Hinzu kommt die verbreitete

Neigung, das Publikum mit Witzen auf Kosten von Teilnehmer*innen zu erheitern, die über besonders geringe juristische Vorkenntnisse verfügen.

Natürlich muss man sich trotzdem aufraffen, um morgens um neun Uhr beim Rep im Saal zu sitzen. Doch konkret geleistet hat man damit noch gar nichts – es sei denn, man gehört zu der kleinen Minderheit, die durch bloßes Zuhören schon gut lernen kann. Eher jedoch besteht die Gefahr, dass sich die Rep-Teilnehmer*innen in falscher Sicherheit wiegen, nur weil sie von nun an einen geregelten Tagesablauf haben. Der allein hilft noch nicht weiter, auf die Motivation zum Selbststudium kommt es an, und die ist in der privaten AG deutlich höher.

b) Kostendruck motiviert nicht

Wie aber sieht es mit der motivierenden Wirkung der Rep-Gebühren aus? Im Schnitt etwa 1.800 Euro kostet der einjährige Examenskurs beim Repetitor. Wer so viel Geld investiert, will, dass sich das eingesetzte Kapital auch rechnet. Man ist sozusagen Unternehmer*in in eigener Sache.

Dennoch ist dieses häufig gehörte Argument etwas erstaunlich. Denn es sieht völlig davon ab, was man für das eingesetzte Geld bekommt. Es geht ja gerade nicht darum, für das investierte Geld eine besonders gute Examensvorbereitung zu erhalten. Investiert wird eigentlich nur in die eigene Motivation im Kampf gegen den inneren Schweinehund: Man zahlt, um sich morgens aufraffen zu können. Und für den Fall, dass das schöne Geld zum Fenster hinausgeworfen war, droht man sich schon vorab ein besonders schlechtes Gewissen an. Dabei wird immerhin völlig zu Recht davon ausgegangen, dass der Examenserfolg zu ganz großen Teilen von der eigenen Leistung abhängt, dass das Rep also nur ein Hilfsmittel ist wie andere auch.

Wenn der übers Materielle vermittelte Motivationsanreiz so groß ist wie dieses Argument suggeriert, ließe er sich auch sinnvoller einsetzen. Etwa indem der Prüfling gelobt, einen Betrag von 1.800 Euro an „Pro Asyl" zu spenden, wenn das Examen nicht oder nicht mit der gewünschten Note bestanden wird. Dies hat neben dem guten Zweck den Vorteil, dass das Geld anders als beim Repetitor nicht auf jeden Fall futsch ist, sondern nur beim Verfehlen des selbstgesteckten Ziels. Dass uns niemand bekannt ist, der sich auf diese Weise für sein Examen motiviert hat, ist vielleicht das beste Indiz dafür, dass der Lernanreiz durch den materiellen Verlust auch beim Rep nicht allzu groß ist.

c) Kosten kosten auch Zeit

Noch ein Gesichtspunkt, der zwar nicht alle betrifft, aber für alle diejenigen unter euch ziemlich wichtig sein dürfte, die nicht mit reichen Eltern gesegnet sind: Das Rep kostet etwa 150 Euro pro Monat, die man entweder hat oder nicht hat. Wer sie nicht hat, muss in der Regel arbeiten gehen und hat damit gleich zwei zusätzliche Probleme am Hals. Zum einen ist es derzeit gar nicht mehr so leicht, einen ausreichend bezahlten Job zu finden, der mit eurer Situation als Student*in zu vereinbaren ist; die allgemeine Arbeitslosigkeit im Segment ungelernter Tätigkeiten hat diesen Teil des Arbeitsmarktes deutlich ausgedünnt.

Entscheidend aber ist, dass durch den Zwang zu arbeiten einfach Zeit verloren geht, und das in einer Phase, in der man bei nüchterner Kalkulation Nebenjobs zu Gunsten des Selbststudiums eher reduzieren sollte, statt sie auszuweiten. Zieht man die Arbeitszeit also nicht vom Privatleben ab, dann bleibt letztlich weniger Zeit zum Lernen. So gesehen ist der Rep also nicht einmal eine Erleichterung, sondern eher eine zusätzliche Belastung in der Examensphase.

2. Bequemlichkeit

„Beim Rep bekomme ich den Stoff in gut strukturierten Materialien präsentiert und spare deshalb viel Zeit."

Auf den ersten Blick könnte man sagen, hier wiegt sich manches wieder auf. Die Zeit, die man verliert, weil man zusätzlich arbeiten muss, wird dadurch wieder aufgeholt, dass man sich um vieles nicht zu kümmern braucht. Und für diejenigen, die dank spendabler Eltern oder aus anderen Gründen genug Geld besitzen, scheint der Rep echte Zeitersparnis zu bringen – die dann wieder dem Privatleben zugute kommen könnte.

a) Welcher Rep passt zu mir? Eine aufwändige Auswahl

Doch geht diese Rechnung nur auf den ersten Blick auf. So gibt es nicht „den" Repetitor mit „den" Rep-Materialien. Die Unterschiede sind beträchtlich. Manche Reps erschlagen ihre Teilnehmer*innen mit Bergen von Material, bei anderen bekommt man nur sehr wenig und knapp gehaltenen Lesestoff. Die einen setzen ganz auf Fälle, die anderen auf vollständige Stoffvermittlung. Beim einen sitzen 150 Leute im Saal, beim anderen sind es maximal 20. Wer das Passende finden will, muss also erst einmal vergleichen. Und das kostet bei fünf bis acht Angeboten pro größerer Unistadt einige Zeit. Es genügt ja auch nicht, einmal zu jedem Rep hinzugehen, denn meist werden die Kernfächer Straf-, Zivil- und Öffentliches Recht von unterschiedlichen Mitarbeiter*innen präsentiert. Und wenn die Zivilrechts-Frau besonders gut ist, heißt dies noch lange nicht, dass man auch mit dem Strafrechtler klarkommt.

Natürlich gehen auch fast alle, die mit einem „Examen ohne Rep" liebäugeln, zuvor mal probehören. Bei dieser Grundeinstellung gibt man sich aber meist schon mit einem einmaligen Besuch bei einem beliebigen Rep zufrieden; so hat man gesehen, dass dort auch nur mit Wasser gekocht wird und ist beruhigt.

Neben den didaktischen Fähigkeiten der einzelnen Repetitor*innen sollten Rep-Interessent*innen auch die Materialien gut vergleichen. Es gibt Repetitorien, bei denen insgesamt rund 2.000 Seiten Skripten durchzuarbeiten sind. Hier steht offensichtlich nicht die gezielte Selektion und Aufarbeitung des Stoffes im Vordergrund, sondern das pure Sicherheitsdenken. Zwar wird dabei die Erwartung, dass man beim Rep nichts verpasst, sicher gut bedient. Jedoch muss dann auch ordentlich gebüffelt werden. Fürs Verständnis bringt diese rein quantitative Wissenshuberei, in der fast jede irgendwann einmal diskutierte Theorie präsentiert wird, ohnehin recht wenig.

Auf der anderen Seite sind aber auch besonders knappe Materialien bedenklich. Man kann den Stoff auch so verkürzen, dass nur noch Ergebnisse mitgeteilt werden. Mit diesem Wissen kann man dann zwar Standardfälle lösen, die aber sind im Examen rar. Typisch ist eher das unbekannte Problem, bei dem man zeigen kann, dass man die Grundgedanken von Gesetz, Rechtsprechung und Lehre auch verstanden hat.

Dazwischen gibt es natürlich auch Materialien, die didaktisch gut aufbereitet sind, einen annehmbaren Umfang und akzeptable wissenschaftliche Tiefe aufweisen. Empfehlungen wollen wir aber schon deshalb nicht geben, weil letztlich jede*r selbst herausfinden muss, womit er*sie gut zurecht kommt.

b) Der Vergleich von Lernmaterial ist produktiv

Im Vergleich zur Selektion passender Rep-Materialien haben es AGs oder Alleinlernende mit der Auswahl individuell geeigneter Lehrbücher eher einfacher. Die in Frage kommenden Bücher stehen in den juristischen Fachbibliotheken nebeneinander und sind in den Lehrbuchsammlungen ausleihbar. Man kann sie also einfach mal nebeneinanderlegen und dann bei bestimmten Problemen vergleichen: Welcher Stil sagt mir besser zu? Wo begreife ich leichter?

Teilweise sind in den Bibliotheken auch die Skripten von Repetitorien (z. B. Alpmann-Schmidt) vorhanden. Diese sind zwar nicht exakt mit den Kursmaterialien identisch, aber nach ähnlichem Muster aufgebaut. Man muss also nicht unbedingt auf Rep-Materialien verzichten, wenn man nicht die teuren und zeitaufwendigen Kurse belegen will. Vielmehr kann man sogar (je nach Rechtsgebiet) abwechselnd die Skripten verschiedener Unternehmen nutzen.

Schließlich sollte man die Zeit, die man zum Auswählen des idealen Lernmaterials benötigt, nicht als verlorene Zeit ansehen. Wer nur deshalb ein bestimmtes Lehrbuch benutzt, weil es die beste Freundin empfohlen hat, der spart vielleicht Zeit, verpasst aber auch die eine oder andere Erkenntnis über den zu lernenden Stoff und das eigene Lernverhalten.

Das gleiche gilt für das Aufstellen eines Lernplanes. Wer blind eine Vorlage übernimmt (z. B. den Plan einer anderen AG), liegt zwar sicher nicht völlig falsch, hat aber die Chance verpasst, sich einen Überblick über den gesamten Stoff zu verschaffen und ein Gefühl für das zu leistende Pensum zu bekommen.

Auch die gewissenhafte Auswahl des geeigneten Repetitoriums kann in diesem Sinne wichtige Erkenntnisse bringen. Nur muss man sich auch hierfür genügend Zeit nehmen. Insofern ergibt sich allerdings für die Rep-Interessent*innen ein Dilemma: Prüfen sie die Angebote der verschiedenen Repetitorien gründlich genug, dann haben sie gegenüber einer AG, die sich ihre Materialien selbst zusammenstellt, keinerlei Zeit gewonnen. Verzichtet man dagegen aus Bequemlichkeit auf diesen Aufwand, landet man leicht bei einem Rep, mit dem man später unzufrieden ist.

3. Sicherheit

„Beim Rep kann ich sicher sein, dass mir nichts durch die Lappen geht."

Wer mit der Prüfungsvorbereitung beginnt, hat naturgemäß nicht das Gefühl, alles im Griff zu haben. Weder kann man die Relevanz aller Rechtsgebiete richtig einschätzen, noch ist man gewohnt, neue Rechtsprechung im Auge zu behalten. Gerne greift man da auf professionellen Rat zurück. Die Repetitorien bedienen so nicht zuletzt das Sicherheitsbedürfnis der Examenskandidat*innen.

a) Es gibt kein Geheimwissen

Reps pflegen die Legende, sie könnten besonders gut abschätzen, was im Examen „drankomme". Manchmal wird sogar der Eindruck erweckt, eine kontinuierliche Beobachtung des Prüfungsgeschehens erlaube Prognosen für die Zukunft, etwa derart: „Erbrecht war jetzt schon zwei Jahre hintereinander dran, das kommt diesmal eher nicht."

Doch wer wird sich schon guten Gewissens auf solche Kaffeesatzleserei verlassen? Sie ist allenfalls denjenigen Trost, die sich ohnehin mit dem Erbrecht schwer tun.

Natürlich versuchen Repetitor*innen in Erfahrung zu bringen, welche Probleme und Rechtsgebiete jeweils Gegenstand der Klausuren waren. Damit erlangen sie aber kein Geheimwissen, denn auch die Professor*innen erfahren (und zwar auf direkterem Wege), welche Klausuren in ihrem Fach gestellt wurden. Nach einer Sperrfrist werden die Klausuren ohnehin häufig in Fachzeitschriften veröffentlicht. „Wir wissen, was wir prüfen und wir reden auch darüber", dieser Werbeslogan des Uni-Reps in Münster führt jedoch ebenfalls in die Irre. Professor*innen wissen zwar, was und wie sie in den mündlichen Prüfungen fragen (und schon hier muss man Glück haben, in seinem Prüfungsausschuss gerade eine solche Professorin zu haben, die man etwas besser kennt). Was aber Gegenstand der Klausuren kommender Prüfungen ist, wissen die Hochschullehrer*innen natürlich auch nicht. Die Examensklausuren werden zwar zu großen Teilen von Professor*innen entwickelt (in manchen Bundesländern sogar ausschließlich von ihnen) und beim Prüfungsamt eingereicht. Welche Klausuren dort aber ausgewählt werden, weiß bis kurz vor der Prüfung nur das Prüfungsamt selbst.

Manche Repetitorien werben damit, dass viele „Examensthematiken" schon zuvor in ihrem Kursprogramm durchgesprochen wurden. Hier werden bei den Kandidat*innen allerdings gefährliche Erwartungen geweckt. Denn in der Klausur ist die Erinnerung an einen bekannten Fall nicht immer hilfreich. Oft übersieht man vor lauter Freude über das Wiedererkennen von Ähnlichkeiten die Eigenheiten des aktuell zu lösenden Falles. Auch hier gilt: Zuviel Vertrauen macht blind.

b) Flächendeckende Angebote gibt es nicht nur beim Rep

Was die Reps dagegen bieten, ist ein einigermaßen flächendeckender Überblick über den „gesamten prüfungsrelevanten Pflichtstoff", anders ausgedrückt: „das unabdingbare juristische Basis- und Strukturwissen". Die Angst vor dem übersehenen Nebengebiet, vor der verpassten Grundsatzentscheidung oder vor der falschen Gewichtung der Lernkapazität, diese Angst treibt die Studierenden zum Repetitor, der ihnen Sicherheit verspricht und bietet.

Von den Uni-Reps wird zwar auch häufig ein flächendeckendes Programm versprochen. Doch hier sind in manchen Fakultäten noch Zweifel angebracht. Immer wieder verzetteln sich Profs im Klein-Klein und kommen mit dem vorgesehenen Stoff nicht durch. Viele Unis bieten Wiederholungs- und Vertiefungskurse auch heute noch nur im Semester an. Wer in den Semesterferien nicht auf der faulen Haut liegen will, muss sich dann doch selbst ein Programm zusammenstellen.

Private Arbeitsgemeinschaften stellen dagegen mit Hilfe eines AG-Planes sicher, dass ihnen kein wichtiges Rechtsgebiet durch die Lappen geht und sie sich nicht verzetteln. Um herauszufinden, auf welchen Stoff sich das Examen bezieht, genügt bereits ein Blick in die Juristenausbildungsgesetze der Länder und ihre jeweiligen Prüfungsordnungen. In Nordrhein-Westfalen sieht man dort etwa, dass das erste Buch des BGB in vollem Umfang gefragt ist, während schon beim zweiten Buch des BGB bestimmte Titel ausgenommen sind. Aus dem besonderen Teil des StGB sind wiederum nur bestimmte Abschnitte relevant und das Landesdatenschutzgesetz als Teil des öffentlichen Rechts interessiert in der Prüfung gar nicht. Auch die Gewichtung der großen Rechtsbereiche (Zivilrecht, Öffentliches Recht und Strafrecht) lässt sich bereits aus der Prüfungsordnung erschließen. Wenn beispielsweise fünf Klausuren zu schreiben sind und diese sich auf zweimal Zivilrecht, zweimal Öffentliches Recht und einmal Strafrecht aufteilen, dann lässt sich daraus unschwer eine grobe Einteilung des Lernpensums gewinnen (→ ausführlich wird die Erstellung eines AG-Planes im nächsten Kapitel ab S. 54 beschrieben).

Solche AG-Pläne stellen natürlich genauso wenig eine Erfolgsgarantie dar wie der Besuch beim Rep. Sie bieten jedoch Sicherheit und Orientierung und beseitigen damit eine wichtige Hemmschwelle gegen ein „Examen ohne Rep". Wie schon oben erwähnt, sollte die Planerstellung auch nicht als Zeitverschwendung missverstanden werden. Vielmehr ist sie der erste Schritt zur produktiven Aneignung des Lernstoffes.

c) Die Freiheit nicht vergessen!

Der private AG-Plan erlaubt es außerdem, auf individuelle Lernbedürfnisse der Gruppe einzugehen. Zu Beginn der Examensvorbereitung (und bei Bedarf auch noch später) kann die Gewichtung der Themen im Hinblick auf Stärken und Schwächen der Teilnehmer*innen variiert werden.

An Flexibilität sind dem nur noch die echten Einzelkämpfer*innen überlegen, die teilweise von Woche zu Woche entscheiden, was bei ihnen auf dem Programm steht. Sie erklären diese Flexibilität auch zum Hauptgrund für ihre Entscheidung, sich allein auf das Examen vorzubereiten. Dieses Mehr an Freiheit erkaufen sie natürlich mit einem Verlust an Sicherheit. Deshalb benötigen Alleinlerner*innen wohl auch ein etwas größeres Selbstvertrauen als AG-Mitglieder.

Lernen kann man von ihnen, dass es nicht entscheidend ist, beim erarbeiteten Stoff keinerlei Lücken mehr zu haben, sondern die Dinge wirklich zu verstehen. Und da kann es schon mal Sinn machen, ein Angstthema so ausführlich zu behandeln, dass man es in- und auswendig kennt. Oder einem Problem in anderen Büchern, Aufsätzen und Monographien auf den Grund zu gehen, wenn sich das eigene Lehrbuch vor einer klaren Aussage drückt. Derartig exemplarisches Lernen schafft manchmal Einsichten, die das eigene juristische Verständnis nachhaltiger verändern als drei Wochen flächendeckendes Lernen. Wichtig ist, dass man sich im begreiflichen Wunsch nach Vollständigkeit auch in der AG nicht in ein allzu strenges Lernkorsett pressen lässt.

In den kommerziellen Repetitorien wird das Sicherheitsbedürfnis der Hörer*innen jedoch eher verstärkt als relativiert. Ständig wird vor dem Schicksal des „Einzelkämpfers" gewarnt, der zu Hause stundenlang Bücher wälzt, weil er nicht weiterkommt und die Übersicht verloren hat. So wird den Rep-Teilnehmer*innen selbstständiges Denken und Lernen geradezu ausgetrieben. Übervolle Skripten, die jedes Detailproblem und jede Theorie hierzu darstellen, tun ein Übriges. Sie zwingen zu bloßem Pauken, das weder Zeit noch Muße für das selbständige Vertiefen spezieller Probleme lässt. Im Examen aber wird es immer auch Probleme zu lösen geben, die keines der flächendeckenden Skripten beschrieben hat. Wer mit solchen Situationen nicht umgehen kann, hat falsch gelernt.

d) Auf das aktuelle Grundsatzurteil kommt es nicht an

Auch die unter Examenskandidat*innen weit verbreitete Furcht, ein kurz vor der Prüfung gefälltes wichtiges Grundsatzurteil zu verpassen, sagt mehr über die Angstwerbung der Repetitorien aus als über die tatsächlichen Anforderungen des Examens. Wer sich auf das schriftliche Examen vorbereitet, ist mit der neuesten Ausgabe von Lehrbüchern, die häufig jährlich neu aufgelegt werden, in der Regel gut bedient. Schließlich entstehen die Klausuren, die im Examen zu schreiben sind, nicht drei Wochen vor der Prüfung, sondern mindestens ein halbes Jahr vorher.

Die Angst vor dem verpassten Grundsatzurteil offenbart aber auch ein grundlegendes Missverständnis über den Charakter des Ersten Staatsexamens. Abgefragt wird eben nicht Detailwissen über den jeweiligen Stand der Rechtsprechung. Vielmehr sollen die Prüflinge in erster Linie „das Recht mit Verständnis erfassen und anwenden können" (so etwa die Formulierung in § 2 des Niedersächsischen Justizausbildungsgesetzes).

Im Hinblick auf das übersehene Grundsatzurteil heißt das: Eine derartige Entscheidung schließt in der Regel einen langen Streit ab. Es kommt also in der Klausur darauf an, den Streit zu erkennen und dann in sich stimmig zu argumentieren. Die Position eines bestimmten Gerichts (und sei es das letztinstanzliche) ist dabei ziemlich nebensächlich.

e) In der mündlichen Prüfung ist der Rep keine Hilfe

Anders sieht es im Hinblick auf die mündliche Prüfung aus. Hier wird durchaus erwartet, dass die Prüflinge auf der Höhe der Zeit sind. Gerne werden dabei Ereignisse und Urteile, die in den Tageszeitungen der letzten Tage eine Rolle spielten, zum Anlass von Prüfungsfragen genommen. Hilfreich ist deshalb die Lektüre einer überregionalen Tageszeitung sowie eine gute Allgemeinbildung.

Dagegen hat der Repetitor im Hinblick auf die mündliche Prüfung weitgehend seine Funktion verloren. Deutlich wird dies schon daran, dass die Examenskurse bereits vor der schriftlichen Prüfung enden. Das spontane Aufrufen der Hörer*innen im Kurs dient auch nicht der Vorbereitung auf die mündliche Prüfung, sondern sollen dem*der Dozent*in eher die Aufmerksamkeit des Publikums sichern. Mit privaten Arbeitsgruppen können die Reps in dieser Hinsicht ohnehin nicht mithalten, denn nur dort kommen die einzelnen Teilnehmer*innen auch häufig und ausführlich genug zu Wort, um daraus die nötige Routine für ein Prüfungsgespräch zu entwickeln.

Von einigen Reps werden allerdings immer noch Prüfungsprotokolle gesammelt und ausgeliehen. Inzwischen jedoch haben dieses Geschäft weitgehend die Jura-Fachschaften in ihre kostenlose Service-Arbeit übernommen. Auch Befürworter*innen von Repetitorien dürften diesen als Vorbereitung für die mündliche Prüfung heute wohl keine relevante Rolle mehr zubilligen.

4. Didaktik

„Der Rep erklärt die Sachen so, dass ich sie verstehe."

Ein Kommerz-Rep muss sein Publikum bei der Stange halten. Schließlich gibt es keine Pflicht, sein Geld dorthin zu tragen. Er muss besser sein als die Konkurrenz in der Uni und die anderer Repetitorien. Gelingt das nicht, können einfach die Angestellten oder Franchisenehmer ausgetauscht werden, damit das Unternehmen wieder an Attraktivität gewinnt. Was zählt, ist die Qualität der „Lehre", Forschungsinteressen sind hier völlig egal. Im didaktischen Bereich wird deshalb ein Kommerz-Rep im Vergleich zu einem Uni-Rep wohl immer gewisse Vorteile haben.

Vielerorts kokettiert das Uni-Rep damit, dass es sich vor allem an solche Examensaspirant*innen wende, die „ordnungsgemäß" studiert hätten. Damit signalisiert man, dass hier die Grundlagen weitgehend vorausgesetzt werden und die Vertiefung des Stoffes im Mittelpunkt steht. Diese Orientierung am mittleren und oberen Niveau der Studierenden bringt natürlich auch den Professor*innen mehr Spaß. Der Kommerz-Rep kann es sich dagegen nicht so einfach machen. Zwar wird in der Werbung gerne mit „guten" und „sehr guten" Examenserfolgen geworben. Doch wissen die Repetitorien natürlich, dass ein Großteil ihrer Klientel am Kursbeginn von Jura nur recht wenig Ahnung hat und deshalb eine Wiederholung des gesamten Examensstoffes verlangt. Dieser Spagat zwischen ehrgeizig-anspruchsvollen Jurist*innen auf der einen und relativen Anfänger*innen auf der anderen Seite ist – jedenfalls im Frontalunterricht der Repetitorgroßgruppe – nicht zu lösen. Schon wegen der größeren Nachfrage wird daher die Entscheidung im Zweifel zugunsten eines niedrigeren Niveaus ausfallen.

a) Frontalunterricht in großen Gruppen

Ansonsten lassen sich Uni- und Kommerz-Rep didaktisch relativ leicht vergleichen, weil beide in einem ähnlichen Rahmen arbeiten: Frontalunterricht vor relativ großen Gruppen. Im Uni-Rep sitzen je nach Qualität der Dozent*in zwischen 50 und 400 Zuhörer*innen; auch im Kommerz-Rep sitzen regelmäßig mehr als 50 Leute in einer Gruppe. Wenn ein Repetitorium verspricht, mit „Kleingruppen" zu arbeiten, so sind damit Gruppen von etwa 15 bis 20 Studierenden gemeint.

Eine private Examens-AG hat dagegen in der Regel nur zwei bis fünf Mitglieder, ist also eine Kleingruppe, die diesen Namen auch verdient. Jede*r ist gefordert, jede*r kommt zu Wort. Das ergibt sich schon daraus, dass es nicht die „Autorität" gibt, die referiert und allenfalls Zwischenfragen stellt. In der AG bereiten sich in der Regel alle auf denselben Stoff vor. Wer den zu bearbeitenden Fall ausgesucht hat, kennt zwar die Lösung, ist aber dennoch Gleiche*r unter Gleichen. Es wird diskutiert, nicht doziert.

Im Rep wird zwar auch das „Gespräch" mit den Teilnehmer*innen gesucht. Doch wenn in einem Saal etwa 50 Leute sitzen, kann man sich ausrechnen, wie häufig der*die Einzelne zu Wort kommt. Und es liegt schon im Interesse der anderen Teilnehmer*innen, dass die Publikumsbeteiligung begrenzt bleibt. Schließlich sind die meisten Rep-Teilnehmer*innen nicht sonderlich gut vorbereitet und stochern deshalb mit ihren Antworten eher im Nebel herum – was noch dadurch verstärkt wird, dass man meist überraschend aufgerufen wird. Da ist es nur konsequent, dass die Repetitorien ihre Teilnehmer*innen schlicht als „Hörer" bezeichnen.

Die Gespräche in der AG sind dagegen deutlich produktiver. Denn die AG-Mitglieder sind auf das Thema besser vorbereitet, mit mehr Konzentration bei der Sache, und sie haben Gelegenheit, auch längere Gedanken oder kompliziertere Fragen zu formulieren. Als „Autorität" ist meist die offizielle Falllösung aus der Ausbildungszeitschrift dabei. Doch auch über sie kann diskutiert werden. Rechtswissenschaft ist nun mal keine „exakte" Wissenschaft, sondern lebt von der Auseinandersetzung unterschiedlicher Standpunkte.

b) Jura braucht Diskussion

Das Abwägen von Positionen anhand der vertretenen Interessen und deren Einfügen in einen größeren dogmatischen Zusammenhang ist daher besonders wichtig. Es liegt auf der Hand, dass diese Art des juristischen Denkens am besten im Rahmen von Diskussionen erlernt werden kann. Das Ausdiskutieren einer Kontroverse kann letztlich weder durch einen didaktisch geschickten Vortrag adäquat ersetzt werden noch durch das Auswendiglernen eines Streitstandes.

Auch Alleinlerner*innen dürfte hier etwas fehlen. Zwar kann jede Diskussion auch innerhalb eines einzigen Gehirnes geführt werden – so wie Menschen lernen können, bei einem Schachspiel Züge und Gegenzüge im Voraus zu berechnen. In der Examensklausur wird ein solches virtuelles Wortgefecht sogar verlangt. Vieles spricht aber dafür, euch zur Übung auch realen „Gegner*innen" zu stellen. So werdet ihr mit Winkelzügen konfrontiert, auf die ihr selbst vielleicht nie gekommen wärt.

Und wenn eine Diskussion am Ende tatsächlich einmal mehr offene Fragen hinterlässt als beantwortet, so kann sie ja ohne Probleme bis zur nächsten AG nachbereitet werden. Falls Lehrbücher und Kommentare nicht ausreichen, kann man sich auch an die Professor*innen und wissenschaftlichen Mitarbeiter*innen der Uni wenden, die bei derartigen Anfragen in der Regel sehr hilfsbereit sind.

Auch bei der Einübung der Klausurtechnik ist die AG allen anderen Arbeitsformen überlegen. Genau genommen muss natürlich jede*r die eigenen Klausuren erst einmal selber schreiben, und je häufiger man dies tut, umso mehr Routine bekommt man. Doch vom Schreiben allein lernt man noch nicht, Fehler zu vermeiden. Hier braucht es Anleitung und Diskussion. Und zwar am besten am konkreten Fall. Bei der Besprechung einer Klausur im Klausurenkurs der Uni oder beim Rep erfahrt ihr, wie eine Klausur nach Ansicht der Lehrperson am besten zu lösen war. Was aber macht ihr, wenn auf eurem Blatt eine andere Lösung steht und die Korrektur euch nur wenig weiterhilft? Dann wäre es gut, diese Alternativlösung mit anderen diskutieren zu können, die den Fall so gut kennen wie ihr.

Diesen Service gibt es (nur) in der privaten Arbeitsgemeinschaft. Gemeinsam könnt ihr dort den Unterschieden zwischen der offiziellen Lösung und euren Alternativen nachspüren. Hierbei werdet ihr vermutlich nicht nur über inhaltliche Geniestreiche und Denkfehler beraten, sondern auch über Aufbau und Struktur der gefundenen Lösungen. Für viele Arbeitsgruppen stehen Klausurtechnik und -taktik sogar im Mittelpunkt der AG-Arbeit, sie konzentrieren sich in der gemeinsam verbrachten Zeit ganz aufs Lösen und Diskutieren von Fällen (→ wie etwa unser Interviewpartner Andreas Buser auf S. 117 beschreibt).

Auch hier gilt: Von einer intensiven Diskussion bleibt fast immer mehr hängen als von einem Vortrag, sei er auch noch so gut vorbereitet.

5. Kontakt

„Im Rep komme ich wenigstens unter Leute."

Je länger die Examensvorbereitung sich hinzieht, umso größer wird die Zahl der Kandidat*innen, die über das Gefühl klagen, allein zu sein. Der wachsende Druck raubt vielen die Energie, die nötig wäre, um sich mit anderen Menschen zu treffen und mit ihnen womöglich über nichtjuristische Themen zu sprechen. So werden viele Menschen im Examen zu wortkargen Eigenbrötler*innen, die sich höchstens noch in ein Gespräch einschalten, wenn der letzte „Tatort" besprochen wird und sie zum prozessrechtlichen Teil Stellung beziehen können (zur Ergebniskontrolle siehe die unabhängige Tatort-Kontrollkommission des Arbeitskreises kritischer Jurist*innen an der Humboldt-Universität Berlin: http://www.tatortkontrolle.blogspot.com).

a) Familienersatz

Gerne ist man daher hin und wieder mit anderen Examensaspirant*innen zusammen. Für viele ist der Rep in der Lernphase eine Art Familienersatz. Die Pausen sind oft wichtiger als der eigentliche Unterricht. Ein Phänomen, das auch beim Besuch eines Uni-Reps oder der Teilnahme an einer privaten AG auftreten kann.

Für die private AG ist die Situation allerdings in zweierlei Hinsicht etwas anders. Zum einen kann das soziale Bedürfnis hier leichter überhand nehmen, indem es sich nicht nur auf die Pausen beschränkt, sondern die ganze AG-Sitzung den Charakter eines Kaffeekränzchens bekommt. Insbesondere, wenn Freund*innen sich zusammen aufs Examen vorbereiten, besteht diese Gefahr.

Auf der anderen Seite kann die AG mit diesem Phänomen auch strikter umgehen als ein Rep mit etwa 50 Teilnehmer*innen. Die Regel, Privatgespräche auf die Pause zu beschränken, lässt sich relativ leicht durchsetzen, wenn sie allgemein akzeptiert ist. Auch die Flucht in private Gedanken kann die AG leichter unterbinden als der Rep. Wer beim Rep nicht bei der Sache ist, fällt vielleicht ein bis zwei Mal pro Stunde negativ auf, bei der AG kann man keine Minute wegträumen, ohne sich einen (aufmunternden) Kommentar einzufangen.

b) Schicksalsgemeinschaft

Gleichzeitig ist die AG auch eher Schicksalsgemeinschaft. Weil man aufeinander angewiesen ist, kann man sich aufeinander verlassen. Wer eine Krise hat, wird von den anderen aufgefangen. Ist jemand krank, wird die AG verschoben. Bekommt jemand einen neuen Job, wird ein passender AG-Termin gesucht. Zu dritt oder viert kann man tatsächlich noch versuchen, es allen recht zu machen. Solidarität erstreckt sich hier nicht auf gemeinsame Pausengespräche wie beim Rep, sondern wird praktisch relevant.

Natürlich kann so ein Mikrokosmos auch aus den Fugen geraten, etwa wenn man sich mit seiner Examensangst gegenseitig verrückt macht, statt sich auf den Boden zurückzuholen. Dies aber ist eher die Ausnahme. Meist wirkt der oder die jeweils Nervöseste in der AG wie ein Blitzableiter, an dem stellvertretend auch die Zweifel der anderen kuriert werden. Wird eine*r unvernünftig, so werden die anderen umso vernünftiger.

Manchmal wird als Schwierigkeit gesehen, dass man seinen Leistungsstand in der AG nur bedingt einschätzen kann. Schließlich habe man ja nur wenige direkte Vergleichspersonen. Beim Rep sind die Vergleichsmöglichkeiten zwar zahlreicher, aber dafür nicht so intensiv. Außerdem besteht ja keine Kontaktsperre zu Rep-Besucher*innen, so dass außerhalb der Sitzungen, z. B. nachmittags beim Kaffeetrinken oder in der Bibliothek, der Stand der Stoffvermittlung mit diesen ausgetauscht werden kann. Vermutlich wird für alle Examensaspirant*innen der Klausurenkurs der wichtigste Gradmesser für die Examensreife darstellen. Wer jedes Mal zwei Punkte schreibt, kann daraus wohl genauso Schlüsse ziehen, wie diejenige, die fast nur noch zweistellige Klausuren abliefert.

Für manche Alleinlerner*innen ist der Klausurenkurs sogar die einzige regelmäßige Vergleichsmöglichkeit. Oft aber haben auch die Solist*innen in ihrem Freundeskreis andere Examenskandidat*innen, mit denen sie sich unterhalten und „messen" können. Manchmal müssen jene dann nicht nur fachlich die AG ersetzen, sondern auch ihre soziale Funktion übernehmen. Auf eine AG verzichten solltet ihr beim „Examen ohne

Rep" deshalb nur, wenn ihr auf ein stabiles soziales Umfeld bauen könnt – oder von euch wisst, dass ihr in Prüfungssituationen unter zuviel Trost und Zuspruch eher leidet. Ein guter Kompromiss kann es sein, im Wesentlichen allein zu lernen, sich aber einmal pro Woche mit einer begleitenden AG zu treffen.

6. Erfolg

„Ich hab' Angst durchzufallen, da geh' ich lieber zum Rep. "

Jahr für Jahr fallen rund 25 % der Prüflinge durch das Erste Staatsexamen. Gleichzeitig besuchen Jahr für Jahr rund 80 bis 90 % aller angehenden Jurist*innen ein Repetitorium. Es ist deshalb nicht recht nachvollziehbar, warum so viele Examenskandidat*innen hoffen, ihre Bestehenschance gerade durch den Rep-Besuch zu erhöhen. Empirisch ist dies jedenfalls nicht zu belegen.

Psychologisch aber sind die Reps in einer komfortablen Position. Wenn ihre Hörer*innen das Examen bestehen, denken sie: „Es war doch ganz gut, dass ich beim Rep war." Vielleicht wäre er oder sie ohne Rep noch deutlich besser gewesen, doch das überlegt kaum jemand. Umgekehrt läuft die Zuschreibung jedoch meist dann, wenn ein*e Rep-Besucher*in durchgefallen ist. Denn wer den Rep für unentbehrlich hält, kann den Fehler nur bei sich selber suchen. In Wahrheit kommt es jedoch vor allem auf die Eigenarbeit an. Wer nur seine Stunden beim Rep absitzt und sonst wenig tut, mag den Fehler zwar nicht zu Unrecht in der eigenen Faulheit suchen, könnte aber auch die mangelnde Motivation durch den kommerziellen Helfer verantwortlich machen.

a) Alte Empirie ...

Ob Studierende, die sich ohne Rep auf ihr Examen vorbereitet haben, entgegen der weit verbreiteten Ansicht unter Studierenden sogar größeren Erfolg in den Prüfungen erzielen, ist schwer festzustellen. Der Zusammenhang zwischen Examensnote und Repetitoriennutzung ist leider letztmalig in den 1990er Jahren empirisch untersucht worden – von verschiedenen Akteur*innen und mit unterschiedlichen Methoden.

Ihre eigenen Absolvent*innen befragten die juristischen Fakultäten in Erlangen (Streng, in: Hermann/Tag (Hrsg.), Die universitäre Juristenausbildung, Bonn 1996, 32, 28 f.) und Heidelberg (Juristische Schulung 1991, 789, 792; Juristische Schulung 1997, 476, 477). Beide Untersuchungen dienten der Evaluation der eigenen universitären Angebote für die Examensvorbereitung und lieferten – kaum überraschend – auch die gewünschten Ergebnisse. In beiden Städten erzielten die Nutzer*innen der universitären Vorbereitungsangebote bessere Noten in kürzerer Zeit. Je intensiver aber kommerzielle Repetitorien genutzt wurden, desto schlechter war die Examensnote und desto länger dauerte das Studium. Unter Herausrechnung der im Verlauf der Auswertung ermittelten Determinanten für ein erfolgreiches Examen (im Wesentlichen sind das die Abiturnote und Misserfolgserlebnisse beim Erwerb der Übungsscheine) für ein erfolgreiches Examen kann die Erlanger Studie aber keine signifikanten Auswirkungen kommerzieller Repetitorien auf Noten und Studiendauer mehr feststellen. Sie formuliert daher, dass die Effekte des kommerziellen Repetitors „günstigstenfalls neutral" seien.

Auf einer besseren Datengrundlage steht eine im Auftrag des Justizministeriums von Nordrhein-Westfalen durchgeführte Befragung der Referendar*innen in den drei Oberlandesgerichtsbezirken Köln, Düsseldorf und Hamm (Hommerich, in: Hermann/Tag

(Hrsg.), Die universitäre Juristenausbildung, Bonn 1996, 56, 63 f. und 67 f.). Einen Zusammenhang zwischen kurzer Studiendauer und guten Examensnoten auf der einen sowie des Besuchs kommerzieller Repetitoren auf der anderen Seite konnte die Studie in quantitativer Hinsicht nicht feststellen. Grund zum Nachdenken gibt allerdings, dass rund die Hälfte der Befragten angaben, sie hätten früher zum Repetitor gehen sollen. Auch im Gruppengespräch wurde die Rolle des Repetitors von den Teilnehmer*innen überwiegend positiv beschrieben, manche hielten ihn gar für unverzichtbar. An diesen Ergebnissen zeigt sich die oben skizzierte, äußerst vorteilhafte psychologische Position der Repetitorien hinsichtlich des ihnen zugeschriebenen Effekts. Die Prüfungsangst allerdings vermochte der Repetitor aus Sicht der Befragten nicht zu reduzieren. Diese berichteten vielmehr überwiegend von einem „Teufelskreis der Verunsicherung", da der Repetitor durch den vergeblichen Versuch, das examensrelevante Wissen erschöpfend darzustellen, bei den Hörer*innen vor allem das Bewusstsein für immer neue Lücken schuf.

Auf noch nicht examinierte Studierende konzentrierte sich die vierte Studie (Bargel/Multrus/Ramm, Das Studium der Rechtswissenschaft, Bonn 1996, 228). Auch hier zeigte sich, dass die Repetitorien im Hinblick auf die Lernfortschritte eine hohe Wertschätzung erfuhren, obgleich ihre Nutzung „kaum zu mehr Prüfungssicherheit, besserer Prüfungseffizienz oder verringerten Prüfungsbelastungen" führte. Auch zur Reduzierung der Prüfungsangst trug der Repetitor nur bei einem sehr geringen Teil der Befragten bei. Eine positive Wirkung auf Studiendauer und Studienerfolg wird dem Besuch des Repetitors ebenfalls – allerdings unter Verweis auf die oben genannten Untersuchungen in Heidelberg und Erlangen – abgesprochen.

b) ... und eine frische Hypothese

Trotz der beschränkten Aussagekraft dieser Studien decken sich ihre Schlussfolgerungen mit unseren Alltagserfahrungen: Diejenigen, die ihr Examen „ohne Rep" gemacht haben, erreichten in der Regel das selbstgesteckte Ziel und übertrafen es häufig sogar noch deutlich. Auch hat niemand die Entscheidung bereut, auf ein Repetitorium verzichtet zu haben. Trotzdem waren wir verblüfft, als wir bei der Suche nach Interviewpartner*innen für dieses Buch gleich reihenweise auf ganz hervorragende Examensnoten stießen. Nun ging es uns bei den Interviews nicht um eine repräsentative Erhebung, sondern um die Vorstellung möglichst vielfältiger Lernformen. Aber es gibt uns doch zu denken, wie groß der Anteil unserer Gesprächspartner*innen war, die im Examen mindestens ein „befriedigend" erreichten.

Wie aber soll man solche Erfahrungen werten? Einige Autor*innen der oben genannten Studien warnen vor nicht belegbaren Kausalitätsvermutungen. Aus den Ergebnissen könne gerade nicht geschlossen werden, dass der Verzicht auf den Repetitor zu einem besseren Examen führe. Vielmehr sei es wahrscheinlich, dass sich eher die ohnehin bereits besser vorbereiteten und selbstbewussteren Studierenden dem „Herdentrieb" zum Repetitor entziehen könnten. Man brauche sich daher nicht zu wundern, wenn diese am Ende auch bessere Examensnoten erzielten. Rückschlüsse auf den Effekt eines Rep-Besuchs bei durchschnittlichen Studierenden ließen sich daraus jedenfalls nicht ziehen.

c) Bessere Noten ohne Rep?

Diese Argumentation kann man natürlich nicht einfach vom Tisch wischen. Sie passt aber vor allem auf die Alleinlerner*innen, die sich bewusst für diese Arbeitsform entschieden haben. Jene bringen tatsächlich ein besonders gesundes Selbstvertrauen und eine solide juristische Vorbildung in die Examensvorbereitung mit. Über ihre guten Noten muss man sich also nicht allzu sehr wundern.

Da aber auch die Teilnehmer*innen von privaten AGs im Schnitt jedenfalls nicht schlechter abschneiden als Rep-Besucher*innen, halten wir – bis zum Beweis des Gegenteils – an der folgenden Hypothese fest: Wer auf den Besuch eines Repetitoriums verzichtet, stellt damit bereits die Weichen zu mehr Selbstvertrauen und besseren Noten. Man ist besser motiviert, hat eine didaktisch überlegene Arbeitsform und muss dank solider Planung keine Angst haben, etwas zu verpassen. Es wäre doch verwunderlich, wenn dabei nicht auch bessere Noten herauskämen, oder?

Geradezu eine Arbeitsbeschaffungsmaßnahme für Repetitorien ist allerdings der Freischuss, insbesondere seine Regelfall-Begrenzung auf das achte Semester. Das Rep-Argument, jetzt dürfe man in der Endphase des Studiums erst recht keine Zeit mehr mit riskanten Experimenten verlieren, treibt gerade diejenigen zum Repetitor, die im bisherigen Studium nicht mit guten Noten verwöhnt wurden. Ein ebenfalls äußerst riskantes Experiment also. Es sei noch einmal daran erinnert: Mindestens ein Viertel der Kandidat*innen fallen jährlich durchs Examen, und der Löwenanteil davon war beim Repetitor. Eine „Examensgarantie" zu geben, halten daher im Übrigen auch die meisten Repetitorien für unseriös.

Wer wirklich Angst um sein Examen hat, sollte sich daher für eine Arbeitsform entscheiden, die täglich fordert und motiviert, aber auch Sicherheit gibt: die AG.

7. Exklusivität

„Wenn alle zum Rep gehen, kann das ja nicht so schlecht sein."

Wer sich mit dieser Logik zufrieden gibt, hat die Gewissheit, jedenfalls keine schlechtere Examensvorbereitung zu erhalten als ein Großteil der Kommiliton*innen. Zumindest in seiner egalitären Anspruchslosigkeit ist das ein durchaus nicht unsympathischer Gedanke.

Tatsächlich ist die Entscheidung gegen ein Repetitorium heute noch eine äußerst individuelle Sache. Wer sie trifft, macht in der Regel nicht nur einen ziemlich wohlüberlegten Schritt, sondern hebt sich damit auch automatisch von der breiten Masse ab. Für viele, die sich für ein „Examen ohne Rep" entscheiden, hat dies sogar einen ganz besonderen Charme.

Die einen fühlen sich in diesem staatstragenden Studium endlich mal so richtig rebellisch. Autonomie und Selbstbestimmung sind für diese Gruppe auch in der Examensvorbereitung keine leeren Floskeln. Sie wollen sich nicht verbiegen lassen, nicht mit der Herde blöken. Gegen die von profitgierigen Einpaukern geschürte „Massenpsychose" setzen sie die Kühle ihres Kopfes und das Feuer ihres Herzens: ihren Willen zur Freiheit. Alles, was sich „Rep" abkürzt, lehnen sie dagegen entschieden ab: Repression, Republikaner und natürlich Repetitorien.

Ganz anders denkt eine zweite Gruppe, die reaktionären Jung-Jurist*innen alten Schlages. Schon immer dem Elite-Gedanken verpflichtet, können sie im Stahlgewitter des

Staatsexamens endlich zeigen, was in ihnen steckt. Wiederum mit kühlem Kopf, allerdings auch mit kaltem Herzen, stellen sie sich der Herausforderung – und zwar so männlich wie möglich. Jede kommerzielle, nicht dem Lebensbundprinzip verhaftete Hilfe lehnen sie deshalb schon um ihrer Ehre willen entschieden ab. So wie ihre von der Massenuniversität verweichlichten Kommiliton*innen, so wollen sie wirklich nicht sein.

Ihnen ähnelt eine dritte Gruppe, nennen wir sie die Selbstoptimierer*innen. Das elitäre Bewusstsein ihrer Gruppe gründet sich jedoch nicht auf verstaubter Tradition, sondern alleine auf dem Prinzip Leistung. Daher sehen sie im Staatsexamen vor allem eine Chance, ihre Fähigkeiten unter Beweis zu stellen. Das „Examen ohne Rep" ist für sie eine Möglichkeit, sich ihrem Selbstbild entsprechend von der großen Zahl ihrer Konkurrent*innen um das Prädikat abzusetzen. Denn wer dank einer optimalen Vorbereitung ein ausgezeichnetes Examen schreiben will, der entscheidet sich gegen eine Examensvorbereitung von der Stange.

Eine letzte Gruppe schließlich, die Humanist*innen, sieht im „Examen ohne Rep" den Ausgang aus der „selbstverschuldeten Unmündigkeit" des Jurist*innenstandes. Dem Leistungsgedanken ebenfalls nicht fernstehend, bejahen sie zwar das Staatsexamen in seiner jetzigen Form, betonen jedoch beständig, dass man dabei seine Würde nicht verlieren dürfe. Schon deshalb wollen sie sich nicht den infantilisierenden Massenveranstaltungen der Repetitorien aussetzen. Doch hinter der weltgewandten Rhetorik steckt ein nüchternes Kalkül: Auch sie wollen sich bestmöglich vorbereiten, um ein gutes Examen abzulegen. Anders als die Selbstoptimierer*innen stellen sie ihre AG-Pläne später aber gerne anderen zur Verfügung – auf dass die schwache Flamme der Vernunft nicht erlösche.

Von der Ausnahme zur Regel

Ihr seht, das „Examen ohne Rep" ist eine recht pluralistische Angelegenheit. Doch leben die skizzierten Selbststilisierungen bis auf weiteres von der Exklusivität der Entscheidung gegen den Repetitor. Wir aber wollen die selbstorganisierte Examensvorbereitung gerade von diesem Nimbus der Exklusivität befreien. Sie soll etwas völlig Selbstverständliches werden. Der Gang zum Repetitor soll nicht mehr die Regel, sondern die begründungspflichtige Ausnahme sein.

Dass es unter diesen Umständen nicht mehr so „cool" wäre, sein Examen ohne Rep zu machen wie noch in unserer Generation, nehmen wir dabei billigend in Kauf. Ebenso, dass die Entscheidung für diese Form der Examensvorbereitung dann nicht mehr ganz so intensiv überdacht werden würde. Letztlich wäre das aber auch eine Form gesellschaftlicher Rationalisierung: Das Vernünftige einfach tun, ohne zuvor ins Grübeln zu geraten.

Wir hoffen, dass sich der Besuch des Repetitoriums genauso entwickelt wie die Ableistung des – zwar noch nicht gänzlich abgeschafften, aber „ausgesetzten" – Wehrdienstes. Noch in den 1960er-Jahren war es absolut üblich, zur Bundeswehr zu gehen. Wer verweigerte, galt als Drückeberger, der sich die Finger nicht schmutzig machen wollte. In den Jahren vor der Aussetzung des Wehrdienstes war es dagegen eher umgekehrt. Zivildienstleistende hatten einen guten Ruf, weil sie eine bewusste Entscheidung getroffen hatten und nicht einfach stumpf ihre Zeit in der Kaserne absitzen wollten. Um die Leistungsfähigkeit der Wehrdienstleistenden machten sich künftige Arbeitgeber*innen schon eher Sorgen.

Ähnlich wird es auch den Repetitorien gehen. Je mehr Studierende ihr Examen „ohne Rep" in die Hand nehmen, umso mehr müssen sich die Besucher*innen der Repetitorien später fragen lassen, welche Probleme sie damals eigentlich hatten: ob sie im Studium etwa nicht richtig mitgekommen seien, oder ob es ihnen an Selbstvertrauen mangelte. Wer will schon jemand einstellen, der nicht mal in der Lage war, sein Examen selbst zu organisieren? Früher oder später wird der Repetitor einen Ruf als bloße „Nachhilfe" weghaben. Der eine oder die andere wird vielleicht noch hingehen. Nur zugeben wird es später niemand mehr.

G. Fazit

Ihr seid noch unschlüssig? Hier sind noch einmal die wichtigsten Argumente auf einen Blick. Gut geeignet auch als Kurzdurchlauf für diejenigen, die jetzt ihre Freunde und Freundinnen zu einer gemeinsamen AG anstiften wollen:

- Was ein Rep kann, könnt ihr mit einer soliden Arbeitsgruppe genauso leisten – und noch viel mehr. Warum dennoch so viele Jurastudierende 1.800 Euro für ein Repetitorium ausgeben, verstehen wir einfach nicht.
- So ist schon die Motivation in der privaten AG deutlich höher als die der Rep-Teilnehmer*innen. In der AG fühlen sich die Mitglieder verantwortlich, sind stärker beteiligt, und der Gruppendruck fordert mehr Disziplin ein. Der bloße Rep-Besuch dagegen beruhigt vor allem das Gewissen und kostet Zeit.
- Beim „Examen ohne Rep" müsst ihr zwar etwas Aufwand in die Auswahl der optimalen Lernmaterialien und das Erstellen eines soliden Arbeitsplanes investieren, doch ist damit bereits ein erheblicher Lerneffekt verbunden. Der Arbeitsplan sorgt dafür, dass ihr beim Lernen nichts Wesentliches vergessen könnt. Mehr bringt euch auch ein Repetitorium nicht.
- Ein Rep praktiziert notgedrungen Frontalunterricht vor großen Gruppen. Um jedoch die juristische Argumentation und die Falllösungstechnik effektiv einzuüben, benötigt man Diskussionen, bei denen man auch zu Wort kommt. Die gibt es nur in der AG.
- Bei der mündlichen Prüfung ist der Rep schon gar keine Hilfe. Auch das mündliche Argumentieren lernt man am besten in der AG.
- Mehr noch als ein Rep ist die AG in der Examensphase Familienersatz und Schicksalsgemeinschaft, ein Ort der praktischen Solidarität.
- Und schließlich: Der Rep-Besuch wirkt sich nicht einmal positiv auf den Examenserfolg aus. Auch eine Examensgarantie kann der Rep nicht bieten. Jahr für Jahr fällt mindestens ein Viertel der Prüflinge durch, die meisten davon waren beim Rep.

Ergo: Wer realistisch vergleicht und sich nicht blenden lässt, wird sich gegen die kommerziellen Repetitorien und ihre Angstmacher-Werbung entscheiden. Das „Examen ohne Rep" ist preiswerter, erfolgreicher, und man fühlt sich besser dabei. Habt ihr euch erst mal für das „Examen ohne Rep" entschieden, stehen euch drei Wege offen:

- Für die meisten von euch wird eine private AG die beste Variante darstellen.
- Ob ihr stattdessen auch ein Uni-Repetitorium zum Rückgrat eurer Examensvorbereitung machen könnt, müsst ihr nach dem Angebot vor Ort entscheiden.

■ Für manche dürfte schließlich auch ein Alleingang zum Examen in Frage kommen. Dabei gilt die Faustregel: Wer mehr Wert auf Sicherheit legt, ist in der AG besser aufgehoben. Wem die Freiheit über alles geht, sollte alleine lernen.

Teil 2: Gemeinsam lernen – Die Arbeitsgruppe

Gegen den Repetitor wird sich nur entscheiden, wer eine Alternative vor Augen hat. Im vorigen Teil wurde bereits deutlich, dass es zwei Gruppen von Menschen gibt, die Examen ohne Repetitor machen: Solche, die allein lernen und solche, die sich in Arbeitsgruppen organisieren. Alleinlerner*innen haben es zunächst einmal einfacher: Sie müssen ein Konzept nur für sich selbst entwickeln. Wer hingegen eine Arbeitsgruppe gründen möchte, steht vor ganz anderen Entscheidungen: Wer macht mit? Wie groß soll die AG werden? Mit welchen Themen soll sie sich befassen? Sind diese Entscheidungen jedoch erst einmal getroffen, kann eine Arbeitsgruppe eine große Arbeitserleichterung sein. Wie ihr die Gründung anpacken könnt, was für Entscheidungen gemeinsam zu treffen sind und wie sich die Zusammenarbeit gewinnbringend gestaltet, das sind die Themen des folgenden Teils.

Die Vorteile einer Arbeitsgruppe wurden schon angesprochen: Sie motiviert und ermöglicht eine Lernkontrolle. Das Lernen gestaltet sich interaktiv: Es wird diskutiert, nachgefragt und erklärt, und das führt dazu, dass alle Beteiligten den Stoff besser verstehen. Zudem bietet sie Zusammenhalt in Prüfungszeiten und ist damit eine wirksame Hilfe gegen Unsicherheiten und Prüfungsangst. Gerade der letzte Punkt ist für viele entscheidend. Arbeitsgruppen, die den Repetitor ersetzen sollen, spielen oft eine zentrale Rolle in der Examensvorbereitung ihrer Mitglieder. Sie treffen sich mehrmals in der Woche und bearbeiten den Prüfungsstoff so vollständig wie möglich. Oft halten sie auch dann noch zusammen, wenn ihre inhaltliche Zusammenarbeit eigentlich abgeschlossen ist: Ihre Mitglieder betreuen sich gegenseitig, wenn die Prüfungen anstehen, treffen sich privat zum solidarischen Lamentieren und begießen gemeinsam die eintrudelnden Prüfungsergebnisse.

Doch natürlich gibt es auch andere Arbeitsgruppen. Manche treffen sich nur hin und wieder und lösen Fälle, ohne dass sie ein gemeinsames Konzept oder einen Lernplan hätten. Andere arbeiten zuerst sehr intensiv zusammen, lösen sich aber vor den Prüfungen auf.

Der folgende Teil berücksichtigt eine Fülle solcher Beispiele. Lasst euch von ihnen dazu anregen, dem eigenen Kopf und den eigenen Bedürfnissen zu folgen. Denn je stärker die Examensvorbereitung der eigenen Persönlichkeit entspricht, desto befriedigender und erfolgreicher ist sie.

A. Die Suche nach Mitstreiter*innen

Noch immer geht an den meisten Universitäten der größere Teil der Studierenden zum Repetitor. Viele potentielle AG-Gründer*innen scheitern daher schon an der Frage, wo sie Kolleg*innen finden sollen: „Ich finde Repetitorien zwar blöd", heißt es dann, „aber es gibt so wenige Menschen, die in einer privaten AG mitmachen würden". Es gibt mehr, als ihr denkt. Ihr müsst nur die Augen offen halten.

1. Wo und wie suchen?

Wenn ihr schon in den ersten Semestern oder zur Vorbereitung der Schwerpunktbereichsprüfungen in einer Arbeitsgruppe gearbeitet habt und diese motivieren könnt, die Arbeit fortzusetzen, seid ihr gut dran: Ihr wisst dann, auf wen ihr euch einlasst und könnt auf gemeinsame Erfahrungen als AG zurückgreifen. So zielstrebig studieren allerdings die wenigsten. Alle Übrigen können zunächst einmal den juristischen Bekanntenkreis befragen und prüfen, ob sich dort nicht Leute finden, die auch gerade mit der Examensvorbereitung beginnen wollen. Wenn dort niemand zu holen ist, bleiben euch immer noch die folgenden Möglichkeiten:

- *Fachschaften/Fakultäten:* In den letzten Jahren haben immer mehr Fachschaftsgruppen und an einigen Orten sogar die juristischen Fakultäten damit begonnen, sich für ein Examen ohne Repetitor zu engagieren. Es werden beispielsweise AG-Börsen betrieben, AG-Findungstreffen angeboten oder Workshops und Informationsveranstaltungen zum Thema „Examen ohne Repetitor" organisiert. Eine Übersicht und einige ausgewählte Beispiele findet ihr (→ ab S. 182) in Teil 5 dieses Buches. Wenn eure Uni das Examen ohne Repetitor noch nicht für sich entdeckt hat, dann könnt ihr ja unter Rückgriff auf diese „Best Practice"-Beispiele in Zusammenarbeit mit der Fachschaft solche Veranstaltungen anregen – oder selbst ins Leben rufen.

- *Schwarze Bretter:* Weniger aufwändig und vor allem terminlich unabhängig von möglichen Veranstaltungen an der Uni ist ein Aushang am schwarzen Brett: „Suche motivierte und scheinfreie Menschen zwecks Gründung einer Arbeitsgruppe. Spätere Examensfeier nicht ausgeschlossen." Auch dieses Verfahren ist nicht aussichtslos. Die wenigsten Leute, die sich beim Repetitor anmelden, tun dies mit Begeisterung und dem Gefühl, damit ihre Zukunft glücklich zu gestalten. Den meisten fehlt nur der Mut oder der Elan, sich nach einer Alternative umzusehen. Scheut euch daher nicht, eure Idee mit Begeisterung und ausreichender Hartnäckigkeit anzupreisen. Ihr könnt den Unentschlossenen natürlich auch einfach dieses Buch schenken. Oder ihr organisiert – wie es eine Interviewpartnerin in der Vorauflage dieses Buches erfolgreich getan hatte – eine Ex-o-Rep-Party, auf der sich Interessierte kennenlernen, austauschen und motivieren können.

- *Online-Foren:* Wohl mittlerweile noch erfolgsversprechender kann der Weg über digitale schwarze Bretter sein: Warum nicht „Facebook" ausnahmsweise einmal produktiv einsetzen? Der Vorteil solcher Online-Kommunikation liegt in dem potentiell sehr großen Empfänger*innenkreis und der vergleichsweise unkomplizierten Kontaktaufnahme und Vernetzung. Am besten eignen sich natürlich speziell für die AG-Suche eingerichtete und an der Universität bekannte und genutzte Foren (→ vgl. z. B. das Online-Formular an der Universität Freiburg in Teil 5 auf S. 183).

2. Wie viele suchen?

Die Größe einer AG hängt entscheidend vom Erfolg der oben beschriebenen Suche ab, aber natürlich auch davon, wie groß ihr die AG haben wollt. Wer nicht allein sein will, muss mindestens zu zweit sein, und tatsächlich gibt es AGs, die nur aus zwei Personen bestehen und damit zufrieden sind – wie zum Beispiel unser Interviewpartner Jan Flindt (→ Interview auf S. 143).

Zu zweit

Entscheidender Vorteil: Es müssen weniger unterschiedliche Vorstellungen unter einen Hut gebracht werden. Das macht nicht nur die Terminabsprachen leichter. Auch die inhaltliche Planung der AG kann ganz auf die individuellen Bedürfnisse der beiden Mitglieder zugeschnitten werden. Obendrein sind beide Beteiligten gezwungen, während der AG-Sitzungen stets aufmerksam zu bleiben. Denn wenn von zwei Personen eine wegträumt, fällt das schnell auf. Die Arbeit zu zweit ist aus diesen Gründen oft sehr effektiv.

Kommt es jedoch zu Streitigkeiten, so wiegen sie erheblich schwerer als bei größeren Gruppen: Es gibt keine Dritten oder Vierten, die schlichtend und ausgleichend wirken könnten. Möchte eine von zwei Personen die Zusammenarbeit beenden, so steht auch die andere gleich ganz ohne Arbeitsgruppe da. Auch ein Ausfall der einen Person durch Krankheit oder einen wichtigen anderen Termin führt gleich zum Wegfall der ganzen AG-Sitzung.

Zu dritt oder zu viert

Nicht nur aus diesen Gründen kann es sinnvoll sein, die Arbeitsgruppe aus mehr als zwei Personen zu bilden. Auch fachliche Diskussionen können sehr gewinnen, wenn in ihnen mehr als zwei Sichtweisen aufeinander treffen. Damit steigt die Wahrscheinlichkeit, dass alle wichtigen Gesichtspunkte eines Themas auf den Tisch kommen. Auch die organisatorische Arbeit verteilt sich in größeren Gruppen auf mehr Schultern – insbesondere die durchaus zeitaufwändige Suche nach und Vorbereitung von Besprechungsfällen für die AG-Sitzungen. Die Variante, zu dritt oder zu viert ins Rennen zu gehen, ist daher sehr empfehlenswert.

Für größere Gruppen: der AG-Verbund

Mehr als fünf Personen sollte eine AG dagegen nicht umfassen. Je größer die Gruppe, desto größer auch die Gefahr, dass einzelne Mitglieder während der Sitzungen nicht ausreichend zu Wort kommen. Auch die Diskussionsleitung wird umso anstrengender, je mehr Menschen um das Wort ringen. Wenn ihr aber mehr Interessent*innen gefunden habt, als in eine Arbeitsgruppe passen, könnt ihr unter Umständen einen „AG-Verbund" gründen: Dabei treffen sich zwei oder mehr Gruppen mit je drei oder vier Mitgliedern zu verschiedenen Terminen, lernen aber nach demselben Plan und lösen dieselben Fälle. Das erspart den Beteiligten viel Vorbereitungsarbeit, und wer einen Termin der eigenen AG verpasst, kann ihn in der Parallel-AG nachholen. Gleichzeitig muss man aber (nicht nur) bei der Erstellung des Lernplans die Interessen von recht vielen Leuten unter einen Hut bringen.

3. Wen suchen?

Nun sitzt ihr also mit den Interessent*innen für eine Arbeitsgruppe zusammen und sollt entscheiden, ob ihr miteinander arbeiten könnt. Auf den ersten Blick ist es den wenigsten Menschen anzusehen, ob sie verträglich oder unverträglich, kooperativ oder streitsüchtig sind. Lasst euch daher Zeit für die Entscheidung. Tauscht euch gründlich darüber aus, wie ihr euch eine Arbeitsgruppe vorstellt und mit welchen Zielen ihr in die Examensvorbereitung geht. Wenn ihr die anderen Personen gar nicht einschätzen könnt, dann könnt ihr auch eine oder mehrere Probesitzungen vereinbaren: Löst ein paar kleine Fälle zusammen.

Eine gute Wahl kann sich nach verschiedenen Kriterien richten:

a) Zeitplanung

Die meisten AGs nehmen sich vor, den gesamten examensrelevanten Stoff einmal durchzuarbeiten. Es sollte Einigkeit darüber bestehen, wie viel Zeit für diese Arbeit veranschlagt wird. Abgesehen davon ist es durchaus machbar, dass die Mitglieder einer

AG verschiedene Examenstermine anstreben. Entweder löst sich die AG ohnehin auf, wenn der Stoff einmal durchgearbeitet wurde – dann lernt eben jedes Mitglied allein weiter bis zum gewünschten Prüfungstermin. Oder aber sie hängt noch eine Wiederholungsphase an, die für verschiedene AG-Mitglieder unterschiedlich lange dauert.

Allerdings sollte zwischen den angestrebten Prüfungsterminen noch ein zeitlicher Zusammenhang bestehen. Eine AG lebt auch davon, dass die Kolleg*innen sich in einer ähnlichen Situation befinden. Ist AG-Mitglied A noch mit der Vorbereitung der Klausuren beschäftigt, während B und C schon längst ihre Zeugnisse haben, dann wird sich die Zusammenarbeit auf Dauer schwierig gestalten. Denn B und C wollen ja auch keinen Leerlauf im Leben. Wenn A nach den Klausuren auf die mündliche Prüfung lernt, sind sie womöglich längst im Referendariat oder zur Erholung in Neuseeland.

b) Niveau

Eine Arbeitsgruppe wird umso fruchtbarer zusammenarbeiten, je mehr die AG-Partner*innen in fachlicher Hinsicht voneinander halten. Wenn A seine Kollegin B für grundsätzlich inkompetent hält, wird er ihre Lösungsskizzen schon allein deswegen stets ablehnen und Kritik von ihrer Seite zurückweisen. Effektiv ist Gruppenarbeit auch nur dann, wenn niemand andauernd von ihr unter- oder überfordert wird. Dass aber unterschiedliche Stärken und Schwächen der AG-Teilnehmer*innen nicht nur unvermeidlich, sondern auch höchst produktiv für das gemeinsame Lernen sein können, sollte dabei nicht aus dem Blick verloren werden. Größtmögliche Homogenität ist selten ein Rezept für Lernerfolg.

Dass das fachliche Niveau innerhalb einer AG dennoch von einiger Bedeutung ist, soll aber nicht verschwiegen werden – die entscheidende Frage ist eher, was unter „Niveau" zu verstehen ist. Solltet ihr euch die Scheine potentieller AG-Partner*innen vorlegen lassen und prüfen, ob die Noten übereinstimmen? Davon kann nur abgeraten werden. Studium und Examensvorbereitung sind sich zum einen nicht besonders ähnlich. Zum anderen gehen die meisten Studierenden an die Examensvorbereitung mit ganz anderem Ernst und Eifer heran als an das Bestehen der Scheine. Hinzu kommt, dass auch ein unterschiedlicher Wissensstand nicht unbedingt zu Reibereien führen muss, wenn alle Beteiligten tolerant damit umgehen: Wer schon „alles kann", kann immer noch üben, es gut zu erklären und überzeugend zu formulieren – und wer noch nicht so weit ist, kann dabei viel von seinen AG-Kolleg*innen lernen. Insbesondere können auch unterschiedliche Schwerpunktbereiche für Arbeitsgemeinschaften sehr hilfreich sein: So hat man in bestimmten Rechtsgebieten immer „Expert*innen", die sich gegenseitig ergänzen können.

Entscheidend ist daher im Zweifel nicht, mit wie vielen Punkten ein potentielles AG-Mitglied diesen oder jenen Schein erschlagen hat. Es kommt vielmehr darauf an, ob ihr auf gleichberechtigter Ebene diskutieren könnt – ob ihr also eine AG-Kollegin oder einen Kollegen auch dann ernst nehmt, wenn er oder sie weniger Vorwissen hat. Oder umgekehrt: ob ihr selbst noch forsch eure Meinung vertretet und eigene Gedanken entwickelt, wenn ihr die AG-Partner*innen für hochkompetente Überflieger*innen haltet.

c) Erwartungen

Mindestens genauso wichtig ist eine ähnliche Einstellung zur Examensvorbereitung: Wollt ihr alles herausholen, was in euch steckt? Dann hütet euch vor Leuten, die nur die Schemata auswendig lernen wollen. Plant ihr, nur schnell den Freischuss zu improvisieren? Dann sucht euch Gleichgesinnte, die euch nicht mit dogmatischen Spitzfindigkeiten belästigen. Fragt mögliche Mitstreiter*innen also, wieviel Zeit und Mühe sie in die Examensvorbereitung investieren wollen und wieviel für sie von einer bestimmten Endnote abhängt. Beobachtet, wie sie ihr Wissen präsentieren und wie sie sich in Diskussionen verhalten.

d) Sympathie

Unerlässlich für eine funktionierende Arbeitsbeziehung ist in jedem Fall, dass ihr euch nicht unsympathisch seid. Denn ein angenehmes Lernklima fördert den Lernerfolg ungemein. Demgegenüber ist es in keiner Weise motivierend, wenn ihr euch zu jeder AG-Sitzung schweren Herzens hinschleppen müsst und dann den Rest des Tages damit beschäftigt seid, unterschwelligen Groll zu verdauen.

Der Begriff „Arbeitsbeziehung" deutet jedoch schon darauf hin, dass die Sympathie nicht umfassend sein muss. Eine AG ist eine Zweckgemeinschaft, die sich mit juristischen Fragen beschäftigen soll. Diesem Zweck dient eine offene, freundliche und sachliche Arbeitsatmosphäre, in der auf gleichberechtigter Ebene diskutiert wird. Darüber hinaus müsst ihr euch nicht für jedes Detail im Privatleben eurer Kolleg*innen interessieren.

e) AG mit Freund*innen

Eine andere Frage ist die, ob Freund*innen eine AG gründen sollten. Freundschaften, wie überhaupt ein persönliches Interesse füreinander, können dem AG-Klima sehr förderlich sein. Die Zusammenarbeit erstreckt sich dann mit einer gewissen Selbstverständlichkeit auch auf die seelische Unterstützung, die bei nahenden Prüfungsterminen oft wichtiger ist, als diese oder jene Information noch zu lernen. Ein gutes Beispiel ist unser Interviewpartner Tobias Klarmann, der mit seinem Mitbewohner und einem anderen Freund eine Lerngruppe gründete (→ Interview auf S. 178).

Allerdings kann eine AG unter Freund*innen auch Probleme mit sich bringen – und zwar für die Freundschaft wie für die AG: Die Freundschaft kann darunter leiden, dass sie im Laufe der Zeit von der Arbeitsbeziehung absorbiert wird. Wenn ihr euch zwei- bis dreimal die Woche trefft, um Fälle zu lösen, mag die Lust schwinden, sich darüber hinaus noch privat zu begegnen. Zumal es nicht leicht ist, diese privaten Treffen dann vom AG-Alltag freizuhalten. Wenn also ein Freund oder eine Freundin eine wichtige Stütze eures Privatlebens ist, solltet ihr euch gut überlegen, ob ihr auch noch die Arbeitsgruppe miteinander teilen wollt.

Was die Arbeit in der AG betrifft, so prüft, ob ihr mit dem Freund oder der Freundin sachlich diskutieren könnt. Nichts ist der juristischen Arbeit abträglicher als eine Diskussion, bei der sich die sachlichen Argumente mit persönlichen Empfindlichkeiten oder Rücksichtnahmen vermischen. Verschärft gelten diese Bedenken für Paare, bei denen interne Querelen oft ungleich dramatischer sind als in platonischen Freundschaften. Die Gefahr, dass ein Beziehungskonflikt in die Arbeitsgruppe geschleppt und dort ausgetragen wird, sollte nicht unterschätzt werden.

Verbreitet allerdings ist auch das umgekehrte Problem: Wenn Freund*innen sich zu gut verstehen, droht die Gefahr des Verquatschens, auch „Kaffeekränzchenfalle" genannt: Schließlich ist es im Zweifel interessanter, über die Erlebnisse des letzten Wochenendes zu reden als über die spezifischen Probleme der Drittschadensliquidation. Die Kaffee-kränzchenfalle lässt sich allerdings mit einigen wenigen Kniffen umgehen: Achtet zum einen darauf, dass während der Arbeit nicht über persönliche Dinge geredet wird. Gönnt euch dafür in jeder Sitzung mindestens eine Pause, in der diese Themen Platz finden – oder trefft euch einfach eine halbe Stunde vor AG-Beginn, um das Private vor-ab zu bequatschen. Einigt euch vorher darauf, wie ihr das handhaben wollt – und hal-tet euch auch daran. So kommen weder die Arbeit noch die Geselligkeit zu kurz.

B. Zum Warmwerden: die Planungsphase

Habt ihr euch gefunden, so stürzt euch nicht gleich wild in die Arbeit. Die Qualität einer AG hängt nicht davon ab, wie schnell sie von null auf hundert kommt. Bedenkt, dass die durchschnittliche Examensvorbereitung länger als ein Jahr dauert. Diese Zeit will gut vorbereitet sein. Dazu gibt es einiges zu bereden, zu planen und zu organisie-ren: Die Mitglieder der AG müssen miteinander warm werden und sich aufeinander einstellen. Sie müssen absprechen, wie die AG-Sitzungen ablaufen und einen wie gro-ßen Teil des individuellen Lernens sie ersetzen sollen. Vielleicht wollen sie auch von vornherein bestimmte Regeln aufstellen. Wie lässt sich beispielsweise erreichen, dass alle AG-Mitglieder regelmäßig und pünktlich zu den Treffen erscheinen? Wie soll die Vorbereitung der Sitzungen geregelt sein? Sollen bestimmte Lehrbücher gelesen werden oder ist jede*r in der Wahl des Lernmaterials frei? Was tun, wenn ein AG-Mitglied aussteigen will? Je mehr Details der Zusammenarbeit gleich zu Beginn geklärt werden, desto weniger droht die Gefahr, dass mitten in den heißeren Phasen überraschende Grundsatzdiskussionen vom Zaun gebrochen werden. Dies gibt allen AG-Teilneh-mer*innen auch gleich zu Anfang die Möglichkeit zu sehen, was auf sie zukommen wird und ggf. schon zu einem frühen Zeitpunkt zu erkennen, dass eine Zusammenar-beit auf dieser Grundlage für sie nicht das Richtige ist. Nutzt außerdem die Gelegen-heit, eurer Zusammenarbeit von Anfang an eine Struktur zu geben. Das Gefühl, sich dem Lernstoff strukturiert und planvoll zu nähern, kann so manche Unsicherheit und viel Prüfungsangst beseitigen. Wichtigstes Instrument dieser Strukturierung ist der AG-Plan.

Das Selbstverständnis, die grundlegenden Regeln der Zusammenarbeit und der AG-Plan – diese Dinge sind Thema der folgenden Abschnitte.

1. Wie wird aus Menschen eine Gruppe? Das Selbstverständnis der AG

In der Einleitung wurde bereits angesprochen, dass Arbeitsgruppen unterschiedliche Funktionen haben können: Sie können das Herzstück der Examensvorbereitung sein, an dessen Struktur sich das individuelle Lernen ausrichtet. Oder aber nur eine gele-gentliche Begleiterscheinung zum Alleinlernen. Auch Zwischenmodelle lassen sich fin-den: Eine Arbeitsgruppe kann zum Beispiel in ihrem Plan alle examensrelevanten The-men auflisten, diese dann aber in den Treffen nur stichprobenartig behandeln. Die flä-chendeckende Vorbereitung bleibt dabei jedem einzelnen Mitglied selbst überlassen.

Welche dieser Rollen der AG zugedacht wird, bestimmt den Charakter ihrer Zusam-menkünfte: Während manche AGs in ihren Sitzungen den ganzen Stoff referieren, lö-sen andere nur einen exemplarischen Fall pro Thema. Viele AGs fragen sich gegensei-tig ab, andere verzichten darauf. Auch die Wiederholung schon gelernter Themen kann fester Bestandteil der AG-Sitzungen sein oder den Mitgliedern selbst überlassen bleiben.

Neben diesem fachlichen Aspekt betrifft der Punkt „Selbstverständnis" auch persönlichere Gebiete der Zusammenarbeit. Manche AGs sind verschworene Gemeinschaften, die bei ihren Treffen viel Raum für private Gespräche lassen, sich über das jeweilige Level ihrer Prüfungsangst austauschen und auf Verständnis für persönliche Krisen hoffen können. Manchmal wachsen sie so zusammen, dass sie die regelmäßigen Zusammenkünfte nach bestandenem Examen sogar vermissen. Andere sehen sich eher als Geschäftspartner*nnen, die ein gemeinsames Projekt verbindet.

Wie sich das Verhältnis der AG-Partner*innen gestaltet, lässt sich nicht per Mehrheitsentscheid festlegen, sondern ergibt sich erst im Laufe der Zusammenarbeit. Es kann aber sehr sinnvoll sein, sich von Anfang an darüber auszutauschen, wie ihr euch die gemeinsame Arbeit wünscht. Dadurch wird klar, was und wie viel ihr erwarten könnt.

Außerdem gibt es viele Möglichkeiten, das AG-Klima persönlich oder formell zu gestalten: Ihr könnt in unpersönlichen Uni-Räumen tagen oder zu Hause, ihr könnt Kaffeepausen machen und einen persönlichen Umgang pflegen oder euch auf sachliche Themen beschränken. Manche Arbeitsgruppen pflegen eine regelrechte „corporate identity": Sie geben sich – wie die Lerngruppe „Betreutes Lernen" unseres Interviewpartners Tobias Klarmann (→ Interview auf S. 178) – Namen, schreiben sich Präambeln, um der gemeinsamen Arbeit einen rituellen Beginn zu geben, feiern „Bergfeste" nach der Hälfte der Zeit oder kochen, wie eine unserer Interviewpartnerinnen aus der Vorauflage erzählte, italienische Menüs, um erfolgreich absolvierte Abschnitte zu begehen. Oft werden auch private Treffen anberaumt, auf denen bei Strafe nicht über juristische Themen gesprochen werden darf. Solche Zusammenkünfte eignen sich auch hervorragend dazu, sich über die Stimmung in der AG auszutauschen – es kann daher nur dringend geraten werden, sie vor allem zu Beginn der Zusammenarbeit fest einzuplanen. So findet ihr frühzeitig heraus, ob sich eine Person unwohl fühlt, mit dem Lernen nicht zurechtkommt oder aus anderen Gründen Schwierigkeiten hat. Solche Selbstreflexionstreffen sind übrigens auch unter Geschäftspartner*innen nicht unüblich, um sich über den Stand des gemeinsamen Projektes zu informieren. Es geht dabei also nicht um ein esoterisch angehauchtes „Ringelpiez mit Anfassen", sondern um eine professionelle Methode, Problemen vorzubeugen, sie gegebenenfalls zu lösen und für eine gute Stimmung in der AG zu sorgen.

2. Der Rahmen für die Zusammenarbeit: Regeln und Absprachen

Wer Jura studiert, ist an Regeln gewöhnt. Diese sind nicht immer angenehm und auch nicht immer sinnvoll. Manchmal ist es aber auch unangenehm, wenn Regeln fehlen. So auch in einer AG: Ohne eine Pünktlichkeitsregel droht die Gefahr, dass jede Sitzung mit einer halben Stunde Verspätung beginnt; ohne eine Schwänz-Regel kommt womöglich montags früh keine*r, und ohne klare Absprachen über die Vorbereitung der Treffen sitzt ihr vielleicht bald ohne Material da und könnt unverbindliche Gespräche über nicht näher definierte Themen führen.

Noch unschöner ist die Lage, wenn jedes AG-Mitglied seine eigene Vorstellung davon hat, welche Regeln eigentlich gelten: A denkt möglicherweise: „Neun Uhr heißt neun Uhr". B sagt sich: „Viertel nach neun ist auch noch früh genug". Mit der Folge, dass A und B regelmäßig aneinander geraten, wenn B um Viertel nach neun erscheint. Sie hätten es leichter, wenn sie sich rechtzeitig darüber unterhalten hätten, wie sie es denn halten wollen mit der Pünktlichkeit. Die entsprechende Regel könnte etwa heißen: „Neun Uhr heißt neun Uhr, und wer sich verspätet, ruft wenigstens an". Oder: „Neun Uhr heißt neun Uhr, und wer sich verspätet, zahlt zwei Euro in die Kasse, aus der der Sekt für die Examensfeier bezahlt wird".

Damit lassen sich natürlich nicht alle Konflikte aus dem Weg schaffen. Viele Punkte lassen sich auch gar nicht von Anfang an klären. Eine AG ist keine Handelsgesellschaft, die ihre Ziele und Verfahrensregeln bei ihrer Gründung schriftlich niederlegt und bei Bedarf vor Gericht zieht. Doch immerhin stellen solche Regeln die Zusammenarbeit in einen verbindlichen Rahmen und machen deutlich, dass dieser Rahmen auch ernst genommen werden soll. Macht euch also *möglichst früh* Gedanken über *möglichst Vieles* – wenn ein Konflikt erst einmal entstanden ist, ist es umso schwerer, sich auf eine gemeinsame Lösung zu verständigen.

3. Das Gerüst für die Zusammenarbeit: der AG-Plan

Die meisten Arbeitsgruppen haben einen Plan, den sie Stück für Stück abarbeiten. Demgegenüber arbeiten Alleinlerner*innen häufig ohne einen solchen. Sie hangeln sich an der Prüfungsordnung entlang, arbeiten Lehrbücher systematisch durch oder lernen das, was ihnen gerade am schwierigsten erscheint – oder schlicht, worauf sie gerade Lust haben oder wo sie gerade den dringendsten Bedarf sehen. Arbeitsgruppen hingegen müssen sich in ihrer Arbeit aufeinander einstellen. Sie können nicht einfach das nächste Kapitel eines Lehrbuches auf die Tagesordnung setzen, weil ihre Mitglieder womöglich mit verschiedenen Büchern arbeiten oder unterschiedlich schnell lesen. Fruchtbar ist die Arbeit in der AG aber erst, wenn alle Beteiligten auf dasselbe Thema vorbereitet sind und es fundiert diskutieren können. Sie müssen also für jede Sitzung absprechen, was behandelt werden soll. Das könnte natürlich auch bei jedem AG-Treffen spontan entschieden werden: „Nächstes Mal machen wir die Drittschadensliquidation". Vielen Arbeitsgruppen ist dies jedoch nicht genug. Denn es gibt noch andere Gründe dafür, sich dem Examensstoff planvoll zu nähern:

a) Warum es sich lohnt, einen Plan zu haben

- ■ Repetitorien versprechen viele Dinge, die sie nicht halten. Eines jedoch bieten sie tatsächlich: Sie arbeiten den Lernstoff systematisch durch und geben den Teilnehmer*innen damit die Sicherheit, dass die examensrelevanten Probleme in einer bestimmten Zeit und ziemlich vollständig behandelt werden. Nichts anderes tut der AG-Plan. Ihr müsst nur nichts dafür bezahlen.

- ■ Den AG-Plan müsst ihr jedoch selbst herstellen. Das kann zwar viel Arbeit machen, hat aber auch einen Vorteil: Indem ihr den examensrelevanten Stoff auflistet, in mundgerechte Häppchen teilt und in eine Reihenfolge bringt, strukturiert ihr den Stoff schon einmal für euch selbst. Schon bevor ihr ein konkretes Thema gelernt habt, habt ihr so bereits den ersten Überblick. Ihr wisst, was alles im Examen gefragt werden kann und habt eine Vorstellung davon, wie einzelne Themen aufeinander aufbauen. Die Planerstellung ist also schon der erste Schritt zum strukturierten Lernen.

- ■ Zu Beginn der Examensvorbereitung haben viele nur die vage Vorstellung, dass sie „alles" lernen müssen: einen unübersichtlichen Berg an Wissen, bei dem sie nicht wissen, wo sie anfangen und wo sie aufhören sollen. Auch hier hilft der AG-Plan.

Er teilt den Stoff in leichter verdauliche Portionen – lernpsychologisch gesprochen: Zwischenziele. Das einzelne Lernhäppchen wirkt dann weniger angsteinflößend als das Gesamtpensum. Auch eine Marathonläuferin denkt am Start zweckmäßigerweise nicht an die 42 Kilometer, die sie noch vor sich hat. Sonst wird sie schnell vor der Frage kapitulieren, ob sie das durchhalten kann. Für einen Kilometer aber wird die Energie reichen. Für noch einen auch. Und dann für noch einen.

■ Bleiben wir beim Bild der Marathonläuferin: Der wird es auf Dauer nicht reichen, immer nur an die nächsten Schritt zu denken. Denn wie viel Energie soll sie in die einzelnen Streckenabschnitte investieren? Läuft sie beim Startschuss gleich so schnell sie kann, dann kommt sie nicht weit. Spart sie auf den letzten Metern noch Reserven, dann misslingt ihr der Sprint und sie verfehlt ihre persönliche Bestleistung. Eine Marathonläuferin muss also noch zwei Dinge mehr wissen: wie lang ihre Strecke insgesamt ist und auf welchem Abschnitt sie sich gerade befindet. Genauso ist es mit der Examensvorbereitung. Ihr müsst eure Zeit und Energie über viele Monate so sparsam einsetzen, dass es für einen Spurt in den letzten Wochen vor den Klausuren noch reicht. Der AG-Plan erleichtert dieses Management der Zeit- und Energiereserven. Denn an ihm ist immer genau abzulesen, wie viel ihr noch vor euch habt. Er erlaubt aber auch, „erledigt!" zu rufen und ins Café zu gehen, sobald das Kapitel für die nächste AG durchgearbeitet ist.

b) Selbstgemacht oder nachgemacht?

Wie kommt eine AG an ihren Plan? Sie kann es sich leicht machen, indem sie den Plan einer anderen AG übernimmt, einen der in Teil 6 dieses Buches (→ ab S. 195) abgedruckten Pläne kopiert oder sich am Plan eines Uni-Reps entlanghangelt (soweit dieser zu Beginn des Semesters ausgegeben wird). Das ist bequem und praktisch – und muss nicht unbedingt schlecht sein. Die meisten Arbeitsgruppen greifen inzwischen auf Vorlagen zurück. Aber häufig tun sie das nur, um einen Ausgangspunkt zu haben. Manchmal kommt die Vorlage zum Beispiel aus einem anderen Bundesland und muss noch auf die eigene Prüfungsordnung abgestimmt werden. In anderen Fällen hat die Vorgänger-AG vielleicht viel zu viel Stoff für die einzelnen AG-Sitzungen vorgesehen oder die Schwerpunkte anders gesetzt, als ihr euch das vorstellt. Gerade im AG-Plan können sich individuelle Stärken und Schwächen niederschlagen. Wenn ihr zum Beispiel alle die Vorlesung des Herrn Professor Y im Besonderen Schuldrecht leider nicht besuchen konntet, weil der Herr Professor Y nicht in der Lage war, den Stoff ansprechend zu präsentieren, dann könnt ihr im AG-Plan Sondersitzungen zum Besonderen Schuldrecht einbauen. Wenn das Verwaltungsrecht euch mehr schreckt als das Verfassungsrecht, dann könnt ihr es zeitlich vorziehen, um es länger wiederholen zu können. Schließlich ergibt sich vielleicht aus der Wahl eurer Schwerpunktfächer oder aufgrund von Auslandsaufenthalten ein besonderer Anpassungsbedarf.

Deswegen sind auch die AG-Pläne in Teil 6 dieses Buches (→ ab S. 195) nicht als Kopiervorlagen gedacht – obwohl sie sich alle in der Praxis bewährt haben und im Nachhinein noch einmal überarbeitet wurden. Kein Zweifel, dass ihr sie gefahrlos kopieren *könntet*. Wir empfehlen dies jedoch nicht. Ihr beraubt euch einer wichtigen Möglichkeit, die Examensvorbereitung so zu gestalten, dass sie wirklich auf eure speziellen Bedürfnisse zugeschnitten ist.

Die folgenden Seiten enthalten darum eine ausführliche Bastelanleitung für AG-Pläne. Dabei gilt: Plan ist nicht gleich Plan, so wie AG nicht gleich AG ist. Es gibt eine Fülle unterschiedlicher Möglichkeiten, einen AG-Plan zu gestalten. Doch wie immer er letztlich aussehen wird, es gibt einige unerlässliche Schritte auf dem Weg zu seiner Entstehung: Ihr braucht einen Zeitrahmen, müsst euch über das examensrelevante Pensum informieren und Zeitplan und Pensum einander angleichen.

c) Die Zeitplanung

Die meisten AGs stehen vor der Aufgabe, den gesamten examensrelevanten Stoff einmal komplett durchzuarbeiten, ähnlich wie es auch ein Rep anbietet. Daran schließen sich sinnvollerweise noch einige Wochen oder Monate an, in denen das Erarbeitete wiederholt werden kann. Einen Plan braucht ihr erst einmal nur für die erste Phase. Was und wie viel ihr wiederholen möchtet, könnt ihr besser beurteilen, wenn ihr den gesamten Stoff schon einmal bearbeitet habt. Dann wisst ihr, wo ihr noch Lücken habt und welche Zusammenhänge ihr euch besonders schlecht merken könnt. Für den AG-Plan ist also erst einmal wichtig, wie viel Zeit für die Hauptphase der Examensvorbereitung, die Erarbeitung des Stoffes, veranschlagt wird. Zwei Kriterien spielen dabei eine Rolle:

■ Es muss für alle Beteiligten möglich sein, den Stoff nicht nur einmal durchzulesen, sondern ihn halbwegs gründlich zu bearbeiten, anzuwenden, zu verstehen und – ganz wichtig – abzuspeichern. Das klausurrelevante Pensum ist in allen Bundesländern enorm. Kürzer als ein Dreivierteljahr zu planen, ist daher in den meisten Fällen Utopie.

■ Die Examensvorbereitung darf nicht so lange dauern, dass ihr am Ende schon nicht mehr wisst, was ihr am Anfang gelernt habt. Die Kunst besteht im Examen gerade darin, so viel Wissen wie möglich gleichzeitig präsent zu haben. Länger als eineinhalb Jahre sollte die Erarbeitungsphase daher auch nicht dauern. Orientiert euch ruhig an den Zeitplänen der Repetitorien, die in der Regel auf zehn bis zwölf Monate angelegt sind. Was die können, könnt ihr auch.

Das Wochenpensum

Danach müsst ihr entscheiden, wie viele AG-Sitzungen ihr pro Woche einplant. Auch hier geht es darum, ein realistisches Maß zu finden, das euch weder unter- noch überfordert. Auf der einen Seite der Abwägung steht dabei die Stoffmenge, die zu bewältigen ist. Auf der anderen die Zeit, die jede*r für sich zur Vorbereitung der AG-Sitzungen braucht.

■ Eine AG, die den Stoff vollständig behandeln möchte, sollte sich mindestens einmal in der Woche treffen. Seltenere Sitzungen sind nur dann sinnvoll, wenn ihr eigentlich lieber alleine lernt und in der AG nur ausgewählte Themen ansprechen wollt.

■ Andererseits ist es kaum zu leisten, sich öfter als dreimal wöchentlich zu treffen. Jede Zusammenkunft der AG bedeutet schließlich auch eine Portion juristischen Lernstoffes, der gelernt werden muss. Außerdem wird jede Sitzung in der Regel von einer Person besonders vorbereitet – sei es, dass sie Fälle heraussucht und bearbeitet, sei es, dass sie den Lernstoff so aufbereitet, dass sie die anderen AG-Mitglieder abfragen kann. Wenn ihr nicht rund um die Uhr in Sachen Jura unterwegs sein wollt, dann solltet ihr euch daher auf zwei bis drei AGs pro Woche beschränken. Je nachdem, ob ihr das Uni-Rep in eure Vorbereitung integrieren wollt, kann es auch sinnvoll sein, zwischen Semester und vorlesungsfreier Zeit zu differenzieren – also z. B. während des Semesters zwei, in der vorlesungsfreien Zeit drei Treffen pro Woche. Allerdings gibt es inzwischen auch Universitäten, die eine „durchgängige" Examensvorbereitung anbieten – hier erübrigt sich eine solche Aufteilung.

Sanfter Einstieg

Wenn ihr mehr als eine AG-Sitzung pro Woche anstrebt, bedeutet das nicht, dass ihr euch von Anfang an so häufig treffen müsstet. Ihr könnt euch zum Beispiel in den ersten vier Wochen nur ein- oder zweimal wöchentlich treffen und die AG-Dichte dann langsam steigern. Denn gerade in den ersten Wochen seid ihr noch nicht auf der vollen Höhe eurer Konzentrationsfähigkeit und Aufnahmebereitschaft, sondern arbeitet euch vermutlich erst einmal ein. Der Tagesablauf muss auf den Lernrhythmus eingestellt werden, und ihr müsst herausfinden, wie ihr am besten lernen könnt. Ebenso könnt ihr die einzelnen AG-Sitzungen anfangs ein wenig kürzer gestalten als später. Insbesondere wenn ihr die regelmäßige Wiederholung des Stoffes in die AG integrieren wollt, braucht ihr am Anfang noch nicht so viel Zeit wie kurz vor dem Examen.

Auch die AG als Gruppe wird erst einmal ausprobieren müssen, wie sie ihre Treffen gestaltet. Ein sanfter Einstieg gibt allen Beteiligten die Möglichkeit, sich und die AG ein paar Wochen lang zu beobachten und sich nach und nach auf die neue Situation einzurichten. Sprünge ins kalte Wasser mögen zwar heroisch sein, sind aber nicht unbedingt auch klug und angemessen.

Andererseits wollen wir nicht verschweigen, dass der Beginn der Examensvorbereitung bei vielen auch eine gewisse Aufbruchstimmung auslöst – jetzt wird „der Schalter umgelegt" und es geht hochmotiviert in „die letzte Etappe". Sollte das bei euch der Fall sein, dann lasst euch nicht bremsen, im Gegenteil: Nutzt diese Anfangsmotivation. Nur: Überfordert euch dabei nicht gleich.

„Leersitzungen"

So gut ihr euren Lernplan auch machen werdet – er wird nicht perfekt sein. Vielleicht unterschätzt ihr den Zeitaufwand für ein Thema, vielleicht merkt ihr erst beim Erarbeiten eines Themas, dass euer Lernplan einen wichtigen Aspekt nicht vorsieht – oder eine Sitzung läuft einfach nicht gut und man kommt mit dem geplanten Stoff nicht durch. Mindestens eines dieser Szenarien steht jeder AG bevor – und sie sind umso einfacher zu handhaben, je besser man sich von vornherein darauf eingestellt hat. Eine Methode, die sich bewährt hat, stellt das Einplanen von „Leersitzungen" dar: Ihr seht in eurem Lehrplan in regelmäßigen Abständen – beispielsweise einmal alle acht Wochen – Sitzungen vor, die nicht mit einem Thema belegt werden. Wenn eine solche „Leersitzung" naht, könnt ihr dann gemeinsam entscheiden, ob ihr Ergänzungsbedarf habt oder nicht. Wenn ja, dann seid ihr „im Plan", obwohl ihr eigentlich „nicht im Plan" wart. Wenn nicht: Kaum jemand wird sich über einen freien Tag beschweren. Insgesamt gilt: Je besser euer Plan von vornherein auf nicht plan-, aber erwartbare Szenarien eingestellt ist, desto weniger Unsicherheit kommt auf, wenn diese eintreten.

Urlaub

Vergesst nicht, Urlaub einzuplanen! Es ist schlichtweg unmöglich, monatelang zu lernen und dann auch noch eine ganze Reihe Prüfungen hinter sich zu bringen, ohne zwischendurch einmal die Bücher zuzuklappen. Die Examensvorbereitung ist eine langfristige Angelegenheit, und es ist wichtig, an ihrem Ende noch Energiereserven zu haben – und zwar nicht nur für einen letzten schleppenden Atemzug. Am Ende der Vorbereitungszeit stehen schließlich die entscheidenden Prüfungstermine, zu denen ihr euer Wissen so vorteilhaft wie möglich präsentieren wollt. Gönnt euch daher Urlaub – aber nicht nur so einen verschämten, bei dem ihr euch für ein paar Tage von der AG absetzt, während die anderen weiterarbeiten, nein: Gönnt euch als AG Urlaub. Den können dann alle genießen, ohne dabei AG-Sitzungen zu verpassen und nacharbeiten zu müssen.

Eine solche Auszeit sollte sich schon wie richtiger Urlaub anfühlen dürfen, also nicht kürzer als eine Woche sein. Mehr als zwei Wochen können dagegen dazu führen, dass ihr den Faden verliert und hinterher nur mühsam wieder in den Lernrhythmus zurückkehrt. Was die Häufigkeit der Ferienperioden angeht, sind die Argumente ähnlich: Zu viele von ihnen hindern daran, eine Arbeitsroutine zu entwickeln. Zu wenige machen nur urlaubsreifer.

Die Zahl der AG-Sitzungen

Was habt ihr nach diesen Überlegungen gewonnen? Ihr könnt festlegen, aus wie vielen AG-Sitzungen eure Erarbeitungsphase bestehen wird: Zählt die Zahl der Wochen, die ihr für diese Phase veranschlagt habt. Zieht die Urlaubswochen ab. Multipliziert mit der Zahl der geplanten AGs pro Woche (vergesst dabei u. U. nicht die sanfte Einstiegsphase oder die „Leersitzungen") – und schon habt ihr die Zahl der AG-Termine ermittelt.

▶ *BEISPIEL: A, B und C veranschlagen ein Jahr für die erste Phase der Examensvorbereitung. Sie wollen in dieser Zeit dreimal zwei Wochen Urlaub machen und sich dreimal wöchentlich treffen. Im ersten Monat wollen sie vorsichtig mit zwei wöchentlichen Sitzungen beginnen. Außerdem planen sie alle 8 Wochen eine Leersitzung ein. Sie rechnen: Ein Jahr hat 52 Wochen, davon gehen sechs als Urlaub ab. Macht 46 Wochen. Vier davon werden mit zwei AG-Sitzungen gefüllt, das sind schon mal acht Treffen. Für die restlichen 42 Wochen sind drei Treffen geplant, also insgesamt 126. Alle 8 Wochen eine Leersitzung zu machen heißt, es müssen 46 / 8 ~ 5 Termine „abgezogen" werden. Das ergibt insgesamt also 121 AG-Sitzungen, die ihr thematisch füllen könnt.* ◀

Aber das ist natürlich nur der erste Schritt zum AG-Plan.

d) Wo steht, was examensrelevant ist? – Die Ermittlung des Lernpensums

Die so ermittelten AG-Termine müssen in einem nächsten Schritt mit dem examensrelevanten Stoff gefüllt werden. Den Katalog der möglichen Prüfungsthemen findet ihr in der Prüfungsordnung eures Bundeslandes. Vorausgesetzt, ihr findet die Prüfungsordnung. Das aber ist nicht schwer. Die meisten Fachschaften haben eine kleine Broschüre mit ihrem Text bereitliegen, die ihr nur abholen müsst. Ansonsten findet ihr die Prüfungsordnung in der Gesetzessammlung eures Bundeslandes und meist auch auf der Website eures Landesjustizprüfungsamts bzw. des Prüfungsamts eurer Fakultät.

In der Prüfungsordnung ist detailliert aufgelistet, welche Themen prüfungsrelevant sind. Was dort nicht drinsteht, braucht ihr nicht zu lernen – jedenfalls nicht fürs Examen. Natürlich ergibt sich aus Formulierungen wie „im Überblick: Verfassungsprozessrecht" (§ 8 Abs. 2 Nr. 9 JAPrO Baden-Württemberg) noch nicht bis ins Kleinste, was hier zu lernen ist – zur Konkretisierung sollten also durchaus Lehrbücher, (Vorlesungs-)Skripten oder bewährte Lernpläne früherer AGs herangezogen werden. Wenn auch das Zweifel noch nicht restlos ausräumt, lohnt ggf. der Weg zum Assistenten oder der Professorin des Vertrauens.

e) Die Gewichtung der Fächer

Ihr könnt nun festlegen, in welcher Woche welche AG-Sitzung zu welchem Fach stattfinden soll. Hierbei sind zwei Entscheidungen zu treffen:

■ *Die Gewichtung:* Beim Studium der Prüfungsordnung wird euch schnell auffallen, dass die Anforderungen in den einzelnen Fächern unterschiedlich sind. Das Strafrecht beschränkt sich auf ausgewählte Abschnitte des StGB und ist von daher recht übersichtlich, während im Zivilrecht zahlreiche Nebengebiete wie Handels- und Gesellschaftsrecht oder Arbeitsrecht verlangt werden. Im Öffentlichen Recht ist neben dem materiellen Recht auch das ganze Prozessrecht gefragt, während prozessuale Fragen in den anderen Fächern eine eher untergeordnete Rolle spielen. Als *Ausgangspunkt* liegt es nahe, sich am jeweiligen Anteil der Fächer an den Klausuren der schriftlichen Prüfung zu orientieren. In den meisten Bundesländern ergibt sich so eine Gewichtung Zivilrecht – Öffentliches Recht – Strafrecht im Verhältnis 3 : 2 : 1. Allerdings raten wir eher davon ab, dieses Schema unmodifiziert zu übernehmen – zum einen ist das Strafrecht hier im Vergleich zum verlangten Stoffumfang unterrepräsentiert. Kalkuliert ihr streng utilitaristisch allein nach der Devise „Minimaler Einsatz – maximaler Ertrag", dann mag eine Ausrichtung rein an der Klausurenzahl dennoch sinnvoll erscheinen. Geht es euch aber um eine möglichst lückenlose Erarbeitung des Prüfungsstoffes, dann solltet ihr dem Strafrecht wohl etwas mehr Anteil einräumen. Eine Abänderung dieser Gewichtung kann auch dann sinnvoll sein, wenn ihr „besonderes Vorwissen" mitbringt. Zum Beispiel dann, wenn ihr – vielleicht aufgrund eurer Schwerpunktwahl – im Zivilrecht solide Grundlagen habt, vom Strafrecht aber sehr viel weniger versteht. Oder weil ihr beispielsweise einzelne Öff-Recht-Scheine im Ausland gemacht habt und dementsprechend größere Defizite etwa im Besonderen Verwaltungsrecht der Bewältigung harren.

■ *Die Reihenfolge:* Ferner wird oft die Frage gestellt, ob erst einmal ein Fach ganz gelernt werden soll oder ob es sinnvoller ist, alle Fächer parallel zu bearbeiten. Grundsätzlich gilt, dass ihr im Examen alle Fächer gleichzeitig parat haben müsst – und es ist auch spannender und abwechslungsreicher, die Materie von Zeit zu Zeit zu wechseln. Empfehlenswert ist daher für die meisten AGs, die Fächer abwechselnd zu behandeln. Vor einer besonderen Situation stehen aber diejenigen, die einzelne Fächer abschichten wollen: Ihnen mag es sinnvoller erscheinen, zunächst einmal das Fach zu lernen, das abgeschichtet wird und die anderen nachzuziehen. Ebenso klug kann es aber auch hier sein, sich erst einmal einen Überblick über den ganzen Stoff zu verschaffen und dann eine spezielle Wiederholungsphase unmittelbar vor der Abschichtklausur einzubauen. Das hat den Vorteil, dass ihr Querverbindungen zwischen den Fächern kennenlernt. Für die Möglichkeit des Abschichtens sei auf auf Lernplan Nr. 5 hingewiesen (→ S. 228)

f) Die Gewichtung der Themen

Wenn ihr einen relativ offenen Plan haben wollt, dann ist er an dieser Stelle fertig. Die konkreten Themen werden dann von der Arbeitsgruppe jeweils kurz vor dem Treffen festgelegt – oder gar nicht.

■ Im letzteren Fall bleibt es der vorbereitenden Person überlassen, das Thema der jeweiligen AG auszuwählen. Vertreter*innen dieses Modells schätzen daran den garantierten Überraschungseffekt: Wenn niemand weiß, worum es in der Sitzung geht, muss man sich eben überraschen lassen. Wie im Examen, in dem auch niemand vorher verrät, welche Themengebiete abgefragt werden. Diese Art der Vorbereitung eignet sich für Studierende, die mit soliden Grundlagen in die Examensvorbereitung gehen, aber im Zweifel auch nur für sie. Für alle anderen steht zu befürchten, dass sie sich gerade in den ersten Wochen und Monaten der AG hoffnungslos überfordern.

■ Werden die Themen dagegen kurz vor den Terminen besprochen, so wird die Sache schon berechenbarer. Ihr könnt jeweils kurzfristig absprechen, welches Thema euch gerade besonders auf den Nägeln brennt. Aktuelle Gerichtsentscheidungen können brandheiß besprochen, oder es können Klausurenkursprobleme auf die Tagesordnung gesetzt werden. Der Nachteil: Es ist dem Plan nicht zu entnehmen, ob auch wirklich der gesamte Stoff behandelt wird und wann welche Themen an der Reihe sind. Die AG-Mitglieder haben also kein Gerüst, an dem sie sich beim Lernen orientieren können.

Die meisten Arbeitsgruppen legen daher für jeden AG-Termin auch schon von vornherein fest, welches Thema behandelt wird. Die Vorteile: Die AG hat zu jedem Zeitpunkt einen Überblick über ihr vollständiges Programm. Und die AG-Mitglieder können ihr persönliches Lerntempo dem Plan anpassen und sparen sich die Diskussion darüber, ob nun beim nächsten Treffen dieses oder jenes Thema das sinnvollere wäre.

Detailliertheit

Doch auch bei den detaillierten Themenplänen variieren die Modelle. Manche AGs umreißen das Thema jeweils mit einem Stichwort. Sie schreiben etwa: *„AG 35: Gewährleistung im Kaufrecht"*. Andere AGs machen sich mehr Mühe und beschreiben auch noch, welche Unterpunkte in dieses Thema gehören. Beispiel: *„AG 35: Gewährleistung im Kaufrecht: Sachmängelhaftung (Nachbesserung/Nachlieferung, Rücktritt, Minderung, Schadensersatz, Ausschlussgründe, Verjährung); Rechtsmängelhaftung"*. Und das ist noch die harmlose Variante. Es gibt AGs, die in ihren Plänen jedes Thema auf einer ganzen Seite beschreiben. Ob dieser Aufwand sich lohnt, kann guten Gewissens bezweifelt werden. Denn die wichtigsten Aspekte eines Themas findet jedes AG-Mitglied mühelos, wenn es ein gutes Lehrbuch oder Skript aufschlägt, also früh genug. Hilfreich kann daher auch sein, sich bei der Planerstellung auf ein „Orientierungslehrbuch" zu einigen, aus dem die entsprechenden Kapitel angegeben werden. Das heißt dann allerdings nicht, dass mit diesem Lehrbuch auch gelernt werden muss – sondern nur, dass der in den dort angegebenen Kapiteln behandelte Stoff drankommt. Wie und mit welchen Materialien dieser Stoff dann gelernt wird, bleibt den AG-Mitgliedern selbst überlassen.

Standardfälle und Schwerpunkte

Viel wichtiger als eine Unzahl von Unter- und Unter-Unter-Punkten sind die Schwerpunkte, die im AG-Plan gesetzt werden. Im Examen werden bestimmte Probleme immer wieder abgefragt, andere hingegen so gut wie nie. Während zivilrechtliche Figuren wie Spiel und Wette in Klausuren zum Beispiel ein eher unauffälliges Dasein fristen, kommt der Kaufvertrag in jedem dritten Fall vor. Diese Gewichtung sollte im AG-Plan berücksichtigt werden. Dabei hilft die Prüfungsordnung allerdings nicht mehr weiter. In ihr steht zwar hin und wieder, eine bestimmte Materie müsse nur „im Überblick" bekannt sein. Welche Probleme in diesen Überblick gehören und welche nicht, verraten sie häufig jedoch nicht.

Leider sind auch viele Lehrbücher nach dem Gießkannenprinzip aufgebaut: Jedem Thema werden ein paar Seiten gewidmet, unabhängig von ihrer Prüfungsrelevanz. Eine Ausnahme bilden hier speziell auf die Examensvorbereitung zugeschnittene Lehrbücher wie bspw. Werner Beulkes „Klausurenkurs im Strafrecht – Band 3: Ein Fall- und Repetitionsbuch für Examenskandidaten" oder der „Studienkommentar StGB" von Wolfgang Joecks, in dem mittels eines „Sternchensystems" auf die Examensrelevanz eines Themas hingewiesen wird. Zu beachten ist allerdings, dass Prüfungsordnungen wie auch -praxis von Bundesland zu Bundesland variieren, Lehrbücher aber meist bundesweit angeboten werden. Dieser Punkt ist es denn auch, auf den sich die Repetitorien stürzen. Sie werten die Examensklausuren vergangener Durchgänge aus und meinen so im Laufe der Zeit ermitteln zu können, welche Probleme gern abgefragt werden und welche eher nicht. Diese Arbeit könnt ihr natürlich nicht leisten – müsst ihr aber auch gar nicht. Zum einen könnt ihr ohne weiteres einen Blick in die Unterlagen der Repetitorien werfen und vergleichen, wo sie ihre Schwerpunkte setzen. Zum anderen helfen an dieser Stelle erprobte AG-Pläne weiter – zum Beispiel die in Teil 6 dieses Buches (→ ab S. 195) abgedruckten Exemplare. Schließlich könnt ihr auf die Vorlesungsskripten der Examensvorbereitungskurse eurer Universität zurückgreifen oder auch die Assistentin oder den Professor eures Vertrauens konsultieren.

Orientiert euch für die Gewichtung der Themen also ruhig an Vorbildern. Doch auch wenn ihr euch noch so viel Mühe gebt, kann es passieren, dass ihr euch hin und wieder verschätzt. Es kann sein, dass ihr für einzelne AG-Termine zu viel oder zu wenig Stoff vorseht oder wichtige Themen ganz vergesst. Das ist kein Wunder. Ihr könnt nicht vor der Examensvorbereitung den Überblick schon haben, den ihr durch sie erst bekommen sollt. Es spricht nichts dagegen, später mit größerer Fachkenntnis Themen zu verschieben, zu streichen oder hinzuzufügen. Es muss nicht unbedingt sein, dass sich dadurch die Vorbereitungszeit verlängert. Genauso wie hier und da ein Thema längere Bearbeitung erfordert als geplant, können andere Themen auch ganz wegfallen. Wenn ihr eurem Lernplan „Leersitzungen" hinzugefügt habt, seid ihr auf solche Ungereimtheiten ohnehin bestens vorbereitet.

g) Die Reihenfolge der Themen

Schließlich bleibt noch eine Frage zu klären: In welcher Reihenfolge sollen die Themen bearbeitet werden? Die Hauptaufgabe des AG-Plans ist die, den Stoff zu strukturieren. Alle wichtigen Themen, die im Examen geprüft werden können, sollen einmal darin vorkommen. Die meisten AGs stellen dies dadurch sicher, dass sie sich den Stoff von Grund auf erarbeiten. Ihre Pläne fangen mit den Allgemeinen Teilen an und schreiten dann im Laufe der Zeit zu den Besonderen Teilen fort. So wird systematisch gelernt, und die wichtigen Grundlagenprobleme können in späteren Einheiten wiederholt werden.

Es gibt aber auch AGs, die schnell einen Überblick über die wichtigsten Probleme bekommen möchten, etwa weil sie sich von Anfang an in den Klausurenkurs setzen wollen. Vielleicht möchten sie auch bestimmte Angstthemen wie das Eigentümer-Besitzer-Verhältnis oder das Bereicherungsrecht von Beginn an behandelt haben, damit sie sie möglichst oft wiederholen können. Diese AGs ziehen vor die systematische Erarbeitungsphase eine „Schwerpunkt-Phase", in der besonders wichtige oder besonders komplizierte Themen vorgezogen werden (→ vgl. Lernplan Nr. 3 ab S. 209).

Die Erfahrungen mit diesem Modell sind unterschiedlich. Dafür spricht, dass ihr von zentralen BT-Problemen schon von Beginn an zumindest die Grundzüge kennt. Denn in der Tat ist es oft nicht leicht, zu AT-Einheiten Fälle zu finden, in denen nicht auch schon Probleme der Besonderen Teile auftauchen. Für das Selbstwertgefühl aber kann es sehr ungünstig sein, gerade komplizierte Themenbereiche vor die Klammer zu ziehen. Gleich zu Beginn der Examensvorbereitung kann so der Eindruck entstehen, das juristische Lernen sei eben doch ein Zustand permanenter Überforderung. Mit den entsprechenden Grundlagen lassen sich komplexe Zusammenhänge hingegen leichter auseinandernehmen und verstehen. Die Schwerpunkt-Phase ist daher nur denen anzuraten, die entweder aus dem Studium solide Grundlagenkenntnisse mitbringen oder aber den schon erwähnten Sprung ins kalte Wasser brauchen, um richtig in Gang zu kommen.

Ein drittes Modell ist schließlich, sich mit den AG-Plänen an der universitären Examensvorbereitung zu orientieren. Dies empfiehlt sich insbesondere dann, wenn man diese neben der AG ohnehin mitnutzen will – in diesem Fall können sich Uni-Angebot und AG gut ergänzen. Relativ unproblematisch ist dies, wenn die Uni-Examensvorbereitung systematisch aufgebaut ist und ihr mit eurer Examensvorbereitung auch zu dem Zeitpunkt beginnt, zu dem auch das Uni-Angebot startet. Oft ist dies jedoch nicht der Fall – an vielen Unis fehlt bereits eine systematische Abstimmung der Examenskurse. Oder die Uni-Kurse beginnen mit dem „AT-Teil" im Wintersemester, ihr wollt eure Examensvorbereitung aber zum Sommersemester starten. In diesen Fällen empfiehlt es sich, einen autonomen, systematisch aufgebauten AG-Lernplan zu erstellen und das Uni-Angebot neben der AG zu nutzen – entweder als Einführung in einen Bereich, der in eurem Lernplan später drankommt oder als willkommene Wiederholung eines Themas, das ihr bereits behandelt habt.

C. Die Arbeit in der AG

Herzstück, Existenzgrund und Daseinsberechtigung jeder AG sind die Arbeitssitzungen, in denen der Stoff er- und bearbeitet wird. Dabei sind die Ansprüche an eine Arbeitsgruppe ohne Repetitor in der Regel hoch. Die Mitglieder versprechen sich fachlich hochwertige und effektive Arbeit ebenso wie Solidarität und Zusammenhalt in der Kleingruppe, und die AG ist nicht selten von einer halb trotzigen, halb stolzen „Denen werden wir es zeigen"-Haltung durchdrungen. Nun ist Stolz nicht unbedingt schlecht und auch gar nicht unangemessen angesichts der von Repetitorien gern geschürten Angst, es ohne sie nicht schaffen zu können. Und die meisten AG-Sitzungen sind tatsächlich angenehmer und effektiver als der Unterricht beim Rep. Der Schwachpunkt jeder AG ist jedoch, dass sie ein vergleichsweise hohes Maß an Absprache und Organisation erfordert. Entsprechend ausführlich ist das folgende Kapitel geraten, das sich mit den zahlreichen organisatorischen Fragen beschäftigt, die sich im Leben einer Arbeitsgruppe stellen.

1. Setting

Die Zusammenarbeit in einer Arbeitsgruppe verläuft umso reibungsloser, je stabiler ihre Rahmenbedingungen sind. Das bedeutet zum Beispiel, dass die AG sich idealerweise immer zur gleichen Zeit trifft. Nützlich ist es auch, wenn sie sich nach und nach auf eine bestimmte Arbeitsweise einspielt, also die verschiedenen Tagesordnungspunkte (Falllösung, Wiederholung, Abfragen, Pause) in immer gleicher Reihenfolge abarbeitet. Was nicht bedeutet, dass ihr unflexibel werden solltet, denn Flexibilität ist ja gerade einer der Hauptvorteile einer AG, die nicht an einen Repetitor gebunden ist. Derartige Gewohnheiten haben aber – vernünftig gehandhabt – den Vorteil, dass ihr euch nach kurzer Zeit schon keine Gedanken mehr um die äußeren Bedingungen der Arbeit machen müsst. Ihr könnt euch in vertrautem Rahmen voll und ganz auf die inhaltliche Arbeit konzentrieren. Wenn ihr dagegen vor jeder AG wieder einen Termin suchen und die Tagesordnung diskutieren müsst, dann wird euch das viele Nerven kosten, die der sachlichen Arbeit nicht mehr zur Verfügung stehen. Einigt euch darum frühzeitig auf das „Setting" eurer AG.

a) Wo?

Die Stimmung in einer AG ist sehr davon abhängig, wo sie sich trifft. Kommt sie in einer ruhigen Ecke in der Bibliothek zusammen, dann werden sich die Diskussionen weniger leidenschaftlich entwickeln als an einem Ort, an dem ohne Skrupel die Stimme erhoben werden darf. Sitzt sie im Sommer auf der Wiese, wird sie schon bald durch Rasenmäher oder Wespen abgelenkt werden. Doch sind das eher unrealistische Alternativen.

Entscheidender ist schon die Frage, ob sich die AG in privaten Räumen trifft oder lieber in der Universität. Eine Frage, die sich allerdings nur stellt, wenn es an eurer Universität überhaupt geeignete Räume gibt. Gruppenarbeit gehört leider zu den Arbeitsformen, die nur von den wenigsten juristischen Fakultäten gefördert werden (→ zu den erfreulichen Ausnahmen vgl. Teil 5 dieses Buches ab S. 182). Deswegen finden sich an den wenigsten Unis Arbeitsräume für studentische Gruppen. Entweder gibt es formschöne Lernwaben für die individuelle Büffelei oder aber Cafeterien, in denen viel Lärm und Ablenkung drohen. Mit ein bisschen Hartnäckigkeit und offenen Augen lassen sich oft aber immerhin leerstehende Seminarräume finden – oder sogar über die universitäre Raumverwaltung buchen. AG-Sitzungen in derartigen Räumen haben eine offiziellere Atmosphäre als solche in privaten Gemächern. Wenn ihr fürchtet, die AG in eurem eigenen Zimmer nicht richtig ernst zu nehmen, dann ist euch ein Uni-Raum als Treffpunkt zu empfehlen.

Reicht es euch dagegen, die Uniluft in den Klausurenkursen zu schnuppern und habt ihr es lieber gemütlich bei Tee oder Kaffee, dann trefft euch ruhig privat. Achtet aber auch in privaten Räumen auf ein arbeitstaugliches Ambiente: Hört keine Musik, setzt euch an einen soliden Tisch und geht nur im Notfall ans Telefon.

A propos Telefon: Mobiltelefone haben in angeschaltetem Zustand in keiner AG-Sitzung etwas verloren. Auch „lautlos" vibrierende Handys stören bei der konzentrierten

Falllösung immens. Denkt also daran, eure Mobiltelefone vor der Sitzung auszuschalten. Manche AGs arbeiten sogar mit „Handy-Kisten", in denen zu Beginn der Sitzung die Mobiltelefone abgelegt werden.

b) Wann?

Die meisten Menschen können sich vormittags besser konzentrieren als beispielsweise am frühen Nachmittag. Für sie liegt es nahe, die AG-Sitzungen morgens zu beginnen und gegen Mittag zu beenden. Nachtaktivere Naturen dagegen brauchen morgens oft lange, bis sie sich auf andere Menschen einstellen können. Sie sollten sich mit der Arbeitsgruppe lieber nachmittags treffen. Auch Abendtermine werden gelegentlich vereinbart, wenn die AG-Kolleg*innen ihre Tage lieber für andere Dinge frei haben. Solange ihr euch noch konzentrieren könnt, ist auch das ein gangbarer Weg. Und schließlich sind natürlich auch hier Kompromisse im Sinne von Mischformen möglich: Dann findet ein AG-Treffen eben am Morgen, das andere am Abend statt.

Keinesfalls aber solltet ihr AG-Sitzungen auf die Zeiten des Tages legen, an denen die Konzentration nachlässt. Auch wenn diese Idee zunächst einmal gar nicht abwegig klingen mag. Immerhin könnten dann die Konzentrationshochs ausschließlich für das individuelle Lernen reserviert werden. Aber auch die Arbeit in einer Kleingruppe erfordert einiges an Aufmerksamkeit: Ihr müsst mitdenken und mitdiskutieren und euch dabei auch noch auf andere Menschen und ihre Arbeitsstile einstellen. Eine AG, die sich nur dann trifft, wenn alle ohnehin nicht mehr aufnahmefähig sind, wird sich auf Dauer zu einem ziemlich müden Verein entwickeln. Schließlich ist eure AG nicht nur eine nette Begleiterscheinung der Examensvorbereitung, die auch mal verträumt werden kann. Sie soll den Repetitor ersetzen, eine Lernkontrolle sein und eine Möglichkeit bieten, den gelernten Stoff auf konkrete Fälle anzuwenden. Darum verdient sie einen prominenten Platz im Tagesplan. Nutzt eure Konzentrationstiefs lieber, um euch zu entspannen, zu erholen, zu ernähren oder zu amüsieren.

c) Wie lange?

Wie lange eine AG-Sitzung dauern sollte, hängt in erster Linie davon ab, was ihr während der Sitzung alles machen wollt. Geht es nur darum, ein paar Details abzufragen, so genügt eine knappe Stunde zwischendurch. Um aber ein Thema, und sei es noch so klar abgegrenzt, mit einiger Gründlichkeit zu behandeln, bedarf es mindestens zwei Stunden Zeit. Das gilt jedenfalls dann, wenn Fälle gelöst werden und alle Beteiligten ausreichend zu Wort kommen sollen.

Werden in der AG komplexere Fälle gelöst, die womöglich jede*r erst einmal still für sich vorbereitet, oder soll neben der Falllösung auch noch abgefragt oder wiederholt werden, dann reichen zwei Stunden nicht aus. In der Hauptphase einer AG, in der der Stoff zum ersten Mal durchgearbeitet wird, ist die gängige Variante daher eine drei- bis fünfstündige Sitzung. Diese Zeitspanne ist von der Konzentration her auch durchzuhalten, wenn zwischendurch ausreichend Pausen gemacht werden. Außerdem ist es in einer drei- bis fünfstündigen AG leichter möglich, mit einem Themengebiet tatsächlich durchzukommen. Die Länge der jeweiligen Sitzungen hängt aber natürlich auch davon ab, wie oft in der Woche ihr euch trefft – und vom Verlauf eurer AG – so zum Beispiel davon, ob ihr Klausursachverhalte erst in der Sitzung verteilt oder ob sie schon vor den Treffen gelesen werden.

Dazu kommt, wie bei jeder Veranstaltung, zu der die Teilnehmer*innen eigens anreisen, dass zu Beginn und gegen Ende Zeit gebraucht wird, um sich zu begrüßen und die Sachen aus- und einzupacken. Schließlich gibt es auch immer wieder organisatorische Fragen zu besprechen. Plant also lieber großzügig als zu knapp.

d) Pausen

Das Thema „Pausen" verdient es, in einem Buch wie diesem mit beständiger Penetranz erwähnt zu werden. Viele Examenskandidat*innen erlauben sich mit zunehmender Examensnähe immer seltener Pausen einzulegen – aus lauter Angst, dann vor sich selbst als faul dazustehen. Pausen haben jedoch mit Faulheit überhaupt nichts zu tun. Eine Pause ist das Stück lernfreie Zeit, das sich zwischen zwei Perioden des Fleißes schiebt. Ohne sie wäre der Fleiß auf Dauer nicht auszuhalten. Auch für kurze AG-Treffen kann nur empfohlen werden, ausreichend Pausen zu machen. Bei Sitzungen, die sich über mehr als eineinhalb Stunden erstrecken, sollten Pausen sogar eine Selbstverständlichkeit und ein angenehmes Ritual sein. Sie bieten Raum für persönliche, organisatorische oder meteorologische Gespräche und für die neuesten Gerüchte aus Prüfungsamts- oder Freundeskreisen. Das ist keinesfalls verlorene Zeit, die durch straffe Disziplin eingespart werden kann, sondern das Mindestmaß an sozialem Nahkontakt, das jede Gruppe zur Zusammenarbeit braucht.

Hinsichtlich Häufigkeit und Länge von Pausen lassen sich keine allgemein gültigen Empfehlungen geben. Man kann sich am „Schulrhythmus" orientieren und nach jeweils 45 Minuten eine fünfminütige Pause einlegen oder aber die Arbeitsphasen verlängern; dann sind aber auch entsprechend längere Pausen nötig. Bei vier- bis fünfstündigen Sitzungen empfiehlt sich außerdem eine längere Pause nach der Hälfte oder zwei Dritteln der Arbeitszeit, um neue Energie schöpfen und vielleicht gemeinsam einen Kaffee trinken gehen zu können. Auch an dieser Stelle solltet ihr aber keine völlig unflexiblen Regelungen treffen: Manchmal ist es einfach besser, einen Fall noch zu Ende zu besprechen, auch wenn die Pause dadurch zehn Minuten später beginnt – und umgekehrt (→ ausführlich zur Bedeutung von Pausen für konzentriertes Lernen vgl. den folgenden Teil dieses Buches ab S. 102).

Noch einmal: Pausen gehören zum effektiven Lernen dazu. Macht euch deshalb immer wieder klar: Unter dem Strich zählt nicht die Zeit, die ihr „formell" gearbeitet habt – sondern das, was ihr in eurer Arbeitszeit tatsächlich effektiv gelernt habt.

e) Zeitbegrenzung

Zur Gewohnheit werden sollte nicht nur, dass jede AG zu einer bestimmten Zeit beginnt, sondern auch, dass sie zu einer festgelegten Zeit endet – auch wenn eigentlich noch ein Fall, eine Wiederholungseinheit oder ein paar Fragen auf dem Programm stehen. Denn wenn ihr die AG erst dann verlasst, wenn eure Konzentration am Boden liegt, dann hat das zwei nachteilige Folgen: Zum einen könnt ihr das weitere Lernen für den Rest des Tages vergessen, selbst wenn ihr eine längere Pause einlegt. Zum anderen sinkt mit der Konzentration auch die Motivation. Eine AG-Sitzung, die sich gegen Ende zieht wie Kaugummi, motiviert nicht gerade zu weiteren Treffen (→ über die Bedeutung der Motivation für den Lernerfolg ist im folgenden Teil 3 ab S. 104 mehr zu lesen).

Auch auf den nächsten AG-Termin solltet ihr ungelöste Fälle nicht verschieben, denn dann kommt über kurz oder lang der Zeitplan durcheinander. Ihr könnt aber prüfen, ob der ungelöste Fall thematisch auch in eine der folgenden AGs passt – dann hat die vorbereitende Person gleich weniger Arbeit. Ansonsten könnt ihr ggf. eine „Leersitzung" nutzen, Themen auf die Zeit nach dem „ersten Durchgang" vertagen oder dem individuellen Lernen überlassen.

f) Arbeitsferien

Als sehr motivierend und effektiv hat es sich in vielen AGs erwiesen, zusammen für ein paar Tage wegzufahren und an einem stillen Ort fern der Heimat zu lernen. Das kann ein Ferienhaus im Schwarzwald sein, irgendeine Jugendherberge oder das sturmfreie Elternhaus – in solchen Arbeitsferien kann viel Stoff in relativ kurzer Zeit behandelt werden (→ vgl. die Interviews mit Annika Meyer auf S. 125 und Tobias Klarmann auf S. 178). Vom Nutzen für den persönlichen Zusammenhalt ganz zu schweigen. Vorausgesetzt, ihr seid in persönlichen Dingen einigermaßen kompatibel. Wenn AG-Mitglied A auf ein Einzelzimmer besteht, während B Matratzenlager liebt, wenn C darauf besteht, allabendlich vegan zu kochen, D aber McDrive bevorzugt, wenn E lauschige Gespräche bei Kerzenschein liebt, F sich aber nicht gern unterhält – dann solltet ihr von Gruppenerfahrungen der intensiveren Art, wie sie Arbeitsferien darstellen, lieber absehen.

2. Ablauf

Die Examensvorbereitung besteht aus verschiedenen Phasen: Zuerst wird der Stoff erarbeitet, dann wiederholt und schließlich kommen die Prüfungen. An eine AG stellen sich in jeder dieser Phasen unterschiedliche Anforderungen.

a) Erarbeitung des Stoffes

Die erste Phase der Examensvorbereitung (wie auch die zweite, die Wiederholungsphase) dient im Wesentlichen der Vorbereitung der Klausuren. Zwar sehen alle Prüfungsordnungen auch mündliche Prüfungen vor; auf diese kann man sich aber in der Zeit zwischen Klausuren und mündlicher Prüfung noch spezifisch vorbereiten – der Stoff ist ohnehin der gleiche. Die AG hat in dieser Phase also zwei Aufgaben:

- Sie soll dafür sorgen, dass der examensrelevante Stoff einmal komplett durchgearbeitet wird, und eine Lernkontrolle bieten.
- Sie soll auf die Anwendung des abstrakten Wissens in komplexen Klausurfällen vorbereiten.

Dementsprechend gibt es verschiedene Möglichkeiten, wie eine AG gestaltet werden kann: Es können leichte oder schwierige Fälle gelöst werden; eine Person kann die anderen abfragen oder das AG-Thema referieren. Die AG kann die Themen vergangener Sitzungen wiederholen oder die neuere Rechtsprechung diskutieren.

Wenn im Folgenden alle diese Möglichkeiten angesprochen werden, so bedeutet das nicht, dass sie alle notwendigerweise in eine AG-Sitzung hineingehören. Eine AG kann sich zum Beispiel durchaus auch darin einig sein, dass die Wiederholung Sache des individuellen Lernens ist und sich ganz auf das Fällelösen beschränken.

Die Suche nach Fällen

In vielen AGs ist jeweils eine Person dafür zuständig, zum Thema einer Sitzung Fälle herauszusuchen und vorzubereiten. Diese Arbeitsteilung ist auch sinnvoll. Denn so gibt es bei jedem Treffen eine Person, die die Lösungsskizze schon kennt. Sie kann die Leitung der Diskussion übernehmen, sie mit fehlendem Wissen füttern und weiterführende Fragen stellen. Ohne eine solche kompetente Diskussionsleitung droht die Gefahr, dass in der AG nur mehr oder minder stichhaltiges Halbwissen ausgetauscht wird. Die vorbereitende Person erfüllt dabei eine wichtige Funktion: Sie stellt eine Instanz mit Wissensvorsprung dar. Auch das ist ein Gesichtspunkt, der viele Kandidat*innen zum Rep gehen lässt: die Angst, ohne den Repetitor nie zu wissen, was richtig oder falsch ist. Abgesehen davon, dass in der Juristerei die Meinungen darüber, was nun richtig oder falsch ist, ohnehin zu jedem nennenswerten Punkt auseinandergehen, solltet ihr euch von dem vermeintlich überlegenen Wissen des Rep nicht einschüchtern lassen. Schon wenn die vorbereitende Person einen Überblick über das Tagesthema und einen Fall mit übersichtlicher Lösungsskizze hat, weiß sie genug, um den Repetitor zu ersetzen. In vielen AGs herrscht sogar regelmäßig Ärger über vorgefertigte Lösungsskizzen, die oft einseitiger und oberflächlicher sind, als viele sich das wünschen.

Fälle, die in der AG gelöst werden können, müssen eigentlich nur zwei Bedingungen erfüllen: Sie müssen sich mit dem jeweiligen AG-Thema beschäftigen und eine brauchbare Lösungsskizze haben. Zu den meisten Themen ist es nicht schwer, solche Fälle zu finden. Wichtige Quellen sind:

Zeitschriften

Der größte Fundus aktueller Fälle findet sich in den Ausbildungszeitschriften JuS, JA und Jura. Dazu kommen im öffentlichen Recht die Verwaltungsblätter der jeweiligen Länder. Diese Fälle sind häufig auf bestimmte Themen zugeschnitten und mit ihrem Schwierigkeitsgrad gekennzeichnet. Oft sind sie bereits in Klausurenkursen oder vergangenen Examensdurchgängen verwendet worden. Zeitschriftenfälle sind daher im Zweifel eine gute Wahl. Um den jeweils passenden Fall zu finden, bietet sich vor allem die Nutzung der Online-Datenbank „juris" an, die für die Studierenden der meisten rechtswissenschaftlichen Fakultäten zugänglich sein dürfte. Hier kann mithilfe geeigneter Suchwörter schnell und zielsicher nach passenden Klausuren gesucht werden; juris bietet zudem eine kurze Inhaltsangabe zu den jeweiligen Klausuren. Nicht zu verachten ist auch das Angebot der Online-Zeitschrift „ZJS" (Zeitschrift für das juristische Studium, http://www.zjs-online.com/), das auch durch eine komfortabel zu bedienende Suchfunktion besticht.

Eine Alternative für alle, die nicht gerne am Rechner arbeiten, findet sich in manchen Lehrbüchern: Im „Strafrecht AT"-Lehrbuch von Kristian Kühl sind beispielsweise zu allen wichtigen Themen Klausuren aus der JuS angegeben.

Falllösungsbücher

Neben den Zeitschriften gibt es zu allen Fächern zahlreiche Bücher, in denen Fälle gesammelt und exemplarisch gelöst werden. Diese Bücher sind von der Qualität her sehr unterschiedlich. Teils sind sie hoffnungslos veraltet, teils bieten sie nur magere Gerippe als Lösungsskizzen, in denen die wichtigen Probleme oberflächlich oder einseitig behandelt werden. Viele sind auch nicht auf die Examenssituation zugeschnitten. Empfehlenswert sind das Werk „Die Examensklausur" von Ulrich Preis u.a. (5. Aufl. Köln 2013; 6. Aufl. i.E.) und der „Examensklausurenkurs im Zivil-, Straf- und Öffentlichen Recht" von Wilfried Schlüter u.a. (2. Aufl., Heidelberg 2015) – in ihnen sind eine ganze Reihe Original-Examensklausuren und ihre Lösungen abgedruckt. Ebenso empfehlenswert ist der schon erwähnte Band 3 der Reihe „Klausurenkurs im Strafrecht" von Werner Beulke sowie der „Klausurenkurs im Staatsrecht" von Christoph Degenhart sowie die zivilrechtlichen Entsprechungen von Karl-Heinz Gursky und Karl-Heinz Fezer. Kleinere Fälle finden sich in den Bänden der Reihe „Prüfe dein Wissen", die allerdings keine übersichtlichen Lösungsskizzen bieten und sich eher zum kurzen Wiederholen bereits gelernten Stoffes eignen.

Fälle von Repetitorien

Stärker auf die Situation im Examen zugeschnitten sind naheliegenderweise die Fälle, die Repetitorien anbieten. Bei Alpmann-Schmidt etwa wimmelt die käufliche Literatur von Beispielsfällen, in denen einzelne Probleme aufbereitet werden. Andere Repetitorien wie Hemmer bieten Fälle und Lösungen nur für ihre Klient*innen an und geizen dementsprechend in ihren Skripten damit. Auch bei den Repetitorien ist die Qualität des Fallmaterials sehr unterschiedlich. Oft sind sie entweder zu knapp gehalten oder verlieren sich in Details. Auch prüfen viele Rep-Klausuren bloß aneinandergereihte Standardprobleme ab und haben so wenig mit den häufig in sich komplexen echten Examensklausuren zu tun. Zudem sind ihre Lösungsskizzen meist von so genannten „klausurtaktischen" Erwägungen geprägt. Gute inhaltliche Argumente für oder gegen eine Entscheidung finden sich dagegen selten.

Internet

Als die Arbeiten für die erste Auflage dieses Buches abgeschlossen wurden, waren die Autor*innen noch (zu Recht!) ungeheuer stolz darauf, eine Referendar-Homepage im Internet gefunden und ihre Fundstelle angegeben zu haben. Mittlerweile wimmelt es im Internet von privaten Websites, auf denen Jurastudierende ihr Lernmaterial unterschiedlichster Qualität anbieten. Für die Examensvorbereitung nutzbarer sind die Angebote der Universitäten. Viele stellen inzwischen die Fälle und Lösungen aus ihren Klausurenkursen ins Netz. Die Materialien sind hier allerdings – in noch größerem Maße als bei Lehrbüchern oder Zeitschriftenaufsätzen – von unterschiedlicher Qualität; eine eigenständige „Qualitätskontrolle" ist hier ein Muss. Eine zusätzliche Schwierigkeit stellt die Tatsache dar, dass solche Dokumente aus urheberrechtlichen Gründen oft passwortgeschützt sind. In diesen Fällen hilft aber meist bereits eine E-Mail an die/den betreffende*n Dozent*in, um als Ex-o-Repler*in Zugriff auf die Materialien zu erhalten. Auch so manche Fachschaft hält entsprechende Passwörter bereit.

Die Lösung der Fälle

Wie in der AG Fälle gelöst werden, lässt sich auf verschiedene Weise organisieren. Vieles hängt davon ab, ob vorrangig „kleine" oder „große" Fälle gelöst werden sollen.

- „Kleine" Fälle sind solche, die sich unter dem Niveau einer Examensklausur bewegen, nur wenige Probleme zum Inhalt haben und keinen verwickelten Aufbau erfordern. Ihr findet sie etwa in den „Prüfe dein Wissen"-Bänden oder als Klausuren für Anfänger*innen in Zeitschriften. Kleine Fälle lassen sich gut spontan und ohne vorherige Notizen lösen. Ihr Vorteil liegt darin, dass in eine AG-Sitzung mehrere Fälle passen, also viele Einzelprobleme eines Themas behandelt werden können. Kleine Fälle eignen sich besonders gut für die Vorbereitung auf die mündliche Prüfung, in der ihr ebenfalls keine Zeit habt, eine Lösungsskizze anzufertigen.

■ Es spricht andererseits auch einiges dafür, in der AG „große", also komplexere Fälle auf dem Niveau von Examensklausuren zu lösen. Dabei ist es jedoch erforderlich, dass sich alle Beteiligten zuerst – jede*r für sich – eine Lösungsskizze anfertigen. So haben alle den Fall schon einmal durchdacht, bevor sie zu seiner Diskussion schreiten. Das ist nicht nur eine hervorragende Selbstkontrolle, sondern gibt auch denen eine Chance, gleichberechtigt mitzudiskutieren, die bei spontanen Lösungen von schneller denkenden oder sprechenden Kolleg*innen überrollt werden. Nicht übersehen werden sollte auch, dass in den Examensklausuren jedes Einzelproblem in einen größeren Zusammenhang gestellt ist. Deswegen zählt für die Klausur nicht nur, die Einzelprobleme zu (er)kennen. Sie müssen auch in einen sinnvollen Aufbau gebettet werden. Wer zum Beispiel nur die Anfechtung, nicht aber ihr Verhältnis zum Gewährleistungsrecht lernt, weiß unter Umständen zu wenig. Schließlich spricht für ein Lernen am komplexen Fall, dass Examensfälle noch einmal erheblich kniffliger sind als Fortgeschrittenen-Klausuren. Viele stehen vor ihnen zunächst einmal wie vernagelt und verlieren nach kurzer Zeit die Lust, sich überhaupt auf ihre Verwicklungen einzulassen. Fälle auf Examensniveau zu lösen erfordert ein hohes Maß an Dickfelligkeit und Sturheit. Es kann nicht schaden, sich frühzeitig darin zu üben – im Gegenteil: Die Fähigkeit, komplexe und einen auf den ersten Blick überfordernde Sachverhalte ruhig zu analysieren und zu strukturieren ist eine der Schlüsselqualifikationen für ein erfolgreiches Staatsexamen.

■ Die Vorbereitungszeit in der AG entfällt, wenn die Fälle jeweils ein paar Tage vor dem Treffen ausgegeben werden. Dann können alle AG-Mitglieder zu Hause in Ruhe eine Lösungsskizze anfertigen und diese dann in die AG mitbringen. Bei diesem Verfahren ist jedes AG-Mitglied selbst dafür verantwortlich, wie sehr es den Fall als Lernkontrolle nutzt oder die Lösung doch lieber in einem Lehrbuch nachschlägt. Von letzterem Vorgehen können wir aber, so verlockend der „kurze Blick ins Skript" auch sein mag, nur abraten. Die Mogelgefahr sinkt, wenn in der AG nicht die perfekte Lösungsskizze zum Standard gemacht wird. Je weniger peinlich es ist, sich auch einmal in die Nesseln zu setzen, desto authentischer werden die Lösungen auch über mehrere Tage Vorbereitungszeit bleiben. Wenn ihr den Text des Falles nicht schon in der vorangehenden AG-Sitzung verteilen wollt, dann könnt ihr ihn auch an einem verabredeten Ort in der Uni hinterlegen. Aus sicherer Quelle wissen wir beispielsweise, dass sich die Werbeplakate der Repetitorien sehr gut dazu eignen, Fälle hinter ihnen anzupinnen. Natürlich kann man die Sachverhalte auch einfach einscannen und per E-Mail verschicken – wenn man bereit ist, das romantische Flair eines solchen toten Briefkastens der kalten Rationalisierung digitaler Kommunikation preiszugeben.

Die Wiederholung vergangener AG-Themen

Wenn ihr in der AG Fälle löst, dann ist das im günstigsten Falle schon eine Wiederholung des Stoffes. Dann nämlich, wenn jedes AG-Mitglied sich zu Hause auf das Thema des Treffens vorbereitet hat und seine Inhalte bereits kennt. Diese Art der Wiederholung hat alle Eigenschaften, die eine Wiederholung gelernter Informationen haben sollte: Sie beschränkt sich auf ein Thema und folgt der Lerneinheit in relativ kurzem Abstand. Zudem werden die gelernten Inhalte auf neue Zusammenhänge – den unbekannten Fall – angewendet.

Vielen Arbeitsgruppen reicht dies jedoch nicht. Sie wiederholen in ihren Sitzungen auch noch die Themen eines oder mehrerer vergangener Treffen. Das ist auch sehr sinnvoll: Denn das Wiederholen gehört zum Lernen wie das Wiederkäuen zur Kuh. Informationen bleiben umso besser im Gedächtnis haften, je regelmäßiger sie durchgekaut werden. Mit jedem dieser Kauprozesse sind sie leichter verdaulich – für das Gehirn. Sie werden besser eingeordnet, und es bleiben mehr Details haften. Von Wiederkäuern und Wiederholungen ist im folgenden Teil noch einmal ausführlicher die Rede (→ vgl. Teil 3 ab S. 92). Für die Arbeit in der AG sind insbesondere die folgenden Wiederholungssysteme interessant:

- *Fächerspezifisches Wiederholen:* In jeder Zivilrechts-AG wird das Thema der vergangenen Zivilrechts-AG wiederholt. In den anderen Fächern läuft es genauso. Das Wiederholen wird hier zweckmäßigerweise so gestaltet, dass eine Person die anderen abfragt. Wieder Fälle zu lösen, würde zu viel Zeit verschlingen.

- *Blockweises Wiederholen:* Andere Arbeitsgruppen lagern den Wiederholungsteil lieber aus: Jeweils nach einem Monat oder nach zehn AGs schieben sie zwei, drei Sitzungen ein, in denen sie nur wiederholen. Das kann in diesem Fall nicht nur durch Abfragen, sondern auch durch neue kleine Fälle geschehen. Gegen dieses Wiederholungssystem ist grundsätzlich nichts einzuwenden. Zwei Dinge sollten allerdings beachtet werden: Die Wiederholungsphasen müssen im AG-Plan berücksichtigt sein, sonst kommt die Zeitplanung durcheinander. Und die Zeit zwischen der AG-Sitzung zu einem Thema und ihrer Wiederholung sollte nicht zu lang werden. Sonst habt ihr schon zu viele Details wieder vergessen.

- *Wiederholen in Potenzen:* Perfektionist*innen aber verlieben sich vermutlich sofort in das System „Lernen in Potenzen", das schon seit geraumer Zeit als „Geheimtipp" in der Ex-o-Rep-Szene kursiert: Ein AG-Thema wird das erste Mal in der folgenden Sitzung wiederholt, das zweite Mal zwei Treffen später, dann nach weiteren vier, dann nach acht Sitzungen – und so weiter, bis es sitzt. Perfekt: Am Anfang muss viel wiederholt werden, damit sich die Informationen im Langzeitgedächtnis verankern. Mit der Zeit können die Abstände zwischen den Wiederholungen aber vergrößert werden, ohne dass dabei viel Wissen verlorengeht. Der Nachteil: Schon nach kurzer Zeit häuft sich ein beträchtlicher Hügel zu wiederholenden Wissens neben dem auch nicht gerade niedrigen Berg des noch zu erarbeitenden an. Das Lernen in Potenzen hält konsequent nur durch, wer sich dabei auf das Wesentliche beschränkt. Und selbst dann gibt es noch genug zu tun. Wer den Wiederholungs-Rhythmus ein wenig entzerren will, kann von 2er-Potenzen auch zu 3er-Potenzen übergehen: Wiederholung in der folgenden Sitzung, dann nach drei, neun usw. Sitzungen. Wer sich für diese Art des Wiederholens interessiert, dem kann Lernplan Nr. 4 (→ in Teil 6 dieses Buches ab S. 214 zu finden) wärmstens empfohlen werden.

Welches Wiederholungs-Konzept am besten zu euch passt, müsst ihr selbst entscheiden – sie alle bieten Vor- und Nachteile. Allein von einem Modell möchten wir dringend abraten: Dem „Jetzt lernen wir erst mal alles und dann schauen wir mal"-Modell. Wiederholen gehört zum Lernen dazu – das gilt insbesondere für das Lernen über lange Zeiträume hinweg. Setzt euch also schon bei der Erstellung des Zeit- und Lernplans mit dem Thema „Wiederholungen" auseinander – und entscheidet euch für das Wiederholungs-Modell, das euch am ehesten zusagt.

Es empfiehlt sich im Übrigen, dass für die Organisation des Wiederholens eine andere Person der Lerngruppe zuständig ist als für die Vorbereitung des neuen Stoffes – so wird der Vorbereitungsaufwand besser auf mehrere Schultern verteilt.

Abfragen, Referieren, Diskutieren

Allein mit Fällen wird es nur selten möglich sein, alle wichtigen Aspekte eines AG-Themas anzusprechen. Es gibt AGs, denen das nichts ausmacht: Nach ihrem Selbstverständnis ist jedes Mitglied selbst dafür verantwortlich, sich den Stoff vollständig anzueignen. In der AG wird das Gelernte dann exemplarisch auf einige Fälle angewendet. Mehr nicht. Die meisten AGs sind damit aber nicht zufrieden. Sie wollen eine umfassendere Lernkontrolle. Eine solche zu gewährleisten, kann auf vielerlei Weise geschehen:

- *Referate:* Ein AG-Mitglied kann den anderen die Inhalte des AG-Themas kurz vortragen. Dies kann vor oder nach der Falllösungsphase geschehen – oder statt ihrer. Auch das gibt es: AGs, die es vorziehen, den Stoff abstrakt zu diskutieren. Doch Vorsicht: Diese Methode eignet sich nur für Studierende, die keine Schwierigkeiten mit der Falllösungstechnik haben. Viele haben jedoch gerade das Problem, dass sie juristische Fragen zwar abstrakt beantworten, sie im Fall aber nicht wiedererkennen oder ihr Wissen hier nicht anwenden können. Gehört ihr zu diesen Menschen, dann solltet ihr in der AG unbedingt Fälle lösen.

- *Abfragen:* Eine andere Methode, Inhalte kurz zur Sprache zu bringen, ist das Abfragen: Die verantwortliche Person bereitet dann nicht nur die Fälle vor, sondern denkt sich auch kleine Fragen aus, mit denen weitergehende oder durch die Fälle nicht erfasste Bereiche des Themas abgedeckt werden.

- *„Rollenspiel":* Wenn ihr in der AG zu einem Problem alle einer Meinung seid, dann kann die vorbereitende Person die Rollen verteilen und damit der Diskussion ein wenig auf die Sprünge helfen: „A ist für die *reformatio in peius*, B dagegen. Los!". A und B haben dann die Aufgabe, möglichst viele Argumente für die jeweilige Ansicht zusammenzutragen und zu verteidigen. Der Vorteil gegenüber dem gewöhnlichen Diskutieren: Ihr seid gezwungen, euch auf eine Meinung zu versteifen, auch wenn ihr sie womöglich ganz und gar nicht überzeugend findet. In Klausuren wird es euch dann leichter fallen, auch fernliegendere Argumente zu rekonstruieren.

Auf dem Laufenden bleiben

Nun ist die Juristerei nicht nur ein sehr unübersichtliches Fach, sondern die Unübersichtlichkeiten befinden sich auch noch in ständigem Fluss. Spätestens in der mündlichen Prüfung kommen oft sehr aktuelle Gerichtsentscheidungen oder (rechts)politische Themen auf den Tisch. Es lohnt daher, über die aktuelle Rechtsentwicklung und das politische Tagesgeschehen auf dem Laufenden zu bleiben. Es bietet sich daher an – aber nicht nur deshalb – eine überregionale Tageszeitung zu abonnieren. Wer klug und reich ist und viele leere Reihen in den Bücherregalen hat, bezieht außerdem schon früh eine der juristischen Ausbildungszeitschriften (und liest sie auch). Wer auch klug, aber nicht so reich ist, geht hin und wieder in die Bibliothek und blättert die neuesten Zeitschriften durch. Wer klug und netzaffin ist, kann sich diesen Gang durch das Abonnieren von elektronischen Newslettern, z. B. des Bundesverfassungsgerichts oder der obersten Bundesgerichte, ersparen. Und wer schließlich klug ist und zudem noch eine AG hat, organisiert diese Arbeit umschichtig. Dann genügt es, wenn monatlich jeweils nur ein Mitglied sich und die anderen informiert.

b) Die Wiederholungsphase

Wenn ihr den Plan abgearbeitet habt, werdet ihr vor der heiklen Frage stehen, ob und wann ihr euch zum Examen meldet. Es ist nur zu empfehlen, vor dem eigentlichen Prüfungstermin noch einige Monate Luft zu lassen, um das Gelernte noch einmal zu wiederholen und ggf. noch vorhandene Lücken zu schließen. Denn selbst wenn ihr in der Erarbeitungsphase regelmäßig wiederholt habt, werdet ihr viele Themen noch nicht abschließend bearbeitet haben. So kann es sein, dass bestimmte Bereiche in der Vorbereitung zu kurz gekommen sind, weil die Zeit für sie zu niedrig veranschlagt war. Manchmal ist ein Thema auch so komplex, dass es öfter wiedergekäut werden muss als andere. Materien wie das Bereicherungsrecht oder das Eigentümer-Besitzer-Verhältnis sind sehr examensrelevant, erschließen sich aber nicht unbedingt schon beim ersten Durcharbeiten. Die meisten Prüflinge fühlen sich ohnehin erst dann sicher, wenn sie sich unmittelbar vor den Prüfungen alle wichtigen Punkte noch einmal angeschaut haben. Plant daher auch die Wiederholungsphase großzügig. Sie kann auf verschiedene Art und Weise gestaltet werden:

■ Manche AGs haben gar keine. Sie lösen sich auf, nachdem sie ihren Plan abgearbeitet haben und stellen alles Weitere in die Eigenverantwortung ihrer Mitglieder. Der Grund: Kurz vor den Klausuren lernen viele Menschen lieber allein als in der Gruppe. Sie haben dann schon einen Überblick darüber, wo ihre persönlichen Stärken und Schwächen sitzen und können das Lernen ganz auf ihre Bedürfnisse zuschneiden. Der Nachteil: Löst die AG sich auf, verzichten ihre Mitglieder meist auch auf die Unterstützung, die sie im Examen bekommen könnten. Selbst wenn eine AG nicht gemeinsam weiterlernen möchte, kann sie sich deshalb trotzdem noch treffen – und sei es nur, um zusammenzusitzen und über das Lebensgefühl im Examen zu parlieren.

■ Andere Arbeitsgruppen organisieren die Wiederholungsphase ähnlich wie die Erarbeitung des Stoffes: Zu besonders wichtigen Themen lösen sie neue Fälle, und im Übrigen fragen sie sich gegenseitig ab. Der Unterschied zur Erarbeitungsphase ist folgender: In der Kürze der Zeit können nicht mehr alle Aspekte des Pensums thematisiert werden, sondern die AG muss sich beschränken – auf besonders komplizierte, verunsichernde oder zu kurz gekommene Bereiche. In den wenigsten Fällen wird für die Wiederholungsphase noch ein haarkleiner Plan erstellt. Denn in dieser Phase der Examensvorbereitung, wie gesagt, können die meisten Menschen beurteilen, wo sie noch Lücken haben. Sich ungefähr abzustimmen, was man noch gemeinsam wiederholen möchte, macht natürlich trotzdem Sinn.

■ Schließlich kann die Wiederholungsphase auch ganz ohne thematische Absprachen organisiert werden. Zu diesem Zeitpunkt ist der Stoff ja schon mindestens einmal durchgearbeitet, ihr solltet also in jedem Fall zumindest einen Einstieg finden. Es genügt daher, wenn eine vorbereitende Person festgelegt wird, die den anderen einen netten Fall oder ein paar fiese Fragen heraussucht und sie damit überrascht. Probiert aus, ob euch dieses Verfahren frustriert. Ist das der Fall, dann verzichtet lieber darauf. Gerade kurz vor den Prüfungen solltet ihr nicht das Gefühl herausfordern, dem Stoff nicht gewachsen zu sein.

c) AG-Arbeit während des Examens

Eines Tages ist es dann soweit: Das erste Mitglied der AG meldet sich zu den Prüfungen an – oder alle. Ob sich eine Arbeitsgruppe geschlossen zu einem Prüfungsdurchgang meldet oder versetzt, das ist eine Frage des Geschmacks und des individuellen Gefühls der Examensreife. Unterschiede finden sich eher im persönlichen als im fachlichen Bereich: Meldet sich die gesamte AG für einen Prüfungsdurchgang, ist sie auch geschlossen fertig und kann eine große Abschlussparty feiern. Meldet sie sich versetzt zu mehreren Durchgängen, so besteht für die späteren Kandidat*innen das Risiko, dass die früheren schon nach Neuseeland abgereist sind. Sind sie aber noch am Ort, können sie den verbleibenden Prüflingen bei der Bewältigung ihrer Prüfungssorgen psychische Beihilfe leisten.

■ Vor den *Klausuren* kann die Arbeitsgruppe nicht nur in fachlicher Hinsicht unterstützend wirken, sondern auch durch Ablenkung. Viele Examenskandidat*innen sind gerade vor den Klausuren sehr nervös und lernen eher zu viel als zu wenig. Eine Arbeitsgruppe kann in dieser Zeit eine sehr beruhigende Wirkung entfalten. Zum einen kann die Ablenkung in ein fachliches Treffen verpackt werden: Ihr könnt euch treffen, um den Prüfling abzufragen oder ihm ein paar nette kleine Fälle zu stellen. Denn allein sind die meisten Menschen nervöser als in Gesellschaft. Ihr könnt aber auch einfach einen Kaffee miteinander trinken oder für ein Stündchen ins Grüne fahren. Oder den Prüflingen lästige Alltagsarbeit abnehmen – und zum Beispiel während der Klausurphase für sie kochen. Vielen Menschen tut es auch gut, wenn sie zu den Prüfungen gebracht oder von ihnen abgeholt werden. Es fällt ihnen dann schwerer, sich in Ängste hineinzusteigern und leichter, die Prüfungssituation wieder zu vergessen.

■ Vor der *mündlichen Prüfung* kann die AG ebenfalls sehr wichtig werden, und zwar auch, wenn ihre Mitglieder sich in demselben Prüfungsdurchgang befinden. Ein eingespieltes Team, mit dem mündliche Prüfungsgespräche simuliert werden können, ist in dieser Phase Gold wert.

■ Nach Abschluss der Prüfungen gibt es dann die Examensergebnisse zu begießen. Sie sind schließlich das Produkt der gemeinsamen Arbeit. Vergesst also nicht, den Sekt kaltzustellen.

D. Wenn es kracht: Konflikte in der Arbeitsgruppe

Die private AG – eine kleine Gruppe aufeinander eingeschworener und eingespielter Menschen, die sich den Stoff selbstbestimmt und gleichberechtigt erarbeiten; ein Team, dessen Mitglieder sich solidarisch gegenseitig durch das Staatsexamen schubsen – das klingt gut. Das klingt nach Nähe und Zusammenhalt, nach Selbstverantwortung und einem Fünkchen Rebellion in einem an Rebellionen so armen Fach wie der Juristerei. Und so ist es auch – jedenfalls meistens. Die Kehrseite: In jeder AG besteht ein reiches Potential für Spannungen und Konflikte: Was passiert, wenn sich die AG-Kolleg*innen streiten? Wenn eine*r nur unregelmäßig erscheint? Wenn A im Klausurenkurs regelmäßig Erfolge feiert, B aber immer durchfällt? Alles Probleme, die im Rep so nicht bestehen. Nicht, dass es dort nicht auch vorkommt, dass Leuten über den Mund gefahren wird und es dort nicht auch unsachliche Diskussionen gäbe. Von einem Rep wird allerdings auch nichts anderes erwartet. Ganz anders oft die Ansprüche an eine private AG: Nett soll es hier zugehen, und alle sollen sich einbringen können. Aber gerade diese Nähe, die Übersichtlichkeit und die Eigenverantwortung sind die größten Konfliktherde: Ihr *müsst* ständig mit denselben Menschen zusammensitzen, ihr kennt irgendwann eure Macken und Gewohnheiten bis zum Überdruss, und ihr *müsst* jeden Schritt der AG selbst planen und beschließen. Manchmal geht das schief. Wenn die AG zur Patientin wird, leidet sie meist an einer der folgenden drei Krankheiten: Disziplinschwäche, Kommunikationsstörungen, Über- oder Unterforderung. Von Symptomen, Diagnose und Therapie handeln die folgenden Abschnitte.

1. Probleme mit der Disziplin

Unpünktlichkeit, Unzuverlässigkeit, schlechte Vorbereitung – das sind Beispiele für Störungen der AG-Disziplin. Bis zu einem gewissen Grad kann eine tolerante und flexible AG solche Schwierigkeiten hinnehmen: Wenn A einmal verschläft oder B eine Woche lang miserabel vorbereitet ist, dann bewegt sich das im Rahmen des üblichen Chaos, das das menschliche Leben nun einmal begleitet. Es gibt jedoch Grenzen. Denn wichtig für eine produktive Zusammenarbeit sind stabile Rahmenbedingungen. Die Mitglieder einer Arbeitsgruppe werden nur dann ihre Energien in die gemeinsame Arbeit investieren, wenn sie sich darauf verlassen können, dass die anderen das auch tun und gemeinsame Pläne nicht von vornherein zum Scheitern verurteilt sind. Ist A also nicht nur einmal unpünktlich, sondern immer, dann werden die AG-Partner*innen ihn bald nur noch mit zähneknirschender Unfreundlichkeit empfangen. Oder sie werden ihrerseits unpünktlich werden, bis irgendwann niemand mehr genau sagen kann, wann die AG denn nun eigentlich beginnt und ob sie überhaupt noch existiert. Ist B nicht nur eine Woche lang, sondern permanent schlecht vorbereitet, so wird weder sie besonders viel von den AG-Sitzungen haben, noch werden die anderen sonderlich von der Zusammenarbeit profitieren.

Wie können solche Schwierigkeiten aus dem Weg geräumt werden? Disziplinprobleme haben damit zu tun, dass die selbstgesetzten Regeln missachtet werden. Ihnen kann mit zwei Strategien begegnet werden: Die AG kann darauf pochen, dass die Regeln eingehalten werden, oder sie kann die Regeln ändern.

■ *Alternativen suchen:* Ihr habt eure Regeln selbst gesetzt, also seid ihr auch in der Lage, sie selbst wieder zu ändern. Natürlich versucht eine kluge AG, sich von Anfang an so zu organisieren, dass niemand zu kurz kommt. Aber bedenkt den langen Zeitraum, den ihr zusammenarbeiten werdet. Manches wird euch erst im Laufe dieser Zeit klarwerden, und manches wird sich einfach ändern. Wer im Sommer zustimmt, die AG morgens um acht zu beginnen, bereut dies vielleicht am ersten dunklen Wintermorgen, und wer am Anfang der AG noch ruhig schläft und täglich sechs Stunden konzentriert arbeiten kann, kann dies kurz vor den Prüfungen vielleicht nicht mehr. Erlaubt euch also, die Arbeit in der AG veränderten Verhältnissen anzupassen. Dabei solltet ihr aber immer bedenken: Die Regeln sollen eine Struktur bieten, an der sich die AG-Kolleg*nnen orientieren können. Eine Struktur, die alle naselang umgeworfen wird, ist keine mehr.

■ *Beharren:* Nicht ohne Berechtigung ist daher auch die härtere Strategie, konsequent an den Regeln festzuhalten. Das ist wenig klug, wenn es unkomplizierte und für alle vertretbare Alternativen gibt. Manchmal aber gibt es genau diese nicht. Wenn alle

AG-Kolleg*nnen außer X der Meinung sind, dass die AG sich zu regelmäßigen Zeiten treffen sollte, X dies aber mit gezücktem Terminkalender Woche für Woche in Frage stellt, dann fällt es irgendwann schwer, noch einen Ausweg zu finden. In einem solchen Fall tut eine AG gut daran, über eine Trennung nachzudenken.

2. Probleme mit der Kommunikation

In der AG wird Wissen ausgetauscht und diskutiert, es werden Fragen gestellt und Antworten gegeben, unterschiedliche Lösungsansätze für ein Problem entwickelt, einander gegenübergestellt, verteidigt, abgewogen, abgelehnt. Organisatorische Fragen müssen geklärt und gemeinsame Strategien entwickelt werden, kurz: Die Basis jeder AG ist Kommunikation. Wenn die stimmt, dann kann kaum noch etwas schief gehen.

Was tun aber, wenn sich gereizte Töne in die Diskussion eines Falles schleichen? Wenn A dauernd redet, ohne ein Ende zu finden, B dagegen gar nichts sagt? Was tun, wenn X immer nur wiederholt, was die anderen schon gesagt haben, dauernd unterbricht oder immer alles besser weiß?

a) Sachlichkeit

Ein großes Problem in manchen AGs ist die schon erwähnte „Kaffeekränzchenfalle": Statt sich in die Tiefen eines Falles zu begeben, wird lieber über die Ereignisse des letzten Wochenendes geschwätzt. Diese Situation ist aber kein Kommunikations- sondern ein Disziplinproblem. Denn die Tatsache, dass vom Thema abgewichen wird, ist allen Beteiligten klar. Eine subtilere Variante der Unsachlichkeit schleicht sich ins Gespräch, wenn sich sachliche und persönliche Faktoren heimlich vermischen. Beispiele:

■ A kritisiert immer die Position des B, weil sie B für einen Besserwisser hält. B reagiert zunehmend ungehalten.

■ A widerlegt die Argumente des B ganz sachlich und ohne sich etwas dabei zu denken. B aber fühlt sich als dumm hingestellt und beginnt, seine Position mit Zähnen und Klauen zu verteidigen.

In beiden Fällen scheinen A und B ihre Wortbeiträge „zur Sache" zu leisten, gleichzeitig aber wabern unausgesprochene Botschaften hin und her. Diese Botschaften sagen viel darüber, was A und B voneinander halten und in welcher Beziehung sie zueinander stehen. Im ersten Beispiel denkt A über B: „Mach dich nicht immer so wichtig". B über A: „Die will doch nur Recht haben". Im zweiten Beispiel verschickt A keine versteckten Botschaften, B meint aber eine zu hören: „Du bist wohl ein bisschen blöd". Daraufhin spickt er seinerseits die folgende Äußerung mit einem versteckten: „Und ich habe aber doch recht".

Es liegt auf der Hand, dass in Arbeitsgruppen die sachliche Diskussion im Vordergrund stehen sollte. Wird diese anhaltend von darunter liegenden emotionalen Geheimbotschaften torpediert, wird die Arbeit an der Sache – dem Stoff der AG – schnell mühsam und Schauplatz verdeckter Machtkämpfe. In solchen Situationen stehen euch im Wesentlichen zwei Strategien zur Verfügung:

■ *Abwimmeln*: In leichten Fällen genügt es oft schon, die Diskussion in dem Moment abzubrechen, in dem sie umzukippen droht. Mit einem freundlichen „Das führt jetzt zu weit", „Das gehört hier nicht her", „Das ist sicher auch vertretbar" lassen sich viele derartige Situationen entschärfen.

■ *Aussprechen*: Treten solche Störungen jedoch wiederholt auf und verderben dauerhaft das Klima der AG, wird das Abwimmeln sehr anstrengend. In chronischen Fällen lohnt es sich deshalb oft, den Konflikt zur Sprache zu bringen, auch wenn dann zunächst einmal nur noch über die persönlichen Gereiztheiten gesprochen wird und gar nicht mehr über den AG-Stoff. Ihr tretet damit in eine so genannte „Metakommunikation", sprich: Ihr redet über euer Redeverhalten. Oft führt das dazu, dass die Lage hinterher geklärt ist und alle Beteiligten kooperativer werden. Allerdings: Das Ansprechen solcher Probleme ist meist nicht ganz einfach. Es kann deshalb hilfreich sein, einen definierten Raum dafür zu schaffen: Entweder ihr seht am Ende jeder AG-Sitzung eine kurze Reflexions-Runde vor oder ihr macht in regelmäßigen Abständen Reflexionstreffen. Der Vorteil: Wenn sich alle darüber einig sind, dass diese Treffen dazu da sind, bestehende Schwierigkeiten anzusprechen, fällt es den Betroffenen auch leichter, offen gefühlte Missstände anzusprechen. Dadurch wird auch sichergestellt, dass Probleme frühzeitig aufgedeckt werden – und damit zu einem Zeitpunkt, zu dem diese meist noch gut lösbar sind. Erfolgt eine Aussprache erst, „wenn das Fass übergelaufen ist", können Fronten schon so verhärtet sein, dass eine einvernehmliche Lösung deutlich schwerer fällt.

b) Gleichberechtigung und Kooperation

Das häufigste Problem in Arbeitsgruppen aber ist ungleiches Redeverhalten, sprich: eine Diskussionskultur, bei der eine oder mehrere Personen das Gespräch beherrschen. Dominantes Redeverhalten ist ein verbreitetes Problem bei Männern, insbesondere gegenüber Frauen. Was aber nicht bedeutet, dass es sich nicht auch quer zu den Geschlechtergrenzen fände. Dominante Redner*innen bestimmen Themen und Verlauf der Diskussion und besetzen einen Großteil der Redezeit. Die Untergebutterten haben folgerichtig weniger Einfluss darauf, worüber in der AG diskutiert wird und kommen seltener zu Wort. Das führt dazu, dass sie ihre eigenen Stärken nicht entfalten können und unsicher und unzufrieden aus den AG-Treffen gehen. Nicht selten entwickeln sie Gegenstrategien, die die Diskussion wiederum unsachlich gestalten: Sie halten möglicherweise den Redeschwällen der dominierenden Person trotzige Ignoranz entgegen, verschließen die Ohren oder verfallen in subtile Piesackerei.

Es lohnt daher, den dominanten Gesprächsstil als solchen zu erkennen und ihm entgegenzuarbeiten. In Arbeitsgruppen äußert er sich meist in folgender Weise:

■ *Nicht enden wollende Wortbeiträge*: A beginnt mit der Falllösung und rattert sie ohne Punkt und Komma herunter – inklusive komplizierter Aufbaufragen und mehrerer Theorienstreits. Kooperativ wäre, nach jeweils einem sachlichen Abschnitt eine Pause zu machen und den Kolleg*innen die Gelegenheit zu geben, eigene Lösungsansätze einfließen zu lassen oder die von A gewählten Lösungen zu kritisieren. Darin liegt aber genau das Problem, das A mit seiner Strategie vermeidet: sich der Kritik der anderen zu stellen.

■ *Unterbrechen*: A beginnt mit der Lösung des Falles: „Also, der X könnte sich hier wegen Verunglimpfung des Bundespräsidenten strafbar ..."; B fährt dazwischen: „Ich würde mit der verfassungsfeindlichen Verunglimpfung von Verfassungsorganen beginnen, da wäre dann nämlich im objektiven Tatbestand das Merkmal ...". Die Botschaft lautet: „Dein Beitrag ist so abwegig, dass es sich nicht lohnt, ihn bis zum Ende zu hören".

- *Übergehen:* A argumentiert: „Hier müssten wir zunächst einmal diskutieren, ob es sich beim Unterausschuss für Unterfragen der europäischen Gemüserichtlinien überhaupt um ein Verfassungsorgan handelt, das verunglimpft werden könnte." B: „Die Definition des ‚Verunglimpfens‘ ist in Rechtsprechung und Lehre höchst umstritten. Die einen sagen zum Beispiel …". Auf den Wortbeitrag des A wird in keiner Weise eingegangen. Der solcherart wie Luft Behandelte wird aus diesem Verhalten eine ähnliche Botschaft heraushören wie aus einer Unterbrechung: „Dein Beitrag ist nicht der Rede wert."

- *Objektivierende Formulierungen:* Dominante Redner*innen pflegen ihre Wortbeiträge so in den Raum zu stellen, als seien sie der Gipfel objektiver Erkenntnis des jeweiligen Themas: „Man fühlt sich in solchen Situationen eben unwohl", statt: „Ich fühle mich in solchen Situationen unwohl"; „Hier wird die Saldotheorie angewendet", statt „Ich bin der Meinung, dass hier die Saldotheorie greift". Das letzte Beispiel macht deutlich, dass der juristische Stil ganz und gar durchdrungen von objektivierenden Stilelementen ist. In einer Klausur wird jedes „ich denke" oder „meiner Meinung nach" die Korrekturperson zu spitzen Randbemerkungen herausfordern. Insofern werdet ihr auch in der AG bei den Falllösungen nicht umhin kommen, den objektivierenden Stil zu pflegen. Das Problem vieler Jurist*innen ist aber, dass sie diesen Stil nicht als einen Teil des juristischen Theaterspiels begreifen, sondern schnell verinnerlichen. Auch in einer juristischen Arbeitsgruppe gibt es viele Gelegenheiten, bei denen persönlich formuliert werden kann. Das betrifft vor allen Dingen organisatorische Fragen. Aber nicht nur. Denn obwohl die Jurist*innen alle immer so tun, als könne „man" das Gesetz nur so und nicht anders auslegen und dies sei nur eine Frage der „richtigen" Subsumtionstechnik, werden doch zu jedem noch so unwichtigen Detail stets mehrere Meinungen vertreten. Das Gefühl dafür, dass viele Meinungen „vertretbar" sind, muss in einer juristischen Arbeitsgruppe nicht verloren gehen. Auch dann nicht, wenn ihr für die Klausuren lernen müsst, euch in die Rolle des allwissenden Organs der Rechtspflege zu werfen.

Dominantes Redeverhalten zu durchbrechen ist nicht leicht. Es gehört zu den wenigen Phänomenen der menschlichen Kommunikation, bei denen die Metakommunikation die Lage oft eher verschlimmert als verbessert. Denn wer die Dominanz zur Sprache bringt, begibt sich damit sogleich wieder in eine verletzliche Position, die auszunutzen dominante Redner*innen sich häufig nicht scheuen: „Wieso bin ich dominant? Wenn du den Mund nicht aufbekommst, ist das doch dein Problem".

Entgegenwirken kann eine AG solchen Kommunikationsschwierigkeiten am besten durch eine klar definierte und klug agierende Diskussionsleitung. In den meisten AGs hat ohnehin eine Person den Fall vorbereitet und führt durch die Lösung – ihr gleichzeitig die Diskussionsleitung zu übertragen liegt also nahe. Wichtig ist zum einen, dass diese Leitungsfunktion von allen Teilnehmer*innen akzeptiert wird. Und zum anderen, dass es ihr gelingt tatsächlich als „neutrale Instanz" zu agieren. Dazu ist es zum Beispiel wichtig, sich aus Meinungsstreitigkeiten persönlich eher herauszuhalten. Hilfreich ist es auch, wenn sich die AG im Vorfeld auf bestimmte Diskussionsregeln geeinigt hat – diese bieten der Diskussionsleitung zum einen einen „Leitfaden", zum anderen verleihen sie ihr aber auch eine bestimmte (inhaltlich begründete) Autorität. Schließlich können bestimmte Absprachen über den Ablauf der Falllösung dominantes Redeverhalten verhindern helfen: Zum Beispiel, dass die Falllösung immer reihum fortgeführt wird – und dass seitens der Diskussionsleitung auch bei Meinungsstreiten sichergestellt wird, dass alle zu Wort kommen. Eine gute Diskussionsleitung ist keine leichte Aufgabe und erfordert viel Übung – und konstruktive Kritik der anderen AG-Teilnehmer*innen. Angesichts der Dauer der Examensvorbereitung besteht aber jedenfalls an Übungsgelegenheiten kein Mangel.

Wenn ihr – aus welchen Gründen auch immer – keine Diskussionsleitung wollt oder auch diese die Kommunikationsschwierigkeiten nicht eindämmen kann, empfiehlt es sich für die betroffene Person, so lange wie möglich auf der sachlichen Ebene zu bleiben und sich auf dieser selbst deutlich zur Wehr zu setzen. Dies kann mit einem klaren „Unterbrich mich nicht" ebenso geschehen wie mit der Strategie, abgewürgte oder übergangene Redebeiträge zu wiederholen und auf einer Reaktion zu bestehen. Das ist natürlich sehr anstrengend und erfordert ein dickes Fell und eine hartnäckige Sturheit, mit der die Betroffenen vielleicht nicht glücklich sind. Sie sollten sich dann fragen, ob es sich für sie lohnt, die AG unter diesen Bedingungen aufrechtzuerhalten. Denn gerade während der Examensvorbereitung kann es sehr schädlich sein, mehrmals wöchentlich in unterschwelliger Weise heruntergeputzt zu werden.

Stellt ihr daher fest, dass euer Selbstwertgefühl und euer juristisches Selbstbewusstsein unter den Zusammenkünften der AG leiden, dann solltet ihr früher oder später eine Trennung in die Wege leiten. Kleiner Tipp: Eine solche AG-Spaltung muss nicht unbedingt so aussehen, dass das unterlegene Mitglied resigniert geht. Eine AG kann sich auch dafür entscheiden, lieber ohne die dominante Person weiterzuarbeiten.

3. Probleme mit dem Niveau und dem Lernerfolg

Konflikte entstehen auch leicht, wenn AG-Mitglieder unzufrieden mit dem Erfolg der gemeinsamen Arbeit sind. Beispiele:

- A möchte gern mindestens ein Prädikat erzielen. Woche für Woche ärgert er sich deshalb über Kollegin B, die einfach nur bestehen will und sich dogmatischen Debatten stets mit den Worten verweigert: „Was sagt denn der BGH dazu?" Umgekehrt ärgert sich B über die Erbsenzählerei des A und bezichtigt ihn des krankhaften Ehrgeizes. A arbeitet derweil ein mehrbändiges Standardwerk zum Eigentumsvorbehalt durch und beschuldigt B, ständig nur im Café zu sitzen und in der AG dann in den Schemata zu spicken.

- Probleme können auch dann entstehen, wenn zwei AG-Kolleg*innen unterschiedlich organisiert sind: A hat womöglich ständig einen Stapel Karteikarten zur Hand, auf denen die einschlägigen Probleme des AG-Themas vierfarbig notiert sind. B hingegen hat sich nur gemerkt, dass dieser oder jener Punkt streitig ist und argumentiert dann kreativ aus dem jeweiligen Zusammenhang heraus. Mit dem Erfolg, dass A sich über die chaotische Herangehensweise der B ärgert und immer wieder spitz fragt, ob das denn nun BGH oder herrschende Lehre sein soll oder vielleicht doch die Mindermeinung von Herzberg. B vermisst demgegenüber bei A das eigenständige Denken und beschimpft ihn als kleinkariert.

- Schließlich passiert es in vielen AGs, dass ihre Mitglieder unterschiedliche Erfolge einfahren: Der ehrgeizige A fällt womöglich im Klausurenkurs durch die Hälfte der Probeklausuren durch, während B sich schon nach kurzer Zeit auf befriedigendem Niveau bewegt. A verschiebt deswegen vielleicht sogar seinen angepeilten Examenstermin und entfernt sich damit noch weiter von B.

Alle diese Formen des Konflikts sind sehr ernst zu nehmen. Wenn die Kolleg*nnen einer AG mit ihrer Arbeit zufrieden sind und regelmäßig Erfolgserlebnisse feiern können, so ist das ein besserer Motor für die weitere Zusammenarbeit als jeder gute Vorsatz, detaillierte Plan oder politische Beweggrund. Umgekehrt stellt sich bei enttäuschender Bilanz schnell die Sinnfrage. Ein Rep, das sich als sinnlos erweist, hat ja immerhin Geld gekostet, was für viele der letzte, wenn auch sinnlose Grund bleibt, die Zeit abzusitzen. Wenn eine AG nichts bringt, macht sie sich selbst überflüssig.

Wie können die oben angedeuteten Probleme gelöst werden? Die Strategien sind hier von Fall zu Fall unterschiedlich:

- Oft besteht das Problem nur darin, dass verschiedene Menschen in verschiedenen *Geschwindigkeiten* lernen. In diesen Fällen ist es fair, sich nach der langsamsten Person zur richten. Schnellere werden schon ein Betätigungsfeld finden, auf dem sie sich austoben können: Nebengebiete bearbeiten, Probleme vertiefen, Lücken füllen, wiederholen – angesichts des enormen Pensums steht Beschäftigungslosigkeit nicht zu befürchten. Andererseits soll der AG-Plan eingehalten werden, und danach sollte sich grundsätzlich auch das langsamste AG-Mitglied richten. Dessen Strategie kann dann etwa sein, sich zunächst auf die Grundstrukturen der Rechtsgebiete zu beschränken oder hin und wieder eine AG ausfallen zu lassen. Nachdem der Stoff einmal abgearbeitet wurde, kann dann eine längere Wiederholungsphase dazu dienen, den Rückstand aufzuholen.

- Schwieriger wird es bei Konflikten um die *inhaltliche Tiefe* der Diskussionen. Hier ist es sehr viel wichtiger, dass ihr euch auf einen gemeinsamen Nenner einigt. Möglicherweise ist die dogmatikfeindliche B auf Dauer ja doch davon zu überzeugen, dass sie ein wenig zu oberflächlich an die Sache herangeht. Umgekehrt kann es dem tiefgründigen A auch nicht schaden, wenn er hin und wieder gezwungen wird, seine Gedanken auf das Wesentliche zu konzentrieren. Aber auch hier sind Konstellationen denkbar, in denen es wenig sinnvoll scheint weiter zusammenzuarbeiten.

- *Unterschiedlicher Lernerfolg* kann in jeder AG andere Konsequenzen haben: A und B aus unserem Beispiel halten in juristischen Dingen ersichtlich nicht viel voneinander. Wenn A die B nur lange genug mit seinen Ansprüchen piesackt, dann wird B ihre besseren Klausurergebnisse genüsslich gegen den AG-Kollegen ausspielen. Ähnlich unangenehm wäre die umgekehrte Lage: A mit seiner Überzeugung, alles besser zu machen, fährt als „Beweis" auch noch die besseren Klausurergebnisse ein. B hat nun gar keinen Trumpf mehr gegen ihn und fühlt sich vermutlich permanent niedergemacht. In diesen beiden Fällen sollten A und B erwägen, die Zusammenarbeit zu beenden. Es sind jedoch auch andere Situationen denkbar. In einer AG können die Kolleg*innen auch stur an die juristischen Fähigkeiten der jeweils anderen glauben. Die meisten Examenskandidat*innen durchlaufen eine kürzere oder längere Durststrecke, in der sie Klausuren reihenweise nicht bestehen. Das muss nichts heißen. Auch wer bis kurz vor den Prüfungen noch regelmäßig im Klausurenkurs scheitert, kann in den Examensklausuren plötzlich zu ungeahnten Höhen auflaufen. Wenn ihr daher das Gefühl habt, dass eure fachlichen Diskussionen weiter ausgewogen bleiben, dann können euch Klausurenkursergebnisse ganz egal sein. Und selbst wenn ein Mitglied der AG eine Zeitlang mit den anderen nicht mithalten kann, muss das noch lange nicht bedeuten, dass die Zusammenarbeit keinen Sinn mehr hat. Eine gewisse Bereitschaft, sich gegenseitig auch durch schwierige Zeiten zu ziehen, kann keiner Arbeitsgruppe schaden. Oft erlebt das schwächere AG-Mitglied schon wenig später seinen nächsten Aufwind.

4. Trennung und Auflösung

Nicht übersehen werden sollte allerdings auch, dass eine AG keine katholische Ehe ist: Die meisten von ihnen versprechen sich zwar Treue, bis dass das bestandene Examen sie scheide. Einige reichen aber im Laufe der Zeit dann doch die Scheidung ein. Dafür gibt es verschiedene Gründe: Manche verlassen die AG, weil sie sich mit den anderen nicht verstehen, andere fühlen sich über- oder unterfordert oder möchten lieber im eigenen Tempo weiterlernen. In anderen Arbeitsgruppen wollen einzelne Mitglieder plötzlich früher ins Examen oder die Sache noch ein wenig verschieben; vielleicht werden sie auch unverhofft krank. Die wenigsten AGs geraten durch derartige Trennungen in Katastrophenstimmung. In größeren Gruppen ist es in der Regel zu verschmerzen, wenn eine Person nicht mehr mitmacht. Und auch die, die gehen, kommen damit meist gut klar. Sie haben ja ihre Gründe, und oft haben sie auch schon die bessere Alternative im Kopf: Viele lernen einfach allein weiter oder schließen sich mit anderen zusammen.

Die Trennung an sich ist also kein Beinbruch. Schwierig zu beurteilen ist aber, wann sie die beste Lösung ist und wann es sich lohnt, es noch ein Weilchen miteinander zu versuchen. Welches Problem auch immer euch auseinander dividiert – es kann vorübergehender Natur sein oder irreparabel. Manchmal passen Menschen einfach nicht zusammen, und wenn ihr zu dieser Erkenntnis gekommen seid, solltet ihr euch nicht scheuen, die Zusammenarbeit friedlich zu beenden.

Bedenkt aber folgendes: Gerade die Examenszeit ist eine Zeit des seelischen Ausnahmezustandes. Je näher die Prüfungen kommen, um so seltsamer werden die Kandidat*innen. Denn das Selbstwertgefühl wird immer wieder auf die Probe gestellt, die Sorge nimmt zu, nicht das „Richtige" zu lernen oder alles wieder zu vergessen. Erschöpfung kriecht in die Glieder, und Anfälligkeiten jeder Art stellen sich ein – für Krankheiten oder Ungeduld, für Gereiztheiten, Appetit- und Schlaflosigkeit. Das ist die Regel, und ihr könnt davon ausgehen, dass die vorübergehende Unverträglichkeit jede*n von euch treffen wird. Ihr tut euch also nicht unbedingt einen Gefallen, wenn ihr der Person, die es gerade erwischt hat, prompt die Solidarität entzieht. Ihr könntet euch dafür schämen, wenn ihr euch keine zwei Wochen später selbst so benehmt.

Entwickelt daher ein Gespür dafür, welche Merkwürdigkeiten an den anderen examensbedingt sind und welche darauf schließen lassen, dass ihr grundsätzlich nicht miteinander könnt. Toleriert unstete, unkommunikative, unfreundliche, pessimistische und spleenige Phasen, solange sie euch nicht selbst unstet, unkommunikativ, unfreundlich, pessimistisch und spleenig machen. Denn nach dem Examen werdet ihr ebenso wie eure Mitstreiter*innen diese Eigenschaften schneller wieder ablegen als das Schlafdefizit aufgeholt ist – und übrig bleibt das Gefühl, dass der Zusammenhalt nicht von jeder daherkommenden Schlechtwetterwolke verregnet werden konnte. Und das im Studium gelernt zu haben, ist wirklich einmal was fürs Leben.

Teil 3: Allein am Schreibtisch

Die Arbeit in der Arbeitsgruppe – falls ihr eine habt – ist nur ein kleiner Ausschnitt aus dem, was die Examensvorbereitung ausmacht. Den weitaus größeren Teil der Zeit seid ihr auf euch selbst gestellt – allein am Schreibtisch oder aber allein vor der Frage, ob und wann es erlaubt ist, den Schreibtisch auch einmal zu verlassen. Denn das Lernen kann euch keine Arbeitsgruppe abnehmen. Höchstens erleichtern.

„Lernen", das ist nicht nur der Versuch, Informationen in den Kopf zu bekommen, die dort vorher noch nicht waren. Die Informationen sollen auch im Kopf bleiben und im entscheidenden Moment wieder ausgespuckt werden. Um diese drei Dinge zu erreichen, können sehr verschiedene Wege gegangen werden. Manche schreiben alles vierfarbig auf Karteikarten, während andere sich lieber das Buch unters Kopfkissen legen. Die einen lernen alles auswendig, andere geben sich mit ein paar Grundsätzen zufrieden, aus denen sie den Rest logisch ableiten. Welche Methode ist die beste für juristische Zusammenhänge?

Das juristische Lernen ist eine merkwürdige Kombination aus auswendig zu lernenden Definitionen und Schemata und einer logischen Struktur, aus der sich viel herleiten lässt. Die allgemein gültige Lernstrategie hat sich da noch nicht gefunden, auch wenn die Repetitorien sich seit Jahren gegenseitig überbieten mit Behauptungen der Art, sie hätten nun aber den Stein der Weisen gefunden – „Lernen am großen Fall", „Verstehen statt Auswendiglernen", „Ganzheitliches Lernen" usw. Letztlich muss jeder Mensch sich selbst auf die Suche nach seiner Methode machen.

A. Mythen und Legenden

Ein paar Dinge lassen sich jedoch darüber sagen, was Lernen jedenfalls *nicht* ist. Vieles davon wird landläufig durchaus als „Lernen" oder ein Bestandteil desselben verstanden. Dieser Abschnitt beginnt daher mit einer kurzen Vorstellung der hartnäckigsten Mythen und Legenden, die sich um das Lernen ranken:

1. Lernerfolg ist eine Frage der Intelligenz

Verbreitet ist die Meinung, der Lernerfolg eines Menschen sei ohnehin vorbestimmt durch seine Intelligenz. Intelligenz? Was war das nochmal? Die „Fähigkeit, die sich in der Erfassung und Herstellung anschaulicher und abstrakter Beziehungen äußert, dadurch die Bewältigung neuartiger Situationen durch problemlösendes Verhalten ermöglicht" – so schreibt das Lexikon. Diese Definition enthält ungefähr alles, was man zum Bestehen des ersten juristischen Staatsexamens braucht: anschauliche Beziehungen (Fälle), abstrakte Beziehungen (Paragraphen), Bewältigung neuartiger Situationen (unbekannte Fälle) und problemlösendes Verhalten (Anwendung der Paragraphen auf die Fälle). Es könnte also alles ganz einfach sein: A ist intelligent und bewältigt die vielen neuartigen Examenssituationen ohne Probleme. B ist nicht intelligent, also dumm, und fällt durch.

Dem ist nicht so. Ohne behaupten zu wollen, es gebe keine Unterschiede in der menschlichen Lernfähigkeit, und vor der Examensvorbereitung seien alle gleich, lässt sich dennoch sagen, dass ein Examen mit Intelligenz allein nicht bestanden werden kann. Es muss auch noch Wissen hinzukommen, und das muss jeder Mensch sich irgendwie aneignen. Vielleicht brauchen einige dafür länger als andere. Vermutlich können einige damit virtuoser umgehen als andere. Aber Lernen ist nicht nur eine Frage der geistigen Fähigkeiten. Es ist auch: aus dem richtigen Material die richtigen Informationen herausfiltern. Nicht an Schlaflosigkeit zugrunde gehen. Nicht vor lauter Prüfungsangst alles wieder vergessen. Sich nicht in Einzelheiten verzetteln. Sich täglich neu motivieren. Und so weiter. Stellt euch vor der Examensvorbereitung daher nicht die Frage nach eurem Intelligenzquotienten. Fragt lieber, wie ihr die Zeit bis zum Prüfungstermin am sinnvollsten organisiert.

2. Was Hänschen nicht lernt, lernt Hans nimmermehr

Zum Standard professoraler Ratschläge gehört die Warnung, nur ja schon in den Anfangssemestern fleißig zu studieren, denn nur auf derart soliden Grundlagen lasse sich eine Examensvorbereitung vernünftig gestalten. Die Herren und Damen haben ja Recht: Wer sechs Semester lang die einschlägigen Vorlesungen fleißig nachgearbeitet hat, kann auf einen ganz anderen Fundus an Wissen zurückgreifen als jemand, der das nicht getan hat. Falsch ist aber die umgekehrte Schlussfolgerung: Die meisten Studierenden können zu Beginn ihrer Examensvorbereitung keine derartige Bilanz ziehen und machen trotzdem keine schlechten Examina. Ihr braucht euch daher keine Sorgen zu machen, wenn ihr euch nicht vom ersten Semester an zielstrebig auf das Examen und nichts als das Examen zubewegt habt. Was Hänschen nicht gelernt hat, kann Hans sehr wohl noch nachholen. Und Johanna auch.

3. Examenskandidat*innen muss es schlecht gehen, sonst sind sie faul

Der letzte Mythos betrifft ein Phänomen, das sich Examenskandidat*innen oft ganz ohne fremde Hilfe schaffen: das schlechte Gewissen. Das klassische Bild eines Examenskandidaten oder einer Examenskandidatin sieht folgendermaßen aus: bleich, Ringe unter den Augen, schlabbernde Hosen von der vielen Appetitlosigkeit oder Übergewicht und ein hoffnungslos in Schreibtischhaltung verkrümmter Rücken. Dazu der müde Blick – und schon kann niemand mehr daran zweifeln, dass dieser Mensch nichts unversucht lässt, um eine gute Note zu erzielen. Wer es anders macht, erntet unter Umständen ungläubige Blicke: „Wie, du hast in zwei Monaten Prüfung und erlaubst dir, eine Woche auf die Insel zu fahren?", „Du steckst im Examen und gehst noch zum Sport / ins Konzert / in die Sauna / auf die Party?"

Viele Menschen lassen sich von ihrer Examensvorbereitung verschlingen wie von einem Sog. Sie wollen so viel lernen wie nur irgend geht. Leider kennen sie oft niemanden, der sie einmal von ihrem Schreibtisch wegzieht und ihnen eine Pause verordnet. So bleiben sie eben sitzen, solange sie nicht umfallen. Da wird dann nachts um eins noch die dritte Kanne Kaffee gekocht, um das Kapitel über die Drittschadensliquidation auch noch schnell durchzuziehen. Das Kaffeetrinken nach dem Mensabesuch muss dafür leider entfallen, weil die Lehrbücher warten.

Sich von diesem schlechten Gewissen zu emanzipieren, ist schwierig. Denn niemand möchte sich im Nachhinein vorwerfen müssen, sich nicht genügend angestrengt zu haben. Doch die moderne Lernpsychologie ist auf der Seite derer, die nicht mit diesem Strom schwimmen: Prüflinge, die durch ihre Prüfungen durchfallen, haben in den seltensten Fällen weniger gelernt als erfolgreichere Kolleg*innen. Im Gegenteil berichten viele von ihnen, sie hätten geradezu blindwütig gelernt und sich dann leider in dem Gelernten nicht zurechtgefunden. Dieses so genannte „massierte Lernen" ist sehr ineffektiv. Denn das Gedächtnis muss den Stoff nicht nur aufnehmen, sondern ihn auch sortieren und einordnen. Dafür braucht es Zeit. Zeit, in der ihr es nicht mit neuem Lernstoff bombardieren dürft. Empfehlenswert ist daher, die Informationen in kleinen Häppchen zu sich zu nehmen, regelmäßig zu wiederholen und mit ernst zu nehmenden Pausen zu umgeben. Es ist nicht nötig, dass ihr nächtelang nicht schlaft, tagelang nichts esst und frische Luft nur auf dem Weg zur Bibliothek schnuppert. Diejenigen, die sich derart in ihr Examen hineinsteigern, zahlen einen hohen Preis an Lebensqualität – ohne mit einer Gegenleistung der Prüfer*innen rechnen zu können.

B. Arbeitsmethoden: Wie kommt das Wissen in den Kopf?

Das Lernen einer Information geschieht in drei Schritten: Die Information wird aufgenommen, im Gedächtnis abgelegt und schließlich – ganz wichtig – im entscheidenden Moment wieder ausgegeben. Bei diesem Prozess kann einiges schiefgehen: Es kann passieren, dass eine Information gar nicht aufgenommen oder abgelegt wird. Das ist der bekannte Nachrichteneffekt: Ihr sitzt vor den „Tagesthemen", und wenn ihr nachher erzählen wollt, was in der Welt so passiert ist, fällt euch nichts mehr ein. Ebenso häufig passiert es, dass eine Information zwar aufgenommen und abgespeichert wird, sich aber nicht abrufen lässt. Auch diese Situation dürfte allen bekannt sein: Ihr erzählt von dem wundervollen französischen Weichkäse, den ihr im Urlaub genossen habt, und der hatte auch so einen prägnanten Namen, „na, wie hieß der noch, es liegt mir auf der Zunge." Mag sein. Ihr habt es nur leider vergessen. Der Kampf gegen das Vergessen ist eine Lebensaufgabe. Besonders während der Examensvorbereitung.

Zwei Dinge lassen sich nach diesen Überlegungen schon darüber sagen, wie eine effektive Arbeitsmethode beschaffen sein sollte:

- Eine Arbeitsmethode ist effektiv, wenn mit ihrer Hilfe möglichst viele Informationen im Gedächtnis hängen bleiben.
- Eine Arbeitsmethode ist effektiv, wenn mit ihrer Hilfe möglichst viele der abgespeicherten Informationen in dem Moment abgerufen werden können, in dem sie gebraucht werden.

1. Vom Buch ins Gedächtnis: Der Weg einer Information

Wie kommt es, dass manche Informationen im Gedächtnis abgelegt werden und manche nicht? Wie gelangt eine Information überhaupt ins Gedächtnis? Die Lerntheorie erklärt die Funktionsweise des Gedächtnisses mit der so genannten „Dreispeichertheorie":

a) Der sensorische Speicher

Nehmen wir an, vor euch läge ein Buch, aus dem ihr eine examensrelevante Information X aufnehmt. Die Augen empfangen einen entsprechenden Sinnesreiz und geben ihn an das Gehirn weiter. Im Gehirn verbleibt eine Art Abdruck dieses Sinnesreizes, der allerdings sehr vergänglich ist – er hält sich nur wenige Millisekunden. Diese Art des Speicherns wird „sensorischer Speicher" oder auch „Ultrakurzzeitgedächtnis" genannt. Der sensorische Speicher ist relativ groß und nimmt in jedem Moment eine Fülle verschiedener Sinnesreize auf, ohne sie weiter zu filtern. Im selben Moment wie die examensrelevante Information X empfangt ihr etwa Informationen über die Temperatur in eurem Arbeitszimmer, die Farbe des Lehrbuches und die Musik aus der Nachbarwohnung. Die meisten dieser Informationen sind es nicht wert, gespeichert zu werden. Um das Gedächtnis nicht zu überlasten, verschwinden sie sofort wieder. Das kann leider auch der examensrelevanten Information X passieren.

b) Das Kurzzeitgedächtnis

Aus den unzähligen ungefilterten Sinneseindrücken wählt das Gehirn jedoch einige aus, die es für wichtig hält. Wenn ihr Glück habt, wählt es nicht die Farbe des Lehrbuches, sondern die examensrelevante Information X. In diesem Fall landet sie im Kurzzeitgedächtnis. Auch dort bleibt sie allerdings nur etwa 20 Sekunden. Wenn mit der Information gearbeitet wird (wenn ich mir also z. B. eine Telefonnummer so lange zu merken versuche, bis ich einen Bleistift gefunden habe, um sie aufzuschreiben), kann sie etwa drei bis vier Minuten lang festgehalten werden. Ein weiteres Problem: In den Kurzzeitspeicher zu gelangen, ist nicht so leicht. Er kann nur ungefähr sieben Elemente gleichzeitig aufnehmen. Für das Lernen hat dies mehrere Konsequenzen:

Es ist wichtig, so konzentriert bei der Sache zu sein, dass die examensrelevante Information X dem Gehirn bedeutsam genug erscheint, um sie in den Kurzzeitspeicher zu lassen – sobald ihr abschweift, entscheidet er, dass andere Dinge wichtiger sind: die Musik aus dem Nachbarhaus, der scheußliche Pullover eines Passanten oder das interessante Gespräch vom Vorabend. Die examensrelevante Information X strengt das Gehirn dann zwar an, bleibt aber ausgesperrt.

Das Kurzzeitgedächtnis zählt die Sinneinheiten, die es betreten, und schließt nach der siebten, achten oder spätestens der neunten die Tür. Wie groß diese Sinneinheiten sind, ist ihm dagegen egal. Trickreiche Menschen überlisten es daher, indem sie mehrere kleinere Sinneinheiten unter einen gemeinsamen Oberbegriff fassen und sie dem Kurzzeitgedächtnis so als ein einziges Speicherelement unterjubeln. Aus diesem Grund ist es so wichtig, jede Information gleich in größere Zusammenhänge einzuordnen.

c) Das Langzeitgedächtnis

Einmal im Kurzzeitgedächtnis angelangt, macht sich unsere examensrelevante Information X auf den Weg in den Langzeitspeicher. Aber auch hier muss sie einen Filter passieren: Möglicherweise steht X im Zusammenhang mit anderen Informationen, die bereits im Langzeitgedächtnis gespeichert sind. Dann wird sie mit hoher Wahrscheinlichkeit durchgelassen. Kann sie keine derartigen Beziehungen spielen lassen, muss sie sich wieder als wichtig verkaufen. Der Langzeitspeicher sortiert die Informationen nach ihrer Bedeutung. Er ist wie eine große Bibliothek, in der die Bücher nach Themengebieten geordnet sind. Unsere Information X hat also gute Chancen, wenn sie für uns einen Sinn hat. Sonst wird sie leise verblassen.

Die examensrelevante Information X hat also wie im Märchen drei Proben zu bestehen, bevor sie im Langzeitgedächtnis Platz nehmen darf. Dort wird sie dafür nicht mehr hinausgeworfen. Die Speicherung ist lebenslang. Nur der Zugriff kann sich mit der Zeit verlieren, wie es auch in manchen Bibliotheken dunkle Kämmerlein voller verstaubter Bücher gibt, durch die sich kein Mensch mehr durchfindet. Voll ist das Langzeitgedächtnis jedoch nie. Sein Speicherplatz ist praktisch unbegrenzt.

2. „Ich kann ohne Druck nicht lernen"

Lernen besteht also nicht nur daraus, sich so viele Informationen wie möglich zuzuführen. Es ist im Gegenteil ein recht komplizierter Vorgang. Die Kunst des Lernens steht trotzdem weder in der Schule noch in der Universität auf dem Stundenplan. Es wird davon ausgegangen, dass „man" es eben kann – oder eben nicht. Viele Menschen kennen deswegen nur eine Lernstrategie: „Ich kann nur unter Druck lernen". Kurz vor den Prüfungen prügeln sie sich in nächtlichen Gewaltsitzungen alle wichtigen Informationen in den Kopf hinein. Diese Strategie ist sehr ineffektiv. Sie laugt Körper und Geist aus, verbreitet unnötige Panikstimmung und führt zu einem gewaltigen Klumpen ungeordneten Wissens, der nach den Prüfungen so schnell wie möglich wieder vergessen wird.

Für das juristische Examen ist diese Form des Lernens schon gar nicht brauchbar. Denn in ihm werden nicht nur viele Details abgefragt, sondern auch ihre Zusammenhänge. Gerade die Verknüpfung der Einzelinformationen aber geschieht nicht von einem Tag auf den anderen. Das Gedächtnis braucht seine Zeit, um die Einzelheiten zu sortieren und einzuordnen. „Ich kann nur unter Druck lernen" ist also kein gutes Motto für die Examensvorbereitung.

a) Vom Nutzen einer Lernstrategie

Ohne den unmittelbaren Druck zu lernen, ist leichter, wenn das Lernen einem System folgt. Wenn ihr euch vornehmt, jeden Tag „ganz viel" zu studieren, dann ist dieses „ganz viel" zu schwammig, um euch auf Dauer bei der Stange zu halten. Die Zielvorgaben müssen genauer sein: „Ich will zu jeder AG-Sitzung das AG-Thema einmal durchgearbeitet haben"; oder auch: „Ich will jeden Tag mindestens vier Stunden lernen."

Ein System schafft ihr euch auch dann, wenn ihr nach einer bestimmten Strategie lernt: Ihr könnt ein Lehrbuch von vorn bis hinten durchlesen und die gelesenen Informationen auf Karteikarten schreiben, in den Computer eingeben oder als grafische Übersicht an die Wand hängen. In den folgenden Abschnitten werden einige solcher Strategien vorgestellt.

b) Die Suche nach der passenden Lernstrategie

Doch die richtige Methode zu finden, dauert seine Zeit. Auch eine Strategie, die anfangs perfekt erscheint, kann sich im Laufe der Zeit als untauglich erweisen. Vielleicht ist sie zu zeitaufwändig, vielleicht auch zu oberflächlich oder zu wenig systematisch. Oft kann sie veränderten Verhältnissen noch angepasst werden: Wenn ihr bislang die Themen in ausführlichen Essays niedergeschrieben habt, könnt ihr Zeit sparen, indem ihr euch künftig auf Stichworte beschränkt. Merkt ihr aber, dass ihr die Mitschriften ohnehin nie wieder in die Hand nehmt, dann lohnt sich der ganze Aufwand nicht. In solchen Fällen seid ihr gut beraten, wenn ihr die Lernmethode wechselt.

c) Zweifel an der Lernstrategie

Aber übertreibt es nicht mit dem Wechseln. Selbst die beste Strategie schützt euch nicht davor, dass ihr gelegentlich unzufrieden seid und mal besser, mal schlechter zurechtkommt. Denn was auf dem Papier noch so systematisch und ausgeklügelt aussieht, wird vom Leben gern torpediert. Auch in Lernzeiten muss abgewaschen werden, auch

Lernzeiten bleiben von unvorhergesehenen Ereignissen, Behördengängen, Familienfesten und anderen Begegnungen mit den Mitmenschen nicht verschont. Es hat daher keinen Sinn, in jedem Formtief die Methode zu ändern. Nicht nur, weil euch dann später zusammenhängendes Material zur Wiederholung fehlt. Ihr betrügt euch selbst mit dem Gefühl, noch gar nicht richtig begonnen zu haben: „Morgen, mit dieser neuen Strategie, geht es richtig los." Fangt lieber schon heute an.

3. Die Techniken des Lernens

Eine gute Lernstrategie enthält zweierlei: einen Weg, die Informationen aufzunehmen sowie Methoden, mit deren Hilfe sie sinnvoll im Langzeitgedächtnis eingeordnet werden.

a) Die Aufnahme der Informationen

Die Kanäle, über die das Gehirn an Informationen gelangt, sind die Sinne: Sehen, Hören, Fühlen, Schmecken, Riechen. Die drei letztgenannten sind für die juristische Examensvorbereitung erwiesenermaßen untauglich. Bleiben das Sehen und das Hören.

Sehen

Um den Sehsinn werdet ihr bei der Examensvorbereitung nicht herumkommen, denn die wichtigen Informationen stehen nun einmal in Büchern, Skripten und Zeitschriften, und die müsst ihr lesen. Das Lesen allein ist leider für die wenigsten Menschen eine effektive Lerntechnik. Es erfordert viel Konzentration, dauert verhältnismäßig lange, und erfahrungsgemäß bleibt nur ein Bruchteil der gelesenen Informationen im Gedächtnis hängen. Das Problem ist, dass der Geist beim Lesen gern abschweift: Während die Augen brav die Buchstaben betrachten, rauscht der Inhalt ungeprüft am Gedächtnis vorbei. Damit der Geist bei Laune bleibt, muss er beschäftigt werden. Der Trick heißt: Aktives Lesen.

- Verführt euch dazu, die wichtigen Informationen von den unwichtigen zu unterscheiden, indem ihr die wichtigen unterstreicht. Das geht allerdings schief, wenn der Text selbst schon eine sehr knappe Zusammenfassung eines Themas ist – dann werdet ihr über kurz oder lang alles unterstrichen haben und seid so schlau wie vorher.
- Lockt euren Geist in solchen Fällen, indem ihr den Text beim Lesen strukturiert. Das kann durch Randbemerkungen geschehen, in denen ihr den Inhalt des jeweiligen Abschnitts in einem Stichwort zusammenfasst. So habt ihr zugleich eine Kontrolle darüber, ob ihr den Gedankengang des Autors oder der Autorin nachvollziehen könnt. Könnt ihr das nicht, dann verlegt die Arbeit auf einen Extrazettel oder in eine Datei. Notiert dort, welche Gedanken des Textes logisch zusammengehören oder aufeinander aufbauen. Solche Mitschriften eignen sich auch ganz gut dazu, den Inhalt eines Textes später einmal zu wiederholen (→ mehr zu Aufzeichnungen und Mitschriften ab S. 88).

Doch ist das Lesen nicht der einzige Weg, Informationen über den Sehsinn aufzunehmen. Auch Bilder bleiben gut im Gedächtnis hängen. Mehrfarbige Markierungen und schematische Übersichten können daher eine gute Hilfe sein, um ein Thema zu strukturieren und im Überblick darzustellen (→ mehr zu Übersichten und Farbsystemen ab S. 91).

Hören

Es gibt Menschen, die können sich beim Lesen partout nicht konzentrieren. Dafür lernen sie gut und schnell, wenn ihnen die Informationen erzählt werden. Ganz ohne zu lesen, werden auch sie nicht durch das Examen kommen. Aber die Examensvorbereitung hat einiges an Hörerlebnissen zu bieten, insbesondere, wenn ihr eine Arbeitsgruppe habt: In jeder AG-Sitzung hören die Kolleg*innen einander zu, wenn sie sich gegenseitig ihre Falllösungen vorstellen oder Details des AG-Themas erklären. Sind alle Teilnehmer*innen eher Hörtypen, dann können sie auch dazu übergehen, das AG-Thema in Form von Referaten aufzuarbeiten und sich gegenseitig vorzutragen. Alleinlerner*innen können ihre Mitschriften auch in ein Diktiergerät sprechen und sich zur Wiederholung anhören. Zusätzlich könnt ihr euch um*hören*, ob an eurer Uni gute Wiederholungskurse, Kolloquien oder Examinatorien angeboten werden.

Ansonsten kann es auch schon eine Erleichterung sein, wenigstens sich selbst zuzuhören: Lest einfach laut. Wenn ihr nicht allein wohnt, solltet ihr die Wohnungsgenoss*innen allerdings vorher einweihen, sonst machen sie sich womöglich Sorgen um euren Geisteszustand.

Aktives Bearbeiten

Egal, ob ihr lest oder zuhört – Informationen werden stets besser aufgenommen, wenn der Geist sie aktiv bearbeitet. Das hat seinen Grund in der Struktur des menschlichen Gedächtnisses: Vom Langzeitgedächtnis wurde bereits gesagt, dass es aufgebaut ist wie eine Bibliothek: Die Informationen werden nach ihrer Bedeutung sortiert und unter den entsprechenden Oberbegriffen abgelegt. Indem ihr über die Informationen nachdenkt, ordnet ihr sie ein. Ihr betrachtet ihre Struktur, ihren Sinn und damit auch ihren Zusammenhang mit anderen Informationen. Wenn ihr euch also aktiv mit dem Stoff auseinandersetzt, sorgt ihr dafür, dass die Informationen unter den richtigen Oberbegriffen abgespeichert werden. Das erleichtert später den Zugriff. Was bedeutet es aber, den Stoff „aktiv" zu „bearbeiten"?

- Gebt den Informationen Struktur. Wenn ihr zum Beispiel gerade die Anfechtung lernt, dann überlegt euch auch, wo sie im Aufbau einer Falllösung eingebaut wäre. Wenn der Erlaubnistatbestandsirrtum auf dem Programm steht, dann malt euch ein kleines Schaubild zu den verschiedenen Irrtümern im Strafrecht.
- Forscht nach dem *Sinn* der jeweiligen Information. Warum dürfen Verträge angefochten werden? Warum gibt es die Mietminderung? Je mehr ihr von einem Thema wirklich verstanden habt, desto leichter fällt es euch, Details zu behalten.
- Macht den Stoff für euch anschaulich, indem ihr ihn ausschmückt. Einige Repetitorien reduzieren den Stoff in ihren Skripten auf die nackten Aufbauschemata. Sie haben natürlich Recht damit, dass niemand sein Gehirn mit unnötigem Kleinkram belasten sollte. Aber manche Details sind nicht überflüssig, sondern geben dem Stoff erst Sinn. Wer einmal die eigene Miete gemindert hat, weiß nicht nur, dass es diese Einrichtung gibt, sondern auch, wie sie funktioniert. Wer einmal auf einer Sitzblockade war, versteht die Problematik des strafrechtlichen Gewaltbegriffes. Was natürlich nicht heißen soll, dass ihr alles ausprobieren solltet, was das Recht erlaubt und verbietet. Die Examensvorbereitung könnte – sehr ineffektiv! – von längeren Gefängnisstrafen unterbrochen werden. Aber lasst euren Geist schweifen und malt euch aus, welche Konfliktfälle sich hinter den Paragraphen und dogmatischen Pro-

blemen verstecken. Das macht den Stoff interessanter als ein Aufbauschema aus drei Definitionen und einem Hinweis auf einen Theorienstreit.

b) Externe Speicher

Vom Lesen, Hören und Vorstellen allein bleibt aber nur wenig hängen. Pessimistische Schätzungen gehen davon aus, dass von den Informationen eines gelesenen Textes innerhalb von 24 Stunden satte 60 bis 70 % wieder vergessen werden. Einziger Lichtblick: Werden dieselben Informationen später noch einmal aufgenommen, dann treffen sie bereits auf den Hauch eines Wiedererinnerns und bleiben gleich ein bisschen besser hängen. Fazit: Es kann nicht genügend wiederholt werden.

Nun wäre es sehr zeitaufwändig, jeden Text drei- bis fünfmal zu lesen, um sich seinen Inhalt einzuprägen. Kluge Lerner*innen legen sich deshalb frühzeitig externe Speicher an, in denen sie die Informationen komprimiert festhalten: Mitschriften, Karteikarten, Übersichten usw. Den Lernstoff schriftlich niederzulegen, kostet zwar viel Zeit, in der ihr noch mehr und noch mehr neue Informationen lesen könntet. Auf lange Sicht jedoch wird es sich lohnen.

Ein Tipp vorweg: Schreibt solche Aufzeichnungen immer in euren eigenen Worten. Schreibt *nie* einfach nur aus dem Lehrbuch ab. Die eigenen Formulierungen sind dem Gedächtnis eingängiger als fremde. Sie werden besser aufgenommen und leichter wieder ausgespuckt. Damit ihr einen Text in sinnvolle eigene Worte fassen könnt, müsst ihr ihn natürlich verstanden haben. Aber das ist ja auch Sinn der Sache.

Als wir im Jahr 1997 an der ersten Auflage dieses Buches schrieben, hatte übrigens noch nicht jede*r einen Computer und einen Zugang zum Internet, Notebooks waren riesig, schwer und teuer, die ersten juristischen Datenbanken wurden gerade erst aufgebaut und kaum eine Fakultät hatte eine eigene Homepage. In den ersten beiden Auflagen finden sich daher gesonderte Abschnitte zu den Themen „Arbeit mit dem Computer" und „Internet", die aus heutiger Sicht recht amüsant zu lesen sind. Heute dürfte klar sein, dass Mitschriften, Übersichten und Karteikartensysteme auch in Dateiform an- und abgelegt werden können und dass das Internet eine wichtige Quelle für Informationen ist. Die Möglichkeiten haben sich also im Laufe der letzten beiden Jahrzehnte erheblich erweitert. Auch hier gilt: Sucht nach der Speicherart, die euch am besten entspricht.

Mitschriften

Das simpelste Modell eines externen Speichers ist folgendes: Ihr lest ein gutes Lehrbuch und schreibt währenddessen die wichtigsten Informationen heraus. Wenn ihr mehrere Quellen parallel heranzieht, könnt ihr dabei auch gleich die verschiedenen Modelle, Theorien, Aufbauten und Ansichten einander gegenüberstellen. Diese Aufzeichnungen geht ihr zur Wiederholung durch. Vorteil dieser Methode: Der Zeitaufwand ist minimal.

Eine Mitschrift lässt sich aber auch strukturierter gestalten: Überlegt bei den Informationen immer auch gleich, wo sie in der Fallprüfung gebracht werden müssten. Geht es beispielsweise um den objektiven Tatbestand des Diebstahls, dann listet unter dieser Überschrift die Definitionen für „fremde bewegliche Sache" und „Wegnahme" auf. Auch die entsprechenden Theorienstreite sollten gleich dazugeschrieben werden, also beispielsweise die Leichenfledderei zu „fremd" und die Gewahrsamstheorien zur

„Wegnahme". Ihr könnt euch dabei an den käuflichen Schemata oder an der Gliederung eines Lehrbuches orientieren oder euch eine eigene Struktur erarbeiten.

Diese Art der Mitschrift hat gegenüber der unsystematischeren zwei Vorzüge: Schon beim Lesen strukturiert ihr den Stoff das erste Mal – er wird also gleich in logisch nachvollziehbarer Weise abgespeichert. Und beim Wiederholen steht euch genau diese logische Struktur sofort wieder vor Augen. Neue Inhalte können in die bestehenden Zusammenhänge eingefügt werden, ohne dass ihr jedes Mal wieder von vorn anfangen müsst.

Karteikartensysteme

Die Lernforschung hat herausgefunden, dass Informationen, die am Anfang und am Ende eines Lernabschnitts aufgenommen werden, besser behalten werden als Informationen aus der Mitte. Es kommt also darauf an, die „Mitte" klein zu halten, sprich: die Lernabschnitte in möglichst kleine Einheiten zu unterteilen. Ein gern genutztes Mittel zu diesem Zweck sind Karteikarten: Auf ihnen findet alles Platz, was beim Lernen so anfällt: Definitionen, Theorienstreits und Aufbauschemata ebenso wie die schematische Übersicht über einen Themenbereich. Sind die Grundlagen erst einmal erarbeitet, können auch neuere Gerichtsentscheidungen oder kleine Beispielsfälle eingefügt werden.

Die Vorteile eines Karteikartensystems gegenüber anderen Mitschriften sind vielfältig: Neue Informationen können jederzeit auf eine neue Karte geschrieben und eingeordnet werden. Entpuppt sich eine Karte als unvollständig oder falsch, lässt sie sich problemlos ergänzen, ersetzen oder aussortieren. Außerdem sind Karteikarten eine optimale Basis für die Wiederholung. Mit ihrer Hilfe lässt sich der Stoff in übersichtliche kleine Häppchen einteilen, die ihr euch abfragen könnt. Was ihr schon wisst, könnt ihr aussortieren und den Rest dann noch einmal wiederholen. So beschäftigt ihr euch immer nur mit dem, was ihr wirklich noch nicht wisst.

Ordnung

Allerdings sind Karteikarten nur dann eine Lernhilfe, wenn sie mehr sind als ein Haufen zusammenhangloser Zettel, die in der Gegend herumfliegen. Sie sollten sich deswegen nach einem bestimmten Prinzip ordnen lassen.

Ihr könnt die Karten zum Beispiel durch Stichwörter kennzeichnen und dann alphabetisch ordnen. Was den Nachteil hat, dass auf diese Weise die Karten zu einem Themenbereich auseinandergerissen werden. Für das Wiederholen ist das ziemlich unsinnig: Wollt ihr den Diebstahl wiederholen, dann steht das Aufbauschema unter „d", und die Definitionen für „fremd", „Wegnahme" und „Zueignungsabsicht" könnt ihr unter den jeweiligen Buchstaben suchen. Deswegen raten wir, die Karteikarten von Anfang an nach Themengebieten zu sortieren. Dazu schreibt ihr zu dem jeweiligen Stichwort auch noch ein Ordnungswort, etwa „Diebstahl" oder „Zueignungsdelikte". Wenn ihr die AG-Themen im Plan durchnummeriert habt, könnt ihr auch die Nummern der jeweiligen AG-Stunde als Sortierhilfe nehmen.

Noch professioneller: Ihr benutzt eine Software zur Verwaltung eurer digitalen Karteikarten, die es euch ermöglicht, eine Karteikarte mehreren thematischen Kategorien zuzuordnen. Damit könnt ihr etwa die Definitionen des Leistungsbegriffes sowohl dem

Themenkomplex Bereicherungsrecht als auch den strafrechtlichen Tatbeständen Betrug und Untreue sowie dem Staatshaftungsrecht zuweisen.

Abfragetauglichkeit

Karteikarten sind auch nur dann nützlich, wenn sie zur Wiederholung verwendet werden können. Das können sie, wenn auf jeder Karteikarte ein klar umrissenes Thema steht, das mit einem ebenso klaren Stichwort bezeichnet ist. Das Stichwort kann auch als Frage formuliert sein. Schreibt also „Weiterfressermangel" oder „Wie wird im Produkthaftungsrecht der Weiterfressermangel definiert?" und nicht: „Produkthaftung". Denn wenn ihr das ganze Aufbauschema für die Produkthaftung inklusive aller Definitionen, Fallgruppen und Theorienstreits auf eine einzige Karte kritzelt, dann werdet ihr das niemals so vollständig reproduzieren können – ihr werdet also wieder und wieder die Definition des Weiterfressermangels herleiern müssen, nur weil ihr den ersten Prüfungsschritt für die Produkthaftung immer vergesst. Für diese Art der Darstellung sind strukturierte Mitschriften besser geeignet. Auf Karteikarten solltet ihr das Thema stückeln. Auf die erste Karte passen die groben Prüfungsschritte, auf die zweite die Fallgruppen, auf die dritte der Weiterfressermangel usw. Nur dann könnt ihr die Einzelfragen, die ihr schon beherrscht, tatsächlich aussortieren.

Übersichten, Schemata, Mind Maps

Das Langzeitgedächtnis liebt, wie gesagt, Informationen, die ihm in strukturierter Weise angeboten werden. Noch mehr schätzt es Informationen, die es in bereits bestehende Strukturen einordnen kann. Glücklicherweise bietet uns unser Fach eine Menge Gelegenheiten, sich seinen Inhalten strukturiert zu nähern. Nicht nur, dass es eine allgemeine Methodenlehre gibt, die sich damit befasst, wie juristische Entscheidungen generell getroffen werden sollten. Auch in jedem einzelnen Fach bemühen sich Wissenschaft und Praxis unermüdlich darum, den Details Strukturen zu geben oder aufzunötigen – je nach Kunstfertigkeit. Nicht umsonst gibt es in allen Fächern allgemeine und besondere Teile und wird in der Fallprüfung vom Allgemeinen zum Speziellen gegangen. Macht euch diese Struktur zunutze, indem ihr die Grundlagen gründlich lernt. Das Langzeitgedächtnis wird dann begeistert die Details der besonderen Teile, spektakulären Fälle und neuesten Gerichtsentscheidungen in diese Grundstrukturen einordnen.

Was für jedes Fach im Großen gilt, gilt auch im Kleinen für die einzelnen Themengebiete. Sehr nützlich ist es, sich die Systematik eines Kapitels mit Hilfe einer Übersicht klarzumachen, bevor die Einzelheiten gelernt werden. In einer solchen Übersicht werden die Elemente eines Themas unter einen gemeinsamen Oberbegriff gefasst. Ihre Zusammenhänge können auf verschiedene Art und Weise dargestellt werden:

Baumstrukturen

Die verschiedenen Unterkategorien eines Themas können in hierarchischer Gliederung untereinander geschrieben werden. Solche Übersichten finden sich in vielen Lehrbüchern, wenn es um Aufbauschemata geht: Oben steht, worum es geht, und dann werden die vielen kleinen Prüfungsschritte darunter aufgeführt. Gibt es an einer Stelle mehrere Möglichkeiten, dann kann die Darstellung sich verzweigen.

Solche Baumstrukturen kommen der logischen Struktur der Rechtswissenschaft sehr entgegen. Der Funktionsweise des Gedächtnisses auch: Beim Abspeichern verknüpft es die Elemente des Themas gleich mit ihren jeweiligen Oberbegriffen. Wenn ihr euch dann an den Oberbegriff erinnert, werden die darauf aufbauenden Einzelheiten gleich mit abgerufen. Das erinnert an die Arbeit eines Souffleurs im Theater: Manchmal stockt eine Schauspielerin im Text. Normalerweise genügt ein einziges Wort des Souffleurs, und schon spult die Schauspielerin die ganze weitere Rede wieder problemlos ab – weil sie im Zusammenhang gelernt wurde.

Mind Maps

Etwas freizügiger und kreativer zu gestalten sind die so genannten „Mind Maps", für die es mittlerweile auch Computerprogramme gibt. Auch bei ihnen geht es darum, alle Aspekte eines Themas in ihren Zusammenhängen sichtbar zu machen. Dabei wird der Oberbegriff aber nicht an den Anfang, sondern in die Mitte des Blattes oder der Karteikarte geschrieben, und die Folgeprobleme werden dann locker um ihn herumgruppiert. Diese Art der Darstellung ist im juristischen Bereich eher unüblich. Sie kann jedoch sehr nützlich sein, um einen Überblick über ein bestimmtes Thema zu bekommen. Denn wenn es beispielsweise um die Elemente des Bundesstaatsprinzipes geht, dann sind diese Elemente nicht hierarchisch gegliedert, sondern stehen nebeneinander. Jedes Element hat aber seine Unterelemente. Diese Zusammenhänge lassen sich mit Hilfe einer Mind Map hervorragend darstellen.

Ihr profitiert dann nicht nur von der übersichtlichen und vollständigen Darstellung. Eine Mind Map ist zugleich ein Bild, mit dem ihr dem Thema eine visuelle Komponente gebt. Wenn ihr an den Oberbegriff denkt, habt ihr gleich das dazugehörige Bild im Kopf. Mit dessen Hilfe könnt ihr die einzelnen Bestandteile rekonstruieren.

Plakate

Übersichten jeder Art eignen sich im Übrigen auch prächtig dazu, sie an die Wand zu hängen. Es gibt Examenskandidat*innen, die ihre ganze Wohnung mit solchen Malereien pflastern. Das ist nicht zu empfehlen, wenn ihr ohnehin schlecht abschalten könnt – in diesem Fall solltet ihr nicht auch noch in eurer Freizeit auf juristische Aufbauschemata starren müssen. Andererseits aber ist dies die einzige Methode, bei der ihr hoffen könnt, dass das Wissen über das Unterbewusste ins Gehirn diffundiert. Wie weit diese Hoffnung berechtigt ist oder nicht – darüber gibt es leider keine verbindlichen Aussagen.

Farb- und Symbolsysteme

Schließlich gibt es noch zahlreiche Möglichkeiten, die eigenen Aufzeichnungen so übersichtlich und ansprechend wie möglich zu gestalten: Macht die verschiedenen Gliederungsebenen eines Schemas mit verschiedenen Farben sichtbar. Streicht wichtige Gerichtsentscheidungen rot an und beliebte Theorienstreits gelb. Oder benutzt Symbole: Ausrufezeichen für wichtige Details, grüne Dreiecke für die Meinung des BGH und kleine Teufelsköpfe für besonders unverständliche Zusammenhänge.

Solche Kennzeichnungen können sinnvoll auch dafür benutzt werden, den niedergelegten Stoff das erste Mal zu wiederholen. Denn so lest ihr die Aufzeichnungen nicht nur einmal flüchtig durch, sondern bearbeitet sie erneut. Warum das eine gute Sache ist, steht im folgenden Kapitel:

c) Wiederholen

Nun sind die Informationen aufgenommen, aktiv bearbeitet und auf Karteikarten, in Dateien oder dicken Ordnern niedergelegt, strukturiert, bildlich dargestellt und also einmal gründlich gekaut. Fehlt das Wiederkäuen. Wie die Kühe Ostfrieslands stundenlang das Gras wieder hochwürgen und noch einmal kleinkauen, so solltet ihr mit dem examensrelevanten Stoff umgehen – so lange, bis sich kein Fetzen mehr schwer im Magen dreht. Die Kühe Ostfrieslands nehmen sich für diesen Vorgang alle Zeit der Welt und beenden ihn, bevor ihnen das Zeug zu den Ohren wieder herauskommt. Macht es genauso. Informationen brennen sich nicht umso tiefer ins Gedächtnis, je öfter sie ihm vorgesetzt werden. Wenn ihr eine Information zu einem bestimmten Zeitpunkt präsent habt, dann ist sie für diesen Moment ausgekaut. Reif zum Herunterschlucken. Sobald ihr eine Frage richtig beantwortet oder eine Karteikarte fehlerfrei abgearbeitet habt, könnt ihr sie deswegen weglegen. Fürs Erste jedenfalls. Tut ihr das nicht, sondern stellt euch dieselbe Frage noch einmal und noch einmal, dann ermüdet das zwar, hat für die Gedächtnisleistung aber nicht den geringsten Effekt. Dieses Phänomen wird Überlernen genannt. Es gibt noch ein paar weitere Eigentümlichkeiten der menschlichen Gedächtnistätigkeit, die zu kennen für die Wiederholung nicht schaden kann:

■ *Tiefere Informationsverarbeitung:* Wenn ihr mit Karteikarten oder euren eigenen Aufzeichnungen arbeitet, wiederholt ihr dieselben Informationen so lange immer wieder, bis sie sitzen. Das ist auch sinnvoll, solange es sich um Grundlagen handelt. Gerade Definitionen im Schlaf daherrattern zu können, kann im Examen sehr hilfreich sein. Wenn ihr ansonsten nicht weiterwisst und hemmungslos improvisieren müsst, kann eine konkrete Definition hier und da so erholsam sein wie eine Oase in der Wüste. Effektiver aber als dieselben Dinge immer wieder zu reproduzieren, ist jede Form der Wiederholung, die zu tieferer Informationsverarbeitung führt. Diese findet statt, wenn ihr mit den Informationen erneut aktiv umgeht. Das kann geschehen, indem ihr ein komplexes Thema auf wenige Grundstrukturen reduziert, also zum Beispiel zu einer längeren Mitschrift ein Aufbauschema erarbeitet. Genauso funktioniert es aber auch, ein mageres Aufbauschema oder eine knappe Mitschrift durch kleine Fälle zu bereichern und damit anschaulicher zu machen. Auch die oben angesprochenen farblichen Gestaltungen haben diesen Effekt. Wenn die Grundstrukturen sitzen, könnt ihr zum Wiederholen auch kleine, unbekannte Fälle heranziehen. Ärgert euch nicht, wenn ihr bei der Lösung dann Fehler macht. Wenn ihr begreift, warum ihr den Fehler gemacht habt, dann habt ihr auch schon wieder etwas gelernt.

■ *Verteiltes Wiederholen bringt mehr als massiertes:* Wie gesagt, innerhalb von 24 Stunden vergisst der Mensch 60 bis 70 % des Gelernten wieder. Es liegt daher nahe, im Laufe dieser 24 Stunden eine Wiederholung einzuschieben, um zu retten, was zu retten ist. Die erste Wiederholung findet darum zweckmäßigerweise gleich im Anschluss an die Erarbeitung statt. Danach sollte das Wissen in regelmäßigen Abständen wieder aufgefrischt werden. Vorbildlich ist das System des „Lernens in Potenzen", das in Teil 2 schon erläutert wurde (→ siehe S. 70). Ganz so ausgereift müsst ihr es aber gar nicht betreiben. Nur der Grundgedanke ist nachahmenswert:

Behandelt ein Themengebiet nach der Erarbeitung mehrmals in kurzen Abständen und lasst diese Abstände dann langsam wachsen.

- *Lernhemmungen:* Gelernter Stoff muss sich auch setzen. Die Informationen brauchen eine Weile, bis sie im Gedächtnis verankert sind. Denkt noch einmal an die schwarzbunten Kühe, die auf den ostfriesischen Wiesen stehen. Die kauen zunächst einmal eine Portion Gras, dann käuen sie sie wieder. Danach wird verdaut. Genauso solltet ihr es auch machen: Lernt Thema A, und dann wiederholt es. Oder wiederholt Thema A, und wiederholt danach nochmal alles von Thema A, was ihr in der ersten Wiederholung nicht wusstet. Macht dann eine Pause. Was ihr nicht tun solltet, ist folgendes: Thema A lernen, dann Thema B lernen, dann Thema A wiederholen. Denn dabei besteht die Gefahr der so genannten Lernhemmungen, auch „Interferenzen" genannt: Die Verarbeitung des Themas A wird durch das dazwischengeschobene Thema B gehemmt, fällt also schwerer. Doch damit nicht genug: Auch Thema B wird schlechter verarbeitet. Es wird seinerseits von Thema A gehemmt. Diese Interferenzen sind umso gravierender, je ähnlicher Thema A und Thema B sich sind. Die ostfriesische Kuh würde sagen: Beginne mit dem Wiederkäuen, wenn der Magen voll ist – mit Thema A. Und friss erst dann wieder vom frischen Gras, wenn Thema A vollständig verarbeitet ist.

- *Sensorische Belastung:* Ähnlich sieht es mit anderen Reizen aus. Auch Lärm und optisches Chaos hemmen die Verarbeitung von Informationen. Womit nicht gesagt sein soll, dass es der Examensvorbereitung schadet, wenn ihr laute Musik hört oder ins Fußballstadion geht. Das ist alles in Ordnung, solange es nicht unmittelbar nach dem Lernen geschieht. Springt also nicht vom Schreibtisch zur nächsten Party, sondern esst zwischendurch erst einmal in Ruhe etwas. Legt die Fernbedienung nicht direkt neben das Lehrbuch, sondern geht vor dem Fernsehkrimi ein bisschen an die frische Luft.

d) Lernkontrolle

Dadurch, dass ihr den Stoff regelmäßig wiederholt, kontrolliert ihr, ob er aus dem Gedächtnis abrufbar ist. Das solltet ihr nicht nur allein machen. Denn es ist nicht leicht, den eigenen Lernerfolg und die eigene Examensreife einzuschätzen. Sinnvoll ist es daher, sich hin und wieder einer externen Lernkontrolle zu stellen.

Lernkontrolle in der Arbeitsgruppe

In der Arbeitsgruppe tauscht ihr euer Wissen aus und wendet es auf unbekannte Fälle an. Das kann eine wirksame Lernkontrolle sein, wenn ihr euch nicht selbst betrügt. Das bedeutet, dass die vorbereitende Person nicht zu viel von der Lösung des Falles verraten sollte, bevor sich nicht alle einmal an ihm versucht haben. Es bedeutet auch, dass ihr eure Aufzeichnungen nicht als Spickzettel benutzen solltet, auch wenn ihr erst einmal ratlos vor der Fallgestaltung steht. Übt euch lieber frühzeitig im Mut zur Lücke und in der Kunst der Improvisation.

Lernkontrolle im Klausurenkurs

Noch weiter aus der Studierstube herauswagen müsst ihr euch, wenn ihr einen Klausurenkurs besucht. Alle Universitäten bieten inzwischen zumindest während des Semesters solche Kurse an. In ihnen werden Fälle auf Examensniveau unter Examensbedingungen geschrieben und von Korrekturassistent*innen benotet. Auch Repetitorien bieten Klausurenkurse an, die unabhängig von ihrem sonstigen Programm besucht werden können. Sie kosten allerdings Geld. Ebenfalls nicht billig sind die Fernklausurenkurse, die einige Repetitorien anbieten. Sie haben allerdings den Vorteil, dass ihr die Klausuren zu Hause schreiben könnt.

Für die Klausurenkurse ist die Frage des Spickens nicht so leicht beantwortet. Natürlich ist die wirksamste Lernkontrolle die, die unter Prüfungsbedingungen geleistet wird. Wann immer es möglich ist, solltet ihr euch diesen Bedingungen daher stellen.

Andererseits aber ist es gar nicht so leicht, gute Examensklausuren zu schreiben. Es kann daher auch ganz nützlich sein, das zunächst einmal zu versuchen – und sei es mit allem Material, das euch zur Verfügung steht. Denn in den ersten Monaten der Examensvorbereitung werdet ihr von vielen Problemen, die im Klausurenkurs zur Sprache kommen, noch nie gehört haben. Während in der AG in solchen Momenten immer noch die vorbereitende Person dem Geist auf die Sprünge helfen kann, tut das im Klausurenkurs niemand. Wer die Technik des Klausurenschreibens frühzeitig lernen will, sollte sich daher in den ersten Wochen ruhig mit einem Buch oder den Schemata in den Klausurenkurs setzen.

Häufig wird die Frage gestellt, wie viele Klausuren ein Mensch denn geschrieben haben soll, bevor er sich ins Examen wagen kann. Manche Repetitoren geben konkrete Empfehlungen der Art: „Schreiben Sie auf keinen Fall weniger als 50 Klausuren, bevor Sie sich zum Examen melden." So pauschal ist dieser Tipp wenig brauchbar. Es gibt Leute, die ihr Examen gut bestanden haben, ohne auch nur eine einzige Probeklausur geschrieben zu haben. Denn das Klausurenschreiben muss nur üben, wer Schwierigkeiten damit hat. Der persönliche Bedarf an Probeklausuren ist also davon abhängig, wie gut oder schlecht ihr die Technik des Klausurenschreibens beherrscht. Auch hier gilt wie überall: Lasst euch kein schlechtes Gewissen machen.

Lernkontrolle in Examinatorien

Ähnliches gilt für die Vorbereitung der mündlichen Prüfung. Grundsätzlich ist es von unschätzbarem Wert, die Situation einer mündlichen Prüfung vorher einige Male durchgespielt zu haben. Nützlich sind hierfür – neben der AG – die Examinatorien, die an vielen Universitäten angeboten werden. In ihnen seid ihr gezwungen, vor einer größeren, unbekannten Gruppe euer Wissen zu präsentieren. Für viele ist es beruhigend zu merken, dass in diesen Examinatorien keine Brutalitäten abgefragt werden. In den meisten mündlichen Prüfungen ist das auch so.

Wer sich einen Eindruck von der Atmosphäre bei wirklichen mündlichen Prüfungen machen will, hat an jeder Universität die Möglichkeit, bei ihnen zuzuhören. Auch das kann nur empfohlen werden.

Probeexamen

An einigen Universitäten gibt es inzwischen die Möglichkeit, ein Probeexamen zu schreiben. Welche Universitäten das sind, könnt ihr der Tabelle in Teil 5 (→ ab S. 188) entnehmen. Das bedeutet, dass ihr Klausuren unter Prüfungsbedingungen schreibt, und dass sie auch wie im Examen bewertet werden. Oft wird danach auch noch die mündliche Prüfung simuliert. Solche Probeexamina sind eine sehr gute Sache. Allerdings solltet ihr nicht unmittelbar vor den Prüfungen daran teilnehmen, sondern lieber schon ein paar Wochen früher. Auch wenn dann die Ergebnisse noch nicht so gut ausfallen. Eine beruhigende Wirkung wird das Probeexamen trotzdem haben, gerade auch dann, wenn ihr unter Prüfungsangst leidet. Denn es ist immer gut, viel über das Ereignis zu wissen, das diese Angst verursacht. Dadurch wird es von einem konturlosen Monster zu einer berechenbaren Größe. Mehr zu Prüfungsangst und Lernblockaden unter Buchstabe F (→ ab S. 104).

C. Das Arbeitsmaterial: Woher kommt das Wissen?

Das Geschäft mit der Examensangst lohnt sich. Alle naselang werden Neuerscheinungen auf den Markt geworfen, die sich rühmen, *das* Ausbildungsmaterial schlechthin zu sein. Professor*innen, die sich der Nachwelt erhalten wollen, schreiben Lehrbücher, Repetitorien vermarkten ihre Skriptenreihen, findige Menschen mit lockerer Feder bieten Literatur der Marke „idiotensicher" an. In der Studienliteratur werden sich die meisten von euch schon auskennen, und ihr werdet für die verschiedenen Fächer auch schon eure jeweiligen Lieblingsbücher entdeckt haben. Nicht jedes Studienbuch taugt aber auch schon für die Examensvorbereitung. Andersherum ist nicht alles, wo „Examen" draufsteht, auch gut. Viel hängt auch hier wieder von individuellen Vorlieben ab. Grast den Markt daher gründlich ab. Probiert alles aus, was ihr in die Finger bekommen könnt, bedient euch schamlos an der offiziellen Ausbildungsliteratur wie an Repetitor-Material, durchstöbert die Bibliotheken und das Internet und geht auch ruhig hin und wieder im Buchladen eures Vertrauens an den Regalen entlang. Ihr habt keinen Repetitor, der euch sein Material aufdrängt, sondern ihr könnt wählen. Also wählt.

1. Lehrbücher

Zunächst einmal gibt es die offiziellen Lehrbücher, meist von Professoren geschrieben, seltener von Professorinnen oder nicht habilitierten Menschen. Den meisten sind sie schon aus dem Studium vertraut (ansonsten solltet ihr für die erste Phase der Examensvorbereitung noch ein paar Monate mehr veranschlagen). Es gibt sie in dünner und in dicker Form.

- Vergleichsweise dünne Lehrbücher, in denen auf wenigen Seiten ein Überblick über ein Fachgebiet gegeben wird, sind zum Beispiel „Wessels" oder „Haft" im Strafrecht, „Degenhart" im Staatsrecht oder die Bände von Brox im Zivilrecht. Daneben gibt es „halbamtliche" Bücher, etwa den „Rolf Schmidt" für alle Grundfächer. Kurzlehrbücher bieten oft gute Übersichten über die Grundstrukturen eines Faches und sind deswegen auch für die Examensvorbereitung nicht zu verachten. Gerade für Themengebiete, die euch noch nicht so vertraut sind, bieten sie sich an, um einen Einstieg zu finden. Auch für Gebiete, in denen nur ein Überblick verlangt wird, sind knappe Darstellungen genau das Richtige. An ihre Grenzen stoßen sie jedoch, wenn es um ein vertieftes Verständnis geht.
- Manche lehnen es daher grundsätzlich ab, mit Kurzlehrbüchern zu arbeiten. Sie halten sich lieber gleich an die ausführlicheren Darstellungen. Auch dieses Vorgehen hat seine Vorteile: In diesen Lehrbüchern wird das Wissen oft umfassender dargestellt und werden Zusammenhänge besser deutlich gemacht. Das erleichtert es, den Stoff zu verstehen. Allerdings sagt die Seitenzahl eines Buches allein noch nichts da-

rüber, ob es tatsächlich mehr wichtige Informationen enthält. Manchmal ist der Autor oder die Autorin auch nur weitschweifiger.

Unser Tipp: Die Kombi-Lösung. Für den Überblick über ein Thema ist ein gutes Kurzlehrbuch sinnvoller als eine detaillierte Darstellung. Vieles erschließt sich daraus schon erschöpfend genug – zum Beispiel Definitionen oder unstreitige Rechtslagen. Hier lohnt es nicht, sich in Details zu verlieren. Andere Zusammenhänge versteht ihr vielleicht aus der kurzen Darstellung nicht, oder sie scheinen euch oberflächlich behandelt. Möglicherweise stellt ihr auch in der AG oder im Klausurenkurs fest, dass ein bestimmtes Problemfeld gern abgefragt wird. Diese Themengebiete solltet ihr vertieft bearbeiten – mit einem ausführlichen Lehrbuch, einem besseren Problemaufriss oder einem guten Zeitschriftenaufsatz.

2. Skripten

Auch die Repetitorien rühmen sich mehrheitlich damit, ihren Kundinnen und Kunden eigenes Lernmaterial zur Verfügung zu stellen. Mal sind das nur Kopien voller Schemata und Verweise auf Lehrbücher, immer öfter aber gleich ganze Skriptenreihen. Der Unterschied zu den Lehrbüchern besteht darin, dass sie von keinem wissenschaftlichen Anspruch getrübt sind. Sie wollen nichts weiter sein als ein Handwerkszeug, mit dem sich auf vermeintlich sicherem Wege das Examen bestehen lässt. Das bedeutet, dass sie sich auf den examensrelevanten Stoff beschränken und sich bemühen, diesen so anschaulich wie möglich zu strukturieren – was ein Vorteil sein kann, wenn es gelingt. Werft einen Blick in dieses Skript von „Alpmann" oder jenes von „Hemmer" und macht euch selbst ein Bild – so wie es etwa die AG unseres Interviewpartners Jannik Rienhoff getan hat (→ vgl. das Interview auf S. 148). Gerade bei diesen beiden Vertretern der Gattung Rep werdet ihr allerdings schnell feststellen, dass ihr Material keineswegs weniger umfangreich ist als ein gutes Kurzlehrbuch. Wer also hofft, mit Rep-Material weniger lesen zu müssen, täuscht sich sehr.

Vorlesungsskripten von Professor*innen sind häufig auf das Wesentliche reduziert. Es lohnt sich in jedem Fall, auf der Homepage eurer Uni durch das Angebot zu stöbern, denn die Informationen in den Skripten sind oft aktueller als die in den Lehrbüchern, und häufig ist auch die aktuelle Rechtsprechung schon eingearbeitet.

Der mangelnde Anspruch der Repetitorien zeigt sich noch in einem weiteren Punkt: Sie bereiten den Stoff nach rein klausurtaktischen Gesichtspunkten auf. Sie geben viele Ratschläge, ob diese Definition oder jene Theorie in der Klausur zu bevorzugen sei. Begründet wird dies nur selten inhaltlich, sondern damit, dass so der weitere Aufbau der Lösung glatter vonstatteginge. Es spricht nicht unbedingt etwas dagegen, an das Examen derart taktisch heranzugehen. Zwei Gegenargumente seien trotzdem genannt: Zum einen kann es auch eine klausurtaktische Überlegung sein, den Stoff wirklich verstehen zu wollen. Was ihr verstanden habt, könnt ihr besser reproduzieren und auf unbekannte Sachverhalte übertragen als schematisches Wissen. Zum anderen machen die Hinter- und Beweggründe einer Regelung oder eines dogmatischen Streits die Sache interessanter. Und was euch interessiert, könnt ihr euch besser merken.

3. Zeitschriften

Falls jedes Lehrbuch darin versagt, euch einen verständlichen Überblick zu komplizierten Materien zu geben, dann findet sich mit Sicherheit in einer der Ausbildungszeitschriften ein gut geschriebener Aufsatz, der die Dinge auf das Wesentliche reduziert. Sehr nützlich sind Zeitschriften auch, wenn sich Gesetze ändern oder spektakuläre Gerichtsentscheidungen getroffen werden: In ihnen finden sich Darstellungen und Fälle zur neuen Rechtslage schon, wenn die Verleger*innen der Lehrbücher noch am Rechnen sind, ob sich eine Neuauflage lohnt. Die meisten juristischen Zeitschriften werden mittlerweile von den juristischen Datenbanken ausgewertet, so dass ihr sie im Netz problemlos finden und u. U. auch im Volltext speichern oder ausdrucken könnt.

4. Schemata

Sehr hilfreich können auch die sogenannten „Schemata" sein – mehrere Ordner voller kleiner Blätter im Schönfelderformat, die in aller Kürze die Aufbauten der häufigsten Norm- und Zulässigkeitsprüfungen darstellen. Den meisten schon aus dem Studium bekannt, werden sie für viele in der Examensvorbereitung erst recht zur Überlebenshilfe – sie ermöglichen einen schnellen Einstieg in unbekannte oder dem Gehirn spontan entfallene Materien und liefern ein Gerüst für den weiteren Aufbau der Lösung.

Schemata können auch dafür genutzt werden, dem gelernten Stoff eine Struktur zu geben: Überlegt bei jeder juristischen Denkfigur gleich, wo sie in der Prüfung eines Falles eingebaut werden müsste. Ob ihr dafür allerdings die käuflichen Schemata braucht, lässt sich bezweifeln. Bei näherem Hinsehen sind auch sie nicht der Weisheit letzter Schluss, sondern eine Lösung der jeweiligen Autor*innen, die diese für die beste halten. Was nicht unbedingt heißen muss, dass sie auch für euch die besten sind. Wenn ihr einen Problemkreis in einem guten Lehrbuch nachlest, könnt ihr ihn danach normalerweise auch in eine logische Reihenfolge bringen und euch so eure eigenen Schemata basteln.

5. Fallsammlungen

Fallsammlungen sind Bücher, in denen das juristische Wissen in Fällen abgefragt wird, zu denen dann mehr oder weniger ausführliche Lösungsskizzen abgedruckt sind. Als Quelle des Wissens sind sie weniger brauchbar, weil sie ihre Themen nicht systematisch darstellen, sondern exemplarisch. Als Lernkontrolle jedoch können sie sehr nützlich sein. Fälle finden sich aber auch in den Ausbildungszeitschriften sowie in den Materialien der Repetitorien (→ vgl. dazu S. 67–69 in Teil 2).

6. Wiederholungskurse der Universität

Für Menschen, die es langweilig oder ineffektiv finden, immer nur zu lesen, bietet sich an, die Wiederholungskurse zu besuchen, die mittlerweile an allen Universitäten angeboten werden (→ vgl. dazu die Übersicht ab S. 188 in Teil 5). Allerdings kostet der Besuch von Lehrveranstaltungen in der Regel mehr Zeit, als es dauert, den Stoff in Büchern nachzulesen. Effektiv für das eigene Lernen sind solche Veranstaltungen daher nur, wenn sie gut gemacht sind – gut strukturiert, anschaulich dargeboten, ohne unnötige Längen. Sonst malt ihr zwei Stunden lang Blümchen aufs Papier und seid hinterher müde, obwohl ihr euch nichts gemerkt habt. Insbesondere Examinatorien und Kolloquien können aber eine wertvolle Ergänzung zum eigenen Lernen sein. Dort sind die Gruppen oft kleiner, und es besteht die Möglichkeit, sich zu beteiligen und Fragen zu stellen.

7. Rechtsprechung

„Lesen Sie Gerichtsentscheidungen im Original!" ist ein weit verbreiteter Tipp vieler Professor*innen. Wie man am Beispiel unseres Interviewpartners Jan Flindt (→ siehe Interview ab S. 143) sieht, kann man durch die Lektüre von Urteilen gut wiederholen und das juristische Argumentieren trainieren. Wer häufig Gerichtsentscheidungen liest, lernt viel darüber, wie in der Praxis argumentiert wird und worauf es dabei ankommt. Dennoch beherzigen die wenigsten Studierenden diesen guten Rat. Auch das hat seine Gründe: Gerichtsentscheidungen zu lesen kostet Zeit, und Zeit wird von Studienreform zu Studienreform knapper. Trotzdem: Wenn euch ein juristisches Problem ernsthaft interessiert, wenn ihr alle Darstellungen in Lehrbüchern, Skripten oder Aufsätzen nicht versteht, wenn ihr es zu einem bestimmten Punkt einfach einmal genau wissen wollt: dann lest die Grundsatzentscheidungen zu dem Thema. In einigen Fachgebieten gibt es mittlerweile auch „Casebooks" – zum Beispiel für das Verfassungs- und Verwaltungsrecht – nach angelsächsischem Vorbild, in denen die Rechtsprechung zu grundlegenden Problemen aufgearbeitet wird. Sie bieten nicht nur einen guten Überblick über die examensrelevanten Probleme, sondern können den Stoff auch anschaulicher machen.

D. Der Arbeitsplatz

Das Lernen fällt umso leichter, je angenehmer die Atmosphäre ist. Ein solches lernfreundliches Klima zu schaffen, beginnt damit, den richtigen Ort zu finden. Manche lernen im Sommer gern im Garten und im Winter gern im Bett. Die einen brauchen eine bullernde Heizung und Ohrstöpsel, die anderen ein offenes Fenster und Musik. Wieder andere nehmen ihre Karteikarten mit in die U-Bahn. Der Phantasie sind keine Grenzen gesetzt. Die meisten jedoch entscheiden sich zwischen zwei Alternativen: dem heimischen Schreibtisch und der Bibliothek.

1. Lernen zu Hause

Zu Hause lernen solltet ihr nur, wenn ihr euren Schreibtisch genauso ernst nehmt wie einen offiziellen Bibliothekstisch. In den eigenen vier Wänden lauern zahlreiche Ablenkungen: Das Telefon klingelt, Mitbewohner*innen suchen nach Frühstücksgesellschaft, die Zeitung lockt, der Abwasch türmt sich… Wer zu Hause lernt, braucht die Disziplin, sich gegen diese Versuchungen zur Wehr zu setzen. Schaltet also die Mailbox ein. Speist die Mitbewohner*innen mit der Zeitung ab und setzt euch feste Zeiten für die Pausen – auch für die Abwaschpausen. Unter diesen Umständen hat das Lernen zu Hause folgende Vorteile:

■ Auf dem eigenen Schreibtisch liegen mit der Zeit schon alle Materialien, die ihr zum Lernen braucht: Papier, Stifte, Karteikarten, Aktenordner usw. Ihr müsst das Notebook nicht durch die Gegend schleppen und könnt auf alle eigenen Aufzeichnungen zurückgreifen.

■ Zu Hause wird es euch leichter fallen, an die Lerneinheit des vorigen Tages anzuknüpfen. Ihr müsst nicht erst zur Uni fahren, ein ruhiges Plätzchen suchen und auf Bücherjagd gehen, sondern habt die räumliche Kontinuität, in der der Faden ungestört wieder aufgenommen werden kann.

2. Lernen in der Bibliothek

Die Vorteile der Entscheidung, in der Bibliothek zu lernen, ergeben sich im Grunde aus dem, was über das Lernen zu Hause gesagt wurde:

■ Ihr könnt zu einem Thema auf verschiedene Quellen zurückgreifen. Möglicherweise ist ein Lehrbuch zum Strafrecht AT für die Fragen des Versuchs und Rücktritts gut, bei den Fahrlässigkeitsdelikten aber ganz unverständlich. In der Bibliothek kann problemlos auf ein anderes Buch oder einen Zeitschriftenaufsatz zurückgegriffen werden. Ebenfalls sehr effektiv kann die Methode sein, ein Thema in zwei oder drei verschiedenen Quellen parallel zu studieren. Ihr bekommt so schnell einen Überblick über gegensätzliche Meinungen. Außerdem gehen verschiedene Autor*innen oft ganz unterschiedlich an ein Problem heran: Es wird anders gegliedert, oder eine Norm wird in verschiedenen Schritten geprüft. Oft sind auch die Begrifflichkeiten ganz unterschiedlich. Das kann verwirrend sein, aber auch nützlich. Aus mehreren angebotenen Strukturierungen könnt ihr die beste auswählen. Der Lerneffekt wird spürbar größer sein.

■ Die offizielle Atmosphäre in der Universität schützt euch vor den beschriebenen Ablenkungen des häuslichen Lebenskreises. Allerdings bietet auch eine Bibliothek die eine oder andere Ablenkung: Kommiliton*innen kommen vorbei und wollen mit euch Kaffee trinken, und manche Menschen sind schon empfindlich aus der Bahn geworfen, wenn sie ihre Karteikarten, Textmarker, Radiergummis oder sonstigen wichtigen Utensilien zu Hause vergessen haben.

■ Nicht alle dieser Ablenkungen aber sind in jedem Falle schlecht. Manche Menschen neigen dazu, sich am Schreibtisch zu vergraben und alles um sich herum zu vergessen. Sie fühlen sich während der Examensvorbereitung schnell allein. Ihnen kann es gut bekommen, hin und wieder von Kolleg*innen zu einer Pause animiert zu werden.

E. Die Arbeitszeit

Qualität statt Quantität – dieses Motto gilt uneingeschränkt, wenn es um die Frage geht, wie viel Zeit für das Lernen aufgebracht wird. Die Examensvorbereitung dauert in der Regel länger als ein Jahr, und so lange hält es kein Mensch durch, in jeder freien Minute zu lernen. Es ist daher sehr nützlich, sich von Anfang an zu überlegen, wann und wie lange ihr am Tag und in der Woche lernen wollt. Dabei macht es wenig Sinn, sich einfach irgendein Pensum zu setzen – „naja, so neun Stunden, über den Daumen gepeilt" –, das ihr dann womöglich nie erreicht. Viele Examenskandidat*innen stecken sich ihre Ziele zunächst einmal viel zu hoch und müssen sie im Laufe der Zeit Stück für Stück reduzieren. Das ist ein sehr frustrierender Weg der Erkenntnis. Weniger entmutigend ist die umgekehrte Strecke: Gönnt euch zwei bis drei Wochen, in denen ihr es ruhig angehen lasst und euch selbst beobachtet. Stellt euch dabei folgende Fragen:

■ Wie lange kann ich mich ohne Pause konzentrieren?

■ Zu welchen Tageszeiten kann ich mich am besten konzentrieren? Zu welchen am schlechtesten?

■ Wie ist meine Motivationslage? (Muss ich mir den Wecker eher stellen, um morgens an den Schreibtisch oder um abends von ihm weg zu kommen?)

■ Wie lang müssen die Pausen sein, damit ich mich erhole? Womit kann ich mich in den Pausen am besten beschäftigen? Besteht bei mir eher die Gefahr, dass ich zu viele oder zu wenige Pausen mache?

■ Wie lange brauche ich, um vom Lernen abzuschalten? Kreisen mir die Paragraphen abends vor dem Einschlafen noch im Kopf herum? Was kann ich tun, um das Abschalten zu erleichtern?

1. Wann lernen?

Die durchschnittliche Leistungskurve des Menschen sieht so aus: Nach einem Hoch zwischen 8.00 und 9.00 Uhr morgens fällt die Leistungsfähigkeit zunächst stetig ab, bis sie zwischen 14.00 und 15.00 Uhr ihren Tiefpunkt erreicht. Dann geht es allmählich wieder aufwärts, bis gegen 17.00 Uhr das nächste Leistungshoch zu beobachten ist. Ab 17.00 Uhr geht es wiederum abwärts bis zum nächsten Tief, dessen tiefster Punkt am frühen Morgen gegen 2.00 bis 4.00 Uhr beobachtet werden kann – wenn der Mensch nicht sowieso gerade schläft. Dies, wie gesagt, ist der Durchschnitt, aber es gibt viele Menschen, bei denen sich ganz andere Rhythmen eingespielt haben. Von notorischen Frühaufsteher*innen, die den Nachmittag verschlafen, bis zu überzeugten Nachtarbeiter*innen, die morgens nicht aus den Federn kommen, lässt sich alles beobachten. Versucht, die Lernphasen eines Tages mit euren persönlichen Leistungshochs abzugleichen. Dabei empfiehlt es sich, möglichst jeden Tag zur selben Zeit zu lernen. Das erleichtert es dem Körper, sich auf einen Rhythmus einzustellen.

Ebenfalls von Vorteil ist die Methode, „blockweise" zu lernen: Setzt euch beispielsweise ein Pensum von fünf Stunden Lernzeit, das morgens um neun beginnt und bis in den frühen Nachmittag dauert. Der Rest des Tages ist frei. Und zwar wirklich *frei*, soll heißen: Die Bücher sind tabu. Natürlich könnt ihr auch weniger oder mehr Stunden täglich lernen. Das Wichtige am Blocklernen ist, dass ihr klare Grenzen zwischen Arbeit und Freizeit zieht. Damit erhöhen sich die Chancen, dass ihr euch in der Freizeit tatsächlich mit anderen als juristischen Dingen beschäftigt und euch wirklich erholt. Im Gegenzug wird es euch leichter fallen, euch während der Lernzeiten nicht ablenken zu lassen.

2. Wie lange lernen?

Fragt man Examenskandidat*innen, wie viel Zeit sie täglich für das Lernen einplanen, so nennen die meisten auf diese Frage Werte zwischen vier und acht Stunden. Wichtiger als das, was „netto" an Stunden herauskommt, ist aber auch hier die Frage, wie effektiv ihr in dieser Zeit arbeitet. Wenn A zwei Stunden lang konzentriert die Strukturen einer komplizierten Materie auseinander klamüsert, hat er hinterher mehr geschafft als B, die acht Stunden lang am Schreibtisch sitzt, Unmengen von Lehrbuchseiten liest und dabei verzweifelt gegen den Schlaf kämpft. Denn A hat nach den beiden Stunden tatsächlich etwas verstanden und kann zufrieden die Freizeit einläuten. Dagegen wird B sich am folgenden Tag nur noch an Bruchstücke dessen erinnern, was ihr beim Lesen womöglich noch sehr einleuchtend erschien. Aus dieser Erkenntnis lassen sich einige Tipps herleiten, die bei der Bemessung des Pensums helfen können:

■ Findet heraus, wie weit eure Konzentrationsfähigkeit reicht. Seid dabei ehrlich mit euch selbst. Wenn es nur vier Stunden sind, und die auch nur mit langen Pausen – dann sind es eben nur vier Stunden. Das muss nicht daran liegen, dass ihr weniger belastungsfähig seid als andere. Möglicherweise seid ihr sogar konzentrierter bei der Sache und arbeitet daher in der kürzeren Zeit intensiver und effektiver. Im Übrigen lässt sich die Konzentrationsfähigkeit steigern. Wenn ihr zu Beginn der Examensvorbereitung erst einmal nur halbtags lernt, dann könnt ihr nach einiger Zeit immer noch einen draufsetzen.

■ Denkt auch hier wieder daran, dass ihr nicht nur ein paar Wochen mit dem Lernen beschäftigt sein werdet, sondern ungefähr ein volles Jahr. Psychologisch spitzt sich in dieser Zeit alles auf die Tage der Klausuren zu – dann wollt ihr auf dem Höhepunkt eures Wissens sein, nicht davor und nicht danach. Im vorigen Teil über die AG-Arbeit wurde diese Zeit mit dem Weg einer Marathonläuferin beschrieben: Die letzten Wochen vor den Klausuren sind sozusagen der Endspurt, der für das Endergebnis sehr entscheidend ist. Wenn ihr euch auf den ersten paar hundert Metern gleich auslaugt, dann fehlen euch für diesen Spurt die Energiereserven.

■ Effektives Lernen ist umso leichter, wenn ihr euch realistische Zwischenziele steckt. Macht euch daher einen Arbeitsplan für jeden Tag und jede Woche. Das muss nicht unbedingt schriftlich geschehen. Manche*r fühlt sich furchtbar eingeengt, wenn ihm oder ihr stets die selbstgefertigten Pläne und Zielvorgaben vor den Augen hängen. Es genügt, wenn ihr euch eine Mindestzeit setzt, die ihr täglich mit Lernen verbringen möchtet.

■ Aber was ist, wenn die Zeit zu kurz ist, um den AG-Plan abzuarbeiten? Bislang war nur die Rede davon, wie viel Lernzeit geistig-seelisch gut zu verkraften ist. Unwohlsein kann sich allerdings auch einstellen, wenn eure Zeit nicht reicht, um die AGs gründlich vorzubereiten. Dazu sind zwei Dinge zu sagen: Dass hier in erster Linie empfohlen wird, die Lernzeit von euren geistig-seelischen Kapazitäten abhängig zu machen, hat einen Grund: Examina werden im Kopf bestanden. Bei allem nützlichen Wissen entscheiden letzten Endes doch die Nerven darüber, wie viele Informationen in den Prüfungen abrufbar sind und wie flexibel ihr seid, um notfalls zu improvisieren. Die Nerven zu pflegen, ist daher eine sehr wichtige Voraussetzung für den Lernerfolg. Abgesehen davon, dass auch in Examenszeiten ein Recht auf ein menschenwürdiges Leben besteht. Insofern steht die Frage, wie viel Zeit nötig ist, um eine bestimmte Menge Wissen zu bewältigen, bei diesen Überlegungen tatsächlich an zweiter Stelle. Dafür spricht auch die Natur des juristischen Lernstoffes: Er hat kein Ende. Alles kann immer noch ein bisschen vertiefter behandelt werden. Der Stoff selbst setzt euch daher keinen Schlusspunkt. Das müsst ihr selbst tun, indem ihr irgendwann aus eigenem Antrieb die Bücher zuklappt. Aber selbstverständlich ist auch dies kein Dogma. Hier soll nicht empfohlen werden, jeden Tag um eins mitten im Satz abzubrechen und den Schreibtisch zu verlassen. Es geht auch nicht darum, dem vorgesehenen Zeitbudget auf jeden Fall den Vorrang zu geben, auch wenn ihr chronisch dem AG-Plan hinterherhinkt. Wenn ihr dauernd das Gefühl habt, nicht genug zu schaffen, dann denkt darüber nach, ob dieses Gefühl reale Grundlagen hat. Manchmal ist es ja auch nur die Examensangst, die euch so treibt. Schafft ihr aber wirklich nicht, was ihr als Mindestbedingung einer erfolgreichen Examensvorbereitung anseht, dann solltet ihr etwas ändern. Doch überlegt euch gut, *was* ihr ändert. Ihr könnt mehr Zeit veranschlagen. Genauso gut könnt ihr es auch mit einem anderen Lehrbuch versuchen – einem dünneren oder einem besseren. Vielleicht nutzt ihr eure Zeit auch schlecht, weil ihr euch in Details verliert oder zu umfangreiche Mitschriften anfertigt. Macht euch klar, dass es die abstrusesten Wege gibt, ein Examen vorzubereiten. Es ist *eure* Zeit. Gestaltet sie nach *euren* Vorstellungen.

3. Pausen

Eine erste Lanze für die Pause wurde bereits im vorigen Teil über die Arbeit in der AG gebrochen. Hier folgt die nächste: Macht Pausen! Pausen sind nie verschwendete Zeit, wenn sie tatsächlich *Pausen* sind, also bewusste und gewollte Unterbrechungen der Arbeit. Etwa 10 bis 30 % der Lernzeit sollten Pausen sein. Auch eine unserer Interviewpartnerinnen möchte dies künftigen Examenskandidat*innen mit auf den Weg geben (→ siehe Interview mit Sarah Thomamüller auf S. 172). Denn die Vorteile der Pause sind zahlreich:

- Der Körper braucht Pausen. Wenn ihr sie ihm nicht gönnt, dann holt er sie sich selbst. Das bedeutet, dass ihr zwar ohne Punkt und Komma lernen könnt, aber schon nach einiger Zeit werdet ihr auf dem Stuhl ruckeln und verträumt in die Gegend starren, bis das schlechte Gewissen euch zurück ans Lehrbuch treibt. Dann werdet ihr Hunger oder Durst bekommen und erst einmal etwas essen oder trinken – was euch ablenken wird, selbst wenn ihr nebenbei weiter in das Lehrbuch starrt. Wer es dann immer noch nicht begriffen hat, den wird früher oder später die Konzentration verlassen.

- Das Lernen gestaltet sich effektiver, wenn ihr Pausen macht. Denn es geht dabei nicht nur darum, dem Gehirn Informationen zuzuführen. Die Informationen müssen auch abgespeichert werden. Das bedeutet, dass sie in das Langzeitgedächtnis eingeordnet werden müssen – und das möglichst so, dass sie auch wieder abgerufen werden können. Für diese Verarbeitung braucht das Gehirn Zeit. Wird eine Information gleich mit der nächsten gedeckt, geht sie verloren.

- Pausen wirken motivierend. Jede Lernpause ist eine kleine Belohnung dafür, dass ihr vorher fleißig gewesen seid. Jede Belohnung hebt die Stimmung und reizt dazu, das belohnte Ereignis zu wiederholen. Regelmäßige Pausen halten euch also bei Laune.

a) Wie lang sollten Pausen sein?

„Pause" bedeutet dabei nicht nur die einstündige Unterbrechung zum Mittagessen. Schon in der Schule gab es abgestufte Pausenregelungen: Kleine Pausen von fünf, große von 20 Minuten und Mittagspausen von zwei Stunden. Das war zwar in der Regel zu wenig, aber im Prinzip entsprach es den Erkenntnissen der Lernpsychologie, die ebenfalls mehrere Pausentypen kennt:

- *Die Denkpause:* Während des Lernens wird euch auffallen, dass ihr immer wieder den Kopf hebt und in die Gegend schaut, die Sitzposition verändert, euch reckt, gähnt oder anlehnt. Das sind so genannte „Denkpausen", die nicht länger als eine Minute dauern und nicht dazu führen sollten, dass ihr vom Thema abschweift. Sie sind nichts als winzige Auszeiten, nach denen ihr den Faden sofort wieder aufnehmen könnt.

- *Die Fünfminutenpause:* Alle 30 bis 60 Minuten sollte eine Fünfminutenpause eingelegt werden, die dazu genutzt werden kann, kurz aufzustehen und ein bisschen herumzulaufen oder eine Kleinigkeit zu essen.

- *Die große Pause:* Nach anderthalb bis zwei Stunden ist dann eine längere Pause von 15 bis 20 Minuten angesagt; je komplizierter die Materie, desto schneller sollte diese Sorte Pause eingelegt werden und desto länger sollte sie dauern.

- *Die Erholungspause:* Lernt ihr länger als vier Stunden insgesamt, solltet ihr nach eben diesen vier Stunden einen merkbaren Schnitt machen und eine Erholungspause von mindestens ein bis zwei Stunden einschieben, in der ihr richtig abschalten könnt.

b) Was tun in den Pausen?

Nicht unerheblich für den Erholungseffekt ist auch, wie ihr die Pausen nutzt. Grundsätzlich sind sie um so wirkungsvoller, je weniger die Pausenaktivität dem Lernen gleicht. Lest ihr also viel, solltet ihr das nicht auch in der Pause tun, sondern etwas trinken, euch unterhalten oder den schon erwähnten Abwasch machen. Bewegung ist sehr nützlich, um dem ewigen Sitzen etwas entgegenzusetzen: Geht spazieren oder schwimmen, macht Rückengymnastik, und wenn ihr zu alledem zu faul seid, dann geht wenigstens zu Fuß ins nächste Café. Auch Schlafen ist keine schlechte Pausenaktivität, denn im Schlaf kann das Gelernte ungestört verarbeitet werden.

Achtet aber darauf, dass ihr die Pausen nicht über Gebühr ausdehnt. Sie sind immer auch potentielle Disziplinkillerinnen. Wenn ihr fest einschlaft und erst einige Stunden später wieder aufwacht, wenn ihr euch am Telefon festquatscht oder von dem spannenden Buch nicht losreißen könnt – dann ist die Tagesplanung schnell zunichte.

4. Probleme

Zum Schluss noch ein kurzer Blick auf die häufigsten Probleme, die im Zusammenhang mit der Arbeitszeit auftreten:

- *Zeitverschwendung:* Viele lernen über den Punkt hinaus, an dem sie sich nicht mehr konzentrieren können. Das heißt, sie starren brav auf die Buchstaben und blättern von Zeit zu Zeit um. Das laugt nicht nur aus, sondern ist pure Zeitverschwendung. Denn wenn das Gehirn nicht mehr richtig arbeitet, kann es die angebotenen Informationen auch nicht richtig verarbeiten.

- *Vermeidungsstrategien:* Andere kommen gar nicht erst in den Tritt. Sie nehmen sich immer wieder vor, ab jetzt aber wirklich konzentriert und strukturiert zu lernen, aber vorher müssen sie nur noch eben schnell den Schreibtisch aufräumen, die unbezahlten Rechnungen erledigen, den Abwasch machen, diesen oder jenen Brief schreiben und und und. Der gute Vorsatz, sinnvoll zu planen, kann dazu führen, dass das Lernen vor lauter guten Vorsätzen gar nicht erst beginnt. Fangt lieber einfach an. Die ungeklärten Fragen beantworten sich dann im Laufe der Zeit von selbst, und andere Dinge als die Juristerei gibt es immer zu erledigen.

- *Schlechtes Gewissen:* Von schlechtem Gewissen ist schon die Rede gewesen. Auch die Zeitplanung bietet viele Möglichkeiten, sich ein solches zu machen: Wer total unstrukturiert arbeitet, schämt sich vielleicht für die Unstrukturiertheit; wer täglich vier Stunden strukturiert lernt, könnte womöglich auch fünf schaffen; wer fünf schafft, auch sechs usw. Im Extremfall ist ein schlechtes Gewissen erst dann beruhigt, wenn im Tagesablauf nachweisbar keine freie Minute bleibt. Viele gaukeln ihrem schlechten Gewissen genau dies vor: Sie gönnen sich keine Pausen, sondern träumen lieber über ihren Büchern weg. Ihre Freizeit füllen sie mit vermeintlich sinnvollen Tätigkeiten (dem Abwasch), und sie sind stets voller Pläne, wie die Zukunft noch besser und reibungsloser organisiert werden kann. Damit betrügen sie sich in zweierlei Richtung: Weder kommen sie dazu, wirklich effektiv zu lernen, noch erlauben sie sich wirkliche Erholung.

F. Zum Schluss: die Nerven

Was nützen euch die schönsten Karteikarten, wenn ihr morgens nicht aus den Federn kommt, um sie durchzublättern? Was nützt der raffinierteste Arbeitsplan, wenn euch in nächtlichen Alpträumen missglückte Prüfungssituationen verfolgen? Das Lernen ist umso erfolgreicher, je motivierter, ausgeglichener und optimistischer ihr es angeht. Das ist leicht gesagt. Wer bleibt schon ausgeglichen angesichts des Staatsexamens?

Doch es gibt Abstufungen: Fröhlich pfeifend wird wohl niemand in die Klausuren schlendern, und Träume von Prüfungssituationen sind sehr verbreitet. Aber ihr könnt angespannt in die Prüfung gehen oder völlig aufgelöst. Das ist schon ein Unterschied. Genauso könnt ihr beim Lernen unter einem gewissen Druck stehen oder aber Tag für Tag wie getrieben durch die Bibliotheken laufen, gelegentlich auch einmal abschalten oder an nichts anderes mehr denken als an juristische Probleme. Es lohnt sich daher, die Nerven zu pflegen und die Nervosität zu bekämpfen. Für die Lebensqualität, für den Lernerfolg und für die Stimmung im Examen.

1. Lernerfolg und Motivation

Sich zum Lernen aufzuraffen, fällt vielen nicht leicht. Oft interessiert sie der Stoff gar nicht besonders, oder sie hassen das Gefühl, unter Druck zu stehen und eine Prüfung vor sich zu haben. Es ist nicht leicht, die entsprechende Motivation zu finden.

Leider ist es erst recht schwierig, unmotiviert zu lernen. Wer unmotiviert ist, nutzt jede Gelegenheit, sich vor der ungeliebten Tätigkeit zu drücken. Die unordentlichsten Menschen können in der Examensvorbereitung zu wahren Putzteufeln mutieren, wenn der Abwasch sie nur vom Lernen abhält.

Setzt sich der unmotivierte Mensch dennoch an den Schreibtisch, dann macht sich der fehlende Antrieb auch hier bemerkbar: Konzentration und Gedächtnisleistung sind erheblich schlechter als beim motivierten Lernen. Denn eine Information, die euch gleichgültig ist, hat sehr viel schlechtere Chancen, das Tor zum Langzeitgedächtnis zu passieren als eine, die euch richtig am Herzen liegt. Das dürfte einleuchten.

Woher aber Motivation nehmen und nicht stehlen? Was tun, wenn angesichts der bevorstehenden Prüfungen jeglicher Antrieb zum Lernen leise in sich zusammenfällt? Es ist selbstverständlich nicht möglich, sich eine motivierte Lebenseinstellung einfach zusammenzudichten. Die Methode, sich morgens vor dem Spiegel grimmig ins Gesicht zu lächeln und beschwörend zu murmeln: „Ich gehe jetzt motiviert an die Arbeit", dürfte nicht von Erfolg gekrönt sein.

Doch so wenig sich Motivation erzwingen lässt – einem kleinen Flirt ist sie durchaus nicht abgeneigt. Deshalb: Wo immer ihr den Hauch eines motivierenden Gefühls zu packen bekommt, umgarnt es, füttert es, singt ihm freundliche Lieder vor und ladet es zum Verweilen ein. Der Schlüssel für diesen Flirt liegt im Kopf. Denn wer eine Sache nicht um ihrer selbst willen macht (und das dürften beim Ersten Staatsexamen die wenigsten sein), muss andere Gründe dafür finden, sie zu tun.

a) Ziele und Zwischenziele

„Motivation" bedeutet: Begründung. Jemand ist zu einer Handlung motiviert, wenn er einen Grund für sie hat, ein Motiv. Ihr werdet daher umso motivierter lernen, wenn ihr wisst, wofür ihr es tut. Vielleicht wisst ihr schon, wofür ihr das Staatsexamen gebrauchen könnt: Um Geld zu verdienen, einen bestimmten Beruf zu ergreifen oder endlich einmal ruhigen Gewissens nach Neuseeland zu reisen. Je wichtiger es euch ist, das Examen tatsächlich zu haben, desto motivierter werdet ihr auf die Prüfungen zusteuern.

Allerdings ist es sehr leicht, diese entfernten Ziele aus den Augen zu verlieren, wenn ein bestimmtes Thema gelernt werden muss. Denn unmittelbar habt ihr von der Vorstellung, irgendwann einmal ein Examenszeugnis zu haben, überhaupt nichts. Effektiver für den Lernerfolg sind daher so genannte Zwischenziele. Ziele also, die schnell erreicht werden können. Wenn ihr einen AG-Plan habt, dann sind die einzelnen AG-Themen solche Zwischenziele. Denn jedes Mal, wenn ihr eines dieser Themen abgehakt habt, habt ihr auch einen klar abgrenzbaren Teil der Lernarbeit geschafft.

b) Erfolgserlebnisse

Das oben beschriebene Abhaken von Zwischenzielen beschert euch Erfolgserlebnisse. Neue Informationen werden besser aufgenommen, wenn ihnen ein derartiges Erfolgserlebnis vorangegangen ist – wenn also die vorangegangene Lernleistung als lohnend bestätigt wurde. Solche Erlebnisse werden als „Verstärkung" bezeichnet, weil sie die Lernmotivation bestärken. Es gibt viele Möglichkeiten, sich derartige Verstärkungserlebnisse zu gönnen. Wenn ihr mit Karteikarten arbeitet, hat jede erfolgreich repetierte Karte einen verstärkenden Effekt. Auch die AG kann positive Nachwirkungen erzeugen, wenn die Teilnehmer*innen wohlwollend miteinander umgehen. In den AG-Sitzungen könnt ihr euch gegenseitig bestätigen, dass ihr Fortschritte macht und mit der juristischen Materie zunehmend besser umgehen könnt.

c) Belohnungen

Nicht nur Lernerfolge haben eine beflügelnde Wirkung auf die Motivation. Die Aussicht auf ein angenehmes Essen, auf ein Treffen mit Freund*innen oder einen freien Tag haben denselben Effekt. Ebenso verhält es sich mit der Tafel Schokolade oder dem Milchkaffee, die vielleicht in der Pause auf euch warten. Derartige Ereignisse sind umso wirksamer für die Motivation, je unmittelbarer sie dem Lernen folgen. Esst die Schokolade also wirklich in der Pause und nicht erst Stunden später. Denn später bringt das Gehirn sie nicht mehr mit der Lernarbeit in Verbindung. Derartige Belohnungen sind kein Luxus, sondern sie wirken positiv auf den Lernerfolg zurück.

Um sich motivierende Erlebnisse zu verschaffen, muss man natürlich wissen, welche Ereignisse diese Wirkung haben. Das ist von Mensch zu Mensch unterschiedlich. Manche mögen zum Beispiel gar keine Schokolade. Andere wissen nicht, was ihnen gut tut oder bekommen sofort ein schlechtes Gewissen, wenn es ums Genießen geht. Diesen Menschen kann nur empfohlen werden, sich in einer ruhigen Stunde eine kleine Liste zu erstellen. In ihr können sie die geistigen und weltlichen Genüsse aufführen, von denen sie sich eine besonders hohe Motivation erhoffen. Wenn dann im entscheidenden Moment die Einfälle fehlen, kann der Phantasie durch einen Blick auf die Liste nachgeholfen werden: Ach ja, Schokolade! Oder: Ach ja, Spazierengehen! Je nach Gusto.

d) Sinn

Das Langzeitgedächtnis freut sich über Informationen, die ihm sinnvoll erscheinen. Einen Sinn in den eigenen Handlungen zu finden, wirkt sich auch positiv auf die Motivation aus. Ihr wisst dann, dass es nicht gänzlich nutzlos ist, was ihr euren grauen Zellen einverleibt. Sucht daher auch aus diesem Grund den Sinn hinter dem Paragraphengeflecht, wo immer er zu finden ist. Besonders motivierend wirkt im Übrigen ein praktischer Bezug zu eurem Leben. Das Gelernte in der Zeitung wiederzufinden, kann ein solches Praxiserlebnis sein. Oder die schon erwähnte Mietminderung zugunsten des eigenen Geldbeutels.

2. Lernerfolg und Prüfungsangst

Jeder noch so mächtigen Motivation droht die Gefahr, von negativen Stimmungen unterlaufen zu werden. Die häufigste dieser gegenläufigen Stimmungen ist die Prüfungsangst. Kaum eine Studentin und kaum ein Student kann sich in der Examensvorbereitung vor ihr sicher fühlen. Das ist auch kein Wunder. Denn wer fühlt sich nicht gestresst und überfordert angesichts der Aufgabe, den Stoff aus drei oder mehr Jahren Studium innerhalb eines Jahres verstehen, behalten und sinnvoll anwenden zu können? Wer leidet bei dem Gedanken an die übliche Durchfallquote nicht unter Ängsten und Zweifeln?

Angst ist ein Gefühl, das euch in gefährlichen Situationen schützen soll. Wenn ihr vor einem Abgrund steht, ist es sehr sinnvoll, sich vor dem nächsten Schritt zu fürchten – sonst würdet ihr angstfrei hinuntersegeln. In Angstzuständen wird zudem Adrenalin ausgeschüttet, das euch leistungsfähiger und wacher macht – zumindest für den Moment. So führt eine kleine Dosis Prüfungsangst bei vielen Menschen dazu, dass sie in Prüfungen hochkonzentriert sind und alle Reserven mobilisieren. Deswegen seid ihr auch schlecht beraten, wenn ihr vor Prüfungsterminen Beruhigungsmittel schluckt. Das Gedächtnis empfängt dann den Impuls, dass gerade alles irgendwie egal ist. Warum soll es dann auch noch in den letzten Winkeln seiner Speicher nach Informationen zum Examensfall suchen? Das wird es nur tun, wenn es den Ernst der Lage erkennt.

Problematisch wird die Prüfungsangst erst dann, wenn sie euer Seelenleben beherrscht. Denn mit jeder Angst geht ein Fluchtreflex einher, der euch handlungsunfähig machen kann. Das kann nicht nur in der Prüfung selbst passieren – der berühmt-berüchtigte „Blackout" ist sehr viel seltener als viele meinen. Prüfungsangst kann auch schon während der Examensvorbereitung zu Lernstörungen führen, die euch das Leben schwermachen und die Informationsverarbeitung erschweren. Solche Lernstörungen sind etwa:

- *Lernblockaden:* Ihr setzt euch an den Schreibtisch und schlagt das Buch auf, aber das Gehirn blockiert. Es weigert sich, die dargebotenen Informationen auch nur zur Kenntnis zu nehmen. Ihr könnt es im Guten versuchen und mit Flüchen, ihr könnt die Buchstaben des Textes sorgfältig abschreiben – allein, der Sinn wird sich euch nicht erschließen. Viele dieser Blockaden sind Schutzmechanismen der Seele: Das Lernen würde möglicherweise starke Versagensängste auslösen. Lieber werden dann die Informationen nicht hineingelassen, als dass das Risiko eingegangen wird, mit den Informationen auch den Ängsten Raum zu geben.

- Eine ähnliche Schutzfunktion haben *Vermeidungsstrategien:* Ihr drückt euch darum, überhaupt mit dem Lernen zu beginnen. Gründe dafür lassen sich immer finden.

Der Abwasch wurde schon mehrfach erwähnt. Ebenso kann es euch passieren, dass ihr an jedem Lehrbuch etwas zu mäkeln findet oder – schlimmer – an euren AG-Partner*innen. Beliebt sind auch die „ich habe ja noch gar nicht angefangen"-Strategien: „Ich kann noch gar nicht anfangen, weil..." der Schreibtisch nicht aufgeräumt ist, die Schönfelder-Nachlieferung noch nicht einsortiert wurde oder weil der Textmarker seinen Geist aufgegeben hat. Nicht jeder dieser Gründe ist in jedem Fall eine Vermeidungsstrategie; manchmal müssen andere Dinge ja tatsächlich erledigt werden. Wenn ihr aber merkt, dass eure Phantasie immer wieder neue Begründungen für eure Untätigkeit aus dem Hut zaubert, dann stellt euch in einer ruhigen Minute einmal die Frage, wovor ihr euch eigentlich fürchtet.

■ *Perfektionismus:* In das andere Extrem fallt ihr, wenn euch die Examensangst in den Perfektionismus treibt. Perfektionist*innen fühlen sich nur dann sicher, wenn sie jedes Detail zu jedem Zeitpunkt vollständig präsent haben. Das ist zunächst einmal nicht verwerflich. Perfektionist*innen lernen in der Regel sehr, sehr gründlich und geben sich große Mühe, alles wirklich zu verstehen. Ihr Problem aber ist die Zeit. Es ist ein wahnwitziger Plan, das gesamte examensrelevante Wissen vollständig und detailgenau zu beherrschen. Zweifelhaft ist schon, ob das überhaupt möglich ist. Jedenfalls aber dauert es ungeheuer lange. Nicht verwunderlich ist daher, dass die Perfektionist*innen unter den Examenskandidat*innen häufig einen getriebenen Eindruck machen, keine Pausen einlegen und kein Ende finden. Viele neigen dazu, angepeilte Examenstermine wieder und wieder zu verschieben und sich in Examensklausuren krankzumelden, wenn sie den Fall nicht souverän und fehlerlos zu lösen wissen. Abgesehen davon, dass eine Examensvorbereitung keine Lebensaufgabe ist, sondern irgendwann einmal ihr Ende haben sollte, ist dieser perfektionistische Ansatz im höchsten Grade ineffektiv. Er kostet viel Energie, die durch einen moderaten Mut zur Lücke gespart werden kann.

■ *Seelische und körperliche Leiden:* Prüfungsangst schlägt sich leider nicht nur in der Lernstrategie nieder, sondern auch im Lebensgefühl. Die seelischen Wirkungen von Ängsten sind bekannt: Nervosität, Reizbarkeit, das Gefühl, klein und schwach zu sein, Deprimiertheit, Konzentrationsstörungen und Müdigkeit – um nur einige mögliche Reaktionen zu nennen. Nicht weniger belastend sind die körperlichen Beschwerden, die durch Ängste ausgelöst werden können. Bedenkt, dass Angst mit Adrenalinausschüttung und Fluchtreflexen einhergeht – der Körper eines ängstlichen Menschen befindet sich also im Dauerstress. Die Folgen: Appetitlosigkeit, Schlaflosigkeit, Anfälligkeit für Krankheiten aller Art.

Es gibt also viele Gründe, die Prüfungsangst auf ein der Situation angemessenes Niveau herunterzuschrauben und sich nicht von ihr lähmen zu lassen. Für dieses Ziel stehen zwei grundsätzliche Strategien zur Verfügung: Ihr könnt die äußeren Umstände der Examensvorbereitung so gestalten, dass sie möglichst wenig Angst erzeugen. Daneben gilt auch hier wieder, dass die innere Haltung zum Examen einen erheblichen Einfluss darauf hat, in welcher Stimmung ihr ihm entgegentretet.

a) Wissen, worauf ihr euch einlasst: Selbstbestimmung und Kontrolle

Das Erste juristische Staatsexamen ist für euch eine Rechnung mit vielen Unbekannten: Ihr wisst nicht, welche Themen abgefragt werden oder wer die Klausuren korrigiert. Ihr habt nur eine vage Vorstellung davon, nach welchen Kriterien die Noten verteilt werden. Auch könnt ihr nicht wissen, wie ihr euch während der Prüfungen fühlen werdet und wie gut ihr das angelernte Wissen im Ernstfall abrufen könnt.

Ein Zustand oder ein zukünftiges Ereignis sind umso angsteinflößender, je undeutlicher und unklarer sie sind. Je weniger ihr wisst, was euch erwartet und was von euch verlangt wird, desto stärker werdet ihr euch unbekannten und unberechenbaren Mächten ausgeliefert fühlen. Ein wirksames Mittel gegen Prüfungsangst ist daher, Unsicherheiten zu beseitigen, wo immer es geht.

- Diese Funktion hat beispielsweise der Lernplan: Er zwingt euch dazu, euch frühzeitig mit dem Stoff auseinanderzusetzen. Habt ihr einen Plan erst einmal erstellt, seid ihr mit dem Katalog der wichtigen Themen bereits vertraut und habt auch mitbekommen, dass er nicht unbegrenzt ist. Gleichzeitig bietet der Plan ein Gerüst für die weitere Examensvorbereitung: Ihr könnt euch an seiner Gliederung entlanghangeln und dabei sicher sein, dass ihr kein wichtiges Thema vergessen werdet.

- Sicherheit verleihen kann auch die Teilnahme am Klausurenkurs oder an einem Probeexamen (→ an welchen Unis Probeexamina angeboten werden, steht in der Tabelle ab S. 188). Diese Einrichtungen bieten eine Selbstkontrolle. Dabei ist die Benotung gar nicht das Wichtigste. Es gibt Leute, die fallen bis kurz vor den Prüfungen beim Schreiben von Probeklausuren durch und haben dann in den Examensklausuren trotzdem keine Probleme. Was ihr im Klausurenkurs und im Probeexamen lernt, ist vor allen Dingen, euch der Prüfungssituation zu stellen: euch durch einen Fall durchzubeißen, auch wenn ihr nicht so recht wisst, worum es eigentlich geht; die Zeit so einzuteilen, dass ihr nicht zu früh und nicht zu spät fertig werdet; den Proviant nicht zu vergessen usw. Auch die AG-Sitzungen bieten eine ähnliche Selbstkontrolle.

- Vor der mündlichen Prüfung lassen sich Unsicherheitsfaktoren am besten dadurch ausräumen, dass ihr bei solchen Prüfungen zuhört. Aber auch hier kann die AG weiterhelfen, indem sie mündliche Prüfungsgespräche simuliert.

- Auch über die äußeren Bedingungen der Prüfungen lässt sich viel herausfinden: Wann laufen die Meldefristen, und welche Unterlagen sind einzureichen? Wie lange dauert es, bis dann die Zulassung verschickt wird? Wo werden in eurer Stadt die Klausuren geschrieben? Wie lange dauert es, bis die Noten bekannt gegeben werden? Und so weiter.

- Aber nicht nur bezogen auf das juristische Wissen könnt ihr dafür sorgen, dass ihr wisst, worauf ihr euch einlasst. Ein wichtiger Schritt war es schon, dieses Buch in die Hand zu nehmen: Ihr wisst nun, dass ihr einen großen Einfluss auf die Bedingungen nehmen könnt, unter denen ihr euch auf das Examen vorbereitet. Zumindest bis zum Tag der Prüfungen könnt ihr selbst dafür sorgen, dass es euch so gut wie möglich geht – indem ihr eine gute AG findet, die sich einen guten Plan macht, und indem ihr euch überlegt, wie ihr euch die Zeit einteilt, welche Literatur ihr benutzt und wann und wie ihr lernt. Je eigenverantwortlicher ihr eure Lebensbedingungen gestaltet, desto weniger werdet ihr euch dem Lernen ausgeliefert fühlen.

b) Unterstützung

Zu den äußeren Umständen gehört auch, wie allein ihr den Prüfungen gegenübertretet. Es gibt Menschen, die sich am besten fühlen, wenn sie auf sich selbst gestellt sind. Sie neigen dazu, sich allein auf das Examen vorzubereiten und auch allein zu den Prüfungen zu gehen. Unterstützung würde sie nur ablenken. Wenn ihr so seid, dann lasst euch nicht beirren, sondern zieht die Sache durch. Tut das aber nur, wenn ihr wirklich so seid.

Die wenigsten Menschen sind derart zufrieden damit, auf sich selbst gestellt zu sein. Viel öfter wird Unterstützung und Hilfe aus Stolz abgelehnt oder aus dem Gefühl, es unbedingt allein schaffen zu müssen. Dazu ist Folgendes zu sagen: Wie auch immer eure Unterstützung durch andere Menschen aussieht, in jedem Fall werdet *ihr* es sein, die die Prüfungen macht, und ihr werdet sie allein machen. Dafür sorgt schon das Prüfungsamt. Davor und danach aber könnt ihr euch von euren Freundinnen und Freunden, AG-Kolleg*innen oder Familien unterstützen lassen.

Das gilt schon für die Zeit des Lernens: Lasst euch ablenken und beruhigen; macht die Prüfungsangst auch in der AG zum Thema. Tauscht euch mit anderen AGs aus und sprecht mit Leuten, die das Examen schon hinter sich haben. Fahrt ruhig einmal ein Wochenende zu Bekannten oder Verwandten, wenn ihr dort gut abschalten könnt und vielleicht ein bisschen bekocht werdet. Was die Prüfungen selbst betrifft, so überlegt euch früh genug, wen ihr wann um euch haben wollt. Eine freundliche AG schickt mindestens eine Person vorbei, um euch von der Prüfung abzuholen; vielen tut es auch gut, wenn jemand sie morgens zur Prüfung bringt. Vielleicht wollt ihr in den Tagen vor der Prüfung gar nicht mehr so viel lernen, sondern lieber abgelenkt werden – sorgt dafür, dass Menschen um euch sind, die ihr mögt und die euch nicht noch nervöser machen.

c) Professionelle Hilfe

Doch unterschätzt die Prüfungssituation nicht. Die Examensvorbereitung ist eine Zeit, in der ihr in vieler Hinsicht unter Druck steht. Wenn ihr euch zum Examen meldet, liefert ihr euch den Bedingungen des Prüfungsamtes aus. Ihr werdet mit Prüfer*innen konfrontiert, die ihr euch nicht aussuchen könnt und nach Themen gefragt, auf die ihr keinen Einfluss habt. Ihr wisst, dass eine wohlwollende Notengebung unter Jurist*innen nicht üblich ist. Mindestens ebenso wie euer Wissen werden daher im Examen auch eure Nerven geprüft. Den meisten wird das irgendwann einmal zu viel, und sie möchten den ganzen Kram am liebsten hinwerfen. Nicht alle haben ein freundliches Umfeld, das sie dann auffängt. Zumal die Verzweiflung sich oft gerade dann einstellt, wenn zum üblichen Lernstress auch noch Probleme mit den Mitmenschen treten. Auch in Examenszeiten kann es Dinge wie Liebeskummer und Familienkrach geben. Nicht alle Freund*innen, Partner*innen und Verwandten sind so feinfühlig, auf die Examenssituation Rücksicht zu nehmen.

Doch wenn das Umfeld nicht mehr weiterhelfen kann, dann gibt es immer noch professionelle Helfer*innen. Nicht von ungefähr betreiben die Universitäten und Studierendenwerke psychosoziale Beratungsstellen, an die ihr euch wenden könnt. Die dortigen Berater*innen kennen die Wirkungen der Examenssituation. Sie wissen, dass es keine Schwäche ist, unter bevorstehenden Prüfungen zu leiden. Oft genügen ein oder zwei Gespräche, um die Stimmung wieder zu heben und zu sehen, wie es weitergehen kann. Gerade, um Auswege aus verfahrenen Situationen zu finden, kann es sehr nützlich sein, mit einer außenstehenden Person zu sprechen. Denn eure Freund*innen, Partner*innen und Verwandten hängen in eurem Leben selbst mit drin und sehen womöglich auch nicht weiter als ihr. Oder sie trauen sich nicht, offen mit euch zu sprechen. Oder sie sind selbst das Problem.

d) Die innere Haltung: Von überhöhten Ansprüchen und negativer Selbsteinschätzung

Was ein Mensch sich abverlangt, liegt zuerst und vor allem daran, was er von sich erwartet: A geht an die Examensvorbereitung vielleicht mit dem Gefühl heran: „Ein Prädikat muss es schon sein". Er ist hochmotiviert, weil er ein anspruchsvolles Ziel anstrebt. Dieses Ziel wird ihn durch viele geistige und seelische Krisen hindurchtreiben und kann der Motor dafür sein, sehr diszipliniert und gründlich zu lernen. Aber er hat auch viel zu befürchten. Denn wenn er das Prädikat nicht erreicht, dann hat er sein Ziel schon verfehlt – obwohl doch auch ein gutes „befriedigend" schon eine überdurchschnittliche Leistung wäre. Es ist daher davon auszugehen, dass A viele Ängste mit sich herumträgt, wenn er an die Prüfungen denkt. Eine mit „ausreichend" bestandene Probeklausur wird er nicht als Erfolgserlebnis empfinden, sondern als Versagen. Einen nicht perfekt gelösten Fall wird er als Niederlage begreifen. Diese negativen Empfindungen und die damit verbundenen Ängste, das Ziel nicht zu erreichen, werden seine ansonsten ja sehr mächtige Motivation unterlaufen und lähmen. Denn das Gefühl, ständig an den eigenen Ansprüchen zu scheitern, blockiert den Antrieb, den er aus seinen hoch gesteckten Zielen eigentlich schöpfen könnte. A muss damit rechnen, während der Examensvorbereitung von großflächigen Lernblockaden heimgesucht zu werden.

Auch Vermeidungsstrategien werden häufig von Menschen verfolgt, die an Erfolge gewöhnt sind und eigentlich mit einem guten Examen rechnen können. Gerade sie haben oft sehr hohe Erwartungen an sich und fürchten sich davor, nun, im Ernstfall des Staatsexamens, ihre Erfolge nicht wiederholen zu können. Um dieses Versagenserlebnis zu vermeiden, vermeiden sie oft gleich das ganze Studieren und hängen der irrationalen Vorstellung an, dass sie das Kind schon irgendwie schaukeln werden – kraft Begabung. Dieser Schuss kann allerdings böse nach hinten losgehen.

Wo beginnt das „Versagen"?

Möglicherweise hat A eine AG-Kollegin B, die ebenfalls recht motiviert ist. Ihre Einstellung lautet: „Ich will das Examen so gut machen, wie ich kann". Sie will zwar so gut wie möglich sein, aber nicht um jeden Preis. Wenn B merkt, dass Prüfungsängste sie auffressen, wird sie vermutlich Gegenmaßnahmen ergreifen, sprich: Pausen machen, sich Ruhe gönnen und die Überzeugung wiederauffrischen, dass es wichtigere Dinge im Leben gibt als Erfolg im Examen. Es ist anzunehmen, dass sie damit besser fährt. Denn ihre Definition des „Versagens" beginnt nicht schon beim verpassten Prädikat. Und tatsächlich: Versagt jemand, der im Ersten juristischen Staatsexamen das Prädikat nicht erreicht? Versagt jemand, der diese Prüfung nicht auf Anhieb besteht? Nein. Das Prädikat nicht zu erreichen ist normal; durchzufallen ist Pech.

Wenn es euch ähnlich geht wie dem Menschen A aus unserem Beispiel, dann leidet ihr unter überzogenen Erwartungen. Überprüft einmal eure innere Haltung: Was ist euer Ziel? Was sind eure Möglichkeiten? Mit welchem Erfolg könnt ihr realistischerweise rechnen? Was passiert eigentlich, wenn ihr nicht erreicht, was ihr anstrebt? Überprüft auch die Erwartungen, die von außen an euch herangetragen werden. Sagen eure Freund*innen dauernd: „Ach, du kriegst das schon hin", obwohl ihr selbst durch jede zweite Klausur im Klausurenkurs durchfallt? Bei vielen Examenskandidat*innen steht zudem im Geiste die ganze Familie oder Nachbarschaft mit dem Rohrstock neben dem Schreibtisch und flüstert: „Du wirst uns doch wohl nicht enttäuschen". Versucht, euch von diesen Ansprüchen nicht gefangen nehmen zu lassen. Ihr seid es, die die Prüfungen bewältigen müsst, niemand sonst. Zwar könnt ihr überzeugt davon sein, dass ihr das Potential zu einem bestandenen oder sogar zu einem überdurchschnittlichen Examen habt. Eine derartige Selbsteinschätzung schadet nicht – wenn sie euch nicht in die Angst treibt, vor ihr zu versagen.

Negative Selbstbilder ...

Nicht besser sind Menschen dran, die unter der gegenteiligen Geisteshaltung leiden: der negativen Selbsteinschätzung. Denken wir uns eine Person X, die an die Examensvorbereitung herantritt mit dem Gefühl: „Da muss ich jetzt durch." Eine sehr verbreitete Haltung: Viele Jurastudierende haben höhere Semester in der Examenszeit erlebt, kennen Erzählungen aus Repetitorien und wissen daher: Examen machen ist schrecklich. Die Anforderungen sind übermenschlich. Wer besteht, hat Glück gehabt. So denkt auch X. Von Anfang an schleppt sie an dem Gefühl, einen Riesenberg zusammenhangloses Wissens durchackern zu müssen, um sich mit ihm der Willkür des Prüfungsamtes zu stellen. Löst sie einen Fall, wird sie das nicht als Erfolg verbuchen, sondern als Zufall oder Glück begreifen. Löst sie ihn nicht, wird sie sagen: „Ich wusste ja, dass es nicht geht." Solche Prophezeiungen pflegen sich zu erfüllen. Wir selbst erfüllen sie, indem wir die Dinge so interpretieren, dass sie unseren Erwartungen entsprechen. X wird tatsächlich auf lange Sicht weniger erfolgreich lernen. Denn das Langzeitgedächtnis merkt sich Informationen besser, wenn sie von der Erwartung begleitet sind, dass es sie sich auch merken *kann*.

... und ihre Überwindung

Was könnte X tun, um ihre negative Selbsteinschätzung zu überwinden? Wenn sie eine AG hat, kann sie sich mit ihren Kolleg*innen vergleichen. Dann merkt sie vermutlich, dass auch die anderen nicht unfehlbar sind. Es sei denn, X hat ausgerechnet eine AG erwischt, in der die anderen sehr viel besser zurechtkommen als sie. In diesem Fall sollte sie überlegen, die AG zu verlassen, um sich nicht weiter so überfordert zu fühlen.

Die inneren Bilder gehen oft einher mit inneren Monologen: „Na, da hast du aber Glück gehabt, dass du mal was gewusst hast" – so spricht die innere Stimme der X. X kann versuchen, diese inneren Monologe zu verändern. Sie könnte lernen zu sagen: „Wunderbar, das weiß ich also schon." Eigenlob stinkt in diesem Fall keineswegs. Sich selbst loben zu lernen, wäre im Übrigen auch eine Aufgabe für den ehrgeizigen A. Seine innere Stimme sagt zu einem gelösten Fall vermutlich so etwas wie: „Na, wenigstens *etwas*". Auch er könnte lernen zu sagen: „Das habe ich gut gemacht".

e) Abschalten

Prüfungsangst ist in den seltensten Fällen ein Zustand, der schnell vorbeigeht. Gerade in einem Fach wie Jura, in dem die Examensvorbereitung und auch das Examen selbst sich über Monate hinziehen. Studierende in der Examensvorbereitung stehen in diesen ganzen Monaten unter einem intensiven Dauerdruck. Das Fatale an diesem dauerhaften Stresszustand ist, dass die Betroffenen nach einiger Zeit gar nicht mehr merken, wie angespannt sie sind – denn die Anspannung ist längst zum Normalzustand geworden. Viele von ihnen verändern sich daher im Laufe ihrer Examensvorbereitung. Sie werden ernster, unkommunikativer und reizbarer.

Entspannung und Ablenkung

Gegen Dauerstress hilft nur, für Unterbrechungen zu sorgen und die Gedanken und Gefühle, die sich um die Prüfungen drehen, einmal abzuschalten. Das kann auf verschiedene Weise geschehen. Sehr wirksam sind die verschiedenen Entspannungstechniken wie Autogenes Training, Yoga oder progressive Muskelentspannung. Mit ihnen kann eine sogenannte Tiefenentspannung erreicht werden, die erholsamer sein kann als ein unruhiger Schlaf. Der einzige Nachteil der Entspannungstechniken ist der, dass sie gelernt werden müssen. Das bedeutet in der Regel, dass ihr einen Kurs besuchen müsst. Solche Kurse werden von den Volkshochschulen und ähnlichen Trägern angeboten, manchmal sogar auch vom Hochschulsport oder vom Studierendenwerk der Universität. Als Alternative bieten sich entsprechende Trainings-CDs an, die es in manchen Bibliotheken zu leihen gibt.

Abschalten lässt sich aber auch auf andere Weise. Manche schlafen einfach ein und wachen am nächsten Morgen erholt auf. Andere können die Gedanken an das Examen gerade dann gut verdrängen, wenn sie sich in andere Aktivitäten stürzen: Ausflüge, Kneipenbummel, Sport usw. Wieder andere versinken gern in einem spannenden Roman, um die Welt um sich herum zu vergessen. Dem Abschalten sehr dienlich sind auch Freunde und Freundinnen, insbesondere solche, die von juristischen Detailfragen keine Ahnung haben und nicht selbst Horrorgeschichten aus Examenszeiten zu erzählen wissen.

Mal blau machen

Schließlich, ganz wichtig: Gönnt euch freie Tage, mindestens alle zwei Wochen oder besser an jedem Wochenende. Streicht sie rot im Kalender an, schlaft aus, so lange es euch im Bett hält, und seid einfach nur faul oder unternehmt nette Dinge. Bis zum nächsten Morgen. Solche Auszeiten heben eure Lebensqualität, und auch der Lernarbeit werden sie dienen. Denn je besser ihr euch zwischendurch erholt und mit anderen Dingen beschäftigt, desto frischer werdet ihr am nächsten Morgen wieder über den Büchern sitzen.

f) Hilfe gegen die Angst kurz vor der Prüfung

Das alles sind langfristige Lösungen – Hilfen gegen die schleichende Prüfungsangst, die den Alltag zu durchdringen droht. Nun gibt es auch die andere Angst, die auftaucht, wenn die Prüfung unmittelbar bevorsteht. Was tun, wenn ihr in zwei Tagen euren Termin habt und vergeht vor Panik? Hier hilft es natürlich nicht mehr, eine Entspannungstechnik zu lernen. Beherrscht ihr schon eine, kann sie euch aber gute Dienste leisten.

Ruhe fürs Gehirn

Ansonsten könnt ihr versuchen, euch Beistand zu verschaffen: Ruft die Kolleg*innen aus der AG an, trefft euch mit guten Freund*innen und lasst euch ablenken. Im Zustand der Panik zu lernen ist vollkommen nutzlos. Spart euch also die Quälerei, mit angstschweißigen Händen noch die letzten Karteikarten durchzugehen. Lerntheoretiker*innen empfehlen ganz im Gegenteil, die letzten 24 Stunden vor einer Prüfung gar nicht mehr zu lernen. Sprich: *Nichts* zu tun, was mit dem juristischen Wissen zu tun hat, außer vielleicht ein paar Übersichten zu überfliegen. Das mag ungewohnt klingen, hat aber seine lernpsychologische Begründung: Gerade kurz vor der Prüfung haben viele Kandidat*innen das Gefühl, alles vergessen zu haben. Wiederholt ihr in dieser Stimmung den Stoff, werdet ihr entsprechend wenig reproduzieren können – außer der Prüfungsangst. Wollt ihr euch gar noch neue Inhalte eintrichtern, dann drohen euch die schon erwähnten Lernhemmungen (→ siehe S. 93). In der Prüfung erinnert ihr euch dann vielleicht noch an das, was ihr kurz vor der Prüfung gelernt habt, aber an sonst nichts.

Lasst also das Gehirn in Ruhe. Glaubt nicht, dass es nicht arbeiten würde, nur weil ihr gerade einen Waldspaziergang macht. Es weiß ganz genau, dass ihr morgen eine Prüfung habt und richtet sich darauf ein. Auch große Sportler*innen fangen nicht schon vor dem Start an zu rennen. Sie machen sich warm, trinken isotonische Flüssigkeiten und lassen sich von ihren Trainer*innen sagen, dass sie es schon schaffen werden.

In der Prüfung: Auszeit nehmen

Dieses Rezept funktioniert natürlich nicht mehr, wenn ihr schon in der Prüfung sitzt. Auch das gibt es: Ihr lest den Fall und denkt „kann ich nicht". Die Wissensbrocken treiben vor eurem geistigen Auge entlang, aber eine konkrete Idee will sich nicht einstellen. In solchen Momenten habt ihr nur zwei Möglichkeiten: Ihr könnt panisch losschreiben und jede Menge Müll produzieren – den Müll der Verzweiflung. Oder ihr atmet erst einmal kräftig durch. Macht eine kleine Rauchpause, auch wenn ihr nicht raucht. Lasst euer Herz sich beruhigen. Dann versucht es noch einmal. Wie gesagt, der totale „Blackout", den alle so fürchten, kommt im wirklichen Leben nur sehr selten vor.

Diese Überlegungen gelten auch für die mündliche Prüfung. Zwar könnt ihr in dieser nicht einfach aufstehen und eine Rauchpause einlegen. Aber auch im Prüfungsgespräch könnt ihr einmal kurz durchatmen, bevor ihr antwortet. Selbst wenn euch eine Antwort misslungen ist, lässt sich die Angst beruhigen. Meistens gibt es eine zweite Chance. Sonst gibt es immer noch das nächste Fach. Überhaupt: Wenn ihr schon in der mündlichen Prüfung angekommen seid – was soll da noch schiefgehen?

3. Lebensqualität: Es gibt ein Leben abseits des Schreibtisches

Nun wurde so viel darüber geschrieben, wie ihr euch das Lernen, das Wiederholen und das Geprüftwerden so einrichten könnt, dass es einerseits erfolgreich und andererseits erträglich ist. Auch in der Examensvorbereitung besteht das Leben jedoch nicht nur aus Lernen und Pausen. Es gibt auch noch Privatleben und Freizeit, und das ist auch gut so. Denn der beste Ausgleich für anstrengende Arbeit ist eine genussreiche Freizeit. Das beste Mittel gegen Prüfungsangst ist die Erkenntnis, dass es andere, bessere und wichtigere Dinge gibt als juristische Zusammenhänge und Examensnoten. Pflegt darum euer Privatleben. Gönnt euch Abstand und angenehme Freizeiterlebnisse. Wie ihr die Freizeit am angenehmsten gestaltet, wisst ihr vermutlich selbst am besten. Berücksichtigt aber wohlwollend die folgenden Punkte:

- Vergesst nicht, gut und gern zu essen. Geistige Arbeit verbraucht Kalorien, und ein angenehm gefüllter Bauch steigert das Lebensgefühl. Schiebt nicht zwischen zwei Karteikarten eine Stulle zwischen die Zähne, sondern macht eine Pause für eine richtige Mahlzeit.

- Verschafft euch Bewegung. Der Kreislauf will von Zeit zu Zeit auf Trab gebracht werden, und der Körper braucht einen Ausgleich zum ewigen Sitzen. Geht spazieren, treibt Sport oder macht wenigstens ein bisschen Rückengymnastik – das erspart euch Schmerzen, entspannt und baut Angst und Aggressionen ab.

- Sorgt für Luft. Lüftet euer Arbeitszimmer, sonst erstickt euer Geist. Geht von Zeit zu Zeit nach draußen, spaziert um den Block, lauft oder fahrt Fahrrad, und wenn es nur zum nächsten Supermarkt ist, um etwas zu essen zu kaufen (s. o.).

- Schlaft. Wenn es nachts nicht geht, versucht es tagsüber. Lernt nur, wenn ihr wach seid.

- Pflegt euer Sozialleben. Trefft euch mit Freund*innen. Geht hin und wieder ins Kino, ins Theater, auf ein Konzert oder auf eine Party. Stellt dabei an euer Umfeld ruhig Ansprüche. Die Examenszeit ist für euch körperlich und seelisch belastend – ihr könnt verlangen, dass eure Freund*innen, Partner*innen, AG-Kolleg*innen, Verwandten und Mitbewohner*innen darauf Rücksicht nehmen.

Und, nicht vergessen: Examensnoten sind nicht alles. Weder bei Bewerbungen noch im Leben. Besteht darum auf ein wenig Lebensqualität auch in Zeiten der Prüfungsvorbereitung. „Lebensqualität" ist schließlich nicht gleichbedeutend mit „Faulheit". Auf Lebensqualität zu pochen, bedeutet, so zu lernen und zu arbeiten, wie es der eigenen Persönlichkeit entspricht: sich in geistig klaren Momenten an den Schreibtisch zu setzen und ihn wieder zu verlassen, wenn der Kopf ohnehin nicht mehr aufnahmefähig ist. Es bedeutet allerdings auch, sich selbst und die eigenen Möglichkeiten realistisch einzuschätzen. Wenn ihr merkt, dass ihr nicht so schnell vorankommt, wie ihr es euch vorgenommen hattet, wenn ihr Klausuren nicht so virtuos schreiben könnt, wie ihr es erhofft hattet, wenn euch der Stoff nicht so zu fesseln vermag, dass ihr gern damit umgeht – dann müsst ihr das akzeptieren.

Genauso, wie ihr akzeptieren müsst, dass es in Prüfungen ungerechte, willkürliche und nicht nachvollziehbare Bewertungen gibt. Immer wieder kommt es vor, dass Leute im Examen die Klausuren ihres Lebens schreiben oder in der mündlichen Prüfung plötzlich reden können wie Wasserfälle und mit Noten davongehen, von denen sie niemals zu träumen gewagt hätten. Aber auch den umgekehrten Fall gibt es: Nicht alle, die vor den Prüfungen gründlich gelernt haben, halten hinterher die entsprechenden Zeugnisse in der Hand. Das kann daran liegen, dass sie sich überschätzt haben, aber genauso gut auch daran, dass sie einen schlechten Tag hatten oder ungerecht bewertet wurden – rückgängig machen lässt es sich nicht. Euer Einfluss auf die Notengebung ist begrenzt. Euer Einfluss auf eure Lebensgestaltung ist enorm. Nutzt ihn.

Teil 4: Die Interviews

„Examen ohne Rep" ist keine graue Theorie, sondern für viele Studierende Jahr für Jahr erfolgreiche Praxis. Einige von ihnen wollen wir in den folgenden Interviews vorstellen.

Wir haben dabei versucht, euch möglichst verschiedene Lerntypen und Arbeitsformen zu präsentieren. Beim Lesen werdet ihr schnell merken, was euch anspricht und womit ihr weniger anfangen könnt. Auch hier gilt: „Examen ohne Rep" ist kein fertiges Konzept, sondern die Freiheit, sich individuell für eine passende Examensvorbereitung zu entscheiden.

Die Auswahl der Interviewpartner*innen ist natürlich nicht repräsentativ. Eine Sache, die wir bei unseren Interviews feststellen konnten, hat uns allerdings doch überrascht: Es gibt mehr Alleinlerner*innen, als wir dachten, und ihre Examensergebnisse sind oft ziemlich beeindruckend.

Aus den längeren Gesprächen mit unseren Interviewpartner*innen haben wir immer versucht, das Besondere herauszufiltern – schließlich wollen wir euch nicht durch Wiederholungen langweilen. „Fürs Lernen auch noch Geld zu bezahlen, das habe ich wirklich nicht eingesehen" oder „Der Druck, sich für die AG gut vorzubereiten, ist viel höher als beim Rep", so etwas haben fast alle unserer Gesprächspartner*innen gesagt. Falls es nicht gesondert erwähnt wird, dann denkt es euch bei Bedarf einfach hinzu.

In der vorliegenden Zusammenstellung haben wir einen gewissen Überhang hervorragender Examensergebnisse. Der Grund: Gerade die erfolgreichen Prüflinge hatten oft bemerkenswerte Varianten entwickelt, um sich aufs Examen vorzubereiten und waren daher auch als Interviewpartner*innen besonders interessant. Damit soll jedoch keinesfalls der Eindruck erweckt werden, man müsse – auf gut schwäbisch gesagt – ein „Käpsele" sein, um vom Verzicht auf den Repetitor zu profitieren. Tatsächlich sind ja auch diejenigen, die kein Prädikatsexamen erzielt haben, mit ihrer Examensvorbereitung ziemlich zufrieden.

Ob wir die Examensergebnisse der Interviewpartner*innen überhaupt angeben, haben wir längere Zeit diskutiert. Schließlich gaukeln die Noten eine Pseudo-Objektivität vor, die regionale Unterschiede sowie Glück und Willkür bei der Korrektur völlig ausblendet. Noten sagen auch nichts darüber aus, ob jemand gute juristische Arbeit leisten kann oder nicht. Sie bezeugen lediglich, dass die Prüfperson zu einem bestimmten Termin die im Examen gestellten Anforderungen zur mehr oder weniger großen Zufriedenheit der Prüfer*innen erfüllen konnte.

Da es euch im Examen aber, so vermuten wir, nicht zuletzt auf das Ergebnis ankommt, haben wir uns letztlich dafür entschieden, sie auch anzugeben. Denn gute Noten sind einfach ein überzeugendes Argument für das „Examen ohne Rep", und die meist überdurchschnittlichen Ergebnisse unserer Interviewpartner*innen werden euch, so hoffen wir, Mut machen. Man kann „ohne Rep" eben nicht nur gerade so durchkommen, vielmehr entstehen häufig sogar recht gute Examina. Im Übrigen belegen die Ergebnisse auch, dass gerade manch eigenwillige Methode der Examensvorbereitung besonders erfolgreich war. Und das zeigt einmal mehr: Es lohnt sich, über individuelle Wege zum Examen nachzudenken.

Falls ihr an der Examensvorbereitung von einer interviewten Personen ein besonderes Interesse habt oder eine Frage habt, die wir nicht gestellt haben, könnt ihr dies gerne nachholen und uns schreiben unter: mail@ex-o-rep.de. Wir stellen dann gerne einen Kontakt her.

Andreas Buser
Examen im Herbst 2014 in Berlin
Ergebnis: vollbefriedigend
Vorbereitung: vor allem alleine, aber auch mit AG

„Examen mit Rennrad, aber ohne Repetitor."

Andreas ist nicht so der auditive Typ und hat sich daher alleine zuhause vorbereitet. Sein Tagesablauf war während dieser Zeit strikt durchgeplant. Einmal die Woche löste er mit einer Lerngruppe Fälle – aber nicht ohne vorher einen AG-Vertrag auszuarbeiten.

Wie hast du dich dafür entschieden, Examensvorbereitung ohne kommerzielles Rep zu machen?

Also, mir war schon länger klar, dass ich das Examen ohne Repetitor machen will. Einerseits war das auf jeden Fall eine Geldfrage, aber vor allem wollte ich mich auch selbstständig und unabhängig vorbereiten und nicht alles vorgekaut bekommen. Auch mein Vertrauen in Bezug auf die Sachkompetenz der Repetitoren war und ist nicht besonders groß.

Dann stand noch die Frage offen, ob ganz alleine oder mit Unirep. Dazu bin ich in die Unirep-Infoveranstaltung gegangen und teilweise in die Kurse. Dort habe ich aber schnell gemerkt bzw. bestätigt bekommen, dass ich nicht so der auditive Typ bin und habe mich dann nur noch zuhause eingeigelt und selbstständig gelernt.

Hattest du irgendwann Zweifel an deiner Entscheidung?

Eigentlich nein. Dadurch, dass in meiner Lerngruppe zwei Personen im Rep waren, konnte ich aber auch kontinuierlich feststellen, dass die nichts anderes machen als ich oder mehr Wissen haben. Das hat mich also beruhigt und dazu geführt, dass Zweifel nicht aufkamen.

Wie hat dein Umkreis auf die Entscheidung reagiert?

Also, in meinem näheren Umkreis hat niemand Examen ohne kommerzielles Rep gemacht. Dennoch waren die Leute, die mich länger kannten, nicht überrascht. Von anderen kamen aber schon eher erstaunte Nachfragen, wenn man die Standardfrage in der Examensvorbereitung „Und, in welchem Rep bist du?" nicht beantworten konnte.

Wie bist du konkret an die Examensvorbereitung rangegangen?

Nachdem ich Anfang des siebten Semesters meinen Schwerpunkt abgeschlossen hatte, habe ich klassisch erstmal einen Lernplan für die Examensvorbereitung erstellt. Dazu habe ich mir die vielen Lernpläne, die es im Internet oder in Büchern gibt, durchgesehen. Mein Lernplan war aber dann doch eher speziell, weil er anders als viele Standardpläne nicht auf eine AG zugeschnitten und mit elf Monaten auf einen recht kurzen Zeitraum ausgelegt war. Naja, und dann habe ich losgelegt.

Grob sah der Lernplan so aus, dass ich mir die ersten fünf/sechs Monate einen Überblick über den gesamten Hauptgebietsstoff verschafft und mir Lernmaterialien erstellt habe. Das Erarbeitete habe ich dann in drei Wiederholungsgängen wiederholt und daneben die Nebengebiete erarbeitet. Die Wiederholungsgänge wurden aber auch immer kürzer, weil ich immer mehr wusste. Der Lernplan war aber auch nicht total starr, oft war ich langsamer oder schneller mit einem Gebiet fertig und habe den Lernplan dann entsprechend angepasst.

Warst du tatsächlich manchmal schneller?

Mhm. Nein, eigentlich nicht.

Welche Lernmaterialien hast du denn konkret verwendet?

Anfangs habe ich überwiegend mit Lehrbüchern gearbeitet. Statt Karteikarten habe ich lieber nur Kontrollfragen erstellt. Die sind verlässlicher, zumindest als meine Karteikarten, und es dauert nicht so lang. Diese Kontrollfragen habe ich dann wie Karteikarten in Potenzen wiederholt. Außerdem habe ich viel mit „Prüfe dein Wissen"-Büchern kleine Fälle geübt, die ich dann wie Karteikarten wiederholt habe. Die Lehr- und Lernbücher habe ich nach Aktualität und persönlichen Vorlieben ausgewählt und mir dann meistens auch gekauft.

Wie genau seid ihr in der Lerngruppe vorgegangen? Hat das gut geklappt?

Wir haben uns einmal die Woche zu dritt getroffen und Fälle gelöst. Die Leute in meiner Lerngruppe kannte ich schon aus dem Studium, und wir haben uns die ganze Zeit gut verstanden – und tun es sogar heute noch.

Konkret haben wir pro Session zwei Fälle gemacht. Immer einen aus dem Zivilrecht und dann abwechselnd Strafrecht oder Öffentliches Recht. Die Fälle hat jeweils eine Person ausgewählt und vorbereitet, und die wurden dann von den anderen mit Anleitung gelöst. Um die Besprechung gerade am Anfang flüssig zu halten, konnten die Fälle schon zuhause skizziert werden, aber die Lösung gab es natürlich dann erst zur Nachbereitung, die übrigens sehr wichtig ist!

Und kannst du eine „gemischte" Lerngruppe weiterempfehlen?

Also am Anfang war ich ein bisschen skeptisch, da beide Kollegen kommerzielles Rep gemacht haben und dadurch zeitlich eingebunden waren. Im Endeffekt hat es aber gut geklappt, wir haben fast alle Einheiten durchgezogen und waren im Großen und Ganzen sehr zufrieden.

Zum Beginn der AG haben wir tatsächlich auch so etwas wie einen AG-Vertrag ausgearbeitet, damit alle wussten, worauf sie sich einlassen. Den allerdings schließlich keiner unterschrieben hat.

Wie sah der Vertragsentwurf denn konkret aus?

Der hatte etwa Klauseln zur Konfliktlösung und beinhaltete eine Kurzzusammenfassung unseres Lernplans und der Struktur unserer Einheiten, aber auch, welche Note wir ungefähr anstrebten.

Wie sah denn dein konkreter Wochenplan aus?

Ich hatte tatsächlich einen sehr disziplinierten und getimten Tagesablauf. Neun Uhr anfangen, elf Kaffeepause, Mittagspause (etwa zwei Stunden) um eins, danach noch einmal vier Stunden Lernen bis etwa 19 Uhr, manchmal auch bis 20 Uhr. Den Plan habe ich nicht immer strikt eingehalten, im Sommer war ich mittags schon mal länger Rennradfahren oder beim Bouldern, aber dann habe ich halt abends länger gemacht.

Ach ja, und ich habe auch fast ausschließlich von zuhause gelernt. Das ist gemütlicher, mensch spart Zeit und Nerven, aber braucht ein bisschen mehr Disziplin.

Mein Ziel war also, jeden Tag acht Stunden zu lernen, orientiert an einem durchschnittlichen Lohnarbeitstag, samstags dann fünf Stunden Klausur, danach Wochenende mit komplett freiem Sonntag.

Hast du den freien Sonntag bis zum Ende durchgezogen?

Ja, mit ganz kleinen Ausnahmen schon. Besonders gegen Ende hilft Entspannung und Ruhe oft mehr als noch mehr zu pauken.

Hast du denn die Klausuren im Klausurenkurs von Anfang an mitgeschrieben?

Ja, die meisten schon, und die habe ich dann auch korrigieren lassen. Allerdings natürlich mit eher durchwachsenen Ergebnissen. Dennoch fand ich es gut, von Anfang an eine Rückmeldung zu bekommen und gewissermaßen das Lösen von unbekannten Problemen zu üben, was ja dann auch im Examen häufig der Fall ist.

Wie ging es dir das Jahr über?

Also, es war nicht das fröhlichste Jahr meines Lebens, aber es war auch nicht das schlimmste. Wenn du eine bestimmte Routine gefunden hast, lässt es sich gut aushalten. Natürlich hatte ich manchmal Rückschläge wie schlechte Klausuren, ineffektive Lerntage oder allgemein Stress, wichtig fand ich es dann darüber nachzudenken, was falsch gelaufen ist, gleichzeitig aber auch, nicht aus der Routine zu fallen. Das kontinuierliche Lernen an sich fand ich nicht so schlimm, eher die häufig langweiligen Themen an sich (z.B. Zivilprozessrecht), die einen inhaltlich nicht interessieren – da fand ich den Schwerpunkt (Völker- und Europarecht) einfach wesentlich spannender.

Die schlimmste Zeit, fand ich, war das Warten auf das Ergebnis, das war psychisch am belastendsten. Bei mir allerdings auch besonders, weil ich den Fehler gemacht habe, den Freiversuch eher als Probeexamen zu sehen und fest davon ausging, noch einmal zu schreiben. Dadurch war ich mir unsicher, ob ich mich nach den Schriftlichen auf die nächsten Schriftlichen vorbereite oder auf die mündliche Prüfung. Deshalb bin ich auch erstmal nicht verreist, sondern habe ziemlich schnell weitergelernt, was allerdings nicht so effektiv war, weil ich mich schlecht motivieren konnte. Deswegen empfehle ich eher, sich von Anfang an einen festen Examenstermin auszusuchen.

Wie ging es dir denn in der Prüfungszeit selbst?

Ich kann mit Prüfungen eigentlich gut umgehen, deswegen fand ich es gar nicht so schlimm. Also, die Prüfungen selbst sind schon super anstrengend, aber man hat ja dann auch relativ viel frei im Vergleich zu der Zeit vor den Prüfungen.

Wie sah denn deine Freizeitgestaltung so aus?

In meiner Freizeit habe ich viel Sport getrieben, Rennradfahren und Bouldern. Relativ lange war ich aber auch noch politisch aktiv und habe Rechtsseminare für Geflüchtete im Rahmen eines unabhängigen aktivistischen Projekts geleitet.

Was hättest du anders gemacht?

Also, alles in allem war ich mit meiner Herangehensweise sehr zufrieden. Wie ich schon gesagt habe, hätte ich den Freiversuch nicht als Probeexamen sehen sollen. Aber ob ich, wenn ich es nochmal versuchen müsste, länger lernen würde, weiß ich nicht. Ich war zwar mit dem Ergebnis nicht hundertprozentig zufrieden, aber für ein paar lausige Pünktchen mehr noch ein halbes Jahr länger lernen ..., eher nicht.

Hast du noch Weisheiten oder Tipps für zukünftige Generationen?

Vor allem auf jeden Fall die Möglichkeit, Examen ohne Repetitor zu machen, ernsthaft in Erwägung zu ziehen. Das kommerzielle Repetitorium ist gewissermaßen eine Jura-tradition, aber wie alle Traditionen sollte sie hinterfragt und bei Nicht-für-sinnvoll-Be-finden nicht befolgt werden. Im Einzelfall mag das kommerzielle Rep genau die richti-ge Vorbereitung für die jeweilige Person sein, häufig ist es das aber nicht. Manchmal ist das Rep sogar einfach nur schädlich, wenn Ängste geschürt und zweifelhafte Quali-tät geliefert wird. Also ist Reflexion und schließlich auch Mut gefragt. Wem es helfen mag, sei noch gesagt, dass viele mit Ex-o-Rep richtig gute Ergebnisse erzielen.

Anna Liora Boyn
Examen im Februar 2015 in Hamburg
Ergebnis: befriedigend
Vorbereitung: AG

„Ich wollte selbstbestimmt meine Examenslernzeit gestalten."

Anna hat sich nach dem klassischen Ex-o-Rep-Modell vorbereitet: Lerngruppe, Lernplan und Wiederholung in Potenzen.

Warum hast du kein kommerzielles Rep besucht?

Für mich gab es mehrere Gründe, die gegen ein kommerzielles Rep gesprochen haben. Zum einen wusste ich bereits aus den Vorlesungen, dass Frontalunterricht nicht meiner Art zu lernen entspricht und nichts für mich ist. Zum anderen habe ich auch nicht eingesehen, nach mehreren Jahren Studium über tausend Euro auszugeben, damit mir jemand beibringt, wie ich durchs Examen komme. Ich war, auch weil ich es aus meinem Freundes- und Bekanntenkreis so mitbekommen habe, der Meinung, dass es auch ohne Rep zu schaffen ist. Die kommerziellen Reps leben von der Angst der Student*innen. Dieses System gefällt mir nicht, und ich wollte es nicht unterstützen. Ich wollte selbstbestimmt meine Examenslernzeit gestalten.

Was hat dein Umfeld dazu gesagt?

Mein privates Umfeld hat positiv auf meine Entscheidung reagiert. Ich hatte jedoch auch das Glück, dass ich mehrere Leute kannte, die bereits erfolgreich das Examen ohne Rep gemeistert hatten. Wenn ich in der Uni Leuten davon erzählt habe, dass ich es ohne Rep versuchen will, kamen manchmal entgeisterte Blicke und die Fragen, wie ich mich das bloß trauen könnte und ob ich nicht Angst hätte, das Falsche zu lernen, falsche Schwerpunkte zu setzen oder etwas zu vergessen. Und schließlich könnte man ja auch niemanden fragen, wenn mal was unklar bliebe. Hiervon darf man sich nicht zu sehr verunsichern lassen. Wenn man sich die Prüfungsordnung genau anguckt, bevor man den Lernplan erstellt, ist es eigentlich ausgeschlossen, etwas zu vergessen. Für die Schwerpunktsetzung kann man sich gut an Lernplänen von Leuten orientieren, die das Examen schon ohne Rep hinter sich gebracht haben. Und falls in der AG mal etwas unklar bleibt und keiner weiter weiß, bekommt man die Frage meistens durch etwas Recherche in der Bib beantwortet.

Wie hast du deine Lerngruppe gefunden?

Eine Person aus meiner Lerngruppe kannte ich schon aus dem Studium, wir hatten bereits eine Lerngruppe für den Schwerpunkt und wussten, dass wir gut zusammen lernen können. Die anderen beiden haben wir über einen Aushang, den wir an der Uni aufgehängt hatten, gefunden. Wir haben uns dann mit beiden getroffen und über unsere Ziele und Erwartungen an die Lerngruppe gesprochen und geschaut, ob es insgesamt passen könnte.

Wie seid ihr an die Sache rangegangen?

Da ich bereits mehrere Leute kannte, die das Examen erfolgreich ohne Rep bestanden hatten, konnte ich auf die Lernpläne von den verschiedenen Leuten zurückgreifen. Wir haben dann die Lernpläne als grobe Vorlage für unseren eigenen Lernplan genommen. Wir haben uns die Prüfungsordnung angeguckt und dann das gesamte vor uns liegende Jahr durchgeplant. Zudem war ich während meiner Zeit an der Uni bei Hamburgs aktiven Jurastudent*innen aktiv und wir haben regelmäßig Infoveranstaltungen zum Examen ohne Rep organisiert, sodass ich mich bereits ein wenig informiert hatte, bevor es tatsächlich losging.

Wie habt ihr eure Lerngruppe organisiert?

Bevor es tatsächlich losgehen konnte, haben wir einige Wochen mit Orga-Kram verbracht. Der Lernplan musste erstellt werden, und dies nimmt, auch wenn man gute Vorlagen hat, etwas Zeit in Anspruch. Wir hatten unseren Lernplan auf ein knappes Jahr ausgelegt und um die 100 AG-Einheiten geplant. Zudem hatten wir regelmäßig Pufferwochen eingeplant, um Stoff aufzuholen, den wir doch nicht ganz geschafft haben, und wir hatten auch Urlaubswochen mit eingebaut.

Wir haben uns dreimal die Woche für vier Stunden getroffen. Die AG war unterteilt in eine Stunde Wiederholungseinheit und drei Stunden neuer Stoff. Jeweils eine Person hat den neuen Stoff und eine Person die Wiederholungseinheit vorbereitet. Wiederholt haben wir nach „Potenzen", also die AG-Sitzung 1 haben wir dann in den AG-Sitzungen 2, 4, 8, 16 usw. wiederholt. Den neu zu lernenden Stoff haben wir in der Regel anhand von Fällen besprochen. Nach einer gewissen Zeit haben wir angefangen, zusätzlich den Klausurenkurs, der an der Uni angeboten wurde, zu besuchen. Am Anfang eher unregelmäßig, die letzten vier bis fünf Monate ziemlich regelmäßig. Auch haben wir alle dem Angebot unserer Uni, ein Probeexamen zu schreiben, teilgenommen. Wir haben meistens in der Uni gelernt. Teilweise war die Raumsuche nervig, aber meistens konnten wir leere Seminarräume nutzen oder Gruppenräume in der Bib.

Nachdem wir mit dem Lernplan durch waren, haben wir mit der reinen Wiederholungsphase begonnen. Hierfür haben wir uns nochmal fast drei Monate Zeit genommen. In der Zeit haben wir zusätzlich zu dem Klausurenkurs an der Uni einen Klausurenkurs bei einem kommerziellen Rep gebucht. Auch in dieser Zeit haben wir uns noch circa einmal die Woche getroffen, um Fälle und bestimmte Probleme zu besprechen.

Wie hat das in der Lerngruppe geklappt?

Rückblickend gibt es schon einige Dinge, die ich anders machen würde. Wir hatten uns vorgenommen, regelmäßig Reflexionsrunden zu machen, um Konflikte schnell lösen und angehen zu können, haben diese jedoch nach den ersten Monaten vernachlässigt. Auch hat sich herausgestellt, dass drei von uns anders lernen als die vierte Person, und dass es zeitweise schwer war, die Disziplin aufrechtzuerhalten. Außerdem hat sich während der AG-Zeit herausgestellt, dass eine Person von uns nicht an dem geplanten Termin schreiben wird, sondern sich entschieden hatte, das Examen doch noch zu verschieben. Das hing mit persönlichen Problemen zusammen. Wir haben versucht, die Person „mitzuziehen", auch weil wir sie nicht hängen lassen wollten. Im Nachhinein würde ich sagen, dass diese Entscheidung zu Lasten der Qualität der AG ging.

Mit den zwei Leuten, mit denen ich es komplett durchgezogen habe und auch gemeinsam das Examen geschrieben habe, habe ich noch Kontakt, und die Examenserfahrung hat uns ziemlich zusammengeschweißt. Die Lerngruppe war für mich eine große, auch emotionale Unterstützung. Wir haben es gut geschafft, uns gegenseitig davon abzuhalten, in Panik zu verfallen und konnten uns gegenseitig aufbauen, wenn wir mal eine schlechte Woche hatten.

Wie sah dein Lernalltag aus?

Ich habe bis kurz vor dem Examen fast ausschließlich in der Uni gelernt, damit ich mich zuhause besser entspannen und bewusster „Feierabend" machen konnte. Zum Lernen habe ich mich meistens mit Leuten aus meiner Lerngruppe in der Bib verabredet. Das hat zumindest am Anfang, als das Examen noch in weiter Ferne schien, für den nötigen Druck gesorgt, auch tatsächlich aufzustehen und in die Uni zu fahren. Auch hatte sich in meinem Bekannten- und Freundeskreis schon länger eine Mittagessens-Gruppe etabliert, die sich immer um ein Uhr an der Mensa getroffen hat. Das war ein guter Anreiz, nicht zu spät in die Uni zu fahren, um vor dem Essen schon was zu schaffen, und es war auch immer eine gute Ablenkung, mit netten Leuten eine Stunde Mittagspause zu machen.

Bist du zwischendurch in den Urlaub gefahren? Was hast du noch jenseits der Lernerei gemacht?

Wir haben bei dem Erstellen des Lernplans bewusst darauf geachtet, auch Urlaub einzuplanen. Ich bin während der Lernzeit zweimal in den Urlaub gefahren und wir hatten insgesamt für das Jahr sechs Wochen Urlaub eingeplant. Das war auch sehr wichtig, um zwischendurch runterzukommen, und ich würde es allen empfehlen, darauf zu achten, sich zwischendurch auch mal eine Auszeit zu gönnen. Alle aus meiner Lerngruppe haben zumindest zeitweise noch nebenher gearbeitet. Mehr als einen Tag in der Woche zu arbeiten, erschwert die ganze Lernerei aus meiner Sicht aber sehr stark. Der Druck und das Gefühl, das Lernpensum nicht zu schaffen, erhöht sich durch einen fehlenden Lerntag in der Woche schon ungemein. Ich selber habe nur einen Nachmittag in der Woche gearbeitet und circa zwei Monate vor dem Examen aufgehört und mich nur noch auf das Lernen konzentriert.

Privat habe ich versucht, die Sachen, die ich zuvor gemacht habe, auch während der Lernphase weiter zu machen. Das hat am Anfang auch noch ganz gut geklappt, gegen Ende habe ich mich jedoch, trotz meines Vorsatzes, mein gewohntes Leben für das Examen nicht ganz aufzugeben, aus vielen Sachen rausgezogen. Ich bin weiterhin zu den regelmäßigen Treffen meiner verschiedenen Gruppen gegangen, habe jedoch weniger – bis am Ende gar keine – Aufgaben übernommen, wenn es irgendwas zu organisieren oder zu machen gab. Ich habe weiterhin einigermaßen regelmäßig Sport gemacht und auch Freunde getroffen. Auch war mir wichtig, mich zwischendurch abzulenken und mich immer wieder daran zu erinnern, dass es ein Leben außerhalb des „Jurakosmos" gibt. Meine Wochenenden waren zumindest gegen Ende immer sehr kurz und bestanden nur aus dem bewusst freigenommenen Sonntag, da samstags der Klausurenkurs stattfand, so dass ich Party-Einladungen und Bier-Trink-Abende häufiger abgesagt und lieber mein in der Examenslernzeit gesteigertes Schlafbedürfnis befriedigt habe. Das war schon manchmal frustrierend, ist aber in meinem Umfeld auf Verständnis gestoßen.

Würdest du noch einmal Ex-o-Rep machen?

Ich kann nur empfehlen, das Examen ohne Rep zu wagen. Es ist ein wenig mehr an Organisation und viel Disziplin nötig, um es durchzuziehen, aber selbstbestimmt für das Examen zu lernen, hat das Ganze für mich zumindest ein klein wenig erträglicher gemacht.

Annika Meyer
Examen im Herbst 2014 in Berlin
Ergebnis: vollbefriedigend
Vorbereitung: Unirep, AG und am Ende viel alleine

„Den Spaß an der Sache zu behalten, war mir wichtig.“

Annika hat mit ihrer Lerngruppe Fälle gelöst und ist ins Unirep gegangen. Während der Examenszeit versuchte sie, an ihren vorher selbst gesetzten Grundsätzen festzuhalten: sich nicht verrückt machen zu lassen und das Examen nur einmal zu schreiben.

Wie hast du dich dafür entschieden, die Examensvorbereitung ohne kommerzielles Rep zu machen? Was haben deine Freund*innen aus dem Studium dazu gesagt?

Im ersten Semester hatte ich mir an einem Info-Tag an der juristischen Fakultät einen Repetitor in einem Vorstellungsvortrag angesehen und fand ihn ziemlich schrecklich. Da habe ich mich dafür entschieden, dass ich niemanden dafür bezahlen möchte, dass er Panik verbreitet.

Als ich mir dann den Plan fürs Unirep angeschaut habe, hat mich das überzeugt. Vor allem, dass alles Wichtige gut strukturiert anhand von Fällen mit Lösungen abgedeckt wurde und dass das Unirep größtenteils von kompetenten Lehrenden, die im Zweifel auch Klausuren im Staatsexamen stellen, gegeben wurde. Die Lernatmosphäre dort fand ich sehr motivierend, und außerdem finde ich, dass die Vorbereitung aufs Staatsexamen umsonst sein sollte.

Meine Freund*innen fanden es gut. Viele von ihnen haben auch selbst Examen ohne kommerzielles Rep gemacht. Aber vor allem auch einige, die selbst ein kommerzielles Rep besucht haben, meinten im Nachhinein, dass sich das für sie nicht gelohnt habe.

Wie bist du an die Examensvorbereitung rangegangen?

Inhaltlich hatte ich mir erst nur einen ganz groben Plan gemacht, der sich am Unirep orientiert hat. Vieles habe ich einfach auf mich zukommen lassen und dann geschaut, wie viel Zeit mir pro Woche neben Unirep und Lerngruppe zum Lernen bleibt. Wichtiger waren mir einige Prinzipien, an denen ich von Anfang an festhalten wollte. Ich hatte den Vorsatz, mich nicht von anderen verrückt machen zu lassen, und war mir sicher, dass ich das Examen nur einmal schreiben möchte. Auch hatte ich mir gesagt, dass es Wichtigeres gibt als gute Noten und man dies nicht aus den Augen verlieren darf. Das hat den Druck für eine ganze Weile rausgenommen. Zudem wollte ich mich auf die Basics konzentrieren und nicht von irgendwelchen Spezialproblemen verwirren lassen.

Und vor allem war für mich wichtig, den Spaß an Jura, den ich während meines ganzen Studiums hatte, auch in der Examensvorbereitungszeit nicht zu verlieren.

Wie lief deine Examensvorbereitung konkret ab?

Ich habe das ganze Jahr über so gut wie jede Veranstaltung des Unireps besucht. Den Klausurenkurs mit Besprechung habe ich auch größtenteils mitgemacht. Im ersten halben Jahr hatte ich dann zweimal pro Woche eine Lerngruppe, gegen Ende habe ich aber mehr alleine gelernt. Das brauchte ich auch, um ruhig zu bleiben.

Jede Woche habe ich dann an den Tagen, an denen ich keine Lerngruppe hatte, nach dem Unirep selbstständig gelernt, für jedes Fach hatte ich da einen bestimmten Tag vorgesehen. Und samstags hatte ich noch eingeplant, um das zu bearbeiten, was unter der Woche liegen geblieben war. Einen Lernplan mit einem Überblick über die ganze Zeit hatte ich aber nicht.

Als Lernmaterialien hatte ich die Materialien aus dem Unirep und meine eigenen Skripte, die ich ab den ersten Semestern geschrieben hatte, genutzt. Sehr hilfreich fand ich auch einige Ausbildungsliteratur zur Examensvorbereitung (z.B. die „Unirep Jura"-Reihe, den Beulke-Klausurenkurs). Letzten Endes war ich mir aber die ganze Zeit nicht sicher, ob ich das Richtige verwende. Das findet man auch bis zum Schluss nicht raus. In der Examensvorbereitung habe ich auch zum ersten Mal mit Karteikarten gearbeitet und damit das Wichtigste aus meinen Skripten wiederholt.

Wie lief es in deiner Lerngruppe? Was war dir dabei wichtig?

In meiner Lerngruppe waren wir zu dritt. Wir kannten uns alle aus dem Studium und hatten schon ab dem zweiten Semester gemeinsam gelernt, weshalb wir schon ein eingespieltes Team waren. Wir haben mit Fällen gearbeitet und uns teilweise gegenseitig unsere Karteikarten abgefragt, sonst aber nicht gemeinsam inhaltlich wiederholt. Die Fälle haben wir dann gemeinsam gelöst und sind zusammen die Lösung durchgegangen. Die Atmosphäre war entspannt, was mir sehr gefallen hat.

Was lief gut? Was waren Schwierigkeiten oder Probleme?

Was sehr gut geklappt hat, war, dass ich meinen wöchentlichen Zeitplan immer ganz gut einhalten konnte, auch die Freizeit kam bei mir nicht zu kurz

Mein Problem war, dass ich eigentlich die ganze Zeit dachte, dass es mir ziemlich gut ging. Ich wurde dann aber irgendwann ständig krank, wodurch ich teilweise mit dem Lernen hinterhergehinkt bin. Drei Monate vor dem Examen hat sich dann auch meine Lerngruppe aufgelöst.

Wie ging es dir während der Zeit? Wie bist du mit Prüfungsangst und Stress umgegangen?

Als die schriftlichen Prüfungen herannahten, hatte ich ein kleines Motivationstief mit Selbstzweifeln. Um damit klarzukommen, bin ich dann für ein paar Tage weggefahren, habe meine täglichen Lernzeiten reduziert und habe bis zum schriftlichen Examen kaum noch Klausuren korrigieren lassen, selbst wenn ich sie mitgeschrieben hatte. Teilweise habe ich auch nur noch Lösungsskizzen gemacht. Vielleicht war das etwas gewagt, aber so hat sich für mich der Druck auf jeden Fall absenken lassen. Ich hab' mich meistens morgens vier Stunden hingesetzt und gelernt, und dann nachmittags noch ein Stündchen gemacht, danach aber viele Freund*innen getroffen, Serien geschaut, ausgeruht, Sport gemacht – und dann ging es mir auch wieder besser! Auch zwei Wochen vor der Prüfungszeit bin ich nochmal weggefahren, um in Ruhe ein paar Sachen durchzugehen. Dieser Abstand kurz vor der schriftlichen Prüfungszeit tat mir auch sehr gut.

Das Examensschreiben selbst habe ich als eine sehr schöne Zeit in Erinnerung. Ich hatte viel Unterstützung von meinen Freund*innen und meiner Familie. Meine Mutter kam mich besuchen und ist für eine Woche bei mir geblieben, wir sind dann z.B. nachmittags spazieren gegangen und haben Kaffee getrunken. Auch meine Freund*innen haben abends abwechselnd für mich gekocht, und mein Freund hat mich zu den Klausuren gebracht und abgeholt. Etwas Schönes nebenher zu machen, war für mich sehr wichtig.

Was hast du in deiner Freizeit gemacht?

In meiner Freizeit habe ich das Gleiche wie sonst auch gemacht, viel Sport getrieben (Handball, Ballett, Yoga), gelesen und Freunde getroffen. Und ich habe auch viele Serien geschaut zur Entspannung, das sogar mehr als zuvor.

Welche Tipps hast du für die nachfolgenden Generationen?

Man sollte auf jeden Fall auf sich selbst hören, wenn man sich überlegt, wie man sich aufs Examen vorbereiten möchte. Welche Art der Examensvorbereitung zu einem passt, weiß man selbst am besten. ABER: Ich bin mir sicher, dass Ex-o-Rep, auf welche Art auch immer, zu jedem passt.

Und auch während der Examensvorbereitung sollte man sich genügend Pausen nehmen, seine Freizeit genießen und auf keinen Fall seine sozialen Kontakte abbrechen.

Mir haben auch Lernwochenenden auf dem Land, die ich am Anfang mit meiner Lerngruppe gemacht habe, sehr gut gefallen. Es war so gut, gemeinsam rauszukommen, intensiv zu lernen, aber auch ebenso intensiv in der Gruppe zusammen zu sein und z.B. gemeinsam zu kochen.

Man sollte sich bewusst machen, dass es Motivationstiefs immer geben wird und man am besten frühzeitig mit Familie, Freund*innen und v.a. auch Nichtjurist*innen darüber spricht.

Und vor allem sollte man versuchen, ruhig zu bleiben und sich klar machen, dass das Staatsexamen nur von einigen als schwere Prüfung verklärt wird, die letzten Endes aber machbar ist.

Christopher Wohnig
Examen im Februar 2014 in Frankfurt am Main
Ergebnis: vollbefriedigend
Vorbereitung: AG

„Ein kommerzielles Repetitorium kam für mich nicht in Frage, da meine Kenntnisse in bestimmten Bereichen so gering waren."

Mit dem Grundvertrauen, das Examen schon irgendwie schaffen zu können, ging Christopher an seine Vorbereitungszeit heran. Er traf sich zweimal die Woche mit seiner Lerngruppe, um sich das Basiswissen anzueignen. Detailwissen stellte er hintan.

Warum hast du dich für Ex-o-Rep entschieden?

Nach meinem Diplom in Politologie an der Uni Frankfurt machte ich mir Gedanken, wie ich mich am sinnvollsten auf das Examen in Jura vorbereiten könnte. Ich hatte ein Doppelstudium in Politologie und Rechtswissenschaft gemacht und aufgrund dessen relativ wenig Zeit in das Jurastudium gesteckt. Zudem hatte ich wegen des Schreibens der Diplomarbeit und der anschließenden Prüfungen über ein Jahr nichts mehr für das Studium der Rechtswissenschaft gemacht. Ich war inhaltlich einfach fast komplett raus. In meinem Jurastudium hatte ich zudem sehr wenige Veranstaltungen besucht. Meine Kenntnisse im Zivilrecht beschränkten sich auf das Delikts- und Bereicherungsrecht.

Ein kommerzielles Repetitorium kam für mich nicht in Frage, da meine Kenntnisse in bestimmten Bereichen so gering waren. Ich brauchte daher eher ein individuelles Lernprogramm, um beim Lernen die Schwerpunkte richtig setzen zu können. Im Öffentlichen Recht gab es zwar auch Bereiche, die ich im Studium nicht studiert hatte, wie das Baurecht oder Staatshaftungsrecht, jedoch hatte ich in diesem Bereich nicht so große Bedenken, den Stoff in relativ geringer Zeit nacharbeiten zu können.

Wie hast du deine Lerngruppe gefunden?

Der arbeitskreis kritischer jurist_innen an der Uni Frankfurt hatte in diesem Jahr das erste Mal einen Workshop zum Thema Ex-o-Rep in Frankfurt organisiert. Ein Autor der Vorauflage des Ex-o-Rep-Buches kam für den Workshop extra nach Frankfurt. Bei dem Workshop sprach ich einfach andere Studierende an, die ungefähr im September 2013 Examen machen wollten. Die Lerngruppe haben wir dann genau so organisiert, wie wir es im Workshop erklärt bekommen hatten.

Hatten die anderen aus deiner Lerngruppe auch so ein geringes Jurawissen?

Ja, wir hatten alle kaum Wissen, daher waren wir uns schnell einig, dass die Lerngruppe dazu dient, das Grundlagenwissen aller Rechtsgebiete gemeinsam zu erarbeiten.

Das Zivilrecht stand zeitlich im Vordergrund, da auch die anderen weniger Bedenken hatten, was das Öffentliche Recht angeht. In der Lerngruppe wurde der Schwerpunkt auf das Lernen desjenigen Stoffes verwendet, welcher unerlässlich ist, um sicher ins Examen zu gehen. Umfangreiche Streits, die man sich in der Prüfungssituation auch selbst erarbeiten kann, oder Detailwissen wurde eher hintangestellt.

Warum hast du deinen angepeilten Examenstermin geschoben?

Ein halbes Jahr vor dem Examen stellte ich fest, dass ich zwar inhaltlich schon einige Kenntnisse erworben hatte, jedoch diese kaum in der Prüfungssituation anwenden konnte. Da mir auch noch ein paar materiell-rechtliche Kenntnisse fehlten, entschloss ich mich, mit einer anderen Person aus der Lerngruppe, erst im Februar 2014 das Examen zu schreiben. Wir beide legten dann ab Herbst 2013 den Schwerpunkt auf das Lernen von Fällen. Hierbei arbeiteten wir die kompletten Fälle des Unireps durch, welches wir eher sporadisch besucht hatten.

Bist du mit der Entscheidung zufrieden?

Das Schieben war im Nachhinein sehr sinnvoll. Durch das fallbezogene Lernen merkte ich, dass ich nicht nur das materielle Recht andauernd wiederholte, sondern auch ein Gespür dafür bekam, wie man eine Klausur aufbaut und wo man bestimmte Probleme verortet. Dadurch stieg meine Sicherheit von Woche zu Woche. Vor dem fallbezogenen Lernen hatte ich große Bedenken, eine Klausur sinnvoll lösen zu können. Diese Bedenken wichen immer mehr dem Optimismus, auch eine schwierige Klausur sinnvoll aufbauen und mit Inhalten füllen zu können. Dies zeigte sich auch im Examen. In drei der sechs Examensklausuren fanden sich Probleme wieder, die wir in der fallbezogenen Zweierlerngruppe behandelt hatten und genauso schon einmal in einer Klausur (nach der Musterlösung des Unireps) gelöst „bekommen" hatten.

Wie bewertest du rückblickend deine Entscheidung für Ex-o-Rep?

Im Nachhinein kann ich sagen, dass die Entscheidung, mit einer Lerngruppe zu lernen, für mich genau richtig war. Das lag zum einen daran, dass ich so ein eher individuelles Lernprogramm hatte und dadurch den Eindruck bekam, dass ich keine Zeit verschwende bzw. mir die Zeit für die einzelnen Rechtsgebiete nehmen kann, die ich auch brauche. Zum anderen lernte ich durch die Lerngruppe eine Gruppe von Menschen kennen, mit denen ich gerne die Zeit zum Lernen verbrachte und mit denen man auch neben dem Lernen noch „Leidensgenossen" hatte. Da die Atmosphäre in unserer Gruppe sehr gut und sehr freundschaftlich war, hatte ich nie den Eindruck, zur Lerngruppe zu „müssen". Klar ist man nicht zweimal die Woche sehr gerne zum Lernen gegangen. Jedoch reduzierte sich das „müssen"-Gefühl um ein Vielfaches, da man sich auf das Zusammenkommen auch freute.

Hast du während der Examensvorbereitung noch etwas nebenbei gemacht?

Neben dem Lernen für das Examen habe ich noch Tutorien an der Universität gegeben und Tischtennismannschaften trainiert. Eine Abwechslung neben der Lernzeit ist sicher sehr wichtig, um auch einmal abschalten zu können und den Kopf frei zu bekommen.

Franziska Bantlin
Examen im Frühjahr 2015 in Freiburg
Ergebnis: gut
Vorbereitung: AG

„Man muss sich drauf einlassen."

Für Franzi war die Examensvorbereitung die coolste Zeit des Studiums. Ihre Lerngruppe klappte gut, und sie machten in den ersten zwei Semestern gemeinsam große Fortschritte. Und auch den vor den Klausuren immer größer werdende Druck standen sie zusammen durch.

Liebe Franzi, was hat dich zum Jurastudium gebracht?

Warum ich mit Jura angefangen habe, hmm. Ich habe mich erst sehr spät für Jura entschieden; während der Schulzeit habe ich noch sehr lange überlegt, ob ich Musik studieren soll – das Geige-Spielen war schon immer eines meiner liebsten und intensivsten Hobbies – oder doch „was anderes". Letztlich schwankte ich dann immer zwischen Jura, Lehramt oder eben doch Musik. Im Abi-Jahr habe ich mich dann bei einer Uni-Infoveranstaltung über Jura informiert und mit einem befreundeten Juristen eine Jura-Vorlesung besucht; beide Veranstaltungen lösten bei mir eine spontane Begeisterung für das allgemein als „trocken und langweilig" verschriene Fach aus. Außerdem reizte mich an dem Studium, dass es einem später viele Möglichkeiten bietet.

Wie hast du das Studium empfunden?

Also am Anfang war das alles ganz neu für mich. Jura ist wirklich etwas, was man noch nie zuvor gemacht hat; das kann auch verunsichern. Mit der Zeit habe ich dann gemerkt, dass es mir viel leichter fiel, nachdem man mal ein bisschen reingekommen ist und sich mit der Art des Denkens und Arbeitens zurechtgefunden hat. Das traf dann auch auf die Examensvorbereitung zu: Alles geht leichter, wenn man sich wirklich darauf einlässt: Wenn man juristische Absurditäten irgendwann nicht nur absurd, sondern auch richtig spannend finden kann, dann hat man schon die halbe Miete! Die andere Hälfte ist vor allem mit Fleiß und Disziplin zu stemmen. Das ist auch etwas, was Sicherheit geben kann: Wenn man ordentlich und fleißig arbeitet, kann man schon ziemlich weit kommen.

Du sprichst von anfänglicher Verunsicherung. Hast du deine Entscheidung für das Jurastudium irgendwann einmal bereut?

In den ersten Wochen des Studiums habe ich mich ziemlich überfordert gefühlt; gerade die Umstellung von der Schule auf die Uni fiel mir nicht besonders leicht. Und im dritten Semester hatte ich auch Zweifel, ob die Studiengangwahl die richtige war. Da hatte ich das Gefühl, dass es gar nicht so läuft, wie ich mir das vorgestellt hatte, und ich bekam auch nicht die Noten, die ich mir wünschte. Aber ich habe dann versucht, das Beste draus zu machen, mir einen neuen Plan gemacht und mich z.B. im nächsten Semester mehr in den Vorlesungen beteiligt. Das war gut, weil ich auf diese Weise unmittelbare Rückmeldungen bekam und merkte, dass ich vieles tatsächlich verstanden hatte. Geholfen hat mir auch, dass ich nach dem ersten Semester an einem Lehrstuhl als Hiwi angestellt wurde und in das Frauenförderprogramm der Fakultät, Justitia Mentoring, aufgenommen wurde. Da habe ich jeweils viel Unterstützung erfahren und wertvolle Tipps bekommen.

Was hast du für einen Schwerpunktbereich gemacht? Warst du während des Studiums im Ausland?

Ich habe Arbeits- und Sozialrecht gemacht. Das ist zwar nicht kern-examensrelevant, hat mir aber viel Spaß gemacht und mich interessiert – ich glaube, das ist wichtiger. Und ja, ich war nach dem vierten Semester für ein Jahr im Rahmen des Erasmus-Programms in Aberdeen in Schottland.

Wie bist du deine Examensvorbereitung angegangen?

Ich habe in einer Lerngruppe mit einer anderen Frau und zwei Männern gelernt, und wir haben uns für die Vorbereitung drei Semester Zeit genommen, also 1 ½ Jahre.

Wie habt ihr euch als Lerngruppe zusammengefunden?

Ich kannte meine Lerngruppenpartnerin und meine Lerngruppenpartner vorher eigentlich nicht; zwei waren jeweils der Freund einer Freundin und einer von den beiden hat dann noch unsere Vierte im Bunde vorgeschlagen, die er ein bisschen von seinem Lehrstuhl her kannte – d.h. alle kannten sich so ein bisschen „über's Eck". Das war von mir aber auch durchaus so gewollt; ich habe meine Lerngruppe bewusst außerhalb meines Freundeskreises gesucht. Wir haben uns dann ein paarmal getroffen, um zu besprechen, wie wir uns die Examensvorbereitung so vorstellen, und um herauszufinden, ob wir diesbezüglich zusammenpassen würden. Das war im Mai/Juni, bevor es dann im Oktober mit der Examensvorbereitung losging. Die Entscheidung fürs Ex-o-Rep war bei mir schon auch sehr stark davon abhängig, ob ich eine passende Lerngruppe finde. Umso erleichterter war ich, als wir dann im Juli definitiv beschlossen hatten, zusammen eine Lerngruppe aufzumachen. Ab diesem Zeitpunkt habe ich dann auch nicht mehr am Ex-o-Rep gezweifelt, obwohl ich zuvor auch viel darüber nachgedacht hatte, ob z.B. Hemmer ein gutes Modell für mich wäre.

Wie habt ihr euren Lernplan gestaltet?

Wir haben uns Lernpläne aus der Freiburger Ex-o-Rep-Szene angeschaut und davon vieles übernommen, aber auch ein paar Sachen geändert; zum Beispiel bei den Ferien und bei den „Pufferwochen" und bei den Wiederholungen. Zu den Wiederholungen kann ich übrigens nur sagen, dass ich es gut fand, dass wir die auch in der Lerngruppe gemacht haben. Meine eigenen Wiederholungen habe ich eigentlich nie geschafft; insofern war ich dankbar, dass ich immerhin in der Lerngruppe dazu gezwungen wurde.

Gibt es etwas, das du im Rückblick anders machen würdest?

Ja, ich glaube ich würde mir von Anfang an vornehmen, Samstag nach der Klausur im Klausurenkurs Schluss zu machen und ins Wochenende zu gehen.

Wie hast du diese Zeit empfunden?

Mh, schwer zu sagen. Also, einerseits war das für mich echt die „coolste Zeit" des Jurastudiums, andererseits aber auch eine besonders intensive Zeit, in der man sich selbst und vor allem den persönlichen Umgang mit einer solchen Arbeitsbelastung irgendwie neu kennenlernt. In den ersten zwei Semestern der Vorbereitung gab es viel Fortschritt, Jura hat mir so viel Spaß gemacht wie noch nie. Ich habe mich eigentlich immer auf die Lerngruppe gefreut, obwohl wir uns ja anfangs noch gar nicht so gut kannten. Irgendwie waren wir dann aber so eine Art „Schicksalsgemeinschaft"; die Examensvorbereitung hat uns echt zusammengeschweißt. Das hat mir auch viel Sicherheit gegeben.

Und das blieb die ganze Examensvorbereitung über so?

Na ja, also zum Ende der Vorbereitungszeit, also nach den ersten beiden Semestern, nahm der Druck dann schon immer mehr zu; da reichten dann Kleinigkeiten, um mich aus der Ruhe zu bringen … das war dann nicht unbedingt das schönste Gefühl. Teilweise war es sogar echt eine schlimme Zeit, in der es mir nicht gut ging. Aber auch in dieser Zeit habe ich mich immer auf die Lerngruppensitzungen gefreut und wusste, dass ich meine Sorgen auch mit den anderen teilen kann. Das hat mir viel Halt gegeben. Ohnehin war es in dieser Zeit sehr wichtig für mich, mich viel mit Leuten auszutauschen: Sowohl in der Lerngruppe als auch mit meinen Eltern – beides keine Jurist*innen – und am Lehrstuhl. Da merkt man einerseits, dass es den meisten ähnlich geht – geteiltes Leid ist halbes Leid – und andererseits, dass viele auch schon ohne Examen etwas von einem halten. Jedenfalls bin ich stolz darauf, das geschafft zu haben – und das auch selbst durchgestanden zu haben.

Wie hast du deine Freizeitaktivitäten mit der Examensvorbereitung vereinbart?

In den ersten beiden Semestern der Vorbereitungszeit habe ich krass viel nebenher gemacht: Uni-Orchester, Justitia, Orchester-Organisation, Tennisspielen und Reiten. Als das Ende dann näher rückte und die Torschlusspanik daher auch konkreter wurde, habe ich dann doch stark reduziert und am Ende sogar im Orchester pausiert. Ich hatte dann mehr Zeit für mich und konnte so ein bisschen Druck aus der Vorbereitung nehmen.

Hast du Tipps, die du künftigen Examenskandidat*innen mit auf den Weg geben willst?

Ich habe gemerkt, dass es in der Zeit wichtig ist, auf den Rat von Leuten zu vertrauen, die einen gut kennen. Und dass man es vermeiden sollte, sich nur über das Studium und dieses Examen zu definieren. Das Leben ist auch in dieser Zeit mehr als nur die Examensvorbereitung. Eine Schwäche von mir war auch, dass ich immer das Gefühl hatte, andere wissen viel mehr als ich. Da kann ich nur empfehlen, sich unbedingt in den WuV-Kursen *(Wiederholungs- und Vertiefungskurse, Anm. der Autor*innen)* zu beteiligen – eine super Möglichkeit, um (meist motivierendes) Feedback zum eigenen Stand zu erhalten – und auf das eigene Können zu vertrauen. An institutionellen Ex-o-Rep-Angeboten (in Freiburg) kann ich außerdem jeder und jedem den Intensivkurs Zivilrecht („Schuldrechtshütte") und die Klausurenklinik empfehlen. Hier kann man wirklich einiges über gutes Klausurenschreiben lernen. Ach ja, und nur nicht zu viel auf die Noten vom Klausurenkurs geben! ☺

Friederike Boll
Examen im September 2013 in Frankfurt
Ergebnis: vollbefriedigend
Vorbereitung: AG, Unirep

„Rechtsnihilimus macht mehr Spaß.“

Friederike hat nur so lange gelernt, wie sie auch Kapazitäten hatte, und kickte daher am Ende das materielle Strafrecht aus ihrem Lernplan raus. Ihre Lerngruppe war gut organisiert, bot emotionalen Halt und war dennoch nicht zu diszipliniert. Kurz vorm Examen fuhr Friederike für drei Wochen nach Kanada – Energie tanken.

Wie lief dein Lernalltag ab?

Glücklicherweise musste ich neben der Examensvorbereitung nicht mehr arbeiten, ich wohnte in einer netten WG und meine langjährige Fernbeziehung war gerade zu mir in die Stadt gezogen. Daher hatte ich eigentlich ganz gute Startbedingungen für die Examensphase.

Im ersten Jahr habe ich fünf Tage die Woche zuhause am Schreibtisch oder im Lesesessel sowie in der Bibliothek gelernt. Zweimal die Woche habe ich vormittags das wirklich sehr, sehr hilfreiche Unirep besucht und (im ersten Jahr) zweimal die Woche für zwei bis vier Stunden meine Lerngruppe getroffen. Davon, möglichst viele Stunden wegzuschruppen, habe ich noch nie etwas gehalten und habe nur solange gelernt, wie ich auch wirklich geistige Kapazitäten hatte – was sehr geschwankt hat.

Sehr wohltuend war es, juristische Kongresse zu besuchen. Dort fanden sich Leidensgenoss*innen oder Menschen, die es schon hinter sich hatten und Trost spenden konnten – aber vor allem wurde es wieder erlebbar, was sich tolles Politisches mit dem Kram anstellen ließ – und das Lernen bekam wieder eine angenehm funktionale Sinnhaftigkeit.

Wie habt ihr eure Lerngruppe organisiert?

Wir haben gleich am Anfang den ganzen Stoff in Themengebiete und Sitzungseinheiten klein gepackt – je Woche zwei Sitzungen. Einmal Zivilrecht und einmal im Wechsel Öffentliches Recht/Strafrecht. Dieser Plan war auf ein Jahr angelegt und deckte einmal den kompletten Stoff ab; weitere drei bis vier Monate hatten wir dann im Anschluss für individuelle Wiederholung, Vertiefung, Klausuren- und Fallübung eingeplant.

Organisatorisch war es im Detail so: Es gab einen Gesamtplan (als Exceltabelle in einer dropbox), in dem das ganze Jahr abgebildet war und wann welche Themengebiete drankommen würden. Zu jedem Themengebiet gab es zusätzlich eine Seite, auf der stand, wer für das Themengebiet hauptverantwortlich ist, und zu welchen Sitzungsterminen welcher Stoff vorzubereiten ist.

Die einzelnen Themengebiete oder auch mal einzelne Sitzungen wurden einer Person zugeordnet. Deren Aufgabe war es, das Lernmaterial zu sichten, Vorschläge zu machen, was in welchem Lehrbuch gut vorbereitend gelesen werden kann (mit konkreten Seitenangaben) und die Sitzung selbst zu moderieren.

Die Sitzungen begannen immer mit einer Wiederholungseinheit – wir wiederholten in Potenzen anhand der Sitzungsprotokolle von unseren vergangenen Sitzungen, die reihum handschriftlich und ohne große Nachbearbeitung mitgeschrieben wurden. Das Wiederholen führte nicht nur zu einer Fülle von long lasting Eselsbrücken („Siamkatzen sind keine hinterlegbaren Gegenstände!" „Ist das Kindlein noch so klein, kann es doch schon Bote sein"), sondern auch spürbar dazu, sein Wissen zu festigen und eventuellen fehlerhaften Erinnerungen oder offenen Fragen zeitnah zu Leibe zu rücken.

Dann sprachen wir den für den Tag zu lernenden Stoff durch und klärten offene Fragen. Fragen, die wir nicht sofort klären konnten, schrieben wir auf Zettel und sammelten sie in einem Umschlag, den abzuarbeiten wir am Ende aber doch nicht mehr so richtig Zeit fanden – aber die Idee zählt... Im Anschluss gab es entweder eine Reihe kleinerer Fällchen oder einen etwas größeren Fall, den wir erst kurz alleine und dann im offenen Plenum bearbeiteten; die Sitzungsmoderation hatte die Lösungsskizze und lenkte mit Fragen auf die Probleme hin.

Wo habt ihr euch für eure Lerngruppensitzungen immer getroffen?

Für die Sitzungen hatten wir uns einen kleinen Hochschulgruppenraum gecheckt, in dem wir auch alle Bücher, die Sitzungsprotokolle und unseren visualisierten Jahresplan dauerhaft unterbringen konnten. Mit der Zeit wurde dieser Raum ein wahrer Rückzugsort – der eine*n aus dem üblichen Lernumfeld mal rausbrachte, aber auch keine „privaten" Räume mit der Lernassoziation belastete und dadurch zugleich auch für Lernstress, persönliche Problemchen oder auch das ein oder andere Nickerchen zwischendurch einen geschützten Rahmen bot. Dieser gemeinsame Raum hat auch die Atmosphäre geboten, unseren gemeinsam erlebten Examensstress durch kollektives Dogmatik-Bashing zu bearbeiten, so ist z.B. der Spruch „Rechtsnihilismus macht mehr Spaß" in unserer Lernzeit entstanden.

Wie ging es nach dem einen Jahr Lerngruppe weiter?

Nach Abschluss des einjährigen Gruppenprozesses begannen die individuellen Monate. Gerade zum Ende hin liegen die Nerven doch etwas blanker und ich denke, dass es sehr richtig war, für diese Zeit lerntechnisch getrennte Wege zu gehen, aber dennoch ein auffangendes Netzwerk der Lerngruppe hinter sich zu wissen und sich z.B. für die Bib zu verabreden usw.

In dieser Zeit habe ich vor allem meine gut 40 Schulhefte Lehrbuch-Exzerpte wiederholt und Fälle gemacht. Besonders lehrreich waren für mich die Fälle aus dem Unirep, weil in den ausführlichen Lösungsskizzen auch Aufbauhinweise, systematische Hinweise und aktuelle Rechtsprechung angegeben waren. So hatte ich das Gefühl, nichts übersehen zu haben.

Für zwei Monate hatte ich auch mal einen bezahlten Fern-Klausurenkurs, dessen Korrekturen und Lösungsskizzen aber so miserabel waren, dass ich mich lieber intensiver mit den Unirep-Fällen auseinandergesetzt habe.

Apropos Fälle: Ich habe schon immer zu verkopft gelernt und wusste schon während des Studiums, dass mir schlicht und einfach das Falltraining fehlt. Obwohl ich das wusste, habe ich auch in der Examensvorbereitung den Ratschlag „Viele Klausuren schreiben!" nicht in die Tat umgesetzt – und auch während des ersten Jahres habe ich kaum je Fallübungen als Sitzungsvorbereitung gemacht. Ein Ausgleich dafür war jedoch, dass ich mich intensiv mit Aufbauschemata befasst und diese am Ende auch am besten auswendig gelernt habe. Das hat mir gerade im Stress des Klausurschreibens einen sicheren Anker gegeben.

Heute würde ich außerdem wesentlich früher anfangen, mehr im Gesetz zu lesen. Abstrakt wusste ich, dass intensive Gesetzeslektüre wichtig ist – in der Realität ist die begrenzte Zeit dann doch trotz aller Vorsätze zu viel für das Lesen von und Rausschreiben aus Lehrbüchern draufgegangen. Thematisch bin ich – vor allem in den Rechtsgebieten, die mich interessieren – ganz sicher auch viel zu tief eingestiegen.

Mein Ansatz war insgesamt zu sehr davon geprägt, dass ich alles ganz doll auch für mich selbst lernen wollte. Ich hätte mir einiges leichter gemacht, wenn ich strategisch selektiv gehandelt hätte.

Zu Beginn bin ich zum Beispiel zu oft „zu selbstständig denkend" an den Sachverhalt rangegangen. Dann habe ich tausend potentielle Problemchen gesehen und bin in Komplexitätschaos und in Zeitnot geraten. Dabei sind diese Klausuren doch oft auch recht offensichtlich konzipiert. Ich habe mir dann als Mantra immer wieder gesagt, ich muss „den Sachverhalt zu mir sprechen lassen" anstatt ihm zu sehr meine Interpretationen aufzudrängen und muss primär rausfinden, was die Person sich bei der Aufgabenstellung gedacht hat – und nicht rundum überlegen, welche Probleme sich hier und dort und überall noch ergeben könnten. Da hatte ich echt zu viel Angst, etwas zu übersehen oder dachte mir „Nein, so simpel kann diese Klausur doch nicht gestrickt sein" – doch kann sie. Ich musste mich einfach mehr zwingen, den Psychostress von der Art und Weise, wie ich auf die Klausuren geschaut habe, abzugrenzen. Das war eine sehr wichtige Lernlektion für mich.

Und wie lief es mit der Bewältigung der Stoffmenge?

Unterm Strich war es für mich die richtige Entscheidung, in der Stoffbewältigung irgendwann das materielle Strafrecht rauszukicken. Mir wollten diese Inhalte einfach nicht in den Kopf und ich brauchte auch für die Sitzungsvorbereitung ewig. Da habe ich irgendwann die Nerven verloren und für das materielle Strafrecht nur noch Schemata auswendig gelernt und unseren Gruppensitzungen beigewohnt. Im Ergebnis bin ich damit ganz gut gefahren – meine Klausur wurde zwar von dem_der Erstgutachter*in mit nur drei Punkten bewertet, aber meine definitionsfreie freestyle-Argumentation hat die_den Zweitgutachter*in zu acht Punkten überzeugt.

Ehrlich gesagt, haben wir auch in der Lerngruppe nicht alles so brav durchgenommen wie der Plan es gesagt hätte – gerade zum Ende hin. Zu Grundrechten gab es glaube ich gar keine richtige Sitzung mehr und Europarecht haben wir zwanzig Minuten an meinem Küchentisch angerissen, um dann zu sagen, ach das bekommen wir mit unserem Halbwissen aus dem Studium auch hin. Das waren aber auch eher Bereiche, in denen wir bereits Schwerpunktveranstaltungen besucht oder geforscht hatten oder uns schlicht und ergreifend dachten, dass wir uns da mit unserer politischen Argumentationskompetenz im Zweifel durchschlagen können.

Ein Tipp noch: Es macht großen Sinn, am Ende die ATs noch einmal zu wiederholen. Denn viele AT-Normen zeigen ihren tieferen Sinn erst, wenn andere Rechtsgebiete dazutreten – z.B. merkten wir das ganz stark nach dem Lernen vom Sachenrecht.

Trotz Lernstress bist du kurz vor den schriftlichen Prüfungen noch einmal in den Urlaub gefahren?

Ja genau. Drei ganze Wochen nach Kanada. Das hat mir wirklich noch einmal gut getan. Dort konnte ich mich vom Lernstress des letzten Jahres erholen und dann nach der Rückkehr gestärkt in den Endspurt starten. Wichtig war mir dabei auch meine Selbstachtung: Von diesem Mist lasse ich mir nicht mein ganzes Leben wegnehmen! Und als die Gelegenheit kam, günstig nach Kanada zu reisen, wollte ich das unbedingt machen – egal wie nah der Zeitraum vor dem Examen war.

Wie ging es nach den schriftlichen Prüfungen weiter?

Auch nach den Prüfungen haben wir es als Gruppe, finde ich, sehr richtig gemacht. Diejenigen von uns, die im September geschrieben haben, sind direkt zwei Tage danach zusammen in den Urlaub geflogen, um gar nicht erst ins Post-Prüfungs-Loch zu fallen. So ganz ruhigen, entspannten Nichts-Tun-Urlaub am Meer – allerdings auch mit einem unerlässlichen, strikten Sprechverbot über die Klausurinhalte oder andere examensspezifische Themen.

Auch hatten wir in der Zeit einen kleinen Schrebergarten, in dem wir ab und zu zusammen gewerkelt und so die Zeit bis zur mündlichen Prüfung überbrückt haben.

Für die mündliche Prüfung haben wir uns dann alleine vorbereitet; bei mir saß während der Prüfung hinten eine Person aus meiner Lerngruppe drin, was ich als sehr angenehme Unterstützung empfand. Unterm Strich kann ich sagen, dass jede Minute, die ich für diese mündliche Prüfung gelernt habe, eine zu viel war und ich lieber ein Selbstverwöhn-Programm mit Sauna oder Ähnlichem hätte starten sollen, um die Nerven zu beruhigen. Die Prüfungsgespräche waren teils so oberflächlich, teils so unvorhersehbar, dass das Lernen eigentlich kaum Effekt hatte. Mein Wissen für die Vorbereitung auf das Schriftliche hätte vollkommen ausgereicht.

Wie hast du die Examensvorbereitungszeit allgemein in Erinnerung?

Während der Examensvorbereitung empfand ich vor allem Zeit- und Auswendiglern-Stress. Danach aber habe ich erst gemerkt, wie das Lernen auch meine Persönlichkeit und mein nicht-Jura-bezogenes Handeln verändert hat. Gerade im letzten halben Jahr hatte ich oft Probleme, mich auf verbale Kommunikation zu konzentrieren. Meine Gedanken sind sehr schnell abgeschweift oder ich konnte mir Sachen vom Anfang der Unterhaltung nicht mehr merken oder musste mir in jeder Unterhaltung mit Freund*innen Sachen erneut erzählen lassen.

Mir ist erst mit etwas Abstand auch bewusst geworden, dass ich in der Hochlernphase soziale Prozesse um mich herum nicht wie sonst üblich mitgeschnitten habe. Zum Beispiel was meine Beziehung und mein WG-Leben anging. Deshalb habe ich manchmal das Gefühl, das letzte dreiviertel Jahr vor dem Examen war ein „schwarzes Loch" – das Zeitgefühl, wann etwas passierte, verlor sich, ich konnte nicht mehr zuordnen, wann etwas in meinem Leben und dem Leben meiner Freund*innen aufgetaucht ist. Auch wenn die Lernerei kein Ende nehmen wollte, vergingen im Rückblick die eineinhalb Jahre Lernzeit wesentlich „schneller" als andere Jahre meines Lebens – wahrscheinlich weil außer Lernen nicht viel passierte und der stumpfsinnige Brei nicht viel Erinnernswertes bot.

Ich muss auch sagen, dass ich darüber, dass ich soviel Jurakram in mein Hirn gestopft habe, leider auch eine ganze Reihe von Erinnerungen, die ich davor noch hatte, vergessen habe. Banale Dinge wie dass ich mich partout nicht mehr selbst an Grundzüge von ehemaligen Lieblingsserien erinnern konnte, aber auch schöne private Momente. Das war für mich mit der größte Preis, den ich für das Examen gezahlt habe.

Jana Gawlas
Examen im September 2013 in Frankfurt
Ergebnis: vollbefriedigend
Vorbereitung: AG, Unirep

„Ich hatte noch nie besonders gutes Bibliothekssitzfleisch."

Bei Jana sorgte die Lerngruppe für ausreichend sozialen Druck, um mit der Lernerei voranzukommen. Und irgendwann beschloss sie, ihrer Freizeit die gleiche Priorität wie der Examensvorbereitung einzuräumen.

Wie hast du die Examenszeit überstanden?

Ich musste erst einmal lernen, Techniken zu entwickeln, um mit der Examensvorbereitungszeit umgehen zu können. Klar geht es darum, das Examen überhaupt zu schaffen, aber man muss eben auch die Zeit bis dahin unbeschadet überstehen.

Natürlich ist das Lernen für ein gutes Examen zentral, und es ist auch richtig und wichtig, spätestens jetzt zu lernen, wie man überhaupt richtig lernt. Nichts ist frustrierender als tagelang in der Bibliothek zu sitzen und sich danach kein Stück klüger zu fühlen. Daher musste ich erst einmal lernen, wie man klug, strukturiert und systematisch an Rechtsgebiete, Fallbearbeitung und schlussendlich Klausuren herangehen kann. Es ist z.B. auch ganz schön frustrierend, vier Streitstände zur Scheinbestandteilseigenschaft von Windkraftanlagen zwar auswendig zu wissen, aber im Gutachten den falschen Ort für diesen Streit zu wählen. Zu diesem Thema gibt es ganze Bücher, Unikurse und hilfreiche Tipps von Lehrenden und Mitstudierenden.

Was mir zu Beginn der Vorbereitung aber nicht klar war, ist, wie wichtig das soziale Umfeld, die richtigen Techniken zum Abschalten sowie der Ausgleich für den psychischen und emotionalen Stress der Prüfungen selbst, aber auch des Lernprozesses und der Versuch, sich selbst beim Lernen nicht zu vergessen, sind. Rückblickend glaube ich, dass ich das alles ganz schön gut hinbekommen habe. Also die Balance zwischen mir selbst, meinem Leben und dem Examen.

Warum bist du nicht in ein kommerzielles Rep gegangen?

Ein entscheidender Grund dafür war, dass ich mich nicht einfach einem fremden Lehrplan und starren Zeitplan unterwerfen wollte. Mit meiner Lerngruppe konnten wir uns unseren Zeitplan nach eigenen Bedürfnissen und unterschiedlichen Rahmenbedingungen (Lohnarbeit, Politik, Hobbies) einteilen. Wir haben einen sehr flexiblen Zeitplan entwickelt, bei dem alle auch mal kurz aussteigen und später wieder einsteigen konnten. Zum Beispiel war ich ein paar Wochen in Wien für ein Auslandssemester und in dieser Zeit haben die anderen eben mehr Verantwortung in der Lerngruppe übernommen. Auch haben wir in der Lerngruppe Lerninhalte immer mal wieder an unser Tempo und unsere Wünsche angepasst, zeitlich verschoben, vorgezogen usw. Dafür war unser gemeinsamer Kalender super.

Geld spielte natürlich auch eine Rolle für die Entscheidung gegen ein Kommerz-Rep. Ich hätte mehr arbeiten gehen müssen, um mir das Rep leisten zu können – oder ich hätte auf andere viel schönere Dinge wie Urlaub und gutes Essen verzichten müssen. Das wollte ich nicht. Und ein bisschen trotzig war ich wohl auch. Als ob die Examensprüfung nicht auch ohne kommerzielle Dienstleister*innen, die mit der Angst oder dem Ehrgeiz von Examenskandidat*innen (nicht schlecht) Geld verdienen, zu meiner eigenen Zufriedenheit machbar wäre.

Warum hast du dich nicht einfach alleine vorbereitet?

Ich hatte noch nie besonders gutes Bibliothekssitzfleisch. Und die Konzentration liegt auch oft eher auf der Lufttemperatur oder dem Kopierersound als auf dem Lehrbuch. Da ist es besser, wenn ich konkrete Aufgaben habe. Und noch viel besser ist es, wenn ein bisschen Sozialdruck dazu kommt. Dafür, ein Jahr lang jeden Tag neu Motivation aufzubringen, etwas für die Examensvorbereitung zu tun, war die Lerngruppe echt gut. Wenn wir alle schlecht vorbereitet waren (und das ist mehr als einmal passiert), war das Lerngruppentreffen viel weniger effektiv und auch viel weniger spaßig. Und da ich für einen Teil der Sitzungen verantwortlich war, musste ich mich halbwegs regelmäßig gut vorbereiten.

Neben der Selbstdisziplinierung kam mir die Art des Lernens in der Lerngruppe – also das Reden über den Lernstoff – sehr zugute. Und man hatte natürlich eine Verbundenheit im Lernleid, die nicht zu unterschätzen ist! Ich glaube, dass die Zeit des gemeinsamen Jammerns, Schimpfens und blöde Witze-Machens nicht verschwendet war. Nach einem Jahr Lerngruppe hatten wir zudem eine wunderbare lange Liste mit Stilblüten aus unserer gemeinsamen Lernzeit gesammelt.

Wie verlief dein Lernen?

Das erste halbe Jahr habe ich damit verbracht, mich langsam ans Lernen und den Lernalltag heranzutasten, mir Zeit für eine gute Organisation und einen guten Lernplan zu nehmen, den Stoff zu überblicken und mich erst einmal zu überwinden, wirklich einzusteigen. Nach gut einem Jahr waren wir mit der Lerngruppe mit dem Stoff tatsächlich durch. Dann habe ich die letzten ein, zwei Monate gar nicht mehr so viel gelernt. Ich habe ein paar Klausuren geschrieben, meine Exzerpte wiederholt und offen gebliebene Fragen recherchiert. Das waren Ablenkungsmanöver, um nicht doch noch nervös zu werden. Auch habe ich mir im letzten halben Jahr ein wiki mit offenen Fragen, Merkposten und einer Fehlerliste aus meinen Übungsklausuren geschrieben. Das war eine gute Möglichkeit, Wissen, das mir noch fehlte, vernetzt und übersichtlich darzustellen. Eine gute Alternative zu den handschriftlichen Skripten, die ich mir während der Lerngruppenphase geschrieben hatte.

Parallel zur Examensvorbereitung habe ich noch ein paar Blockseminare an der Wiener Universität für den Schwerpunkt gemacht. Das war zwar anstrengend mit der Doppelbelastung, war aber auch ein ganz angenehmer Ausgleich zum stupiden Dogmatik-Lernen.

Für die mündliche Prüfung habe ich quasi gar nicht gelernt – die Luft war einfach raus und die Motivation am Boden. Erst in der Woche davor habe ich noch einmal meine Exzerpte durchgelesen. Das habe ich nicht bereut. Im Nachhinein hätte ich mich auf diese Prüfung auch gar nicht durch intensiveres Lernen vorbereiten können.

Wie hast du deine Lerngruppe in Erinnerung?

Die Lerngruppe selbst war ziemlich durchmischt. Teile kannten sich sehr gut, Teile kannten sich gar nicht. Aber auch die sonstige Vorbereitung neben der Lerngruppe war sehr unterschiedlich. Das war auch ziemlich gut so. Wir haben, denke ich, alle von den unterschiedlichen Herangehensweisen jeweils profitiert. Das war aber auch nur möglich, weil wir alle recht experimentierfreudig und flexibel waren, unterdurchschnittlich viel Ehrgeiz hatten und, nicht zuletzt, weil uns die Gruppe sehr wichtig war. Wir haben uns immer gegenseitig viel Mut gemacht und uns eingeredet, dass wir das alles schaffen werden. Und so war es dann auch. Wir haben trotz experimentierfreudiger Lerngruppe – oder gerade deswegen? – alle besser als erwartet abgeschnitten.

Was uns letztlich auch politisch verbunden hat, war der Wunsch, sich ein bisschen Selbstorganisation und Freiheit in der Vorbereitung und Prüfung zu erhalten und an das Lernen anders heranzugehen. Das war uns schon im Studium wichtig.

Bist du auch in das Unirep gegangen?

Das Unirep habe ich je nach Laune, Themengebiet und Dozent*in besucht. Da wir in der Lerngruppe uns vor allem den Stoff der Rechtsgebiete erarbeitet haben, war es noch einmal gut, diese fallbezogen durch das Unirep bzw. die Unirep-Materialien zu erarbeiten. Das war eine gute Ergänzung, hat mir ziemlich was gebracht und zugleich auch genügend Freiraum für meine eigene Vorbereitung gelassen.

Wie ging es dir während der Examenszeit?

Die Lerngruppe, mein Job und in gewissem Rahmen das Unirep haben meiner Woche etwas Struktur gegeben. Am Wochenende wollte ich grundsätzlich nicht lernen und habe den Grundsatz, glaube ich, auch fast die gesamte Zeit über durchgehalten. In meiner Selbsteinschätzung würde ich behaupten, recht starke Nerven zu haben, was Prüfungssituationen und Erfolgsdruck angeht, trotzdem hatten sich insgesamt ganz schön viel Druck und Stress in meine Psyche geschlichen – teilweise habe ich das Monate nach dem Examen überhaupt erst bemerkt.

Neben dem Lernen war für mich die größte Herausforderung, nicht zuhause in der Depression zu versinken. Was aber gar nicht so einfach ist, wenn man viele Menschen und laute Musik plötzlich anstrengend findet, wenn man gut jeden Abend um neun ins Bett gehen könnte, wenn man nach Gesprächsinhalten, die nichts mit Jura oder Jammern zu tun haben wirklich lange graben muss und gleichzeitig keine Energie hat, über andere Dinge zu reden. Ich glaube, Menschen kurz vorm Examen sind ziemlich unausstehlich und eine ziemliche Belastung für Beziehung und Freundschaft. Neue Leute kennenlernen ist auf jeden Fall eher fehlgeschlagen.

Dafür habe ich es – scheinbar im Gegensatz zur Durchschnittsjurist*in – geschafft, immerhin keine Freundschaften wegen des Examens hintanstellen zu müssen oder zu verlieren.

Irgendwann habe ich entschieden, meiner Freizeit die gleiche Priorität wie der Examensvorbereitung einzuräumen und Freund*innen entsprechende Aufträge zu geben. So hat mich eine gute Freundin fast wöchentlich mit einer Flasche Wein abgeholt, um in der Stadt zu sitzen und Leute zu gucken – das war weniger anstrengend als eine Unterhaltung zu führen.

Ich hatte aber auch eine sozial sehr angenehme Lerngruppe. Nach der gemeinsamen Lernzeit würde ich auch die Menschen, die es vorher nicht eh schon waren, als meine Freund*innen bezeichnen. Auch das hat einiges aufgefangen und das konkrete Lernen viel angenehmer gemacht. Ein Highlight war zum Beispiel eine gemeinsames Lern- und Entspannungswoche im Odenwald.

Was politische Aktivitäten angeht, habe ich mich ein bisschen zurückgezogen, um Zeit und Raum fürs Lernen zu schaffen. Das finde ich bis heute schade, bereue die Entscheidung aber nicht. Ganz aufhören wollte ich nie – auch der intellektuelle Ausgleich zum Baurecht war mir wichtig.

In diesem Zusammenhang auch noch eine Anmerkung zum Examensstoff: Mir hat es ziemlich geholfen, den Stoff und seine politischen Implikationen nicht einfach zu schlucken, sondern genau über diese zu reden. Woher kommt eigentlich die Logik der Privatautonomie? Warum ist das Strafrecht nicht als täterbezogen, sondern tatbezogen aufgebaut und warum stellt der Mordparagraph eine Ausnahme dar? Solche Fragen haben mir geholfen, Rechtsgebiete, ihre Systematik und ihre Logiken besser zu verstehen – und mich in ihnen entsprechend besser zu orientieren.

Jan Flindt
Examen im April 2015 in Göttingen
Ergebnis: gut
Vorbereitung: AG, Fallgruppen und viel alleine

„Ich hab' mir selbst mehr vertraut als den Repetitorien. Und ich fand es schon immer super, Pläne zu machen."

Jan hat sich auch für die Vorbereitung der Examensvorbereitung Zeit genommen. Zusammen mit seiner Lernpartnerin entwickelte er einen festen Plan, den er dann auch fast immer durchzog.

Wie kamst du auf die Idee, Examen ohne kommerzielles Rep zu machen?

Aus meinem Studium wusste ich bereits, dass ich mit meiner eigenen Methode gut alleine lernen kann und damit auch gut klarkomme. Ich wollte mir da dann keine Fremdvorgaben machen lassen und quasi nochmal in die Schule gehen.

Ein kommerzielles Repetitorium hatte ich mir nur einmal im Rahmen der großen Scheine angeschaut, das hat mich damals eher verwirrt. Dadurch habe ich mich dann später bestätigt gefühlt, dass ich das alleine besser kann.

Wie bist du dann konkret an deine Examensvorbereitung rangegangen?

Ganz alleine wollte ich das nicht machen, deshalb habe ich mir eine Person gesucht, mit der ich das zusammen angehen konnte. Aus dem Ex-o-Rep-Buch hatte ich die Idee, auch die Vorbereitung vorzubereiten. Einen Monat lang haben wir dann gemeinsam unseren Lernplan erarbeitet.

Dazu haben wir uns erst ein Ziel gesetzt, wann wir genau das Examen schreiben wollen. Als wir dann wussten, wie viel Zeit wir haben, haben wir überlegt, wie viele Termine möglich sind und auch schon Feiertage und Urlaubswochen geblockt.

Den Stoff haben wir grob gesichtet – anhand der Göttinger Unirep-Seite und anderen Lernplänen – und das mit der Prüfungsordnung abgeglichen. Wir haben uns dann entschieden, in der Lerngruppe nur Öffentliches Recht und Zivilrecht zu machen und haben den Stoff dann auf die Termine verteilt. Strafrecht klammerten wir aus.

Warum das? Wie hat das funktioniert?

Wir waren da auf einem unterschiedlichem Niveau. Meine Lernpartnerin wollte auch die Möglichkeit nutzen, die Strafrechtsklausuren abzuschichten. Ich habe das größtenteils einfach auswendig gelernt. Ab und zu haben wir dann was besprochen, aber nicht so wirklich gezielt zusammen gelernt. Ich habe gegen Ende meiner Vorbereitung haupt-sächlich mit dem Beulke-Klausurenkurs gearbeitet.

Wie sah dann deine Woche so aus?

Meine Lerngruppenpartnerin und ich trafen uns dreimal pro Woche und in der sonsti-gen Zeit lernte ich für mich selbst. Samstags habe ich von Anfang an den Klausuren-kurs mitgeschrieben. Das war für mich das Wichtigste an der ganzen Vorbereitung. Sonntags war immer mein freier Tag. Neben meiner Hauptlerngruppe hatte ich auch noch zwei Falllösungsgruppen. Die Leute hatte ich kennengelernt, als ich am Anfang ein paarmal im Unirep war und wir haben uns relativ flexibel, manchmal morgens früh, manchmal abends spät, getroffen. Eine Person bereitete einen Fall vor, schickte den Sachverhalt per Mail an die anderen, sodass wir uns ihn schon einmal durchlesen und uns die ersten Gedanken machen konnten. Beim Treffen haben wir ihn dann ge-meinsam besprochen.

Was für Ausbildungsmaterial hast du genutzt?

Ich habe vor allem mit Lehrbüchern gelernt, weil das auch eher mein Ansatz war, die Themen fundierter durchzuarbeiten. Wenn es aber keine aktuellen gab, z.B. zum Lan-desrecht im Öffentlichen Recht, habe ich auch auf Skripte zurückgegriffen.

Wie liefen eure Lerngruppentreffen ab?

Montags und freitags haben wir uns für vier Stunden getroffen, montags für Zivilrecht und freitags für Öffentliches Recht. Jeder hatte sich dann schon das Thema für den Termin angeschaut und vorbereitet. Ich hab' mir Karteikarten geschrieben, meine Lernpartnerin eher Skripte. Während unserer eigenen Vorbereitung haben wir uns Testfragen für den anderen überlegt. An dem Termin haben wir das Thema dann durchgesprochen. Die Fragen nutzten wir, um ins Gespräch zu kommen.

Anschließend haben wir einen Fall gelöst – am Anfang noch zwei, aber das dauerte zu lange – und die Lösungsskizze dann zusammen angeschaut.

Mittwochs ließen wir in den ersten Wochen BGB AT parallel laufen. Dabei teilten wir den Stoff in sehr kleine Einheiten und lösten anschließend einen längeren Fall mit Be-zug zum AT und anderen, teilweise noch unbekannten Themen. Nach den BGB-AT-Einheiten nutzten wir den Mittwoch stets für Wiederholungseinheiten. Dabei war einer von uns je für einen Teil der Wiederholung verantwortlich. Jeder stellte sein The-ma mit seinen Materialien noch einmal kurz vor und der andere hat dann mit seinen eigenen Unterlagen nachgefragt; hierbei entstand gerade gegen Ende der Vorberei-tungszeit eine gute Prüfungssituation. Anfangs wiederholten wir immer zwei Einheiten. Das haben wir immer mehr verdichtet und am Ende dann bis zu fünf oder sechs Ein-heiten in einem Termin zusammengenommen; natürlich konnte es dann nicht mehr um Einzelfragen gehen. Aber bei uns standen eh die Grundzüge und Grundstrukturen der Themen im Vordergrund. Die wichtigsten Themen haben wir so bestimmt drei- oder viermal in dem Jahr wiederholt.

Ist euer Lerngruppenkonzept aufgegangen?

Ja, das hat gut funktioniert. Dadurch, dass wir nur zu zweit waren, konnten wir uns auch gut aufeinander einstellen und auch mal eine Einheit verschieben. Ausfallen lassen haben wir aber keine.

Natürlich war man manchmal auch enttäuscht, dass der andere sich vielleicht nicht so gut vorbereitet hat. Aus meiner Sicht hat es mir dann aber auch viel gebracht, wenn ich etwas mehr erklären musste; ich habe davon also auch profitieren können. Das war eine sehr gute Wiederholung.

Wie ging's dir in der ganzen Zeit, gab es auch mal Zweifel an eurem Plan?

JA, in den ersten Monaten, als ich gesehen habe, was die anderen im Rep für Schuldrechtsfälle lösen, dachte ich schon: das ist gefährlich, was wir da machen, das klappt nicht. Die waren meist auf eine Einzelentscheidung zugespitzt; alleine konnte man sich die v.a. am Anfang oft schlecht erschließen.

Hast du die ganze Zeit über mit der Lerngruppe gelernt?

Nein, denn meine Lerngruppenpartnerin hatte in der Mitte der Vorbereitungsphase zwei Monate keine Zeit. Das beunruhigte mich anfänglich eher. Aber dann habe ich da Urlaub gemacht und die restlichen Wochen für mich selbst alles wiederholt. Das war sehr hilfreich und ich würde jedes Mal wieder ganz bewusst eine solche längere Pause einplanen; die Zeit ist Gold wert als Puffer und auch, um sich zu stärken und in Ruhe das bis dahin Gelernte weiter zu verdichten.

In den letzten Monaten vor dem Examen waren wir auch durch mit unserem Lernplan. Da habe ich mir vor allem Zeitschriften aus den letzten Jahren angeschaut und alles, was mir examensrelevant erschien, gesammelt. Ich habe Fälle gemacht und Urteile gelesen. Die Urteile habe ich aber keineswegs auswendig gelernt, sondern sie genutzt, um einige Themen bunt durcheinander zu wiederholen und mir anhand eines wirklichen Falls vor Augen zu führen. Ganz gezielt suchte ich mir diejenigen Urteile, die sich gut didaktisch vertiefen ließen und eher mit Grundlagen als mit Spezialwissen zu lösen waren, sodass ich neben der Aktualisierung meines Wissensstandes auch ganz generell juristisch argumentieren trainierte.

Was hast du neben der Examensvorbereitung noch gemacht?

Unter anderem viel Sport. Ich bin etwa einmal die Woche Klettern gegangen und Fußballspielen. Dafür muss man sich zwangsläufig mit anderen verabreden, sodass man da dann auch hin musste und das nicht so einfach verschieben konnte. Auch diese festen Feierabendtermine haben einem geholfen, dass man sich nicht so sehr verliert.

Das Wichtigste war mir auch da, also im Privatleben, eine Struktur zu haben.

Hat es dich nicht auch manchmal mehr gestresst, dass du so einen festen Plan hattest?

Ja, ich habe eigentlich immer alles durchbekommen. In manchen Wochen kam es mir schon sehr viel vor, dann hab' ich natürlich auch mal Termine verschoben oder war mal samstags nach der Klausur in der Bib. Und ja, es war auch stressig und ich hatte Zweifel. Aber irgendwann habe ich gemerkt, dass mein Plan zwar anspruchsvoll, aber zugleich auch erfüllbar war. Das war sehr beruhigend. Man muss aber dazu sagen, dass ich auch der totale „Plantyp" bin. Das ist sicherlich auch nicht das Patentrezept für alle. Aber dass die ganze Vorbereitung so strukturiert abgelaufen ist, war für mich sehr entlastend.

Für meine eigene Vorbereitung ohne Lerngruppe kurz vor dem Examen habe ich mir ja auch nochmal einen eigenen Plan gemacht. Da haben manche Leute schon den Kopf geschüttelt, wenn ich das erzählt habe. Aber ich fand es schon immer super, Pläne zu machen und ein System zu haben. Wie gesagt, das ist vielleicht auch nicht jedermanns Sache.

Wie ging es dir dann in der Examenszeit selbst?

Furchtbar. In der Woche vor dem Examen bin ich krank geworden. Ich bin vor den Klausuren immer noch eine Stunde früher aufgestanden als nötig, um zu inhalieren und fit zu werden. Und nach den fünf Stunden bin auch wieder gleich nach Hause und hab' mich geschont. Dadurch habe ich mich dann zwangsläufig sehr abgeschottet.

Die Examenszeit selbst ist auch einfach nicht schön, der totale Stress, und bei jeder Klausur hat man das Gefühl, dass man es hätte besser machen können.

Ich habe versucht, fokussiert zu bleiben, ganz nach dem Motto: ärgern kannste dich ja später noch lange genug, während du auf die Ergebnisse wartest.

Was würdest du im Nachhinein anders machen?

Schwer zu sagen, im Endeffekt bin ich sehr zufrieden, da alles gut gelaufen ist. Vielleicht war ich zu sehr auf Sicherheit fixiert mit den ganzen Wiederholungen, andererseits habe ich mich gerade dadurch auch sehr sicher gefühlt vor dem Examen. Am Ende ging es mir aber zu lang. Ich war schon vor dem Examen ziemlich gerädert wegen der intensiven Vorbereitungszeit. Das wäre anders gewesen, wenn ich früher geschrieben und nicht mehr so lange wiederholt hätte. In den letzten Monaten hatte ich auch das Gefühl, nichts mehr dazuzulernen, sondern nur zu versuchen, meinen Wissensstand zu halten. Insofern kann ich nur raten, noch genug Power für die eigentliche Leistungszeit, also für die Klausuren einzuplanen; mir ist das, wie gesagt, leider nicht ganz gelungen.

Außerdem würde ich noch mehr auf Standardprobleme verzichten. Diese zu kennen, ist in den meisten Klausuren ja auch nicht entscheidend. In der Examensvorbereitung neben viel Wissen auch Routine und eine gewisse Ruhe zu sammeln, ist das weitaus Wichtigere.

Und was sind deine Tipps für künftige Ex-o-Repler*innen?

Den Stoff selbst zu sichten und sich genau anzuschauen, was man wirklich können muss, sich das zu sortieren und sich seine eigene Struktur zurechtzulegen. Dann kann man später besser abchecken, ob man die sog. Grundlagen, die es wirklich gibt, alle zumindest einmal gemacht hat. Das nimmt einem unabhängig vom Lerntyp die Angst vor dem Ungewissen, weil man dann weiß, dass man die Grundlagen alle kennt. Dann muss man sich natürlich auch trauen, sich auf sich und seine Grundlagen zu verlassen; auch das muss man lernen, und das geht eben nur durchs Probieren!

Überhaupt sollte man herausfinden, warum und welche Ängste man hat und sich dann eine Strategie überlegen, wie man mit denen umgehen kann. Da kommt man nicht drumherum, egal ob mit oder ohne Rep. Ich habe das durch meinen eigenen Lernplan und die Strukturierung geschafft. Wenn man sich eigenverantwortlich damit beschäftigt, setzt man sich auch viel mehr mit dem Stoff auseinander und erkennt früh die wirklich grundlegenden Dinge, die immer wiederkommen. Auf diese Weise kann man sehr viel an Unsicherheit ablegen.

Den Lernplan von Jans AG findet ihr in Teil 6 auf → *S. 230.*

Jannik Rienhoff
Examen im Juli 2010 in Marburg
Ergebnis: befriedigend
Vorbereitung: AG und unregelmäßiger Austausch

„Ich wollte keinen autoritären Entertainer zum Lernen."

Mit seinem Lernpartner erstellte Jannik zuerst einen groben Plan und traf sich dann immer montags bis freitags mit ihm. Ab einem bestimmten Punkt hieß es für ihn nur noch: Augen zu und durch.

Wie kam es dazu, dass du Ex-o-Rep gemacht hast? Wieso hast du dich dafür entschieden? Was haben deine Freund*innen aus dem Studium dazu gesagt?

Ich habe – wie wahrscheinlich die meisten – lange damit gehadert, wie ich mich auf die Erste Prüfung vorbereiten soll. Ich habe mir auch mehrere Sitzungen eines kommerziellen Reps angeschaut, die man probeweise besuchen konnte. Nach dem Besuch war mir klar, dass dies nichts für mich ist. Einen brüllenden Entertainer brauche ich nicht zum Lernen. Die Atmosphäre in dem Rep war sehr unangenehm. Ängstliche Studis wurden von einem lauten Repetitor auf dem Niveau einer Kaffeefahrt zu motivieren versucht. Es war keine Lernatmosphäre, sondern ein Abfragen, kombiniert mit Aufforderungen und unrealistischen Zielsetzungen. Die meisten Anwesenden nutzten das Rep, weil sie eine Struktur für das Lernen haben wollten. Was muss ich wann lernen, welcher Zeitplan ist hierfür vorgesehen. Allerdings ist dies eine sehr individuelle Entscheidung. Das führte auch dazu, dass viele meiner Kommiliton*innen zwar ein Jahr lang Rep machten, jedoch danach nochmal ein halbes Jahr die Lücken nacharbeiten mussten. Am Anfang hat man keinen hinreichenden Überblick, was man inhaltlich für das Examen wissen muss. Hierauf gibt das kommerzielle Rep eine Antwort, die viele auf den ersten Blick beruhigt – unabhängig davon, was real Prüfungsstoff sein kann.

Ich habe dann gemeinsam mit einem Kollegen beschlossen, dass wir das nicht machen wollen, und wir haben eine kleine Lerngruppe gegründet. Viele andere haben uns inhaltlich zugestimmt, aber gesagt, dass sie sich das selbst nicht zutrauen würden. Das Angstmachen des Repetitors ist voll aufgegangen.

Wie bist du an die Examensvorbereitung rangegangen?

Ich habe gemeinsam mit einem Kollegen diese Lerngruppe gegründet. Wir haben uns überlegt, was wir alles durchgehen wollen und einen Plan erstellt. Der war zeitlich aber nicht besonders streng festgelegt, und wir haben ihn auch nicht eingehalten. Wir haben uns dann immer montags bis freitags getroffen und gearbeitet. Am Ende war es natürlich eher 24/7.

Wie hast du dich konkret vorbereitet?

Wir haben uns dann Skripte aus kommerziellen Reps und Lehrbücher besorgt. Zu jedem Thema haben wir uns eine digitale Zusammenfassung erstellt und diese dann gelernt. Regelmäßig haben wir uns auch abgefragt oder mit anderen Kommiliton*innen gesprochen und diskutiert. Wenn du jemandem etwas erklären kannst, dann hast du es meist auch verstanden. Nach ungefähr einem halben Jahr haben wir angefangen, Klausuren zu schreiben.

Lief dein Lernen gut ab oder gab es auch Probleme oder Schwierigkeiten?

Das Lernen für das Examen ist schon eine harte Prüfung für die Psyche. Der Druck ist enorm. Trotzdem haben wir uns ganz gut geschlagen. Wichtig ist natürlich, dass man mit seinen Lernkolleg*innen gut klarkommt. Man sieht sich ja täglich stundenlang und hat nur am Wochenende endlich andere Personen um sich herum. Das sollte man vorher bedenken. Die Menge des Stoffes ist natürlich auch ein Problem. Gerade wenn man ohne professionelle Leitung lernt, ist es schwer einzuschätzen, was wichtig ist und was nicht. Außerdem ist es sehr leicht, den Termin der Meldung nach hinten zu verschieben. Man verfällt leicht dem Gedanken, noch ein halbes Jahr länger, das bringt mich viel weiter. Irgendwann muss man sich aber einfach melden und in den sauren Apfel beißen. Examen hat so viel mit Glück zu tun, manchmal muss man es einfach probieren.

Ein riesiger Gewinn für mich war, dass ich nie zuhause gearbeitet habe. Ich konnte immer einen klaren Strich ziehen. Sobald ich die Bib oder die Lerngruppe verlassen habe, war Jura kein Thema mehr. Zuhause lagen keine Jura-Bücher sichtbar herum. Das hat mir sehr geholfen, abzuschalten.

Wie ging es dir während der Zeit? Wie bist du mit Prüfungsangst und Stress umgegangen?

Die Stimmung in unserer Lerngruppe wurde natürlich mit der Zeit und dem näherrückenden Examen nicht besser. Gerade am Ende, in den letzten Wochen vor dem Examen, ist es schon eine harte Herausforderung, nicht durchzudrehen. Insgesamt hielt es sich bei uns aber in Grenzen. Irgendwann kommt auch der Punkt, an dem man sich sagt: Jetzt ist es auch egal. Das wird schon. Jetzt kommst du da auch nicht mehr raus. Nach der ersten Klausur ist das ohnehin vorbei und man hat seine Psyche ausgeschaltet. Richtig Angst habe ich aber nie gehabt. Zwar ist die Durchfallquote enorm hoch, aber ich dachte mir immer, dass der Anteil an Personen, die schlechter vorbereitet sind als ich, noch höher ist.

Was würdest du im Nachhinein anders, was genauso machen?

Die kleine Lerngruppe war ein großer Gewinn, beim zweiten Examen werde ich es genauso machen. Allerdings muss man trotz Stress auf sich achten. Ich habe anfangs unterschätzt, dass man auch Zeit für z.B. vernünftiges Essen einplanen sollte. Man kann sich nicht 18 Monate lang schnell mal Fast Food holen.

Außerdem hätten wir uns intensiver mit der Auswahl der Skripte und Bücher beschäftigen sollen. Hier eine gute Wahl zu treffen, ist gar nicht so einfach. Zudem hätten wir mehr Zeit mit Lernen und Diskutieren und weniger mit Zusammenfassen verbringen sollen. Man muss bei Jura Strukturen verstehen und Probleme erkennen und nicht Theorien und Meinungsstreits auswendig lernen.

Was hast du in deiner Freizeit gemacht?

Ich habe sehr viel Sport gemacht. Es war mir sehr wichtig und hat mir sehr geholfen, einen Ausgleich zum ganzen Rumsitzen und Lernen zu haben. Wenn man abends dann nochmal rauskommt und Laufen geht oder Kampfsport betreibt, kann man nochmal komplett abschalten und sich auspowern. Der Ausgleich ist genauso wichtig wie das konzentrierte Lernen. Und ab und zu – vor allem am Anfang – sollte man auch feiern gehen und sich mit Freund*innen treffen. Die Examensvorbereitung ist eine extreme Belastungsprobe für Freundschaften und Beziehungen. Nicht nur wegen der fehlenden Zeit, sondern auch wegen der angespannten Laune und den zahlreichen frustrierenden Momenten, wenn man z.B. die erste Probeklausur zurückbekommt.

Außerdem habe ich mich weiter politisch engagiert, das war auch inhaltlich ein Ausgleich zum reinen Lernen. Eine Reflexion rechtlicher und politischer Prozesse neben dem stumpfen Auswendiglernen ist weiterhin wichtig, hierfür musste Zeit sein.

Irgendwelche Tipps für die nachfolgenden Generationen?

Überlegt einfach selber, was euch am besten gefällt zum Lernen. Am wichtigsten ist es jedoch, dass man nicht aus Angst, man kann es alleine nicht schaffen, oder weil man nicht weiß, was man tun soll, Hunderte von Euro in ein kommerzielles Rep steckt, was ihr im Unirep und in einer Lerngruppe besser hinbekommt. Außerdem sollte man die Prüfung nicht zu lange hinauszögern. Irgendwann einfach mal probieren und – in schā'a llāh – es wird schon werden.

Laura Jung
Examen im April 2013 in Berlin
Notenstufe: gut
Vorbereitung: erst alleine mit dem Unirep, dann mit
einer AG

„Ich hatte einen Plan, der nicht wirklich ein Plan war: ein Monat, ein Rechtsgebiet."

Laura lernte am Anfang alleine und schloss sich dann mit zwei Leuten aus dem Unirep zusammen. Sie konzentrierte sich aufs Klausuren- und Falllösen und erlebte dabei Höhen und Tiefen.

Wie hast du dich dafür entschieden, Examen ohne kommerzielles Rep zu machen?

Ich hatte mein Studium in Passau angefangen, dort hatte die Examensvorbereitung an der Uni einen sehr guten Ruf: Es gibt dort drei Professor*innen, die nur das Unirep machen. Da war also klar, dass die sich um alles kümmern, die Materialien waren aktuell und dafür wurde auch viel Werbung gemacht. Nach meinem Wechsel nach Berlin haben dort dann die meisten, die ich anfangs kennengelernt habe, gesagt, dass sie kommerzielles Rep machen. Daraufhin habe ich mir auch zwei kommerzielle Reps angeschaut. Das hat mich dann aber eher in meinem Entschluss bestärkt, dass es auch ohne gehen muss.

Wie bist du die Examensvorbereitung dann angegangen?

Im Oktober habe ich einfach das Unirep an der HU Berlin angefangen. Im Internet habe ich mir Erfahrungsberichte von Examensvorbereitungen ohne kommerzielles Rep durchgelesen, von einer Person, die das mit Lerngruppe und einer, die das ganz alleine gemacht hatte. An einem Tipp aus diesen Erfahrungsberichten habe ich mich orientiert: ein Monat, ein Rechtsgebiet.

Und wie lief das konkret ab?

Im Unirep habe ich sehr ausgewählt Kurse besucht, im Grunde alles im Öffentlichen Recht und ein paar im Strafrecht. Zivilrecht hat mich im Unirep anfangs nicht überzeugt, da war ich dann nie. Im Zivilrecht habe ich auch mit Alleinelernen angefangen. Durch meinen Wechsel von Passau nach Berlin hatte ich da auch noch nicht alle Sachen im Studium gehört. Von Anfang an bin ich in den Klausurenkurs gegangen, da das wirklich hilfreich war. Manchmal habe ich da aber auch nicht mitgeschrieben, wenn ein Rechtsgebiet drankam, das ich noch nie gemacht hatte.

Wie hast du dir den Stoff dann aufgeteilt?

Den Plan mit dem einen Monat für ein Rechtsgebiet habe ich durchgezogen. Da habe ich in den ersten Monaten nur Zivilrecht gemacht, erst BGB AT, dann verschiedene Nebengebiete, die ich noch nachholen musste. Zwischendurch habe ich aus Angst vor einem Zivilrechtskoller Öffentliches Recht gemacht. Und weil ich im Strafrecht nur eine Klausur schreiben musste, war mein Plan erst, das so ein bisschen nebenher und dann vor allem kurz vor dem Examen zu machen. Ich wusste von Anfang an, dass ich eineinhalb Jahre machen werde, deshalb hatte ich viel Zeit. Eigentlich wollte ich im ersten Jahr aber mit allen Rechtsgebieten einmal durchkommen, damit bin ich aber nicht fertig geworden.

Mit was für Lernmaterialien hast du gearbeitet?

Erst habe ich mit großen Lehrbüchern angefangen, weil ich dachte, dass ich dafür endlich mal Zeit habe. Dann habe ich gemerkt, dass ich damit zu lange brauche und mit kürzeren Lehrbüchern (v.a. aus der „Unirep-Jura"-Reihe) weitergemacht. Und ich hab' immer ganz viel mit Fällen gearbeitet, die hatte ich aus der JuS-Examinatorium-Übersicht, davon hatte ich am Ende fast alle durchgelöst. In einigen Rechtsgebieten, in denen ich mich unsicher gefühlt habe, hatte ich mir auch Fälle und Materialien aus kommerziellen Repetitorien kopiert und angeschaut, irgendwie als Absicherung, da ich am Anfang auch keine Lerngruppe hatte. Das waren aber teils auch sehr gute Materialien.

Aus den Lehrbüchern habe ich mir erst Karteikarten rausgeschrieben und dann nie wieder angeschaut. Mit denen konnte man nicht lernen. Ich habe auch davor nie mit Karteikarten gearbeitet, dafür bin ich wohl einfach nicht der Typ. Dann habe ich mir selbst kleinere Skripte geschrieben, aber irgendwann auch das gelassen. Ich fand das alles zu zeitintensiv und wollte lieber mehr Fälle machen. Das hat mir auch mehr Spaß gemacht. Dadurch habe ich aber teilweise nicht sonderlich systematisch wiederholt.

Hattest du in der ganzen Zeit keine Lerngruppe?

Das erste halbe Jahr habe ich alleine gelernt, das lief auch gar nicht so schlecht. Klar gab es kurze Momente der Verzweiflung, weil ich nicht so viel geplant hatte. Aber ich hatte ja immerhin meinen großen Plan mit den Rechtsgebieten. In einer Unirep-Pause habe ich mich dann mit zwei aus dem Unirep zusammengeschlossen. In der Lerngruppe haben wir auch nur Fälle gelöst. Abwechselnd hat jede einmal einen Fall vorbereitet und ausgeteilt, die anderen haben in der Lerngruppenzeit eine Stunde lang eine Lösungsskizze gemacht, und dann sind wir zusammen die Lösung durchgegangen. Das fand ich sehr hilfreich, auch zu sehen, wo auch andere Probleme bei der Falllösung haben und zusammen über eine gute Lösung zu diskutieren. Das haben wir einmal die Woche abends gemacht.

Wie ging es dir während der Vorbereitungszeit?

Es gab schon frustrierende Momente. Kurz vor dem Examen ging es mir einmal ziemlich schlecht, als ich einen Kurs im Europarecht hatte. Nach dem hatte ich das Gefühl, rein gar nichts zu können. Oder wenn man nach einem Jahr Lernen wieder mal schlechte Noten im Klausurenkurs zurückbekommt und einen Lernplan hat, der – wenn man ehrlich ist – keiner ist. Ich habe dann den „Plan" etwas weiterentwickelt und jeweils zu Beginn des Monats den Lernstoff auf die Wochen aufgeteilt. Und ich habe versucht, für Abwechslung zu sorgen. Dadurch war ich teils viel in der Bibliothek, dann phasenweise viel zuhause. Ich habe versucht, das Fälle-Lösen und Lehrbuch-Lesen gut zu kombinieren. Und ich habe an Lerntagen viele Pausen gemacht.

Wie lange hast du denn an einem Tag im Durchschnitt gelernt?

Am Anfang habe ich mir vorgenommen, um fünf aufzuhören, dann Sport zu machen und danach noch Karteikarten zu wiederholen. Das habe ich genau einmal gemacht. Das Gefühl, später noch einmal was machen zu müssen, fand ich schrecklich. Ich habe dann meistens bis sechs, halb sieben gelernt und danach frei gemacht. Meistens war es auch so, dass, wenn ich einen Tag richtig produktiv war, ich am nächsten weniger produktiv war.

Wie hast du dann wiederholt?

Das letzte halbe Jahr hatte ich Zeit für Wiederholungen, wusste aber erst auch nicht wie. Meine Karteikarten waren komplett unbrauchbar, meine Skripte mittel-unbrauchbar. Ich habe dann größtenteils mit Fällen wiederholt, Fallbücher durchgearbeitet bzw. auch durchgelesen, wenn ich nicht so recht Lust hatte. Auch das hat aber geholfen.

Und Klausuren geschrieben. Irgendwann hatte ich angefangen, zwei Klausuren pro Woche zu schreiben, am Freitag und am Samstag, auch bei kommerziellen Anbietern. Das würde ich nicht uneingeschränkt weiterempfehlen. Im Nachhinein fand ich die Uniklausuren der HU meistens besser, die sind meiner Meinung nach näher am tatsächlichen Examen.

Irgendwann hatte ich dann keine Lust mehr, die Lösungen auszuformulieren, da habe ich nur noch Lösungsskizzen gemacht. Es hat aber schon auch was gebracht, so viel Formulieren zu üben. Das hat im Examen auch geholfen, dass man einfach eine Routine darin hatte, wie man bestimmte Sachen darstellt.

Was hast du außer dem Lernen in der Zeit so gemacht?

Am Anfang habe ich im Unisport Ultimate Frisbee gespielt, damit habe ich nach einiger Zeit aufgehört, als ich gemerkt habe, dass ich die Frisbee weder werfen noch fangen konnte. Dann habe ich einfach so ein-, zweimal die Woche Sport gemacht und mich am Abend viel mit meiner Schwester und Freund*innen getroffen. Überhaupt hatte ich wenig feste Termine, da ich spontan bleiben wollte und sowieso schon so viel Zeit verplant war. Die Abende und die Sonntage waren immer frei. Da habe ich auch teilweise nicht so viel anderes gemacht, aber dann einfach nichtjuristische Bücher gelesen. Ich fand es traurig zu hören, wenn andere meinten, sie hätten damit aufgehört. Am Wochenende bin ich öfter weggefahren. Mein Leben hat sich mit der Examensvorbereitung einfach nicht so sehr geändert. Ich war ja neu in Berlin, und neue Leute in der Examensvorbereitung kennenzulernen, war auch erst schwierig, das hat sich aber dann gut ergeben.

Wie fandest du die Examenszeit selbst?

Hm, eine Klausur war besonders blöd, weil ich den Fall kannte und ich nicht mehr wusste, wie man den löst. Ich war sehr konzentriert während der Klausuren, aber danach natürlich nie ganz zufrieden, wie es dann jeweils gelaufen ist, aber das bin ich auch irgendwie nie. Mittags habe ich nach den Klausuren immer auf dem Sofa gelegen und The Big Bang Theory geschaut und mit einer Freundin, die auch mitgeschrieben hat, über alles außer den Klausuren geredet. Zwischen den Klausuren habe ich inhaltlich auch gar nichts mehr gemacht.

Was würdest du im Nachhinein anders machen?

Im Nachhinein bin ich natürlich zufrieden, weil es gut gelaufen ist. Währenddessen hat mich diese mangelnde Planung schon auch genervt. Damit würde ich wohl eher früher anfangen. Und auch selbstbewusster sein, was das Lernen ohne kommerzielles Rep angeht. Und ich würde pro Tag ein bisschen kürzer lernen. Die letzte Stunde eines Lerntages hat sowieso nichts mehr gebracht, da hätte ich auch früher nach Hause gehen können.

Und was würdest du weiterempfehlen?

Viele Klausuren zu schreiben und viele Lösungsskizzen zu machen hat mir sehr viel geholfen für die richtige Schwerpunktsetzung. Im Examen geht es ja gerade nicht darum, viel zu wissen, sondern ein Problem zu erkennen und zu bearbeiten. Und dass ich das Examen mit genügend Abstand gesehen habe. Deshalb ging es mir die ganze Zeit auch gut. Klar war es nervig, teils vieles lernen zu müssen, was einen nicht primär interessiert, aber viele haben das Examen in seiner Bedeutung schon verklärt und darunter extrem gelitten. Da bin ich froh, dass ich das nicht so gemacht habe. Und oft habe ich freitags nach der Probeklausur freigemacht und war auf dem Markt, um Essen einzukaufen. Das war immer schön. Überhaupt, die freien Tage mit Leuten und Sachen zu verbringen, die man mag, und nicht nur auf dem Sofa zu liegen, fand ich wichtig.

Lisa Kanzler
Examen Februar 2015 in Bremen
Ergebnis: vollbefriedigend
Vorbereitung: alleine

„Es war für mich definitiv der richtige Weg."

Mit viel Disziplin und einem gut strukturierten Tagesablauf bereitete sich Lisa auf die Prüfungen vor. Während des Studiums war sie keine Überfliegerin. Sie wollte ihr Examen daher einfach nur bestehen. Im Laufe der Zeit merkte sie dann aber, dass ihre Examensvorbereitung eigentlich ganz gut lief und es um mehr als nur Bestehen gehen könnte.

Wie kamst du auf die Idee, dich eigenständig auf das Examen vorzubereiten?

Dies ist eine ganz einfache Antwort: ich hätte mir ein kommerzielles Rep nicht leisten können. Natürlich stand für kurze Zeit die Frage im Raum, ob ich mir für das Jahr einen Kredit nehmen und das Rep so bezahlen würde. Doch das war es mir am Ende nicht wert. Schließlich ist das Studium ursprünglich so angedacht gewesen, dass man die Stofffülle allein bewältigen können muss. Und da ich ohnehin geneigt bin, etwas konservativ zu agieren, hat sich dies eben auch im Studium niedergeschlagen. Zudem bin ich extrem ehrgeizig, für mich war es auch die Herausforderung, allen zu zeigen, dass es auch ohne überteuertes Rep gehen kann. Und das habe ich geschafft.

Wie bist du an die Sache rangegangen? Einfach drauflos gelernt?

Ich bin ein sehr organisierter Mensch, einfach drauflos lernen kam für mich nicht in Frage. Ich wusste, wann ich meine letzte Hausarbeit im Studium schreibe und hatte damit einen fixen Termin, um mit der Examensvorbereitung zu beginnen, nämlich genau eine Woche später. Schon im Voraus hatte ich mich im Internet belesen, weil ich auch keine Vorstellung davon hatte, was man alles können muss im Examen. Dabei bin ich auf einen Lernplan gestoßen, der im Internet verfügbar war. Diesen habe ich als Orientierungshilfe genommen und mir an meine Wand neben den Schreibtisch gehängt. Ich wusste, ich musste all diese Themen innerhalb eines Jahres abarbeiten – denn ich hatte genau 11 Monate und 2 Wochen bis zur ersten Examensklausur. An diesem Plan habe ich dann immer alles durchgestrichen, was ich gelernt habe.

Wie sah dein Lernalltag aus?

Ich kann leider nicht so gut zuhause lernen, da bin ich zu leicht abgelenkt oder lasse mich morgens von meinem Bett verführen, doch etwas länger liegen zu bleiben. Deswegen musste ich in die Uni. Von montags bis samstags ab 8.30 Uhr. In der Regel habe ich vormittags von 8.30 bis 11.45 Uhr in der Bibliothek gelernt. Um 12.15 Uhr bin ich dann von montags bis donnerstags ins Unirep gegangen. Freitags fing das Unirep schon um 8.30 Uhr an. Dieser Wochenplan gab meinem Lernen Struktur. Zudem hatte ich feste Pausenzeiten. So habe ich jeden Tag eine lange Mittagspause von 1,5 Stunden und nachmittags auch noch einmal 30 Minuten Pause gemacht. In der Bib bin ich meistens bis 18.30/19 Uhr geblieben. Je nachdem, wann ich mit meiner letzten Lerneinheit fertig war. Ich habe mir stets in meinen Lehrbüchern ein Tagesziel gesetzt, und bevor das nicht erreicht war, bin ich nicht nach Hause gegangen. Natürlich gab es auch mal Tage, an denen ab 16 Uhr einfach nichts mehr in den Kopf ging. Das muss man sich dann auch eingestehen und einfach mal was anderes machen. Aber oft ist das nicht vorgekommen.

Hast du spezielle Lernstrategien entwickelt?

Meine Lernstrategien haben sich tatsächlich zwischendurch geändert. Am Anfang wollte ich, wie in dem Internet-Lernplan empfohlen, jeden Tag ein anderes Rechtsgebiet bearbeiten. Damit war ich aber schnell überfordert, weil ich an einzelnen Tagen immer nicht so weit gekommen bin, wie ich wollte und ein Themengebiet nicht abschließen konnte, und das konnte mein Kopf nicht verarbeiten. Zumal dieser Plan auch mit dem Unirep kollidierte, da dort teilweise zwei Rechtsgebiete an einem Tag behandelt wurden. Ich war schnell frustriert und hab' diese Strategie nach zwei oder drei Wochen verworfen. Dann habe ich mir immer ein Teilrechtsgebiet ausgesucht (z.B. VerwaltungsR AT) und am Stück bearbeitet. Und mir dann ein Teilrechtsgebiet von den anderen Rechtsgebieten ausgesucht (z.B. BGB AT). Mein Rhythmus war dann der: ZR-ÖR-ZR-STR-ZR-ÖR-ZR-STR usw. Wenn ich gefragt wurde, ob, wenn ich en bloc lerne, ich keine Angst hätte, das Wissen in den Klausuren nicht schnell genug hintereinander abrufen zu können (denn das ist ja der Hauptgrund für die Lernweise, wie ich sie ursprünglich anstrebte), konnte ich dem entgegenhalten, dass ich ja parallel das Unirep besuche und ich so teilweise dreimal am Tag die Rechtsgebiete wechsle.

Mit welchen Materialien hast du gelernt?

Gelernt habe ich größtenteils mit den Repetitorien von C.F. Müller, aber, wenn mir eines aus der Reihe nicht zusagte, habe ich mir ein anderes Examenslehrbuch genommen. Ich habe nicht die allgemeinen Jura-Lehrbücher wie Wessels/Beulke oder so benutzt, sondern solche, die speziell für die Examensvorbereitung ausgewiesen waren. Ich hatte einfach Angst, es würde in den allgemeinen Lehrbüchern vielleicht etwas fehlen. Das ist natürlich eine unbegründete Angst, aber die Psyche ist in der Examensvorbereitung extrem wichtig, deswegen ließ ich mir auch nichts anderes einreden.

Am meisten habe ich jedoch tatsächlich im Klausurenkurs gelernt. Diesen habe ich seit dem ersten Tag meiner Examensvorbereitung besucht. Tatsächlich begann meine Examensvorbereitung Montagmorgens um 8:30 mit einer Zivilrechtsprobeklausur. Auch wenn dort, vor allem zu Beginn der Examensvorbereitung, Themen geprüft wurden, die ich noch nicht gelernt hatte – zumindest nicht auf Examensniveau –, hat es mir dennoch geholfen, zu lernen, wie ich mit unbekannten Problemen umgehen kann und muss. Das kann einem schließlich auch im Examen passieren. Darauf wollte ich vorbereitet sein, und wenn ich mir dann ein Problem selbst erschließen konnte, war das eine immense Motivation für mich.

Von April bis September habe ich zusätzlich samstags die Klausuren vom Hemmer-Brief-Klausurenkurs geschrieben. Damit bin ich am Ende auf knapp 60 Klausuren während der Examensvorbereitung gekommen. Wobei ich die Klausuren an der Uni und die Benotung für repräsentativer halte.

Dabei gab es auf jeden Fall negative Erfahrungen. Am Anfang bin ich in jeder einzelnen Klausur durchgefallen. Natürlich war das deprimierend, aber irgendwie war ich darauf auch vorbereitet, weil ich als Schnellläuferin nach dem fünften Semester in die Examensvorbereitung gegangen und während des Hauptstudiums auch keine Überfliegerin gewesen bin. Mir war klar, dass das passieren würde. Umso mehr hab' ich mich gefreut, dass die erste Klausur, die ich bestanden hatte, direkt sieben Punkte waren. Das gab einen Aufschwung. Irgendwann hab' ich es geschafft, regelmäßig die Klausuren zu bestehen. Etwa ein halbes Jahr vor dem Examen.

Es gab auch ein Probeexamen, etwa vier Monate vor dem Examen. Man hat dort schon ein gutes Gefühl dafür bekommen, wie sich dieses lange Schreiben auf die Dauer auf den Körper auswirkt. Das sollte man nicht unterschätzen. Das Probeexamen habe ich dann auch über meinen Erwartungen bestanden. Das tat gut und hat Zuversicht fürs richtige Examen gegeben. Man sollte das unbedingt wahrnehmen. Auch wenn die Ergebnisse hinter den Erwartungen zurückbleiben, so weiß man doch relativ genau, wo die eigenen Schwächen liegen und das ist definitiv ein Vorteil.

Bist du zwischendurch in den Urlaub gefahren? Und was hast du neben der Examensvorbereitung gemacht?

Ich habe mir die ersten zwei Oktoberwochen komplett unifrei genommen und bin in der Zeit auch für vier Tage an die Nordsee gefahren – einfach mal den Kopf durchpusten lassen. Hobbies habe ich tatsächlich weit eingeschränkt. Das erste halbe Jahr bin ich noch drei- bis viermal die Woche laufen gewesen. Danach weniger, irgendwann gar nicht mehr.

In der Examensvorbereitung musste ich 40 Stunden im Monat arbeiten. Mein Arbeitgeber hat mir mit der Zeiteinteilung weitgehend freie Hand gelassen, sodass ich einmal in der Woche den ganzen Tag gearbeitet habe und irgendwann meine Minusstunden nach eigenem Gusto nachgearbeitet habe. Nach meinem Arbeitstag hatte ich dann teilweise noch zwei Stunden meine Falllösungsgruppe und danach war ich noch zwei Stunden schwimmen. Das war mein Ausgleich während der Examensvorbereitung. Am Wochenende habe ich mich dann meist Samstagabend mit Freunden getroffen. Sonntags war frei.

Du hast den „Schnellläufer" im siebten Semester gemacht, eine Art Freischuss. Bist du zufrieden mit der Entscheidung?

Der Schnellläufer zählt auch als Freischuss. Ich habe mich dafür entschieden, um die Möglichkeit zu haben, noch einmal schreiben zu können, falls ich es wollte. Zudem hatte ich mich im Laufe des Studiums dazu entschieden, der Einfachheit halber nach Musterstudienplan zu studieren und dieser sieht den Schnellläufer und damit den Freischuss vor. Mein primäres Ziel war, zu bestehen. Daher hatte ich kein Ergebnis im Kopf, bei dem ich noch einmal schreiben würde. Und als ich nach dem Probeexamen die Ahnung hatte, dass es vielleicht nicht nur ums Bestehen gehen könnte, war für mich klar, ich schreibe auf gar keinen Fall noch einmal. Die psychische Belastung ein weiteres Jahr auf mich zu nehmen, kam nicht in Frage. Das wäre es mir nicht wert gewesen, zumal ja nicht feststeht, dass man sich verbessert. Dieses Risiko hätte ich nicht auf mich nehmen wollen. Ich bin hochzufrieden mit meiner Entscheidung und mit meinen Ergebnissen.

Wie bewertest du rückblickend deine Entscheidung für Ex-o-Rep?

Es war für mich definitiv der richtige Weg, denn so im Nachhinein denke ich, dass keines der bekannten Reps zu mir und meinem Lernstil gepasst hätten. Mit Ehrgeiz und Disziplin lässt sich das Vorhaben Examen ohne Rep auf jeden Fall erfolgreich bewältigen. Man darf sich nur nicht unterkriegen lassen. Und wenn es zu viel wird, dann muss man sich dies eingestehen können und einfach mal ein, zwei Tage frei machen. Ich denke, dass einem das mit einem kommerziellen Rep im Rücken vielleicht auch schwerer fällt.

Martin Stössel
Examen im Februar 2015 in Leipzig
Ergebnis: vollbefriedigend
Vorbereitung: Unirep, alleine und zwei AGs

„Inhaltlich habe ich 90 % Fälle gemacht.“

Martin hat sich für seine Vorbereitung eineinhalb Jahre Zeit genommen und sich dabei viel Gedanken über seine körperliche und psychische Gesundheit gemacht. Vor den Prüfungen hatte er das Gefühl, gut vorbereitet zu sein.

Warum hast du dich dazu entschlossen, Examen ohne kommerzielles Rep zu machen?

Das war so ein Bauchgefühl. Ich wusste, ich will auf keinen Fall zu Hemmer, ich hatte keine Lust auf Schul- und Klassenraumatmosphäre. Der normale Weg wäre wahrscheinlich schon das Kommerz-Rep gewesen. Meine Schwester, die in Hamburg Jura studiert hat, ist zum Beispiel ins Rep gegangen. Aber in Leipzig bereiten sich viele Leute eigenständig auf das Examen vor und es gibt ein sehr gutes Examensvorbereitungsprogramm an der Uni.

Wie hast du dich auf das Examen vorbereitet?

Ich habe mir 18 Monate Zeit für die Examensvorbereitung genommen und habe damit auch bewusst den Freischuss sausen lassen. Zwölf Monate bin ich ins Unirep gegangen, das bei uns in Leipzig sehr gut ist. Da habe ich richtig viel gelernt und ich hatte den Eindruck, dass die Profs einfach wissen, worauf es in den Klausuren ankommt.

Aber bevor ich so richtig angefangen habe, habe ich zwei Monate lang intensiv Zivilrecht gelernt. Davon hatte ich nämlich null Ahnung. In der Zeit bin ich jeden Morgen um sechs Uhr aufgestanden und habe mir mit den Schwabe-Fallbüchern, die ich dafür sehr empfehlen kann, die Grundlagen des Zivilrechts angeeignet. Mit der Lerngruppe habe ich mich einmal die Woche für zwei Stunden getroffen, um einen größeren Fall (meistens aus der JuS) zu lösen. Eine Person hat den Fall vorbereitet und die Stunde moderiert, dann haben wir den Fall zusammen gelöst. Ansonsten hat sich jede Person ganz individuell nach den eigenen Bedürfnissen vorbereitet. In der Lerngruppe haben wir uns daher nur allgemein darüber ausgetauscht, was wir gerade so machen.

Wie hast du deine AGs gefunden?

Da die Leute aus meiner ersten AG schon früher als ich Examen geschrieben haben, habe ich mir für die letzten sechs Monate eine zweite AG gesucht. Bei beiden Gruppen habe ich mir ganz bewusst Leute, meistens Bekannte und Freund*innen, gesucht, bei denen ich wusste, dass sie fit in Jura sind. Wir haben uns auch insgesamt gut verstanden.

Hattet ihr einen Lernplan?

Wir hatten jeder einen eigenen Lernplan. Mir war wichtig, diesen riesigen Berg an Prüfungswissen zu entmystifizieren, daher habe ich mich ausführlich mit den rechtlichen Vorgaben der Prüfungsordnung auseinandergesetzt: da steht ja schwarz auf weiß, was man lernen muss. Ansonsten habe ich mich an den Lernplänen des Ex-o-Rep-Buches und des Leipziger Unireps orientiert. Die 18 Monate, die ich für das Examen lernen wollte, habe ich mir grob eingeteilt und festgelegt, in welchen Zeiträumen ich z.B. BGB-AT und Schuldrecht lernen möchte. Dann habe ich mir sehr detaillierte Wochenpläne gemacht: jeden Sonntagabend habe ich mit Bleistift das Pensum für jeden Tag festgelegt. Mit Kuli habe ich dann im Nachhinein drüber geschrieben, was ich tatsächlich geschafft oder was ich anderes gelernt habe. Damit hatte ich ein konstantes Feedback. Auch habe ich immer meine Lernzeit gestoppt, da ich sechs Stunden am Tag effektiv lernen wollte.

Mit welchen Materialien und Methoden hast du gelernt?

Am Anfang habe ich (wie ich das in einem Erfahrungsbericht in dem Ex-o-Rep-Buch in der Vorauflage gelesen hatte) mir sehr viele handschriftliche Notizen gemacht. Dabei habe ich mir in eine linke Spalte einen Begriff geschrieben und diesen in der rechten Spalte erläutert. Ich habe aber gemerkt, dass das meine Hand zu sehr belastet und ich wusste, ich muss da was ändern. Ich bin dann auf Power Point umgestiegen, das ist ja quasi ein Karteikartenformat, das Tippen ging viel schneller. Und ich hatte alles immer auf meinem Notebook dabei, so konnte ich jeden Morgen spontan entscheiden, wo ich lernen möchte, ohne kiloweise Akten mitzuschleppen.

Inhaltlich habe ich mir den Stoff über 90 % mit Fällen angeeignet. Da werden lebensnahe Probleme dargestellt und die muss man dann rechtlich einordnen. Erst später habe ich abstraktere Abgrenzungen gelernt und dies auch nicht, weil sie im Lernplan vorgesehen waren, sondern weil bestimmte Fragen beim Lernen einfach aufgekommen sind. Meine Vorbereitung würde ich daher als einen Forschungsprozess beschreiben.

Jeden Morgen habe ich mein Wissen vom Vortag wiederholt. Und jeden Freitag habe ich für zwölf Monate am Klausurenkurs teilgenommen, das war sehr wichtig für mich.

Wie ging es dir während der Vorbereitungszeit?

Gerade in der Anfangszeit war ich sehr angespannt, man steht ja vor diesem riesigen Berg. Daher habe ich am Anfang sehr intensiv gelernt und bin immer um sechs Uhr morgens aufgestanden und habe zwischendurch einen Mittagsschlaf gemacht. Aber mit der Zeit wurde es besser, ich habe mich an das Tempo gewöhnt. Die letzten sechs Monate vor der Prüfung war ich sogar ziemlich entspannt, ich hatte das Gefühl, dass ich gut vorbereitet war. Ich würde sagen, dass auch der Lernplan für mich ein wichtiges Tool war, um mit der Belastung umzugehen.

Mir ist aber aufgefallen, dass viele meiner Kommiliton*innen in der Examensvorbereitung körperlich oder psychisch krank wurden. Daher war Gesundheit für mich ein wichtiges Thema. Ich habe mich psychologisch beraten lassen, an der Uni gibt es z.B. den psychologischen Beratungsdienst. Von einem Freund habe ich ein Buch mit einer CD bekommen, das einem supereinfache Meditationstechniken erklärt hat. Das war genau das Richtige: ich habe gerade am Anfang immer vor dem Mittagsschlaf meditiert. Später habe ich nicht mehr so viel meditiert, aber ich wusste, wenn es mir schlecht geht, kann ich darauf zurückgreifen. Ansonsten war ich viel laufen und schwimmen.

Was hast du in deiner Freizeit gemacht?

Ich war tagsüber so beschäftigt, dass ich es nicht hinbekommen habe, mich für abends zu verabreden, obwohl ich abends eigentlich Zeit gehabt hätte. Auch meine politischen Aktivitäten im Arbeitskreis kritischer Jurastudierender (AKJ) habe ich aufgegeben. Ich wollte einfach nichts mehr machen, was den Kopf beansprucht. Ich war zwar jedes Wochenende feiern, aber insgesamt hat der Spaßfaktor in der Zeit richtig gelitten.

Wart ihr in der AG mit den Ergebnissen zufrieden?

Ja, wir waren alle zufrieden. Die Ergebnisse sind so ausgefallen, wie das Leistungsniveau in der Gruppe verteilt war. Es war schön zu sehen, dass sich die Vorbereitung gelohnt hat und gute Noten rausgekommen sind.

Würdest du rückblickend etwas anders machen?

Nein, ich würde alles wieder genauso machen.

Max Mayer
Examen im März 2015 in Tübingen
Ergebnis: vollbefriedigend
Vorbereitung: alleine, begleitende Fall-AG

„Ich hätte mich komisch gefühlt, in ein kommerzielles Rep zu gehen, das ein kommerzielles Interesse an meiner Vorbereitung hat und auch nur one-size-fits-all-Konzepte anbietet."

Als Ex-o-Repler war Max in Tübingen ein Exot. Eine Lerngruppe konnte er in Tübingen daher nicht finden. Er zog es trotzdem durch und teilte seine Lernzeit in drei Phasen ein: erarbeiten, vertiefen, wiederholen.

Wie kam es dazu, dass du nicht zu einem kommerziellen Repetitorium gegangen bist?

In Tübingen sind alle zu privaten Repetitorien gegangen, daher war ich dort ein ziemlicher Exot. Ich kannte aber eine Handvoll Leute aus anderen Städten über AKJ-Kontexte, die Examen ohne Rep gemacht hatten und an denen habe ich mich einfach orientiert. In Tübingen hieß es immer, man könne kein Examen ohne Rep bestehen, es sei denn man sei ein absolutes Jura-Genie. Mir war aber klar, man kann das machen, es ist einfach cooler und viel billiger. Zudem war ich ziemlich gestresst und angespannt in der Zeit und empfand es als viel angenehmer, die Sache selbst in die Hand zu nehmen und selber über die Gestaltung meiner Examensvorbereitung zu entscheiden. Ich hätte mich komisch gefühlt, in ein kommerzielles Rep zu gehen, das ein kommerzielles Interesse an meiner Vorbereitung hat und auch nur one-size-fits-all-Konzepte anbietet. Mir wäre es zu stressig gewesen, mein Examen in fremde Hände abzugeben.

Mutig. Was haben deine Bekannten aus dem Studium dazu gesagt?

Die fanden das sehr riskant und hätten es selber nie gemacht. Daher habe ich irgendwann aufgehört, mich mit denen über meine Examensvorbereitung zu unterhalten.

Wie bist du an die Examensvorbereitung rangegangen?

Meine Bekannten, die Examen ohne Rep gemacht hatten, haben sich alle an einem Konzept von einem Typ aus Rheinland-Pfalz orientiert. Der hat ein supergutes Examen gemacht und seine Vorbereitungsweise online veröffentlicht. Das Konzept besteht aus drei Phasen: Erarbeiten – Vertiefen – Wiederholen. Daran habe ich mich auch orientiert, habe das Konzept aber immer wieder an meine Bedürfnisse und mein Tempo angepasst.

Die ersten eineinhalb Monate bin ich ins Unirep gegangen. Ich hatte mir überlegt, dass ich das drei Phasenkonzept mit dem Unirep kombinieren möchte. Das Unirep ist hier in Tübingen aber sehr zeitintensiv und behandelt zudem nur die Kernfächer. Ich habe schnell gemerkt, dass ich viel zu viel Zeit für die Nachbereitung des Unireps brauche und gar nicht zu meiner eigenen Vorbereitung komme. Mir wurde klar: das funktioniert so nicht. Daher habe ich das Unirep ziemlich schnell wieder aufgegeben und mich darauf konzentriert, mir den Examensstoff selbst anzueignen.

Wie hast du das gemacht?

Den Examensstoff habe ich mir anhand von Lehrbüchern erarbeitet. Ich habe mir für jedes Fach eigene Skripten zusammengetippt. Dafür habe ich elf Monate gebraucht, das war die totale Einbahnstraße – jeden Tag habe ich neuen Stoff exzerpiert, ohne diesen auch nur einmal zu wiederholen. Es war eine sehr anstrengende Zeit. Der Typ aus Rheinland-Pfalz hat keine Lehrbücher gelesen, sondern nur mit Skripten gearbeitet und war daher sehr viel schneller mit dem Examensstoff durch als ich. Mir waren Skripte aber immer suspekt gewesen, und wenn ich mir Skripte angeschaut habe, habe ich die immer wieder weggelegt und mich doch für ein Lehrbuch entschieden. Ich hatte den Eindruck, ich verstehe da einfach mehr.

Nach diesen elf Monaten bin ich erst einmal für zwei Wochen in den Urlaub gefahren. Danach habe ich mit der Vertiefungs- und Wiederholungsphase angefangen. Mir war wichtig, den Stoff mindestens zwei-, die Hauptrechtsgebiete sogar dreimal zu wiederholen. Ich habe dann morgens mein Skript genommen und erst einmal zwei Stunden lang wiederholt, dann habe ich einige Übungsfälle zu dem Thema gemacht und mir dazu die wichtigsten Gerichtsentscheidungen oder Kommentare zur Vertiefung durchgelesen, um zentrale Probleme oder auch nur die Systematik des Rechts besser zu verstehen. Das hat mir sehr geholfen. Viele Entscheidungen lesen sich wie exzellente Lehrbücher. Bei der Wiederholung habe ich aus meinem Worddokument all das rausgestrichen, was ich wusste, damit ich später nur noch das, was ich nicht so gut konnte, wiederholen musste. Dadurch habe ich ständig darüber nachgedacht, wie ich mein Skript weiter kürzen und verbessern kann, was auch geholfen hat.

Bist du in einen Klausurenkurs gegangen?

Ja, ich habe von Anfang an Klausuren mitgeschrieben. Das war mir sehr wichtig, da ich dann wusste, wofür ich das lerne und was ich können muss. Da ich in den ersten Monaten gar nichts wiederholt habe, war das zum Teil etwas frustrierend, weil ich mich selbst an die Dinge, die ich bereits exzerpiert hatte, einfach nicht mehr erinnern konnte. Ich habe den Klausurenkurs aber auch nicht immer besucht. Wenn ich keine Lust hatte, habe ich ihn auch einfach sausen lassen.

Hattest du auch eine Lerngruppe?

Ich hätte meine komplette Examensvorbereitung gerne mit einer Lerngruppe organisiert, aber ich habe einfach keine Leute gefunden, die zu dem Zeitpunkt Ex-o-Rep machen wollten. Durch einen Aushang an der Uni habe ich aber dann doch noch zwei Leute gefunden, mit denen ich eine Fall-AG gegründet habe. Wir haben uns jeden Freitag zum Fälle lösen getroffen. Wir waren aber sehr unterschiedliche Lern- und Denktypen, sie wollten stärker auswendig lernen und ich die Dinge lieber verstehen und durchdringen. Daher war die Stimmung in der Gruppe oft etwas schwierig und ich hatte den Eindruck, dass ich mich mit meiner AG nicht so gut austauschen konnte. Eine Person hat schon früher Examen geschrieben als ich, daher kam im letzten halben Jahr noch ein Freund von mir hinzu, der so ähnlich lernte wie ich. Das war dann viel produktiver für mich.

Wie sah deine zeitliche Planung aus? Hattest du einen Lernplan?

Ein Freund von mir hatte in einer Tabelle die relevanten Lerninhalte aus der JAPrO zusammengefasst. In diese habe ich eingetragen, welche Lehrbücher ich vermutlich benutzen möchte und wie viele Seiten die haben. Für den Schwerpunkt hatte ich auch schon so gearbeitet und hatte Erfahrungen damit, wie lange ich circa brauche, um Lehrbücher durchzuarbeiten. Anhand der Seitenzahlen habe ich dann grob veranschlagt, wie lange ich für jedes Rechtsgebiet brauchen würde. Und dann habe ich es einfach gemacht, wie es gerade kam: mal habe ich ein Lehrbuch nach dem anderen durchgearbeitet, dann habe ich die Fächer auch wieder abgewechselt, wenn ich auf ein bestimmtes Fach keine Lust mehr hatte.

Und ist dein Plan aufgegangen?

Nein, natürlich nicht. Ich habe im achten Semester mit der Examensvorbereitung begonnen und wollte ursprünglich im zehnten die Prüfungen ablegen, damit ich noch einen Verbesserungsversuch hätte machen können. Ich habe dann aber gemerkt, dass ich einfach länger brauche, um den Stoff zu erarbeiten. Daher habe ich mich bewusst dafür entschieden, den Verbesserungsversuch aufzugeben und erst im elften Semester Examen zu schreiben. Das war die beste Entscheidung. Für viele Bekannte, mit denen ich darüber gesprochen hatte, war es die goldene Regel, niemals den Verbesserungsversuch aufzugeben. Aber für mich war es anders: Ich war danach viel entspannter und hatte noch ausreichend Zeit für die Vertiefung und Wiederholung. Im letzten halben Jahr hatte ich auch das Gefühl, dass so richtig Schwung in meine Examensvorbereitung kommt und ich anfange, die Dinge zu verstehen. Mir sind auf einmal Verbindungen zwischen den Rechtsgebieten klar geworden und ich hatte den Eindruck, dass ich richtig viel dazu gelernt habe. Das hat sich auch im Examen gezeigt: Ich war entspannt, weil ich das Gefühl hatte, gut vorbereitet zu sein, während ich vorher gestresst war, weil ich Angst hatte, durchzufallen. Im Probeexamen war ich noch durchgefallen, ein halbes Jahr später hatte ich das Examen mit guten Ergebnissen bestanden.

Würdest du im Nachhinein etwas anders machen?

Im Großen und Ganzen finde ich dieses Drei-Stufenmodell ein sehr gutes Grundkonzept, das sich einfach an die eigenen Bedürfnisse anpassen lässt. Im Nachhinein würde ich aber vielleicht die Phasen nicht so stark trennen, sondern schon in die erste Phase Wiederholungseinheiten einbauen.

Was hast du in deiner Freizeit gemacht?

Eigentlich hatte ich mir vorgenommen, alle acht Wochen in den Urlaub zu fahren, aber das habe ich dann doch nicht gemacht. Ich war trotzdem sehr viel mehr im Urlaub als die anderen, auch mal zwei Wochen am Stück. Das war mir wichtig, um mich zu entspannen und auch einmal wieder von dem hohen Stresslevel runter zu kommen. Ansonsten habe ich viel Sport gemacht und Lesekreise besucht. Die Lesekreise waren zwar auch anstrengend, es war aber schön, auch einmal etwas Interessantes und vor allem etwas anderes als Dogmatik zu lesen.

Maximilian Pichl
Examen im Februar 2014 in Frankfurt am Main
Ergebnis: vollbefriedigend
Vorbereitung: zunächst AG, dann zu zweit

„Ich habe besonders unsere solidarische Selbstorganisation geschätzt."

Max lernte am liebsten nachts. Das kollidierte mit seinen Lerngruppensitzungen. In seiner Lerngruppe fand er aber viel Unterstützung und Verständnis – auch für die während der Examenszeit üblichen Selbstzweifel und Durchfallängste.

Warum hast du dich für eine Examensvorbereitung mit einer Lerngruppe entschieden?

Mein Jurastudium habe ich pragmatisch gestaltet: Ich bin nur in Vorlesungen gegangen, bei denen ich die Dozent*innen gut fand und war nur in Tutorien zu Veranstaltungen, in denen ich eine Klausur oder Hausarbeit geschrieben habe. Bevor ich in die Lernphase für das Erste Staatsexamen gestartet bin, musste ich deshalb feststellen: Von manchen Rechtsgebieten hatte ich nie etwas gehört. Bei den Worten Baurecht, Erbrecht oder Zivilprozessrecht sah ich nur Fragezeichen vor meinen Augen. Auch deshalb war für mich eine selbstorganisierte Lerngruppe das Richtige. Dort konnte ich gemeinsam mit anderen – die ebenfalls vergleichbare Startbedingungen wie ich hatten – einen Lernplan und den Lesestoff zusammenstellen.

Was bei der Selbstorganisation wichtig ist: Man braucht gerade am Anfang sehr viel Zeit. Wir haben sicherlich mehr als drei Monate damit verbracht, uns den Lernstoff grob anzuschauen und in Lerneinheiten zu unterteilen, geeignete Bücher für alle zu finden, den Lernplan aufzuschreiben, unseren Lernraum einzurichten und auch digitale Medien wie eine dropbox für alle transparent aufzubauen. Selbstorganisation braucht Zeit, die aber wertvoll investiert ist: Denn gerade die eigenverantwortliche Zusammenstellung des Lernstoffs hat uns allen die Gesamtsystematik des Rechts veranschaulicht. So konnten wir in die eigentlichen Lernphasen mit dem Gefühl starten, bereits einen groben Überblick über die einzelnen Rechtsgebiete zu haben.

Wie hast du die Lerngruppe erlebt?

Ich habe besonders unsere solidarische Selbstorganisation geschätzt. Wir haben gemeinsam Bücher angeschafft und andere Lernmaterialien frei getauscht. In der Gruppe gab es immer die Möglichkeit, persönliche Probleme mit dem Lernen anzusprechen,

165

wem es mal schlecht ging, der/die wurde vom Rest wieder aufgepäppelt. Gerade diesen Aspekt kann kein kommerzielles Rep ersetzen und ist mitunter wichtiger, als einen Meinungsstreit auswendig zu lernen.

Manchmal kam das Lernen jedoch auch in Konflikt mit meinem persönlichen Lernrhythmus. Das Unirep, in das die anderen zum Teil gingen war meist morgens, und die Lerngruppe am frühen Mittag. In der Examenszeit habe ich aber oft nachts gelernt. Manchmal ging bei mir die Schreibtischlampe erst um 23 Uhr an und wurde um 4 Uhr nachts abgeschaltet. Für mich war das die produktivste Zeit: Wenn alle anderen schlafen, hatte ich auch keine Ablenkung. Umso müder und unproduktiver war ich dann manchmal bei unseren Lerngruppensitzungen. Aber auch auf solche Umstände ist die Lerngruppe gut eingegangen: Man konnte schließlich manchmal einfach nur dabeisitzen und sich anhören, was die anderen zu sagen hatten, ohne selbst anstrengende Gedankenübungen zu vollziehen.

Wie ging es dir während der Vorbereitungsphase?

Die größte Herausforderung für mich war der Kampf mit mir selbst. Ich hatte zwar immer gedacht, dass ich die Examenszeit vergleichbar leicht schultern würde, zu oft hatte ich mich während des Studiums mit anderen kritischen Jurastudierenden über den Notendruck oder die Angst vor dem „Examen" ausgetauscht. Ich dachte deshalb, ich sei reflektiert genug für das Kommende. Doch tatsächlich hat mir die gesamte Examenszeit psychisch sehr große Probleme bereitet. Oft genug habe ich an mir gezweifelt. Die schlimmste Phase war eigentlich nach dem Probeexamen. Zwar hatte ich es knapp bestanden, aber meine Lücken waren doch zu offensichtlich. Meinen angestrebten Examenstermin im Sommer habe ich deswegen schnell aufgegeben. Das war nicht leicht für mich, weil die Mehrheit meiner Lerngruppe an dem Termin festhielt. Mich beschlich ein Gefühl des Scheiterns. Meine Selbstzweifel waren sogar so groß, dass ich ernsthaft mit dem Gedanken spielte, das Examen einfach sein zu lassen. Ich denke, dass sich Lerngruppen mit so einem Problem konfrontieren müssen, dass manche nicht mehr mithalten und das Examen dann nicht mehr gemeinsam bewältigt werden kann.

Für mich war es ein Glück, dass auch ein anderes Mitglied unserer Lerngruppe den Examenstermin verschieben wollte. So blieben wir zu zweit übrig und lernten fortan gemeinsam. Wichtig ist deshalb aus meiner Perspektive auch, einen Plan B zur Lerngruppe in der Tasche zu haben. Die Lernzeit zu zweit war dann wiederum sehr produktiv. Wir haben ein halbes Jahr vor dem Examen nichts anderes mehr gemacht als Fälle durchzuarbeiten. Hierfür haben sich die Unirep-Fälle und Unirep-Klausuren angeboten. Auch wenn wir das Unirep selbst nicht besuchten, konnten wir so von den dortigen Lerninhalten profitieren. In Bücher oder Fachaufsätze haben wir dann geschaut, wenn wir bei einem Fall die Lösung gar nicht verstanden haben. Für die Probeklausuren haben wir uns am Anfang sogar zusammengesetzt und gemeinsam die Lösung besprochen. Ich glaube das gemeinsame Reden über die Fälle und Klausuren hatte einen enormen Lerneffekt: Gespräche setzen sich bei mir viel tiefer im Gedächtnis fest, als wenn ich alleine am Schreibtisch über einem Fall brüte. Wenn ich versucht habe an dogmatische Ansichten zu denken, habe ich oft an die Gespräche mit meinem Lernpartner gedacht und mich dann wieder erinnert.

Hast du noch Tipps für zukünftige Ex-o-Repler*innen?

Zwei Lernerfahrungen waren für mich überdies sehr produktiv: Erstens habe ich während dem letzten halben Jahr jeweils an zwei Wochenenden die Gesetzestexte zweimal komplett durchgelesen. Und zwar nur die Gesetzestexte. Es gibt zwar nichts Ermüdenderes als einen ganzen Tag das BGB und die ZPO durchzublättern. Aber der Vorteil daran ist, dass man hierdurch die Gesamtsystematik des Gesetzes einmal komplett gelesen hat. Außerdem stößt man auf viele unbekanntere Normen, die gerne mal im Examen geprüft werden. Und zweitens habe ich am Ende darauf verzichtet Fachartikel über einzelne dogmatische Probleme zu lesen. Für mich war es viel besser, methodische Fachaufsätze zu lesen, beispielsweise „Wie erstelle ich ein Schema nur auf Grundlage der Norm?". Auch im Examen hat man ja nur den Gesetzestext vor sich. Methodische Aufsätze, wie sie sich zuhauf in der JuS, JA u.a. anderen Zeitschriften finden, konzentrieren sich oft darauf, Wissen über die Lektüre des Gesetzestexts zu vermitteln.

Norina Köslich
Examen August 2015 in Bremen
Ergebnis: befriedigend
Vorbereitung: alleine

„Mein Plan war, mich 'lieber einmal richtig, als länger nur halb' vorzubereiten."

Norina versuchte, ihre Lernzeit wie einen Bürojob mit festen Zeiten zu gestalten. Weil sie in der Bib immer ihre Freund*innen traf, fand sie die Motivation, jeden Tag erneut dort hinzugehen. Ihre Lernpläne stellte sie immer wieder um.

Wieso bist du nicht in ein kommerzielles Rep gegangen?

Das hatte mehrere Gründe. Zum einen finde ich, dass die kommerziellen Reps ziemlich teuer sind. Es sollte meiner Meinung nach möglich sein, sich kostenlos auf die Prüfungen vorzubereiten. Zum anderen hört man immer wieder, dass in kommerziellen Reps die Teilnehmer*innen unter Druck gesetzt werden. Ich befürchtete, dass es dem Lernerfolg eher schadet als hilft, wenn einige Sachen nur erzählt werden, um die Leute im Rep zu behalten (lange Listen mit Urteilen etc). Ich war einmal bei einem kommerziellen Rep zum Probehören und sprach nach dem Unterricht mit dem Repetitor. Dieser riet mir sofort, zwei Monate früher anzufangen, da „man Schuldrecht nie genug lernen kann". Dies bestätigte meine Befürchtung, dass auch bei der Beratung das kommerzielle Interesse eher im Vordergrund steht als echte Bemühungen für die Studierenden. Zudem konnte ich meine Lernziele während des Studiums auch ohne „Druck von außen" erreichen, sodass ich nicht das Gefühl hatte, jemanden zu brauchen, der mich zusätzlich unter Druck setzt.

Wie hast du dein Lernen organisiert?

Ich habe Lernpläne gemacht, die ich aber immer mal wieder umgestellt habe. Man kann nicht immer gleich einschätzen, wie lange man für welches Rechtsgebiet braucht. Allerdings haben mir die Lernpläne trotzdem geholfen, nicht den Überblick über den Stoff zu verlieren. Ich habe in der Regel die großen Rechtsgebiete (Sachenrecht, Strafrecht BT I usw.) schon länger im Voraus nach Monaten unterteilt, die genauen Pläne mit Seitenzahlen usw. dann ein bis zwei Wochen vorher erstellt. Ich hatte keine feste Lerngruppe, ab und zu habe ich mich – vermehrt zum Ende der Vorbereitung – mit einer Freundin getroffen, um gezielt Sachen auswendig zu lernen (Definitionen, Schemata...). Ich habe auch ab und zu das Unirep besucht, hauptsächlich im Strafrecht und Öffentlichen Recht. Der Zivilrechtskurs hat mir nicht so gut gefallen, deswegen war ich nur selten da.

Wie sah Dein Lernalltag aus?

Ich habe meinen Lernalltag zeitlich wie einen normalen Bürojob gestaltet. Zu Beginn habe ich immer mal wieder einen Lerntag ausfallen lassen, um arbeiten zu gehen. Später habe ich nur noch am Wochenende oder am Abend gearbeitet. Ich habe mich bemüht, spätestens um 9 Uhr im Juridicum zu sein, um den Abend frei zu haben. Das hat in der Regel auch geklappt. Ich habe nie zuhause gelernt, sondern immer im Juridicum. Dies hat mir geholfen, die Lernzeit von der Freizeit zu trennen. Auch habe ich – mit Ausnahme der letzten zwei Monate – nicht am Wochenende gelernt.

Bist du in den Klausurenkurs gegangen?

Klausuren habe ich von Anfang an geschrieben. Ich habe auch nie Bücher oder so benutzt. Am Anfang bin ich relativ häufig durchgefallen, was teilweise wirklich frustrierend war – insbesondere wenn man das entsprechende Rechtsgebiet schon wiederholt hatte. Die Klausuren wurden aber in den letzten Monaten besser. Ich habe mir sagen lassen, dass das normal sei, da erst, wenn man viele Rechtsgebiete wiederholt hat, die Noten nach oben gehen. Aber auch zum Ende ist es vorgekommen, dass ich durchgefallen bin. Im richtigen Examen habe ich dann aber trotzdem alle Klausuren bestanden. Ich würde auch anderen Studierenden raten, sich nicht zu sehr von den Noten beeinflussen zu lassen. Es kommt auch immer darauf an, wer korrigiert usw. Wichtig ist eher, dass man regelmäßig Klausuren schreibt und es als persönliche Übung zu sehen. Ein Probeexamen habe ich circa acht Monate vor meinem richtigen Examen geschrieben und knapp bestanden.

Wie hast du es geschafft, dich jeden Morgen erneut zu motivieren, ins Juridicum zu gehen und für das Examen zu lernen?

Geholfen hat auf jeden Fall, dass ich Freunde hatte, die auch (fast) jeden Tag da waren. Wir haben immer zusammen Mittag gegessen und Kaffeepausen gemacht. So war die Examensvorbereitung auch nur halb so schlimm, da man jeden Tag mit guten Freunden verbringen konnte. Die Vorbereitung zuhause wäre mir, glaube ich, wesentlich schwerer gefallen und hätte zu deutlich mehr Unzufriedenheit geführt.

Und du hast nebenbei noch deinen Schwerpunkt gemacht? War das nicht zu stressig?

Ja, ich hatte eineinhalb Jahre Examensvorbereitungszeit, in denen ich auch meinen Schwerpunkt gemacht habe. Die Schwerpunkthausarbeit hat schon sehr abgelenkt. Jedoch würde ich es nochmal genauso machen.

Bist du auch einmal in den Urlaub gefahren? Und hattest du Zeit für Freizeit?

In den Urlaub gefahren bin ich noch regelmäßig, auch in dem letzten halben Jahr vor dem Examen. Ich hatte auch das Gefühl, dass ein bis zwei Wochen außerhalb des Juridicums ganz gut tun.

Da ich nur tagsüber bis max. 18 Uhr gelernt habe, hatte ich am Abend dann auch immer noch Zeit, um Freunde zu treffen oder zum Sport zu gehen. Mir war es wichtig, dass sich nicht alles nur noch um das Examen dreht.

Hast du einen Freischuss gemacht?

Ja, ich habe meinen Freischuss geschrieben. Mein Plan war, mich „lieber einmal richtig, als länger nur halb" vorzubereiten. Für mich persönlich hatte ich nach den 1,5 Jahren Examensvorbereitung auch genug vom Lernen. Daher war für mich klar, dass selbst wenn ich mit den Noten nicht ganz zufrieden bin, ich keinen Verbesserungsversuch schreiben würde. Ich habe nach den Klausuren in einer Kanzlei gearbeitet und festgestellt, dass mir die praktische Arbeit viel mehr Spaß macht. Ich bin dann auch wieder öfter zu juristischen Vorträgen/Diskussionsrunden gegangen. Während der Examensvorbereitung hatte ich dazu nicht mehr so viel Lust. Ich finde es eigentlich sehr schade, dass die Examensvorbereitung so viel Energie in Anspruch nimmt, dass man (oder zumindest ich) außerhalb dessen das Interesse an juristischen Fragestellungen verliert.

Sarah Thomamüller
Examen im Herbst 2015 in Augsburg
Ergebnis: vollbefriedigend
Vorbereitung: alleine

„Allein im fremden Land."

Sarah ist kurz vor Beginn der Examensvorbereitung mit ihrem Freund in ein anderes Bundesland gezogen und hat sich dort ohne juristische Bibliothek ganz alleine auf die Prüfungen vorbereitet. Schon nach kurzer Zeit musste sie ihr Lernkonzept radikal umstellen.

Liebe Sarah, du hattest vor deinem Jurastudium schon Erfahrungen mit der Juristerei?

Ja, ein bisschen. Ich habe nach dem Abi erst einmal eine Ausbildung als NoFa *(Notarfachangestellte, die Autor*innen)* gemacht. Nach einiger Zeit ist mir aber klar geworden, dass das nicht die Herausforderung war, die ich gesucht hatte – und dann habe ich das Jurastudium begonnen.

Und das war dann Herausforderung genug?

Es war schon eine Umstellung vom Arbeitsleben zum Studentendasein, jedoch Herausforderung genug, vor allem weil ich nebenher noch acht Stunden in der Woche in einem Notariat gearbeitet habe. Zu Beginn des Studiums hat mir meine Ausbildung sehr geholfen, sodass mir das Studium eher leicht fiel. Je weiter das Studium fortgeschritten war, umso höher und komplexer wurden dann naturgemäß auch die Anforderungen. Insgesamt hatte ich aber viel Spaß am Studieren und auch am Lernen.

Hattest du „Hass"- und „Lieblingsfächer"? Und was war dein Schwerpunkt?

Ganz klar: Ja. Öffentliches Recht habe ich immer am Liebsten gemacht; da hatte ich auch immer die besten Noten – außer dann im Examen *(lacht)*. Handels- und Gesellschaftsrecht sowie ZPO waren nicht so sehr „meine" Fächer. Kurioserweise war aber auch das dann im Examen anders.

Mein Schwerpunktbereich war „Geistiges Eigentum und Wettbewerbsrecht".

Hast du während des Studiums auch an der Uni gearbeitet?

Also ich hatte keinen Hiwi-Job an einem Lehrstuhl, wenn du das meinst. Aber ich habe nebenbei für die Fachschaft Klausuren korrigiert.

Lass uns zu deiner Examensvorbereitung kommen: Wie bist du das angegangen?

Also, da muss ich ein bisschen ausholen. Ich habe ja an der Uni Augsburg studiert. Ein Jahr vor der Examensvorbereitung hat mein damaliger Freund aber eine Stelle in Recklinghausen in Nordrhein-Westfalen bekommen. Deshalb habe ich mich dazu entschieden, da hinterherzuziehen und die Examensvorbereitung alleine zu machen.

Alleine? In einem anderen Bundesland? In einer Stadt ohne juristische Fakultät oder Bibliothek? Respekt.

Na ja ...*(verlegen)* ...also, natürlich habe ich mir da lange Gedanken drüber gemacht. Dabei bin ich auch auf euer Buch gestoßen. Das Thema „Ex-o-Rep" hat mich dann nicht mehr losgelassen. Zu den Leuten an der Uni hatte ich sowieso nicht so engen Kontakt, da ich aufgrund der Fernbeziehung viel unterwegs war und es auch ... sagen wir „kulturelle Unterschiede" gab, die vielleicht auch von meiner Ausbildung herrührten. Mit Aussagen wie „Oh je, schon um 10 Uhr morgens Vorlesung" konnte ich nicht so viel anfangen. Und: Durch mein Alleine-Lernen konnte ich der gegenseitigen „Panikmache" vor dem Examen entkommen. Das war **der** entscheidende Punkt für mich, das Ganze ohne Rep zu machen; das hat mich während des Studiums vor und nach Klausuren schon immer genervt.

Und wie hast du das dann konkret gemacht? Was für Unterlagen hast du genutzt? Hast du trotzdem Klausurenkurse besucht?

Also ich habe vor allem die Unterlagen des Augsburger Uni-Examinatoriums benutzt; die konnte ich online herunterladen. Daneben habe ich vor allem noch mit Fallbüchern gearbeitet. Klausurenkurse habe ich keine besucht; ich habe vor dem Examen keine einzige Probeklausur geschrieben. Die Zeit, die man zum Klausurenschreiben braucht, kann man meiner Meinung nach mit Lernen und Wiederholen viel sinnvoller nutzen. Dazu muss ich aber auch sagen, dass Klausurschreiben und Zeitmanagement schon im Studium nie ein Problem für mich waren; eigentlich war ich immer früher fertig, auch im Examen dann.

Wow, das klingt ja sehr abgeklärt. Woher hattest du das Selbstbewusstsein, das so zu machen? Und lief das schließlich alles so „glatt"?

Na ja, ich war eben sehr überzeugt davon, dass Ex-o-Rep für mich das Richtige ist. Da konnte mich keiner mehr von abbringen – und das haben durchaus einige versucht *(lacht)*. Aber natürlich lief nicht alles genau so, wie ich mir das vorher vorgestellt hatte. Im Gegenteil hatte ich nach ein paar Monaten ein richtiges „Tief". Ich habe ja im September 2014 mit der Examensvorbereitung begonnen und Weihnachten ging erst mal gar nichts mehr.

Was war da passiert?

Ich hatte mir zu Anfang einen genauen Lernplan gemacht und mir vorgenommen, den Stoff erst einmal selbst zusammenzufassen. Aber das hat wahnsinnig viel Zeit gebraucht und ich bin überhaupt nicht so vorangekommen, wie ich mir das vorgestellt hatte. In der Weihnachtspause hab ich mir dann eingestehen müssen, dass das so nichts bringt; das war nicht so einfach. Und dann habe ich mein Konzept radikal umgeschmissen: Keine Zusammenfassungen mehr, nur noch Fallbücher – und Karteikarten habe ich geschrieben. Die habe ich dann in den letzten zwei Monaten vor dem Examen zum Wiederholen genutzt. Das war ohnehin das „A und O" der Vorbereitung: Das Wiederholen.

Hast du einen Tipp für Leute, die vor der Examensvorbereitung stehen?

Ich glaube ganz wichtig ist zu wissen, wo die eigenen Stärken und Schwächen liegen. Meine Schwächen waren zum Beispiel immer das Auswendiglernen und das „Nicht-Abschalten-Können". Am Anfang meiner Lernphase habe ich kaum Pausen gemacht und mir keine Zeit zum Regenerieren gegönnt. Das habe ich nach dem „Weihnachts-Tief" dann auch anders gemacht. Da habe ich von morgens bis mittags gelernt, dann Pause gemacht und erst am späten Nachmittag wieder angefangen, so bis acht, neun oder auch mal zehn abends, je nachdem. Mittags/nachmittags bin ich raus gegangen, hab' was anderes gemacht; abends war ich mit meinem damaligen Freund oft im Theater. Ich glaube es ist da wichtig, den eigenen Rhythmus zu finden.

A propos dein Freund: Der war ja eine der wenigen Bezugspersonen in der Zeit. War das nicht auch schwierig für euch?

Ehrlich gesagt lief das erstaunlich gut, obwohl ich da vorher auch unsicher war – und auch er dachte wohl, dass es schlimmer wird. Er hat mich in der Zeit sehr unterstützt, auch beim Lernen – zum Beispiel durch das Abfragen von Definitionen.

Auf was hast du in der Examensvorbereitung verzichtet?

Während des Studiums habe ich meinen Nebenjob im Notariat gemacht und im Ensemble der Universität Querflöte gespielt. Das habe ich für die Examensvorbereitung aufgegeben.

Und zu „guter Letzt" gab es dann noch einen ganz schönen Schock?

Das kann man so sagen. Bei der mündlichen Prüfung haben wir am Prüfungstag erfahren, dass zwei der drei Mitglieder unserer Prüfungskommission ausgetauscht worden waren. Das ganze Lernen mit den Protokollen war also völlig umsonst. Im Zivilrecht ging's zu allem Überfluss sogar um Handels- und Gesellschaftsrecht ... zum Glück ist es trotzdem ganz gut gelaufen *(lacht)*.

Stefanie Seliger
Examen im Herbst 2014 in Bayreuth
Ergebnis: gut
Vorbereitung: alleine und Unirep

„Das richtige Lernen kann einem sowieso niemand abnehmen."

Stefanie erarbeitete sich alle ihre Lernunterlagen selbst und beneidete anfangs die vorgefertigten Rep-Unterlagen ihrer Komiliton*innen. Dann stellte sie aber schnell fest, dass sie durch ihr eigenständiges Lernen tiefgehender in den Stoff einstieg und sie sich auf ihre eigenen Unterlagen vollständig verlassen konnte.

Wie kamst du darauf, die Examensvorbereitung ohne kommerzielles Repetitorium zu machen?

In meinem Bekanntenkreis hatte ich einige erfolgreiche Vorbilder, an denen ich mich orientieren konnte und die mir gesagt haben, dass ich das auf jeden Fall auch ohne kommerzielles Rep schaffe. Diese Motivation von außen war wirklich viel wert. Als die Examensvorbereitung für mich näher rückte, wurde an der Uni gerade auch Werbung für das neue Unirep gemacht und es gab eine Veranstaltung, in der verschiedene Wege der Examensvorbereitung ohne kommerzielles Rep vorgestellt wurden. Schließlich hat mich aber natürlich auch motiviert, mir das Geld fürs kommerzielle Rep zu sparen.

Hattest du jemals Zweifel an der Entscheidung?

Ja, schon. In der Phase, in der ich mir selbst noch meine Lernunterlagen erarbeitet habe, habe ich die Leute aus dem kommerziellen Rep mit ihren vorgefertigten Materialien schon etwas beneidet, weil sie bereits mit dem Lernen anfangen konnten und sich diesen Arbeitsschritt erspart hatten. Das wurde bei mir allerdings bald durch die Erkenntnis aufgefangen, dass man sich beim Erarbeiten der Materialien viel tiefgehender mit den Inhalten befasst und sich schließlich auch der Qualität seiner Unterlagen sicher sein kann. Außerdem hatte ich viel Spaß beim Unirep, das ich sehr gut fand. Ruhiger wurde ich auch wieder, als ich im Klausurenkurs mit der Zeit merkte, dass sich Klausurprobleme wiederholen und es folglich einen Kanon an Fragestellungen gibt, den man eben doch irgendwann halbwegs überblicken kann.

Wie bist du dann genau in die Examensvorbereitung eingestiegen? Hattest du einen vorgefertigten Plan für die ganze Zeit? Wie sah deine Lernzeit aus?

Als erstes habe ich mir angeschaut, was genau die Prüfungsordnung verlangt und was ich folglich am Ende können muss. Das war teils hilfreich, teils auch nicht, weil natürlich etwa nicht wirklich klar ist, was „in Grundzügen können" praktisch bedeutet. Aber beruhigt hat es mich schon. Einen richtigen Plan habe ich mir nicht gemacht, sondern ich habe erst einmal – teils auch schon während des Schwerpunkts – ein Jahr lang die Unirep-Kurse besucht und die dort behandelten Themen parallel für mich bearbeitet und meine Lernunterlagen erstellt. Danach hatte ich noch ein gutes halbes Jahr für mich. In der Phase habe ich mir dann meine „Lern-Woche" so unterteilt, dass ich immer jeweils an den gleichen Wochentagen zwei Tage Öffentliches Recht, zwei Tage Zivilrecht und einen Tag Strafrecht gelernt und wiederholt habe. Außerdem habe ich etwa ein Jahr vor dem Examen begonnen, jede Woche den Klausurenkurs der Uni mitzuschreiben, was auch richtig viel gebracht hat.

Mit was für Lernmaterialien hast du gearbeitet?

Im Öffentlichen Recht und im Zivilrecht hatte ich sehr gute Unterlagen aus dem Unirep, die ich dann nur noch bearbeitet oder ergänzt habe, wenn mir woanders ein neues oder abgewandeltes Problem begegnet ist. Ergänzend zu diesen Unterlagen habe ich ab und zu mit Fallbüchern gearbeitet. Im Strafrecht habe ich vor allem mit den Skripten von Jäger (aus der Unirep Jura-Reihe) und dem Beulke-Klausurenkurs gearbeitet.

Mit welcher Methode hast du dann gelernt?

Wichtig fand ich immer, dass ich zu den jeweiligen Themengebieten immer nur eine Quelle habe, mit der ich immer wieder lerne. Den roten Faden hierfür lieferte das Unirep bzw. im Strafrecht die Skripte von Jäger, die ich dann bearbeitet und ergänzt habe. Das Lernen mit den immer gleichen Unterlagen ist natürlich manchmal ein bisschen langweilig, aber ich glaube wirklich, dass das sinnvoll ist. Denn wenn man ständig andere Materialien verwendet, die ja die Problemkreise jeweils etwas unterschiedlich darstellen, speichert man ein konkretes Problem nie so richtig strukturiert für sich selbst ab. Ich habe in der Examensvorbereitung mit meinen Unterlagen den ganzen Stoff mehrmals wiederholt. Bei jedem Durchgang habe ich mir mit dem Bleistift markiert, was ich noch nicht konnte. Die Stellen mit den Kreuzchen habe ich mich dann in der nächsten Woche gezielt noch einmal abgefragt, bis ich meine Bleistiftmarkierung von dem jeweiligen Problem wegradieren konnte, weil ich es verinnerlicht hatte. Wenn ich manchmal keine Lust mehr hatte, mit meinen Unterlagen zu lernen, habe ich dann aber auch aufgehört und mir einen Fall aus einem Fallbuch oder einer Zeitschrift gesucht und den gelöst. Wenn mir dort etwas Neues begegnet ist, habe ich das in meine Materialien übernommen. Am nächsten Tag hatte ich dann wieder mehr Lust auf meine Unterlagen. Da muss man leider irgendwie durch. Gewisse Problemkreise muss man nun einmal beherrschen und insofern irgendwann vor dem Examen mal (auswendig) lernen. Und wenn man dann in einer Klausur merkt, dass das Wissen abrufbar ist, ist das auch wieder motivierend.

Hast du das Unirep komplett besucht?

Die Kurse zum Öffentlichen und Zivilrecht habe ich komplett besucht. Ich hatte Glück, denn in dem Zeitraum meiner Examensvorbereitung haben sich an der Uni

Bayreuth sehr engagierte Leute um das Unirep gekümmert und versucht, ein einheitliches Konzept aufzubauen. Nur in die Strafrechts-Veranstaltung bin ich irgendwann nicht mehr gegangen, weil ich den Dozenten nicht sonderlich mochte und auch die Materialien zur Veranstaltung lieblos, unübersichtlich und teilweise sogar widersprüchlich waren, sodass ich damit nichts anfangen konnte.

Wie und wo hast du gelernt?

In der Phase, in der ich meine Unterlagen erarbeitet habe, war ich überwiegend in der Bibliothek. Dadurch hatte ich schon automatisch einen guten Rhythmus und konnte mit anderen mal eine Pause einlegen oder in die Mensa gehen. Je näher das Examen rückte, umso mehr habe ich dann doch lieber zuhause gelernt, weil ich einfach meine Ruhe brauchte, um mich konzentriert selbst abzufragen.

Hattest du nie überlegt, in einer Lerngruppe zu lernen?

Das hatte sich nicht so wirklich ergeben und ich wusste auch nie so recht, wie man das effizient gestalten könnte. Irgendwie muss man den ganzen Stoff ja letztendlich selbst in den Kopf bekommen und ich habe dann lieber sechs Stunden effizient gelernt und mich danach – mit freiem Kopf – mit meinen Freunden getroffen.

Was hast du denn außer Lernen so gemacht?

Mindestens Samstag Nachmittag und Sonntag habe ich mir immer komplett frei genommen. Gelegentlich bin ich sogar schon Freitag weggefahren und habe Freunde in anderen Städten besucht. Dadurch konnte ich dann auch mal komplett Distanz gewinnen und mich entspannen. Außerdem war ich im Sommer viel Baden am See und Fahrradfahren. Und ich habe auch immer noch Belletristik gelesen.

Hattest du auch mal Tiefs in der Examensvorbereitung?

Ja, doch. Ich hatte eine ziemlich lange Phase, in der ich im Klausurenkurs nicht vorangekommen bin, d. h. in der ich mich nicht weiter verbessert habe. Deswegen hatte ich dann so ein gutes halbes Jahr vor dem Examen schon eine Krise und hab' mich gefragt, ob ich schaffen kann, was ich mir vorgenommen habe. Das ging dann aber glücklicherweise bald vorbei.

Wie ging es dir in der Klausurenphase selbst?

Ich hatte das Glück, dass ich mich gleich vor der ersten Klausur zu einer Gruppe von Bekannten gestellt habe, die fast schon entspannt waren. Dadurch bin ich auch erst gar nicht in Panik geraten. Vor der ersten Klausur konnte ich überraschenderweise auch gut schlafen und sobald ich in der ersten Klausur saß, habe ich gemerkt habe, dass das schon irgendwie geht und ab dann war alles in Ordnung. Ich war in dieser Phase aber überhaupt viel weniger nervös als ich es zuvor erwartet hatte. Da hat sicher die Routine der vielen Probeklausuren geholfen. Außerdem hat es nach der langen Zeit der Examensvorbereitung auch einfach gereicht und ich habe mich gefreut, dass ich dieses Kapitel bald abschließen kann. Und es war natürlich auch sehr beruhigend zu wissen, dass man zur Not noch einen Verbesserungsversuch schreiben kann.

Was würdest du im Nachhinein anders machen?

Man könnte sein Jurastudium generell effizienter gestalten, wenn man sich schon früher eine einheitlichere Lernweise schaffen würde und nicht in der Examensvorbereitung nochmal bei Null anfängt, wie ich das gemacht habe. Im Nachhinein hätte ich einfach schon im Studium bessere und einheitlichere Unterlagen erarbeitet. Und vielleicht hätte ich in der Examensvorbereitungsphase selbst noch ein bisschen gezielter Sport machen sollen, denn das Lernen ist ja auch körperlich anstrengend und man sitzt so viel.

Und was würdest du genauso machen und weiterempfehlen?

Gut war, glaube ich, dass ich mein soziales Leben nicht vernachlässigt habe. Denn ich habe andere gesehen, die immer in der Bibliothek saßen und ich glaube, dass so viel Druck und Stress auf die Dauer nicht gesund ist und insofern ja auch die Gefahr wächst, dass man das aus irgend einem Grund nicht durchhält. Außerdem empfehle ich neben der Teilnahme am Klausurenkurs vor allem die Methode, sich nicht so sehr in einer unübersichtlichen Ansammlung von Materialien zu verlieren, sondern sich auf Unterlagen zu konzentrieren, die man selbst ausarbeitet und weiterentwickelt und mit denen man den Stoff dann immer wieder wiederholt.

Tobias Klarmann
Examen im Februar 2014 in Greifswald
Ergebnis: vollbefriedigend
Vorbereitung: AG

„Ich könnte nicht in einem sterilen und rein professionellen Umfeld lernen."

Tobias hat sich in seiner Lerngruppe „Betreutes Lernen" zusammen mit seinem Mitbewohner und einem anderen guten Freund vorbereitet. Politik gemacht und gelebt hat er auch neben dem Lernen – und nach einem halben Jahr war nach dem Freischuss schon aller Druck weg.

Tobias, deine Zeit der Examensvorbereitung hört sich alles andere als anstrengend an.

Naja, es war schon auch ein großes Glück, dass ich mit den Ergebnissen aus dem Freischuss wusste: Jetzt kann nichts mehr schiefgehen. Aber unabhängig davon glaube ich, dass das Leben nicht aufhört und Interessen und Engagement weiterhin Platz haben, wenn die Lernerei losgeht. Ich war weiterhin im akj in Greifswald aktiv, hab in einer Flüchtlingsberatung mitgemacht, das war mir auch wichtig. Andererseits war das ganze Programm auch schon so getaktet genug: Außer einem Silvesterurlaub und der Fusion gab es keine wirkliche Auszeit.

Warst du mit deiner Art der Vorbereitung und dem Lernen ohne Rep eher ein Exot?

An sich ist eine alternative Examensvorbereitung nicht sonderlich verbreitet in Greifswald. Aber in meinem Freundeskreis und im akj-Umfeld war es schon eher so, dass viele nicht zum Rep gegangen sind, und sich auch nicht eingebunkert haben während der Zeit. Vor allem Peter, mein Mitbewohner und einer meiner Lerngruppenpartner, hat das mehr oder weniger genauso gehandhabt wie ich. Und Hans-Henning, der andere Lerngruppenpartner, hatte während der Zeit ein kleines Kind, und das hat auch gepasst. Naja, und mit dem Workshop von Philip Rusche (*Herausgeber der 3. Auflage, die Autor*innen)* zum Examen ohne Rep vorher hatten wir eine gute und personifizierte Motivation. Ich hab mir dann auch gar kein Rep-Kurs mehr angehört – alles was ich über das Repetitorium weiß, hab ich somit nur aus zweiter Hand, aber das hat mir schon gereicht.

Wie habt ihr eure Lerngruppe organisiert?

Wir haben uns vorher zusammengesetzt, die Prüfungsordnung angeschaut und anhand dessen einen kompletten Lernplan für ein Jahr zusammengestellt – ein Jahr vor allem deshalb, weil wir das Gefühl hatten, dass eine längere Zeit kaum durchzuhalten ist und schon auch die Lebensqualität eine andere ist, wenn das Ganze dann mal wieder vorbei ist. Wir haben 90 Lernsessions festgelegt, und uns dann also zwei- oder dreimal pro Woche getroffen. Das Ganze haben wir auch etwas nach unseren Stärken gewichtet, aber wir wollten alles jedenfalls einmal gemacht haben. Natürlich sind wir zwischendrin auch mal ins Hintertreffen geraten, dann haben wir zusammen auf einer kleinen Hütte eine Intensivlerngruppe über ein paar Tage gemacht.

Und wie sah ansonsten eine solche Lernsession dann jeweils aus?

Jede Lernsession hatte ein Unterthema von einem der drei Rechtsgebiete im Zentrum. Einer von uns hat die Vorbereitung übernommen, da haben wir recht viel Gestaltungsfreiheit gelassen; meist gab es einen oder mehrere Fälle und Fragen zum Thema. Da wir in Potenzen gelernt haben, haben wir zu Beginn jeder Sitzung noch einen Wiederholungsteil gemacht, den dann einer der anderen beiden vorbereitet hat. Das Ganze hat immer etwa vier Stunden gedauert.

Und dass ihr euch gut oder sogar sehr gut kanntet, war kein Problem?

Ganz im Gegenteil: Wir kannten uns schon lange, haben auch schon während des Studiums zusammen gelernt, und da das gut geklappt hat, stand schnell fest, dass wir das auch fürs Examen zusammen durchziehen – eine Art Schicksalsgemeinschaft. Da wir befreundet sind, war die soziale Kontrolle bestimmt noch etwas stärker: Die Hemmschwelle ist sehr hoch, abzusagen; andererseits ist man auch noch einmal etwas flexibler und toleranter, wenn jemand krank ist oder Hans-Henning sich um sein Kind kümmern muss, und wir die Sitzung verschieben müssen.

Und es war nicht zu eng, auch noch mit einem der Lernpartner zusammen zu wohnen?

Ich denke, das kann so oder so sein – bei uns hat es jedenfalls sehr gut geklappt. Klar war das eine intensive Zeit, da wir ja auch politisch viel zusammen gemacht haben; und schon ziemlich nerdig, wenn wir dann abends in der Küche noch über ein zivilrechtliches Problem geredet haben. Aber mir fällt das so leichter, denn vor allem ist dann ja auch immer jemand da, der Verständnis allein deshalb für einen hat, weil er selbst in genau derselben Situation steckt. Ich fände es viel schwieriger, in so einem sterilen und rein professionellen Umfeld zu lernen. Da wir genügend Bücher ausleihen konnten, habe ich daher auch allein meist zuhause oder in meiner Gartenlaube gelernt und war nur selten in der Bib.

Wie und was hast du neben der Lerngruppe gelernt?

Ich hab mir noch einzelne Unikurse angehört. Die waren zu der Zeit in Greifswald nicht sehr umfassend, aber es wurden Fälle besprochen und man konnte Fragen stellen, das war ganz hilfreich. Daneben gab es immer Samstag einen Klausurenkurs und ein Probeexamen. Alles in allem war dann gar nicht mehr viel Zeit zum Alleinlernen bzw. zum Vorbereiten der Lerngruppe – so etwa drei vier Stunden am Tag, länger konnte ich mich dann nicht mehr wirklich konzentrieren.

Gab es denn auch mal schlechte Zeiten während der Vorbereitung?

Nach dem ersten Probeexamen vor dem Freischuss war ich ziemlich geknickt, das ist nicht gut gelaufen und ich hatte erstmal einen Durchhänger. Aber das war letzten Endes nicht so schlimm, denn ich hatte ja auch noch nicht so eine lange Zeit gelernt bis dahin. Und im richtigen Examen lief es dann ja zum Glück auch besser.

Den Lernplan von Tobias' AG findet ihr in Teil 6 auf → S. 195.

Teil 5: „Best Practice" der universitären Examensvorbereitung

Seit der ersten Auflage dieses Buches hat sich im Bereich der universitären Examensvorbereitung einiges getan – manche Fakultäten bieten inzwischen sogar eigene „Rundum Sorglos-Pakete" für die Examensvorbereitung an.

Zwar stehen die Autor*innen dieses Buches – wie bei der Lektüre deutlich geworden sein dürfte – jeglicher „vorgefertigter" Art der Examensvorbereitung tendenziell skeptisch gegenüber, weil diese mit dem hier verfolgten Ansatz einer selbstbestimmten Examensvorbereitung oft nur schwer vereinbar ist. Zudem sind die Uni-Reps teilweise in ihrer Machart den Einpauk-Konzepten kommerzieller Sorte erschreckend ähnlich. Allerdings gibt es auch erfreuliche Beispiele und Fakultäten, die sich mit vielschichtigen Angeboten erfolgreich darum bemühen, ihren Anteil zu einer selbstbestimmten und erfolgreichen Examensvorbereitung beizutragen. Sie sollen in diesem Teil des Buches vorgestellt werden – um sie zu würdigen, um Studierenden, die vor der Examensvorbereitung über einen Uni-Wechsel nachdenken, als Entscheidungshilfe zur Verfügung zu stehen und um dort, wo an Fakultäten noch Ergänzungsbedarf besteht, als Ideen- und Anregungssammlung zu dienen, was am eigenen Angebot noch verbessert werden könnte.

Solche Änderungen geschehen allerdings nicht von alleine – und da dieses Buch wohl vornehmlich von Studierenden gelesen werden wird, liegt es auch an euch, diese Anregungen weiterzutragen und Verbesserungen der Examensvorbereitung von eurer Fakultät einzufordern. Wenn ihr also feststellt, dass vieles von dem, was hier als „Best Practice" beschrieben wird, an eurer Fakultät (noch) nicht angeboten wird, dann ist es vielleicht an der Zeit, die entsprechenden Seiten dieses Buches auf einen Kopierer zu legen und mit den Kopien zur Fachschaft, euren Fakultätsratsvertreter*innen oder ins Studiendekanat zu gehen. Oder vielleicht gibt es an eurer Fakultät engagierte Dozent*innen, die sich besonders für die Examensvorbereitung einsetzen? Jedenfalls: Konfrontiert eure Fakultät mit eurer im besten Sinne des Wortes konstruktiven Kritik. Ihr habt ein Anrecht auf eine gute universitäre Examensvorbereitung.

Die hier verwendeten Daten und Einschätzungen basieren auf eigener Recherche der Autor*innen sowie auf den Rückmeldungen, die wir von den juristischen Fakultäten erhalten haben. Eine tabellarische Übersicht über die Examensvorbereitungsangebote der verschiedenen Fakultäten findet sich am Ende dieses Teils.

A. „Best Practice"-Beispiele

1. Ex-o-Rep-Workshops

Meist von Fachschaften oder Studierendengruppen wie dem akj (arbeitskreis kritischer juristinnen und juristen) ins Leben gerufen, zunehmend aber auch zu Beginn des Uni-Reps stattfindend, sind Ex-o-Rep-Workshops für viele *die* Entscheidungshilfe schlechthin, wenn es um die Frage „Examen mit oder ohne Kommerz-Rep?" geht. Im Rahmen solcher Workshops wird, zumeist von Ex-o-Repler*innen früherer Examensgenerationen aus dem Mittelbau oder von Referendar*innen, zunächst das Konzept „Examen ohne Repetitor" vorgestellt. Anschließend berichten oftmals frisch examinierte Ex-o-Repler*innen von ihren Erfahrungen und Vorbereitungskonzepten. Abgerundet werden die Veranstaltungen durch Workshopelemente, die sich mit der Erstellung von Lernplänen oder der Simulation von AG-Sitzungen befassen.

Eine Universität, an der solche Workshops in großer Kontinuität, und inzwischen auch offiziell von der Fakultät unterstützt, seit mehreren Jahren durchgeführt werden, ist die Uni Freiburg. Kontakt zur dortigen Fachschaft gibt es über deren Homepage unter http://www.jura.uni-freiburg.de/fachschaft/examen, wo sich auch Workshop-Materialien zum Herunterladen finden. An der Uni Bonn beginnt der Examenskurs in der Woche vor dem Beginn des Wintersemesters mit verschiedenen Workshops zur Lern- und Selbstorganisation sowie zum Zeit- und Stressmanagement. Workshops zur Examensvorbereitung ohne kommerzielle Reps existieren zudem u.a. an den Fakultäten der HU Berlin, Bremen, Erlangen, Göttingen, Hamburg (Uni), Hamburg (BLS), Konstanz, Osnabrück, Passau und Trier.

2. Unterstützung von Arbeitsgruppen

Einige Fakultäten bieten mittlerweile zudem gezielt Unterstützung für die von den meisten Ex-o-Repler*innen bevorzugte Arbeitsform – die AG – an. Diese reicht von der Förderung der Lernpartner*innensuche über spezielle Raumangebote bis hin zu Foren oder Stammtischen zum gegenseitigen Erfahrungsaustausch.

a) AG-Findung

Ein Ex-o-Rep-Projekt „mit AG" steht und fällt oft mit dem Finden von Gleichgesinnten (→ siehe S. 47 in Teil 2) für eine Arbeitsgemeinschaft. Da dies angesichts der Anonymität eines Massenstudiengangs und der zunehmenden Unübersichtlichkeit des juristischen Studiums (Schwerpunktbereiche, Auslandsaufenthalte...) nicht immer einfach ist, sind Unterstützungsangebote der Fakultät hier Gold wert. Solche Unterstützung kann bei „AG-Börsen" anfangen und mit anderen Angeboten, etwa Ex-o-Rep-Workshops, Examens-Informationsveranstaltungen oder Stammtischen kombiniert werden.

So helfen z.B. die Fachbereiche der Uni Freiburg, Heidelberg, Gießen, Marburg sowie Würzburg bei der AG-Suche und unterstützen AGs bei der Examensvorbereitung, u.a. indem sie Räumlichkeiten oder Klausurfälle zur Verfügung stellen. Die juristische Fakultät in Freiburg bietet beispielsweise eine Lerngruppen-Vermittlung über ein Online-Formular an: Man füllt ein Online-Formular mit verschiedenen mehr oder weniger vorbereitungsrelevanten Informationen aus (gewünschter Examenstermin, Anzahl der Treffen pro Woche, angestrebtes Ergebnis usw.) und erhält dann eine Kontaktliste von potentiell Gleichgesinnten (vgl. http://www.jura.uni-freiburg.de/ex_o_rep/lerngruppen). Die Heidelberger Fakultät bietet ein Coaching durch erfahrene Assistent*innen für die private AG an und auch an der Uni Würzburg existiert eine „Kleingruppen-Betreuung", die sich über mehrere Termine erstreckt.

b) AG-Räume

Eigentlich eine Grundvoraussetzung für angemessene Lernbedingungen an der Uni und dennoch an den meisten rechtswissenschaftlichen Fakultäten Mangelware sind Arbeitsgruppen-Räume. Wo sich solche nicht in guten Universitätsbibliotheken finden (und, für eine verlässliche Planung notwendig, auch reservieren) lassen, ist man als AG auf der Suche nach geschützten Arbeitsräumen oft aufgeschmissen und auf private Räume (mit all ihren Nachteilen, → vgl. S. 63 in Teil 2) angewiesen. Aber auch hier können Universitäten nachhelfen: beispielsweise, indem sie Hörsäle und Übungsräume zur Verfügung stellen, die in den Semesterferien nicht belegt sind – oder auch während des Semesters abends, freitags nachmittags oder am Wochenende. Entweder sieht die Universitätsverwaltung eine solche Raumvergabe an Studierende ohnehin vor oder die rechtswissenschaftliche Fakultät kann ihre Examenskandidat*innen hier unterstützen. Unter anderem die Fakultäten Bremen, Erlangen, Freiburg und Heidelberg halten eine Reihe von Räumen speziell für Ex-o-Rep-Gruppen zur selbständigen Belegung vor. Die Möglichkeit, Räume zu reservieren, gibt es beispielsweise in Augsburg, Bayreuth, an der HU Berlin, in Bochum, Düsseldorf, Frankfurt (Oder), Frankfurt am Main, Halle, Hannover und Passau.

c) Foren/Stammtische: Austausch unter Examenskandidat*innen

Gerade wenn man sich „off the beaten track" auf den Weg zum Staatsexamen macht, ist der Austausch mit anderen Examenskandidat*innen, insbesondere mit Gleichgesinnten, wichtig. Immerhin wird man, auch wenn man in einer AG und damit nicht ganz alleine arbeitet, immer wieder auf Fragen und Schwierigkeiten treffen, die man am besten im Gespräch mit anderen löst.

Haben die Rep-Besucher*innen ihre peer group quasi „mitgebucht", so sind Ex-o-Repler*innen oft schon allein wegen ihrer zahlenmäßigen Unterlegenheit auf eine mehr oder weniger organisierte Vernetzung angewiesen. Sehr hilfreich für den Erfahrungsaustausch können hier Ex-o-Rep-Foren auf der Homepage der Fakultät oder der Fachschaft oder – mit höherem Aufwand, aber dafür einem Mehr an Zwischenmenschlichkeit verbunden – Ex-o-Rep-Stammtische sein, bei denen sich Ex-o-Repler*innen in oder auch – z. B. im Falle von Uni-Angestellten – nach Abschluss der Examensvorbereitung treffen können. Eingerichtet ist ein solches Konzept als Online-Forum in Köln, Marburg und Potsdam.

3. Klausurenkurse und „Klausurenkliniken"

Den „Klassiker" der universitären Examensvorbereitung schlechthin, der auch von allen Fakultäten angeboten wird, stellen die Klausurenkurse dar: Meist am Freitag- oder am Samstagvormittag werden den Examenskandidat*innen hier Klausuren auf Examensniveau, teils auch in Form von Original-Examensklausuren, angeboten und diese im Anschluss – mit mehr oder weniger hoher Qualität – korrigiert und besprochen. Viele Fakultäten sind inzwischen so weit, dieses Angebot nicht nur während des Semesters, sondern auch während der Semesterferien aufrechtzuerhalten. Die Klausurenkurse sind überwiegend kostenlos. Leider hat die HU Berlin damit begonnen, dieses wichtige Vorbereitungselement hinsichtlich der Korrektur nur noch kostenpflichtig anzubieten und damit eine gute Examensvorbereitung stärker als bisher vom eigenen Geldbeutel abhängig zu machen.

Einige Fakultäten, so z. B. die Uni Erlangen-Nürnberg, Würzburg, Freiburg, Bielefeld, Gießen, die FU Berlin sowie die Universität Frankfurt am Main, bieten inzwischen im Rahmen von „Klausur-Kliniken" auch die individuelle Besprechung von Klausuren an, um individuelle Stärken und Schwächen diskutieren zu können. In Frankfurt am Main gibt es zudem die neue Veranstaltungsreihe „Das Pflichtfachexamen aus Prüfersicht", bei der Prüfer*innen über ihre Korrekturerfahrungen berichten und Hinweise zu Bewertungskriterien sowie zu typischen Fehlern geben. Osnabrück bietet nicht nur ein Fallkolloquium zu Examensklausuren an, in dem ebenso auf typische Fehler eingegangen wird, sondern unterstützt Examenskandidat*innen durch eine Lernwerkstatt auch beim richtigen Verfassen von Klausuren. Erlangen-Nürnberg bietet im Rahmen der Klausurenklinik eine Lerntechnikberatung an. Augsburg kombiniert in einem Drei-Säulen-Klausurenmodell einen ganzjährigen Klausurenkurs, ein Klausurentraining, das anhand originaler Examensklausuren die Grundlagen eines effektiven Klausurlösens vermitteln soll, mit einer individuelle Klausurensprechstunde. In Letzterer können mit den Mitarbeiter*innen des Examinatoriums Examensstrategien, Lernpläne und Lernkonzepte erstellt werden.

4. Probeexamen

Eine ergänzende Weiterentwicklung des Klausurenkurses stellt das Angebot von „Probeexamina" dar: Meist einmal pro Semester werden hier innerhalb von ein oder zwei Wochen Probeexamensklausuren in allen drei Rechtsgebieten angeboten, um die Zusatzbelastung, die durch das Schreiben mehrerer Examensklausuren innerhalb weniger Tage entsteht, erfahren und testen zu können. Auch diese Klausuren werden gewöhnlich korrigiert und besprochen; teilweise – wie z. B. an den Würzburger und Heidelberger Fakultäten – auch „auf Examensniveau" aufgrund der Verwendung der Originalklausuren des Vorjahres. In Heidelberg kann zudem beantragt werden, dass Probeexamensklausuren durch Prüfer*innen der Ersten Prüfung korrigiert und mit einem entsprechenden Votum versehen werden. In Bochum werden alle Klausuren im Probeexamen von JPA-Prüfer*innen korrigiert und besprochen.

5. Simulation mündlicher Prüfungen

Ein Angebot, das sich inzwischen an mehreren Fakultäten findet und angesichts der systematischen Unterbelichtung von Rhetorik und mündlichem Ausdrucksvermögen im juristischen Studium sehr sinnvoll erscheint, ist die Simulation mündlicher Prüfungen. In unterschiedlichen Formen ausgestaltet finden hier entweder „vollständige" mündliche Prüfungen in allen Fachbereichen oder Prüfungssimulationen nur für ein bestimmtes Rechtsgebiet statt. An die Simulation der Prüfung schließt sich eine Besprechung und manchmal auch eine Bewertung des Prüfungsgesprächs an. Beispielsweise an den Universitäten Göttingen, Augsburg und Heidelberg wird dies seit einiger Zeit erfolgreich durchgeführt. In Frankfurt am Main und Würzburg leiten diese Simulationen zum Teil Prüfer*innen des JPA.

6. Wiederholungs- und Vertiefungskurse

Wiederholungs- und Vertiefungskurse – auf liebevoll-canine Weise meist „WuV"-Kurse abgekürzt – stellen neben den Klausurenkursen das traditionelle Rückgrat der universitären Examensvorbereitung dar. Das WuV-Konzept setzt bereits ein gewisses Niveau an Wissen voraus und behandelt den Stoff – wie der Name schon sagt – in wiederholender und im Vergleich zum Hauptstudium vertiefender Weise, zumeist anhand von komplexen Fallbesprechungen. In Anlehnung an die privaten Repetitorien werden diese WuV-Veranstaltungen zum Teil auch als Uni-Rep bezeichnet. Wie auch immer die Bezeichnung sein mag, so kommt es uns auf die Unterscheidung zweier Vorbereitungskonzepte an. Entweder bieten Fakultäten eine vertiefenden Stoffvermittlung anhand von komplexen Fallkonstellationen an, dieses Vorbereitungskonzept nennen wir WuV-Kurse, oder sie zielen auf eine erneute Stoffvermittlung in Form von Kurzvorlesungen, die dem privaten Rep-Modell folgen, dieses Angebot bezeichnen wir in der folgenden tabellarischen Übersicht mit Uni-Rep. In den in Teil 4 abgedruckten Interviews haben wir diese analytische Trennung nicht verfolgt, vielmehr wurden die Begrifflichkeiten der interviewten Personen verwendet.

Das WuV-Konzept hat einerseits große Vorteile: Aufgrund des Niveaus, der meist sehr hohen Aktualität und der Interaktivität dieser Veranstaltungen kann man hier gegenüber dem (Uni-)Rep und Lehrbüchern ein tatsächliches „Mehr" mitnehmen, das man sich auch als sehr engagierte Lerngruppe kaum erarbeiten kann. Gleichzeitig können solche Veranstaltungen wunderbar zum „Testen" des selbst erarbeiteten Wissens mit unmittelbarer Rückmeldung der Dozent*innen dienen. Andererseits sind WuV-Kurse fast schon notwendig elitär und entfalten für die Beteiligten nur bei relativ geringer Besucher*innenzahl ihr volles Potential – sie sind kein Ersatz für eine Lerngruppe oder das Erarbeiten von Grundlagenwissen am Schreibtisch und richten sich konzeptionell eher an die Examenskandidat*innen mit mehr Vorwissen; nicht selten wird dies seitens der Dozierenden sogar ausdrücklich formuliert. Sind WuV-Kurse als *Teilstück* einer universitären Examensvorbereitung also bereichernd und wichtig, so muss die Universität dennoch die gesamte Breite ihrer Studierenden im Auge haben und Angebote schaffen, die allen Studierenden eine universitäre Examensvorbereitung ermöglichen – sie darf sich nicht mit dem Verweis aus der Affäre ziehen, das „untere Drittel" gehe ja ohnehin zum Rep und sei da auch richtig aufgehoben. Umfassende Beratungsangebote und die Unterstützung einer Lerngruppenkultur wären hier neben dem Angebot niedrigschwelligerer Lehrveranstaltungen zu Beginn der Examensvorbereitung, beispielsweise durch eine „Vorbereitung auf die Examensvorbereitung", wie sie in Würzburg in den Semesterferien angeboten wird, eine Herangehensweise, die den Universitäten besser zu Gesicht stünde. So bietet beispielsweise Bremen grundsätzlich ein Uni-Rep an, das aber durch ein „Propädeutikum" sowie Wiederholungs- und Vertiefungskurse im letzten Vorbereitungssemester ergänzt wird.

7. Original-Examensklausuren

Eine Veranstaltungsform, die wie kaum eine andere in der Lage ist, Examensangst entgegenzuwirken, sind universitäre Fallrepetitorien, bei denen Original-Examensklausuren aus vergangenen Examensterminen anhand überarbeiteter Original-Lösungsskizzen besprochen werden. Der Charme dieser Examenskurse ist der Umgang mit „echten" Klausuren und deren Besprechung anhand des tatsächlichen Erwartungshorizonts. So können Unsicherheiten vor „dem großen Unbekannten" des Staatsexamens abgebaut werden. Gleichzeitig handelt es sich hierbei um eine Veranstaltung, die tatsächlich nur an den Universitäten angeboten werden kann: Denn nur Universitätsprofessor*innen erhalten bislang Zugriff auf die Originalexamensklausuren. Leider ist diese Form der universitären Examensvorbereitung noch nicht sehr verbreitet – wir wissen beispielsweise von den Universitäten Tübingen und Freiburg. An anderen Fakultäten werden im Probeexamen oder im Examensklausurenkurs alte „Original-Klausuren" gestellt.

8. Examensberatung/Ansprechpartner*innen

Viele Fakultäten bieten inzwischen examensbezogene Studienberatung, teilweise sogar spezielle Ex-o-Rep-Beratung an und benennen (rechtsgebietsbezogene) Ansprechpartner*innen für die Examensvorbereitung. Ein Angebot, das eigentlich selbstverständlich sein sollte – es aber an zu vielen Fakultäten noch nicht ist. Erfreuliche Vorreiterinnen sind beispielsweise die Fakultäten in Göttingen, Heidelberg, Freiburg, Würzburg und

Frankfurt am Main; in jüngerer Zeit haben mehrere andere Fakultäten nachgezogen, auch wenn spezifische Ex-o-Rep-Beratung immer noch die Ausnahme bleibt.

9. Online-Angebote/Lernplattformen

Hinzu kommen an verschiedenen Fakultäten inzwischen immer umfassendere Online-Angebote. Diese stellen nicht nur Kurs- und Klausurmaterialien zur Verfügung, sondern dienen auch einerseits als Anlauf- und Beratungsstelle für Studierende und andererseits der Vernetzung unter den Studierenden selbst. Auch werden hier teilweise „e-learning"-Methoden erprobt, die von der Online-Abgabe von Klausurlösungsskizzen über kooperativ gestaltete „Problem-Wikis" bis hin zu Online-Wiederholungsmodulen reichen. Ein beeindruckendes Beispiel ist in diesem Zusammenhang die Fakultät Münster, die in Kooperation mit den Unis Bielefeld, Bochum und Frankfurt/Oder den Studierenden ein umfangreiches Online-Angebot (u.a. kursbegleitende Unterlagen, Skripten, aufbereitete Klausuren, Vorträge und Zeitschriftenauswertungen zum Überblick über examensrelevante Aufsätze und Rechtsprechung) unter http://www.unirep-o nline.de zur Verfügung stellt. Die Fakultät Frankfurt am Main stellt Vorschläge für 4-Monats-Lernpläne für alle Rechtsgebiete online und hat damit begonnen, die Veranstaltungen der universitären Examensvorbereitung für das Strafrecht auch als Videostream anzubieten.

10. (Lern)Psychologische Beratung

Erfreulich ist es, wenn Fakultäten ihren Studierenden (lern)psychologische Beratung anbieten. Die Nachfrage nach solchen Beratungsangeboten ist jedenfalls dann, wenn diese über reine „Lerntipps" hinausgehen, auf der einen Seite zwar ein deutliches Zeichen für den teilweise unmenschlichen Stress, dem sich viele Studierende in der Examensvorbereitung ausgesetzt sehen. Auf der anderen Seite zeigen Fakultäten, die solche Angebote vorsehen, wenigstens, dass sie diese Auswirkungen wahr- und die Sorgen und Ängste ihrer Studierenden ernstnehmen. Ein Beispiel, das Schule machen sollte – um Studierenden ganz konkret zu helfen, aber auch um der Privatisierung und Pathologisierung von Examensangst entgegenzutreten. Ein solches Angebot lässt sich auch gut in die sonstige Examensberatung integrieren: An der Fakultät Frankfurt am Main sollen z. B. zukünftig Workshops von Diplompsycholog*innen nicht nur zu Lerntechniken und Motivationsstrategien, sondern auch zum Umgang mit Prüfungsangst angeboten werden. In Augsburg wird eine prüfungspsychologische Beratung im Kurs „Der Prüfer und sein Kandidat" angeboten und auch in Bochum wird im Rahmen der Wiederholer*innenkurse über Prüfungsangst gesprochen. Die Fakultät Hamburg bietet Stressmanagementkurse an. Bei dieser Kursvielfalt darf allerdings die individuelle (und damit: die Privatsphäre achtende) Beratung nicht aus den Augen verloren werden. Wenn auch nicht speziell auf das Jurastudium abgestimmt, so bieten doch fast alle Universitäten eine allgemeine psychologische Beratung an, an die sich auch Examenskandidat*innen bei Prüfungsangst und Examensstress wenden können.

B. Überblick über die Examensvorbereitungsangebote der rechtswissenschaftlichen Fakultäten

Tabellarischer Überblick (23.05.2016)

Uni	WuV/Uni-Rep	Klausurenkurs	Klausurenklinik/Schreibwerkstatt	Probeexamen	Mündl. Prüfungssimul.	Original-Examensklausuren	Workshops	AG-Vermittlung	AG-Raumvergabe	Forum/Stammtisch	Examensberatung
Augsburg	Uni-Rep[1]	ja[2]	ja	2/Jahr	ja[3]	ja	ja[4]	nein	ja	nein	ja
Bayreuth	Uni-Rep[5]	ja	nein	2/Jahr	ja	teilw. im Klausurenkurs & im Uni-Rep	nein	nein	ja	nein	ja
Berlin (FU)	Uni-Rep	ja	ja[6]	nein	ja[7]	ja	nein	nein	nein	nein	ja
Berlin (HU)	Uni-Rep	ja	nein	2/Jahr	ja	ja	ja	nein	ja	nein	ja
Bielefeld	Uni-Rep[8]	ja	ja	2/Jahr	ja	ja	ja[9]	nein	nein	nein	ja
Bochum	WuV[10]	ja[11]	(ja)[12]	1/Jahr[13]	ja[14]	im Klausurenkurs[15]	ja[16]	ja	ja	nein	ja
Bonn	Uni-Rep[17]	ja[18]	nein	2/Jahr	ja[19]	ja[20]	ja[21]	nein	nein	nein	ja[22]
Bremen	Uni-Rep[23]	ja	nein	1/Jahr	ja	nein	ja[24]	nein	ja[25]	(ja)[26]	ja[27]
Düsseldorf	Uni-Rep	ja	ja	ja	ja	im Uni-Rep	ja[28]	ja	ja	nein	ja
Erlangen/Nürnberg	Uni-Rep	ja	ja	2/Jahr	ja	ja[29]	ja	ja[30]	ja[31]	nein	ja[32]
Frankfurt (Oder)	WuV[33]	ja	in Planung[34]	2/Jahr	ja[35]	ja	ja[36]	ja	ja	nein	ja

Uni	WuV/Uni-Rep	Klausurenkurs	Klausurenklinik/Schreibwerkstatt	Probeexamen	Mündl. Prüfungssimul.	Original-Examensklausuren	Workshops	AG-Vermittlung	AG-Raumvergabe	Forum/Stammtisch	Examensberatung
Frankfurt a.M.	WuV[37]	ja	ja	1/Jahr	ja	ja	ja[38]	in Planung	ja	nein	ja
Freiburg	WuV[39]	ja	ja	2/Jahr	nein	im Zivilrecht	ja[40]	ja	ja	nein	ja
Gießen	Uni-Rep[41]	ja	ja	2/Jahr	ja	ja	ja[42]	ja	ja	nein	ja
Göttingen	Uni-Rep	ja	nein	2/Jahr	ja	ja, teilweise	ja[43]	ja	ja	nein	ja
Greifswald	Uni-Rep	ja	nein	2/Jahr	nein	nein	nein	nein	nein	nein	nein
Halle	Uni-Rep	ja	nein	nein	nein	großteils im Klausurenkurs	nein	nein	ja	nein	ja[44]
Hamburg	WuV	ja	ja	2/Jahr	ja	ja[45]	ja	nein	ja	nein	ja
Hamburg (BLS)	WuV[46]	ja	ja	2/Jahr	ja	im Probeexamen	ja	ja	ja	nein	ja
Hannover	Uni-Rep[47]	ja[48]	ja	2/Jahr	ja	ja	ja[49]	(ja)[50]	ja	nein	ja[51]
Heidelberg	Uni-Rep/WuV[52]	ja[53]	ja	2/Jahr[54]	ja – 2/Jahr	ja	nein	ja[55]	ja	nein	ja[56]
Jena	Uni-Rep	ja	nein	2/Jahr	ja	ja	nein	nein	nein	nein	nein
Kiel	WuV	ja	nein	2/Jahr	ja[57]	nein	nein	nein	nein	nein	nein

Uni	WuV/Uni-Rep	Klausurenkurs	Klausurenklinik/Schreibwerkstatt	Probeexamen	Mündl. Prüfungssimul.	Original-Examensklausuren	Workshops	AG-Vermittlung	AG-Raumvergabe	Forum/Stammtisch	Examensberatung
Köln	Uni-Rep/WuV[58]	Ja[59]	nein	2/Jahr	ja[60]	im Klausurenkurs & Probeexamen	ja	ja	nein	ja[61]	ja
Konstanz	Uni-Rep	ja[62]	ja	2/Jahr	ja[63]	ja	ja[64]	nein	nein	nein	ja
Leipzig	Uni-Rep	ja		2/Jahr	ja	im Probeexamen	nein	nein	nein	nein	nein
Mainz	WuV	ja	nein	2/Jahr	ja	ja	nein	nein	nein	nein	ja
Mannheim	Uni-Rep	ja	nein	2/Jahr	ja[65]	im Klausurenkurs	nein	nein	nein	nein	ja
Marburg	Uni-Rep	ja	nein	2/Jahr	ja[66]	im Probeexamen	nein	ja	(ja)[67]	ja[68]	ja[69]
München	WuV[70]	ja[71]	ja	2/Jahr	ja	im Klausurenkurs	ja[72]	ja	nein	nein	ja
Münster	Uni-Rep[73]	ja[74]	in Planung	nein	ja[75]	ja	nein	ja	nein	nein	nein
Osnabrück	Uni-Rep	ja	ja	2/Jahr[76]	ja	im Probeexamen	ja	ja	nein	nein	ja
Passau	Uni-Rep[77]	ja[78]	ja	2/Jahr	ja – 2/Jahr	teilw. im Uni-Rep, überwiegend im Probeexamen	ja	ja	ja	nein	ja[79]

Uni	WuV/ Uni-Rep	Klausuren-kurs	Klausuren-klinik/ Schreib-werkstatt	Probe-examen	Mündl. Prüfungs-simul.	Original-Examens-klausuren	Work-shops	AG-Ver-mittlung	AG-Raum-vergabe	Forum/ Stamm-tisch	Examens-beratung
Potsdam	Uni-Rep	ja	nein	ja	ja	im Probeex-amen	nein	nein	nein	Forum	nein
Regensburg	Uni-Rep	ja	ja	2/Jahr	ja	ja	nein	nein	nein	nein	ja
Rostock	Uni-Rep[80]	ja		nein	nein	nein	nein	nein	nein	nein	nein
Saarbrücken	Uni-Rep & WuV	ja		nein	ja	ja	nein	nein	ja	nein	nein
Trier	Uni-Rep[81]	ja	ja[82]	2/Jahr	in Vorbe-reitung	im Klausu-renkurs	ja	nein	nein	ja[82]	ja[82]
Tübingen	Uni-Rep[83]	ja[84]	ja	2/Jahr	ja	ja	nein	in Pla-nung	in Planung	nein	ja
Wiesbaden	Uni-Rep	ja	ja	1/Jahr	ja	ja, teilw. im Klausuren-kurs	nein	ja	nein	nein	ja
Würzburg	Uni-Rep[85]	ja	ja	2/Jahr	ja	ja	ja[86]	ja	ja	nein	ja

1. Der Hauptkurs wird durch Professor*innen, Richter*innen und erfahrene Praktiker*innen geleitet; Behandlung aller Rechtsgebiete in 11 Monaten. In den Vertiefungskursen vermitteln und vertiefen wissenschaftliche Mitarbeiter*innen einzelne Rechtsgebiete kompakt in verblockten Veranstaltungen. Zusätzlich wird prüfungsrelevante Rechtsprechung von Professor*innen im Vertiefungskurs „Aktuelle Rechtsprechung" näher gebracht; der Kurs dient insbesondere zur Vorbereitung auf die mündlichen Staatsprüfungen.

2. Drei-Säulen-Klausurenmodell bestehend aus (1) Klausurenkurs: Klausurbesprechung (orig. Examensfälle) durch Professor*innen, Richter*innen, erfahrene Praktiker*innen und erfahrene wissenschaftliche Mitarbeiter*innen; Korrektur durch erfahrene Praktiker*innen, ganzjährig durchlaufend, (2) Klausurentraining: Grundlagen des effektiven Klausurlösens werden anhand besonders geeigneter originaler Examensaufgaben vermittelt, Gliederung und Besprechung mit Fokus auf Systematik und Grundstrukturen im direkten Anschluss, wöchentlich im Semester und (3) individuelle Klausuren-

sprechstunde/Examensstrategie: Individuelle Analyse von eingereichten Klausuren durch wissenschaftliche Mitarbeiter*innen des Examinatoriums; Erarbeitung von Examensstrategien, Lernplänen und -konzepten; 16 Termine im Semester.

3. Zusätzlich zum Feedback durch die prüfenden Professor*innen haben Teilnehmer*innen die Möglichkeit, ihre Fähigkeiten anhand von Videoaufzeichnungen selbst zu sehen.

4. Prüfungsvorbereitungskurs „Der Prüfer und sein Kandidat": allgemeine Vorbereitung auf die schriftliche und mündliche Staatsprüfung durch Prüfer*innen des Ersten Staatsexamens.

5. Ergänzt durch zweiwöchige Crash-Kurse.

6. Individuelle Klausurenberatung: Durchsicht von Probeklausuren und Besprechung der häufigsten Fehler.

7. Zurverfügungstellen von Originalaktenvorträgen.

8. Inkl. eines „Repetenten-Kurses" für Prüfungswiederholer*innen.

9. Zu Beginn des Semesters gibt es eine Informationsveranstaltung zum Uni-Rep; das Uni-Rep wird ergänzt durch Seminare zur Klausurtechnik (Einsteigerniveau und Fortgeschrittenenniveau) und ein Seminar zur Vortragstechnik in der mündlichen Prüfung.

10. Ergänzt um eine E-Learning-Plattform („Online-Rep") sowie durch „Wiederholer-Kurse" für Prüfungswiederholer*innen.

11. Die Klausuren werden ohne Pause durchgängig als Präsenz- und als Heimklausuren angeboten.

12. Das Angebot der „Klausurenlehre aus 1. Hand" dient auch der individuellen Klausurberatung; in den sog. Wiederholer*innenkursen, in denen hauptsächlich psychologische Beratung angeboten wird, findet schwerpunktmäßig auch eine individuelle Beratung im Hinblick auf die Klausuren der Ersten Prüfung statt.

13. Korrekturen und Besprechung der Klausuren durch JPA-Prüfer*innen.

14. Ergänzt durch wöchentliche Rhetorikkompetenzkurse; zusätzliche Kurse auch nach Vereinbarung (max. 5 Teilnehmer*innen pro Kurs, auf Wunsch Individualunterricht); Prüfungssimulationen finden mindestens einmal im Monat, häufig jedoch alle zwei bis drei Wochen statt.

15. Ergänzt durch eine methodisch-didaktisch ausgelegte Zusatzveranstaltung („Klausurenlehre aus 1. Hand"), deren Gegenstand ausschließlich Original JPA-Examensklausuren sind, die mindestens einmal im Semester als Blockveranstaltung (12 Termine á 5 Stunden) durch JPA-Prüfer*innen vom OLG Hamm angeboten wird. Ziel dieser Veranstaltung ist es, das Anfertigen von Klausurlösungen zu wiederholen und zu vertiefen.

16. Über die „Klausurenlehre aus 1. Hand" hinaus sind derzeit „Examens-Tutorials" und „AG-Coaching" in Planung.

17. Das Uni-Rep wurde als „Bonner Examenskurs" vor dem Beginn des WS 15/16 völlig neu organisiert, es läuft von dienstags bis donnerstags von 8:30 Uhr bis 12:15 Uhr, um den Studierenden im Übrigen Zeit für ihre eigene Vorbereitung zu lassen. Alle Angebote laufen von Beginn des Wintersemesters bis zum Ende des Sommersemesters durch. In der „Sommerpause" findet nur der normale Klausurenkurs statt.

18. Zwei Klausuren pro Woche.

19. Das wöchentlich stattfindende mündliche Probeexamen wird durch die ebenfalls wöchentliche Vortrags-AG ergänzt.

20. Im Klausurenkurs laufen etwa zur Hälfte Original-Examensklausuren, im Übrigen erstellen die Lehrstühle eigene Klausuren.

21. In der Woche vor dem Beginn des Wintersemesters beginnt der Examenskurs mit intensiven Workshops zur Lern- und Selbstorganisation, zum Zeit- und Stressmanagement, zu typischen (methodischen) Fehlerquellen bei Klausuren usw.

22. Eine Examensberatung wird bei dem Leiter der Examensvorbereitungsprogramme sowie auch bei der normalen Studienberatung angeboten.

23. Ergänzt durch ein „Propädeutikum" sowie Wiederholungs- und Vertiefungskurse im letzten Uni-REpSemester im Rahmen von Fallübungen, in denen komplexe Fälle besprochen werden.

24. Im Rahmen des Propädeutikums, wo u.a. Ex-o-Repler*innen von ihren Erfahrungen und Vorbereitungskonzepten berichten.

25. Arbeitsgruppenräume werden generell für das Studium angeboten, zum anderen stehen speziell für das Uni-Rep am Donnerstagnachmittag Räume für das rechtswissenschaftliche Selbststudium zur Verfügung.

26. Einen Austausch unter Examenskandidat*innen, wenn auch nicht regelmäßig genutzt, bietet die Lernplattform STudIP (in der „Veranstaltung UNI-REP").

27. Individuelle Beratungsgespräche finden täglich im Propädeutikum und sonst nach den einzelnen Uni-Rep-Veranstaltungen, per E-Mail an die Lehrenden, sowie zu den Sprechzeiten statt.

28. Workshops zum Thema „Lernen lernen".

29. Im Rahmen des Klausurenkurses werden zu ungefähr 90 % Original-Examensklausuren aus dem bayrischen Examen verwendet.

30. Eine Lerngruppenvermittlung wird im Rahmen der „Klausurenklinik" angeboten.

31. Für die Studierenden des Fachbereichs stehen neue Kleingruppenarbeitsräume zur selbstständigen Belegung für Lerngruppen zur Verfügung.

32. Die "Klausurenklinik" beinhaltet eine Lerntechnikberatung. Eine Examensberatung findet zudem durch die Studienberatung statt.

33. Das Kursprogramm umfasst neun Monate mit drei Phasen (Vorlesungszeit im Wintersemester, vorlesungsfreie Zeit im Wintersemester und Vorlesungszeit im Sommersemester, d.h. Mitte Oktober bis Mitte Juli); konzeptionell weitestgehend WuV-Kurse, z.T. unter Verwendung von Original-Examensklausuren. Ergänzt wird der Hauptkurs durch Veranstaltungen zur aktuellen höchstrichterlichen Rechtsprechung, ein umfassendes E-Learning-Angebot in Kooperation mit der Fakultät Münster (www.unirep-online.de) und einen beispielhaften Lernplan für die Vor- und Nachbereitung der Examensrepetitorien.

34. Im Aufbau ist eine Klausurenwerkstatt (in Zusammenarbeit mit dem Schreibzentrum) zur individuellen Klausuranalyse und juristischen Schreibberatung (Start zum Sommersemester 2016 geplant).

35. 2/Jahr unter Verwendung von Original-Aktenvorträgen und z.T. mit Prüfer*innen aus der Praxis (Staatsanwaltschaft, Verwaltungsgericht usw.).

36. Ein- oder zweimal im Jahr Workshop zu „Lernstrategien für die Examensvorbereitung" (Zielsetzung, Zeitmanagement, Lerntechniken, Motivation, einschließlich der Erstellung von individuellen Lernplänen). In Planung ist ein Workshop zum Thema „Wie schreibe ich eine gute Examensklausur?/ Typische Klausurfehler" im Rahmen der Klausurenwerkstatt.

37. Ein ganzjähriges Programm mit dem Schwerpunkt auf der Falllösung auf Examensniveau. Der Klausurenkurs wird auch ganzjährig angeboten.

38. 3-teiliger Workshop zu Motivation, Lerntechniken und Prüfungsangst, der u.a. von zwei diplomierten Psycholog*innen geleitet wird.

39. Ergänzt durch ein Intensivkurswochenende zum Zivilrecht, einer Blockveranstaltung „Verwaltungsgerichtliche Praxis" mit Richter*innen des VG Freiburg sowie Veranstaltungen zur höchstrichterlichen Rechtsprechung in allen drei Rechtsgebieten.

40. Ex-o-Rep-Workshops, organisiert von der Fachschaft.

41. Abgestimmt auf einen ausführlichen Lernplan und ergänzt durch Falltutorien, in denen der Stoff in Kleingruppen fallbezogen wiederholt wird.

42. Im Rahmen einer Klausurwerkstatt werden reguläre Examensklausuren besprochen, wobei neben dem Zeitmanagement auch allgemeine Formulierungsbeispiele erörtert und im Nachgang ein Individual-Coaching angeboten werden.

43. Halbjährlich findet der Workshop „Wege zum Examen" statt, um den Examenskandidat*innen eine selbstbestimmte Entscheidung der Art und Weise der Examensvorbereitung zu ermöglichen.

44. Zudem wird eine Infoveranstaltung „Effektive Examensvorbereitung" angeboten.

45. Spezielle Fallbesprechung anhand aktueller Rechtsprechung, nicht anhand von Originalklausuren.

46. Ergänzt durch Tandemkurse in allen drei Fachsäulen.

47. Das Repetitorium wird im Jahresturnus geführt (Oktober bis September). Die Kurse werden in etwa 45 Wochen des Jahres angeboten, jeweils dienstags, mittwochs und donnerstags von 8:00 bis 12:00 Uhr, teilweise auch bis 13:00 Uhr. Es werden 540 Stunden pro Jahr unterrichtet. Die Verteilung der Stunden zwischen den Fächern erfolgt entsprechend der Bedeutung in der Ersten Prüfung im Verhältnis 6:4:2 (Bürgerliches Recht; Öffentliches Recht; Strafrecht).

48. Zwei Klausuren pro Woche (freitags: abwechselnd Strafrecht/Öffentliches Recht; samstags: wöchentlich Zivilrecht), Besprechung und Rückgabe drei Wochen später.

49. Im Rahmen des Tutoriums II: Workshops zur Klausurbearbeitung/Gutachtenstil u.ä.

50. Workshops und AG-Vermittlung richten sich generell auch an frühere Semester, zielen aber darauf ab, den Studierenden einen Leitfaden für das erfolgreiche Studieren und insbesondere die Examensvorbereitung mit an die Hand zu geben. Dabei soll den Studierenden auch das selbstständige Lernen (in Gruppen) vermittelt und erleichtert werden.

51. Examensberatung erfolgt durch das Prüfungsamt sowie Fachstudienberatung.

52. Einjähriges Lernprogramm im Rahmen des Dozentenkurses von HeidelPräp!; zusätzlich Examenstutorien, in denen zweimal wöchentlich in Kleingruppen von etwa 30 Personen examenstypische Fälle unter Anleitung lehrerfahrener Assistent*innen besprochen werden. Die WuV-Kurse richten sich bereits an Studierende ab dem 4./5. Semester als zusätzliche Unterstützung in der Mitte des Studiums oder zu Beginn der Examensvorbereitung.

53. Es werden insgesamt 12 Klausuren im Semester angeboten, davon sechs Originalklausuren.

54. Probeexamen jeweils zu Semesterbeginn mit den Originalklausuren des Vorjahres.

55. Ergänzt um die Möglichkeit eines Coaching der Arbeitsgemeinschaft durch erfahrene Assistent*innen.

56. Offene Sprechstunde der Gesamtkoordinatorin der Examensvorbereitung zur Information über Möglichkeiten der Examensvorbereitung der Universität Heidelberg. Teilnehmer*innen am Mentorenprogramm haben zudem die Möglichkeit, sich in regelmäßigen Abständen mit Dozent*innen über den Fortschritt ihrer Examensvorbereitung auszutauschen.

57. Größtenteils durch Prüfer*innen, die auch im echten Examen Prüfungen durchführen.

58. Ergänzt durch „Crash-Kurse" in der vorlesungsfreien Zeit und Tutorien mit individueller Beratung für Wiederholer*innen und Kandidat*innen im Verbesserungsversuch.

59. Ergänzt durch Lehrveranstaltung „Typische Fehler in der Examensklausur".

60. Ergänzt durch ein Vortragstraining einschließlich Videoanalyse.

61. Online-Forum.
62. Außerdem „Expressklausuren" mit 75 Minuten Bearbeitungszeit für Lösungsskizze und Besprechung unmittelbar im Anschluss.
63. Prüfungssimulation in „klassischer" Form mit drei Professor*innen und Auditorium; außerdem: „Prüfungsgespräche", die von den Mitarbeiter*innen des Examinatoriums für die einzelnen Rechtsbereiche angeboten werden.
64. Zweimal im Jahr.
65. Ergänzt durch einen Kurs zur Vorbereitung auf die mündliche Prüfung.
66. Es werden von den jeweiligen Dozent*innen zu den verschiedenen Veranstaltungen des Examensrepetitoriums mündliche Prüfungssimulationen abgehalten.
67. Während der Semesterferien besteht die Möglichkeit, dass sich die Examenskandidat*innen einen Seminarraum zur Gruppenarbeit reservieren. Zudem sind gerade Gruppenarbeitsräume in der juristischen Bibliothek in der Entstehungsphase.
68. Online-Forum zur Vernetzung und zum Austausch unter den Examenskandidat*innen.
69. Die Examensberatung erfolgt während der Sprechstunden durch die Studienberatung. Es werden hierzu auch Termine vereinbart.
70. Ergänzt durch ein „Examinatorium", in dem Falllösungstechnik eingeübt wird und Blockkurse in den Nebengebieten.
71. Zwei Klausuren pro Woche; eine davon eine Originalexamensklausur.
72. Workshops zum „Effektiven Lernen" sowie zu „Typischen Fehlern in der Examensklausur".
73. Ergänzt durch umfassende E-Learning-Betreuung unter www.unirep-online.de. Vernetzter Zugriff auf externe Uni-Rep-Lernressourcen der Fakultäten Bielefeld, Bochum, Frankfurt/Oder; eigenständige Repetent*innenkurse als spezielles Angebot für Prüfungswiederholer*innen.
74. 22 Original-Klausuren pro Semester, 12 Original-Klausuren in den Semesterferien, 2x im Jahr Online-Probeexamen; Pool amtlicher Examensklausuren.
75. 2x im Monat Prüfungstraining; 2x im Monat Übungen für den Examensvortrag; Pool amtlicher Kurzvorträge.
76. Teilnahme aber beschränkt; jede_r Studierende darf nur einmal teilnehmen.
77. Die Passauer Fakultät hat im Frühjahr 2009 eigens 3 Lehrprofessuren und ein „Institut für Rechtsdidaktik" für die Examensvorbereitung eingerichtet.
78. Ergänzt durch individuelles „Einzelcoaching".
79. Im Rahmen des klausurbezogenen „Einzelcoachings", vgl. http://www.ird.uni-passau.de/einzelcoaching/.
80. Ergänzt durch „Examens-AGs".
81. Zzgl. Ferienkurs und „aktuelle Rechtsprechung für Examenskandidaten".
82. Im Rahmen der Repetent*innen-AG.
83. Ergänzt durch ein „Ferienexaminatorium" der Assistent*innen zur Vertiefung und Ergänzung.
84. Insgesamt 66 Probeklausuren pro Jahr (einschließlich Probeexamen).
85. Ergänzt durch „Vorbereitungskurse" des Mittelbaus in der vorlesungsfreien Zeit.
86. In Form einer „Kleingruppen-Betreuung", die sich über mehrere Termine erstreckt.

Teil 6: Lernpläne

Wie sieht ein Lernplan aus? Wie werden die verschiedenen Möglichkeiten, einen Plan zu gestalten, von denen im Teil 2 die Rede war, umgesetzt? Nun, Lernpläne werden in der Regel nicht aus dem Nichts geboren, sondern haben Vorbilder. Im Folgenden erwarten euch daher sechs unterschiedliche Exemplare zur freien Verwendung.

Die hier abgedruckten Pläne stammen sowohl von privaten Arbeitsgemeinschaften als auch von Alleinlerner*innen. Sie wurden erfolgreich bei der Examensvorbereitung genutzt und basieren auf dem im jeweiligen Bundesland geforderten Prüfungsstoff, wobei die Abweichungen zwischen den Bundesländern nur in Nebengebieten und bezüglich der Gewichtung der Kernfächer (ablesbar an der Zahl der zu schreibenden Klausuren) relevant werden und in der Regel minimal sind.

Obwohl die regionalen Abweichungen also gering sind und die komplette Übernahme eines Planes möglich ist, empfehlen wir euch die Überarbeitung eines Planes entsprechend eurer Prüfungsordnung und entsprechend euren Bedürfnissen. Vielleicht wollt ihr mit guten Gründen einen Schwerpunkt auf ein bestimmtes Thema legen, weil ihr es für besonders examensrelevant, schwierig oder von euch noch nie richtig durchdrungen erachtet. Oder ihr wollt einen Bereich vernachlässigen, weil ihr euch in ihm schon fit genug fühlt oder ihr denkt, dass sich keine tiefergehende Auseinandersetzung (im Rahmen der Lerngruppe) lohnt.

Welcher Plan als Ausgangspunkt am ehesten für euch in Frage kommt, hängt davon ab, welcher Plan-Typ euch am sinnvollsten erscheint. Soll es der „klassische" Plan sein, der alle Lerninhalte *en détail* auflistet, sollen einzelnen Themenbereichen „Selbstlerneinheiten" vorgeschoben werden, oder plant ihr eine Schwerpunktphase zu Beginn der Vorbereitungszeit, um typische Klausurthemen schnell parat zu haben? Hat euch vielleicht das Konzept des „Lernen in Potenzen" (→ siehe S. 70 in Teil 2) so sehr begeistert, dass ihr euren Lernplan ganz danach ausrichten möchtet? Oder ist euch das alles zu aufgeblasen und eine grobe Gliederung reicht euch vollkommen. Unsere exemplarischen Lernpläne werden allen diesen Anforderungen gerecht.

Die Pläne folgen allesamt einem chronologischen Aufbau, geben also die tatsächliche Abfolge der Sitzungen wieder. Zivilrechts-, Strafrechts- und öffentlich-rechtliche Lerneinheiten wechseln sich daher ab. Eine Variante für das „Abschichten" bietet Lernplan Nr. 5. Natürlich ist es auch möglich, den Lernplan nicht anhand der Sitzungsabfolge, sondern nach Rechtsgebieten zu strukturieren. Letzteres hat den Vorteil der besseren Übersicht der Themenabfolge im jeweiligen Rechtsgebiet, die chronologische Ordnung gibt schneller Hinweis auf die nächste Sitzung und kann auch geblockte Sitzungen (z. B. drei Sitzungen Bereicherungsrecht direkt hintereinander) anzeigen.

Lernplan Nr. 1: „Der Klassiker"

Im Folgenden findet ihr einen „klassischen" Lernplan: Die Themen der einzelnen AG-Sitzungen sind detailliert beschrieben, und der Stoff wird systematisch vom Allgemeinen zum Besonderen abgearbeitet.

Erstellt und verwendet wurde dieser Plan von Tobias Klarmann (Interview auf → S. 178) und seinen beiden Lerngruppenpartnern. Sie schrieben ihr Examen in Greifswald (Mecklenburg-Vorpommern).

Aufgeteilt ist der Stoff in 90 Sitzungen, wobei das Zivilrecht die Hälfte, das Öffentliche Recht ein Drittel und das Strafrecht den Rest der Gewichtung einnimmt. Der Plan beinhaltet auch die vorbereitende Literatur für jede Sitzung, wobei teils noch weitere ergänzende Literatur verwendet wurde. Zugleich wurde der Lernplan mit dem Konzept des „Lernens in Potenzen" verknüpft, wobei die Wiederholungen hier nicht gesondert aufgeführt werden, sondern an der Stelle auf Lernplan Nr. 4 verwiesen wird.

Der Lernplan eignet sich schließlich auch für Schnelllerner*innen: Die Lerngruppe hat den Plan in nur zehn Monaten durchgezogen, und zwischendrin sogar noch ein Freischussexamen gemacht – aber natürlich lässt sich der Plan auch auf eine längere Zeit strecken und etwa auch mehr Wiederholungseinheiten einbauen. Auch hier gilt wie bei allen anderen folgenden Plänen: Kein Plan ist ein Patentrezept – jede*r kann nach eigenem Gusto variieren!

1. AG: Grundrechte I
Art. 8, allgemeine Grundrechtslehre (inkl. Verfassungsbeschwerde)
Pieroth/Schlink (P/S) §§ 1–6, 17, 34–36; Epping Kap. 1–2, 4

2. AG: BGB AT I
Rechtssubjekte/-objekte; Rechtsgeschäftslehre; Willenserklärung: Bestandteile, Abgabe/Zugang, Auslegung; Zustandekommen/Inhalt von Verträgen
Brox §§ 4–9 I, 11, 21, 33–36

3. AG: Strafrecht I
Einleitung, Grundbegriffe Objektiver TB (Kausalität + Zurechnung), Subjektiver TB (Vorsatz + Irrtümer)
Schmidt Kap. 1- 6 I

4. AG: BGB AT II
Rechtshindernde Einwendungen im AT, insb Geschäftsfähigkeit, Form, Verbotsgesetz, Sittenwidrigkeit, Teilnichtigkeit/Umdeutung
Brox §§ 12–15, 17

5. AG: Grundrechte II
Art. 2 II S. 1, Art. 4 (inkl. Drittwirkung), Art. 5, Art. 12
P/S §§ 9, 12, 13–14, 21, Epping Kap. 3, 5–9

6. AG: BGB AT III
Stellvertretung
Brox §§ 23–27

7. AG: Grundrechte III
Art. 1, Art. 2 I, Art. 2 I iVm 1 I, Art. 2 II S. 2, 104, Art. 10, Art. 11, Art. 13, Art. 33 V, Art. 38
P/S §§ 7–8, 10, 19–20, 22, Epping Kap. 11–15 für Art. 33 V, 38: P/S §§ 28–29

8. AG: BGB AT IV
Anfechtung inkl. -gründe, AGB, Einreden insb Verjährung (nur Brox)
Brox §§ 10, 16, 18–20, 31

9. AG: Strafrecht II
Rechtswidrigkeit (Notwehr, Notstand, Einwilligung), Schuld (actio libera in causa, Irrtum, Notstand)
Schmidt Kap. 6 II + III

10. AG: Schuldrecht AT I
Begriff, Entstehung, Inhalt (insb § 242, Gattungsschuld usw.) Schuldverhältnis, Einwendungen (insb Erfüllung, Aufrechnung)
Looschelders §§ 1–8, 13–16, 19–21

11. AG: Grundrechte IV
Art. 3, Art 6 I u V, 33 I,II,III, 38 I S. 1, Art. 6, 7, Art. 9, Art. 14, 15
P/S §§ 11, 15–16, 18, 23, Epping Kap. 9–10, 16–17; für 6 I u V, 33 I,II,III, 38 I S. 1: P/S Rn. 494–514

12. AG: Schuldrecht AT II
Leistungsstörungsrecht I: Unmöglichkeit, Rücktritt
Looschelders 22, 23, 26, 34–37, 42–43

13. AG: Grundrechte V
Art. 16, Art. 16a, Art. 17, Art. 18, Art. 20
IV Art. 19 IV, Art. 101, Art. 103 I, Art 103
II, Art. 103 III, Europäischer Grundrechts-
schutz
Epping Kap. 20; P/S §§ 24–27, 30–33;
Epping Kap. 18–20

14. AG: Schuldrecht AT III
LST II: Verantwortlichkeit der/des Schuld-
ner_in, Schadensersatz neben der Leistung
Loo §§ 24–25, 27–28

15. AG: Strafrecht III
Versuch, Unterlassungsdelikte, Fahrlässig-
keit
Schmidt Kap. 7–10

16. AG: Schuldrecht AT IV
LST III: SE statt der Leistung, Gläubiger-
verzug, Störung der Geschäftsgrundlage,
Kündigung aus wichtigem Grund, Ver-
tragsstrafe
Looschelders §§ 10, 29–33, 38–41

17. AG: Schuldrecht AT V
Schadensrecht; Verbraucher_innenwiderruf
Looschelders §§ 9, 54–61

18. AG: Verwaltungsrecht AT I
Allg. Grundlagen, Rechtsstaatsprinzip,
subj. ÖffRecht, und Verwaltungsrechtsver-
hältnis, Ermessen, Beurteilungsspielraum
und unbestimmter Rechtsbegriff, Verwaltungsorganisation
Detterbeck §§ 2, 5–9

19. AG: Verwaltungsrecht AT II
VA 1: Begriff, Arten, Rechtswidrigkeit,
Nichtigkeit
Detterbeck § 10 I-VI

20. AG: Schuldrecht AT V
Gläubiger/-schuldnerwechesel (insb. Ab-
tretung), Einreden 273, 320
Looschelders §§ 17, 53–54

21. AG: Strafrecht IV
Täterschaft und Teilnahme
Schmidt Kap. 11

22. AG: Schuldrecht AT VI
Beteiligung Dritter am SV (VzD, VRzD,
DSL); Mehrheit von Gläubigern und
Schuldnern (insb Gesamtschuld)
Looschelders §§ 11, 47 IV, 52, 55

23. AG: Vertragsrecht I
Begriff, Zustandekommen KaufV, Rechte
& Pflichten, Gefahrtragung, Leistungsstö-
rungsrecht
Looschelders §§ 2–6, 10

24. AG: Verwaltungsrecht AT II
VA 2: Bestandskraft, Rücknahme, Wider-
ruf, Nebenbestimmung, Wiederaufnahme
Detterbeck § 10 VII–IX

25. AG: Verwaltungsrecht AT III
öff-rechtl. Vertrag, Rechtsverordnung, Satzung, Verwaltungsvorschrift, Realakt, Pläne
Detterbeck §§ 11–16

26. AG: Vertragsrecht II
Verjährung, Konkurrenzen, Garantie, Eigentumsvorbehalt, Verbrauchsgüter, Besondere Arten Factoring; Tausch, Schenkung,
Looschelders 7–9, 11–14, 16, 18

27. AG: Vertragsrecht III
Miete, Pacht, Leihe
Looschelders §§ 22–23, 25–27

28. AG: Strafrecht V
Konkurrenzen, Grundzüge v. Rechtsfolgen
+ Strafantrag
Schmidt Kap. 12; Joecks §§ 36–51, 78–
79b

29. AG: Verwaltungsrecht AT V
privatrechtliches Handeln und Recht der
öffentlichen Sachen, Verwaltungsverfahren, Verwaltungsvollstreckung
Detterbeck § 17–18 + 19, 20 (53)

30. AG: Vertragsrecht IV
Werk-/Werklieferungsvertrag,
Dienstvertrag
Looschelders §§ 28–30, 32–34

31. AG: Vertragsrecht V
Reise-/Arzt-/Makler_innenvertrag,
Auftrag/Geschäftsbesorgung
Looschelders §§ 31, 35–36, 38–40

32. AG: Vertragsrecht VI
Darlehen, Bürgschaft (nur Loo), Leasing
Looschelders §§ 19–21, 24, 49–51

33. AG: VwGO I
Übersicht Klagearten, Eröffnung des Verwaltungsrechtsweges, (allg. Verfahrensvorschriften inkl. Klagehäufung) Anfechtungs- und Verpflichtungsklage, Übersicht u. VerwRechtsweg
Gersdorf 2.–3.

34. AG: VwGO II
Vorläufiger Rechtsschutz, Vorverfahren
Gersdorf 8.–11.

35. AG: VwGO III
Fortsetzungsfeststellungsklage, Allg Leistungsklage, allg. Feststellungsklage, Normenkontrollverfahren, Organ-/Kommunalverfassungsstreit, Anfechtungsfortsetzungsfeststellungsklage, Verpflichtungsfortsetzungsfeststellungsklage, erweiterte Fortsetzungsfeststellungsklage, Normenerlassklage
Gersdorf 4.–7., 12

36. AG: Strafrecht BT I
Diebstahl + Unterschlagung (§§ 242–248c)
Schmidt BT II Kap. 1; Joecks

37. AG: Strafrecht BT II
Raub + Erpressung (§§ 249–256)
Schmidt BT II Kap. 2 + 4

38. AG: Gesetzliche Schuldverhältnisse I
Geschäftsführung ohne Auftrag
Schwarz/Wandt (SW) §§ 2–8

39. AG: Gesetzliche Schuldverhältnisse II
Überblick, Bereicherungsrecht, Grundtatbestand § 812 I 1 Var 1
SW §§ 9–10 B.

40. AG: Gesetzliche Schuldverhältnisse III
Tatbestände der übrigen Leistungs-, Nichtleistungskondiktionen
SW §§ 10 C–11

41. AG: Gesetzliche Schuldverhältnisse IV
Inhalt/Umfang des Bereicherungsanspruchs, Mehrpersonenverhältnisse
SW §§ 12–13

42. AG: Polizeichrecht II
Einführung; Organisation der Polizei, Ermessen, Verhältnismäßigkeit, Generalklausel: öffentliche Ordnung, öffentliche Sicherheit, Gefahr Prüfung einer Gefahrenabwehrmaßnahme (inkl. Übersicht über formelle RMK: Zuständigkeit, Verfahren, Form)
Schenke §§ 1–3 II, 6, 9, § 10 I–II 2

43. AG: Polizeirecht II
Polizeilich Verwantwortliche, polizeilicher Notstand, traditionelle Standardmaßnahmen: Identitätsfeststellung, EDM, Vorladung, Platzverweis, Ingewahrsamnahme, Durchsuchung/Untersuchung von Personen, Durchsuchung von Sachen, Betreten und Durchsuchen von Wohnungen, Sicherstellung und Beschlagnahme, Verwertung, Entziehung, Vernichtung
Schenke § 4–5, 3 III

44. AG: Gesetzliche Schuldverhältnisse V
Überblick Deliktsrecht, Grundtatbestand § 823 I (inkl Kasuistik)
SW §§ 14–16

45. AG: Gesetzliche Schuldverhältnisse VI
Tatbestände der Verschuldenshaftung: §§ 823 II, 826, Verkehrssicherungspflicht, Verrichtungsgehilfe usw., Haftung mehrerer Personen & Besonderheiten
SW §§ 17–20

46. AG: Gesetzliche Schuldverhältnisse VII
Gefährdungshaftung, insb StVG, ProdukthaftG; [Wdh Schadensrecht]
SW § 21 [22–27]

47. AG: Polizeirecht III
Datenerhebung und Verarbeitung, besonderes Polizeirecht: insbes. Versammlungsrecht
Schenke §§ 3 IV, 7; VersR: Pieroth/Schlink/Kniesel, §§ 20–23

48. AG: Polizeirecht IV
Rechtsschutz gg polizeiliche VA, polizeiliche Verordnung, sonstige Handlungsformen (Realakt, Verträge, Rechtsschutz dagegen), Vollstreckung, Entschädigung- und Ersatzleistungen bei polizeilichen Handeln
Schenke §§ 10 II 3–15

49. AG: Strafrecht BT III
Betrug + Untreue (§§ 263, 263a, 265, 265a, 266, 266b)
Schmidt BT II Kap. 3

50. AG: Strafrecht BT IV
Hehlerei + Sachbeschädigung + Urkunden-delikte (§ 259, 303, 303c, 267, 268, 274)
Schmidt BT II Kap. 6 + 8

51. AG: Strafrecht BT V
Mord + Totschlag + Körperverletzung (§§ 211–216, 221, 222, 223–231)
Schmidt BT I Kap. 1+ 2; Joecks § 228

52. AG: Sachenrecht I
Überblick SachenR, Begriffe; Besitz inkl Besitzschutz
Vieweg/Werner (VW) §§ 1–2

53. AG: Sachenrecht II
Eigentum an bewegl. Sachen, Übertragung vom Berechtigten inkl Geheißerwerb, Nichtberechtigten
VW §§ 3–5

54. AG: Baurecht I
Bauplanungsrecht:Bauleitplanung: allg Vorschriften, Flächennutzungsplan, Bebauungsplan, zusammenarbeit mit Privaten, vereinfachtes Verfahren §§ 1–13a, Verwaltungsverfahren, Planerhaltung §§ 207–216, Sicherung der Bauleitplanung: j Veränderungssperre und Zurückstellung von Baugesuchen, Teilung von Grundstücken, Gebiete mit Fremdverkehr §§ 14–23
Stollmann §§ 4–12

55. AG: Sachenrecht III
Gesetzlicher Erwerb, Herausgabeanspruch § 985, Beseitigungs-/Unterlassungsanspruch § 1004, § 1006
VW §§ 6–7, 9

56. AG: Sachenrecht IV
Eigentümer_in-Besitzer_in-Verhältnis §§ 987 ff., Überblick Pfandrecht an bewegl. Sachen
VW § 8, 10 I–VIII

57. AG: Baurecht II
Bauplanungsrechtliche Zulässigkeit von Vorhaben: Regelung der baulichen und sonstigen Nutzung: Zulässigkeit von Vorhaben §§ 29–38
Stollmann §§ 13–17

58. AG: Baurecht III
Bauordungsrecht, Nachbar- u. Rechtsschutz im BauR, BaunutzungsVO: Art der baulichen Nutzung, Maß der baulichen Nutzung, Bauweise, überbaubare Grundstückfläche
Stollmann §§ 18–21; Schütz/Classen § 4 IV

59. AG: Sachenrecht V
Anwartschaftsrecht: Eigentumsvorbehalt, Sicherungsübereignung
VW §§ 11–12

60. AG: Sachenrecht VI
Grundlagen Immobilien, Überblick Grundbuch (nur VW), Duldungspflichten (nur RS), Übertragung
VW § 11 I–II

61. AG: Kommunalrecht I
Die Gemeinde: Allgemeines, Selbstverwaltungsgarantie, Systematik der gemeindlichen Aufgaben, kommunales Satzungsrecht, Gemeindegebiet, Gemeindeeinwohner und -bürger, Organe der Gemeinde und Gemeindeverfassung
Meyer Kap. 1 B–E), Kap. 2–3, Geis §§ 5–11

62. AG: Kommunalrecht III
Gemeindewirtschaft, (Haftung der Gemeinde), Kommunale Kooperation, Aufsicht und Rechtsschutz (Kommunalverfassungsstreit, Rechtsschutz Gemeinde gegen staatl. Maßnahmen)
Meyer Kap. 4 N, Kap. 5 P-Q, Kap 6 R, Kap. 6 S, Kap 7; Geis §§ 12–13, 21–26

63. AG: Sachenrecht VII
Rang von Grundstücksrechten, Vormerkung, Grundbuchbeseitigungsanspruch
VW §§ 13 III – 14

64. AG: Kommunalrecht III
Die Gemeinden, Einwohner und Bürger, Vertretung und Verwaltung, Wirtschaftliche Betätigung, Aufsicht
Meyer, §§ 1–42, 68–87

65. AG: Strafrecht BT VI
Brandstiftungs- + Straßenverkehrsdelikte (§§ 306–306e, 315–315c, 316, 316a, iG: 323a, 323c)
Schmidt BT I Kap. 3+4; Joecks §§ 315, 315a

66. AG: Sachenrecht VIII
Vorkaufsrecht, Hypothek
VW §§ 15 I–II, 16 IV

67. AG: Sachenrecht XI
Grundschuld, Überblick sonstige beschränkt dingliche Rechte: Dienstbarkeiten, Nießbrauch etc
VW §§ 15 II–16 V

68. AG: Strafrecht BT VII
Nötigung + Freiheitsberaubung + Menschenraub + Ehrdelikte + Hausfriedensbruch + Begünstigung (§§ 240, 113, 114, 239–239b, 241 → 239a+b iG) + (§§ 185–187, 193 (iG)) + (§§ 123, 257–258, 145d, 153–163)
Schmidt BT I Kap. 6,7, 8.A, 9; Joecks §§ 155, 157–160, 162, 163

69. AG: Erbrecht I
Verfügung von Todes wegen: Errichtung, Ermittlung des Inhalts (ohne Testamentsvollstreckung)
Lönig Kap 1–3; Frank §§ 3–10

70. AG: Erbrecht II
Unwirksamkeit Testament, Erbfolge, Erbschaftsanspruch, Erbvertrag, Pflichtteil
Lönig Kap 4–6, 11, 17; Frank §§ 2, 13–14, 17, 20

71. AG: Familienrecht
Allgemeine Ehewirkungen, Güterrecht
Schwab §§ 20–34

72. AG: Gesellschaftsrecht II
GbR und OHG Entstehung, Außen- und Innenverhältnis der Gesellschafter_innen, Änderungen, Beendigung
Kindler §§ 10–11; Bitter §§ 5–6

73. AG: Staatsorganisationsrecht I
Staat: Staatsgebiet, Staatsvolk, Staatsgewalt, Demokratieprinzip, Wahlen und Abstimmungen, Die Politischen Parteien, BVerfG, LVerfG, Verfassungsrechtliche Verfahrensarten (Organstreitverfahren, Bund-Länder- Streit, abstrakte Normenkontrolle, konkrete Normenkontrolle, Verfassungsbeschwerde)
Ipsen §§ 1, 4–5, 17–18; Degenhart §§ 1–2, 11; für LVerG: Degenhart § 12

74. AG: Staatsorganisationsrecht II
Rechtsstaatsprinzip, Sozialstaatsprinzip
Ipsen §§ 14–16, 19–20; Degenhart §§ 4, 6

75. AG: Staatsorganisationsrecht III
Bundesstaat: Gesetzgebung und Kompetenzen, auswärtige Beziehungen
Ipsen §§ 10–13, 21; Degenhart § 3, 5 I–IV, VI

76. AG: Gesellschaftsrecht II
KG, Überblick GmbH
Kindler §§ 13–16; Bitter §§ 4, 7

77. AG: Handelsrecht I
Kaufleute, Publizität des Handelsregisters, Prokura und Handelsvollmacht
Brox §§ 1–6, 10–11; Kindler §§ 1–3, 6

78. AG: Handelsrecht II
Allgemeine Vorschriften über Handelsgeschäfte, Handelskauf
Brox §§ 14–20; Kindler §§ 7–8

79. AG: Staatsorganisationsrecht IV
Verfassungsorgane, Wdhl. Klagearten
Ipsen §§ 6–9; Degenhart §§ 7–10

80. AG: Staatshaftungsrecht I
Grundlagen; Amtshaftung Art. 34 GG, § 893 BGB, Folgenbeseitigungsanspruch, öffR Unterlassungsanspruch
Detterbeck §§ 21, 24

81. AG: Staatshaftungsrecht II
Entschädigung für Eigentumseingriffe, Aufopferungsanspruch, öff-rechtl. Erstattungsanspruch, Schadensersatz aus öff-rechtl. Schuldverhältnissen, (Polizei- und ordnungsrechtlicher Ausgleichsanspruch), EU-rechtlicher Staatshaftungsanspruch, Plangewährleistung und Planungsschadensrecht
Detterbeck §§ 22–23, 25–28; für PlanG-Anspr.: Maurer § 29 Rn. 35

82. AG: Strafrecht BT VIII
Unerlaubtes Entfernen vom Unfallort, Falsche Verdächtigung; Wiederholung + Fälle
Joecks §§ 142, 164

83. AG: StPO I
Ermittlungsverfahren, Beschuldigte, Eingriffe und Zwangsmaßnahmen, Verteidiger, Hauptverfahren, Zwischenverfahren, Prozessvoraussetzungen, Prozesshandlungen
Volk § 1–17

84. AG: StPO II
Prozessmaximen, Beweisvorschriften, Rechtsmittel
Volk §§ 18–37

85. AG: Arbeitsrecht I
Arbeitnehmer_innenbegriff, Begründung und Inhalt, Arbeitsverhältnis (inkl Leistungsstörungsrecht)
Hanau/Adomeit (HA) E-H; Dütz §§ 2–5

86. AG: Arbeitsrecht II
Beendigung Arbeitsverhältnis; Überblick Kollektives Arbeitsrecht, Tarifvertrag, Betriebsvereinbarung
HA J und C I-III, D II; Dütz §§ 6; 8–9, 11 IV

87. AG: ZPO I
Überblick, Grundsätze Zivilprozess, Prozessvoraussetzungen, Klage
Paulus A Teil I-III

88. AG: Europracht I
Rechtsquellen, Handlungsformen, Rechtssetzung, und Vollzug von Unionsrecht
Hemmer/Wüst, §§ 1–7

89. AG: Europarecht II
Grundfreiheiten und deren Durchsetzung, Rechtsschutz, Haftung der Mitgliedsstaaten für Unionsverstöße
Hemmer/Wüst, §§ 8–10

90. AG: ZPO II
Mündliche Verhandlung, Beweis, Versäumnisverfahren, Prozessbeendigung, Urteil, Rechtsmittel, Rechtskraft, Zwangsvollstreckung: Voraussetzungen, Arten, Rechtsbehelfe insb Drittwiderspruchsklage
Paulus A Teil IV–V, B

Lernplan Nr. 2 „Klassiker mit Selbstlerneinheiten"

Auch im folgenden Plan ist der Stoff in systematischer Reihenfolge gegliedert. Neben den Themen sind jedoch auch so genannte „Selbstlerneinheiten" angeführt, deren Inhalte nicht Gegenstand der AG-Sitzungen waren. Meist handelt es sich dabei um allgemeine Grundlagen oder um nebensächlichere Problembereiche. Die Ausgliederung von Stoff in Selbstlerneinheiten bietet sich an, wenn Zeit gespart werden muss und die AG in diesen Bereichen bereits solide Vorkenntnisse aufweist.

Der Plan wurde von der AG von Friederike Wapler für die Vorbereitung in in Göttingen (Niedersachsen) verwendet und basierte auf einer Vorlage aus Baden-Württemberg.

Die 130 Sitzungen basieren auf der in Niedersachsen üblichen Stoffaufteilung Strafrecht – Zivilrecht – Öffentliches Recht im Verhältnis 20:40:40. Randgebiete und prozessrechtliche Fragen wurden in der AG nur knapp behandelt. Das Europarecht fehlt vollständig.

Selbstlerneinheit BGB AT

- Recht, Privatrecht, bürgerliches Recht
- das BGB (Entstehung, Grundlagen, Inhalt und Arten der Normen, Aufbau und Gliederung, Geltungsbereich, Rechtsanwendung, Gesetzesauslegung)
- Ansprüche, Untergang und Durchsetzbarkeit
- Rechtssubjekte, Rechtsobjekte

1. AG: BGB AT 1

- Begriffe von Vertrag, Willenserklärung und Rechtsgeschäft
- Abstraktionsprinzip
- bedingte und befristete Geschäfte

2. AG: BGB AT 2

- Auslegung des Rechtsgeschäfts
- Abgabe und Zugang der Willenserklärung

3. AG: BGB AT 3

- Angebot und Annahme
- Widerrufsrechte

4. AG: BGB AT 4

- Konsens und Dissens
- AGB

5. AG: BGB AT 5

- Geschäftsfähigkeit

- Form des Rechtsgeschäfts
- Zustimmung, Einwilligung, Genehmigung

Selbstlerneinheit StaatsorgR

- Rechtsquellen, Normenhierarchie
- Übertragung von Staatsgewalt an supranationale Organisationen, Bezug zum Völkerrecht
- Verfassung, Verfassungsinterpretation
- Gliederung des GG
- Staatsgebiet, Staatsangehörigkeit

6. AG: StaatsorgR 1

- Staatszielbestimmungen allgemein
- materielle Ordnungsentscheidungen des GG (Wirtschafts-, Finanz-, Sozial- und Wehrordnung, Verhältnis Staat/Kirche)
- Demokratieprinzip
- Parteien
- Wahlen

7. AG: BGB AT 6

- inhaltliche Schranken des Rechtsgeschäfts (§§ 134, 138 BGB; Veräußerungsverbote)
- Teilnichtigkeit, Umdeutung, Bestätigung

8. AG: StaatsorgR 2

Rechtsstaatsprinzip

9. AG 9: BGB AT 7

Willensmängel 1: Bewusstes Abweichen von Wille und Erklärung

10. AG: StaatsorgR 3

Bundesstaatsprinzip

11. AG: BGB AT 8

- Willensmängel 2: Irrtum und Anfechtung
- beiderseitiger Motivirrtum, Wegfall der Geschäftsgrundlage

12. AG: StaatsorgR 4

- Sozialstaatsprinzip
- Bundestag 1

13. AG: BGB AT 9

Arglistige Täuschung; widerrechtliche Drohung

14. AG: BGB AT 10

Stellvertretung 1: Voraussetzungen und Wirkung, Vollmacht

15. AG: StaatsorgR 5

Bundestag 2

16. AG: BGB AT 11

Stellvertretung 2: Begrenzung der Vertretungsmacht, Vertreter ohne Vertretungsmacht, Handelsrechtliche Stellvertretung

17. AG: BGB AT 12

- Privatrechtsverhältnis und subjektives Recht
- Erwerb der subjektiven Rechte
- Einreden und Einwendungen incl. Verjährung
- Grenzen und Schutz der Rechtsmacht

18. AG: StaatsorgR 6

- Bundesrat
- Gemeinsamer Ausschuss
- Bundespräsident
- Bundesversammlung

Selbstlerneinheit 1 SchuldR AT

- Begriff und Abgrenzung
- Begründung von Schuldverhältnissen

19. AG: SchuldR AT 1

- Vorvertragliche Schuldverhältnisse
- Verletzung vertraglicher Nebenpflichten

20. AG: SchuldR AT 2

- Bestimmung des Schuldinhalts
- Treu und Glauben
- Übersicht Leistungsstörungen

21. AG: StaatsorgR 7

Bundesregierung

22. AG: SchuldR AT 3

- Gattungsschuld und Stückschuld
- Wahlschuld und Vorratsschuld
- Ersetzungsbefugnis
- Geld- und Zinsschuld

Selbstlerneinheit 2 SchuldR AT

- Aufwendungsersatz, Wegnahmerecht und Auskunftspflicht
- Vertragsstrafe

23. AG: SchuldR AT 4

- Art und Weise der Leistung
- Leistungsverweigerungsrechte der Schuldnerin (§§ 273, 320 BGB)

24. AG: StaatsorgR 8

- Gesetzgebung

25. AG: SchuldR AT 5

Erlöschen der Schuldverhältnisse: Erfüllung, Aufrechnung, Hinterlegung, Rücktritt

26. AG: SchuldR AT 6

Verantwortlichkeit der Schuldnerin (§§ 276, 278 BGB)

27. AG: StaatsorgR 9

- Rechtsprechung
- Verfassungsgerichtsbarkeit allgemein
- Organstreit
- Bund-Länder-Streit

28. und 29. AG: SchuldR AT 7 und 8

Unmöglichkeit

30. AG: StaatsorgR 10

abstrakte und konkrete Normenkontrolle

31. AG: SchuldR AT 9

SchuldnerInnenverzug

Selbstlerneinheit StR AT

Grundprinzipien des Strafrechts: Aufgaben, Grundprinzipien; Einteilung der Delikte; Anwendung, Geltungsbereich; Analogie und Auslegung; Tatbestandslehre und Gesetzessystematik; Voraussetzungen der Strafbarkeit und Verfolgbarkeit; Strafantrag, Verjährung; Sanktionensystem, Bewährung, Verwarnung, Absehen von Strafe, Maßregeln, Verfall und Einziehung usw.

32. AG: StR AT 1

Kausalität und objektive Zurechnung 1

33. AG: StaatsorgR 10

– Verfassungsbeschwerde
– einstweilige Anordnung

34. AG: SchuldR AT 10

– GläubigerInnenverzug

35. AG: StR AT 2

– Kausalität und objektive Zurechnung 2

36. AG: StaatshaftungsR 1

– Allgemeines, Haftungssystem
– Amtshaftung
– Enteignung, enteignungsgleicher und enteignender Eingriff, Aufopferung
– öffentlich-rechtliche GoA
– Haftung aus verwaltungsrechtlichen Schuldverhältnissen

37. AG: SchuldR BT 1

Darlehen 1

38. AG: StR AT 3

– Vorsatz
– Tatbestandsirrtum

39. AG: StaatshaftungsR 2

– öffentlich-rechtlicher Unterlassungsanspruch, Folgenbeseitigungsanspruch, Beseitigungsanspruch, Herausgabeanspruch
– öffentlich-rechtlicher Erstattungsanspruch

40. AG: SchuldR AT 11

Schadensersatz 1

41. AG: StR AT 4

Rechtswidrigkeit und Rechtfertigung 1

42. AG: Grundrechte 1

Allgemeine Grundrechtslehren: Systematik; Auslegung, Drittwirkung, Fiskalgeltung; Grundrechtskonkurrenz; GrundrechtsträgerInnen, Grundrechtsmündigkeit, Grundrechtsberechtigung

43. AG: SchuldR AT 12

Schadensersatz 2

44. AG: StR AT 5

Rechtswidrigkeit und Rechtfertigung 2

45. AG: Grundrechte 2

Grundrechtsgewährleistungen und Grundrechtsbeschränkungen

46. AG: SchuldR AT 13

– Vertrag zugunsten Dritter
– Vertrag mit Schutzwirkung zugunsten Dritter
– GläubigerInnenwechsel
– Schuldübernahme
– Schuldbeitritt

47. AG: StR AT 6

Einverständnis, Einwilligung und Züchtigungsrecht

48. AG: Grundrechte 3

– Menschenwürdegarantie
– Art. 2 I GG
– Art. 2 II GG

49. AG: SchuldR AT 14

– TeilschuldnerInnen und TeilgläubigerInnen
– GesamtschuldnerInnen
– SchuldnerInnen- und GläubigerInnengemeinschaft

50. AG: StR AT 7

Schuld

51. AG: Grundrechte 3

– Berufsfreiheit
– Vereinigungsfreiheit
– Brief-, Post- und Fernmeldegeheimnis
– Freizügigkeit

52. AG: SchuldR AT 15

– Forderungsabtretung
– fiduziarische Sicherungsrechte (Eigentumsvorbehalt, Sicherungsabtretung, Sicherungsübereignung)

53. AG: StR AT 8

– Irrtum über die Verbotsnorm
– Irrtum über Rechtfertigungsgründe
– Irrtum über Entschuldigungsgründe

54. AG: Grundrechte 4

Art. 5, 8 GG

55. AG: SchuldR BT 2

Kauf und kaufähnliche Verträge, Kaufgewährleistung

55. AG: StR AT 9

– unmittelbare und mittelbare Täterschaft
– Mittäterschaft und Nebentäterschaft

56. AG: SchuldR BT 3

– Miete
– Leihe
– Gemeinschaft

57. AG: Grundrechte 5

Gleichheitsrechte

58. AG: SchuldR BT 4

– Schenkung
– Gesellschaft
– Tausch

59. AG: StR AT 10

Anstiftung und Beihilfe

60. AG: Grundrechte 6

Eigentumsgarantie

61. AG: SchuldR BT 5

– Darlehen 2
– Verbraucherkredit
– Pacht und Landpacht

62. AG: StR AT 11

Versuch 1

63. AG: Grundrechte 7

– Ehe, Familie, Schule
– Religionsfreiheit

64. AG: SchuldR BT 6

Dienstvertrag

65. AG: StR AT 12

Versuch 2

66. AG: Grundrechte 8

– Unverletzlichkeit der Wohnung
– Schutz vor Ausbürgerung und Auslieferung, Asylrecht
– Petitionsrecht
– Widerstandsrecht

67. AG: SchuldR BT 7

Werkvertrag 1

68. AG: StR AT 13

Fahrlässigkeit 1

69. AG: Grundrechte 9

– Rechtsschutzgarantie
– Justizgrundrechte

70. AG: SchuldR BT 8

– Werkvertrag 2
– Werklieferungsvertrag
– Arztvertrag
– Reisevertrag

71. AG: StR AT 14

– Fahrlässigkeit 2

Selbstlerneinheit 1 VwR

- Abgrenzung Öffentliches Recht – Privatrecht
- Vorrang und Vorbehalt des Gesetzes
- Ermessen und unbestimmte Rechtsbegriffe

72. AG: VwR AT 1

- Verwaltungsakt
- Nebenbestimmungen

73. AG: SchuldR BT 9

- Auftrag
- Entgeltliche Geschäftsbesorgung
- Maklervertrag, Aufbewahrung
- Verwahrung

74. AG: StR AT 15

Unterlassungsdelikte 1

75. AG: VwR AT 2

Aufhebung eines VA: Rechtswidrigkeit; Nichtigkeit und Anfechtbarkeit; Widerruf und Rücknahme; Wiederaufgreifen des Verfahrens

76. AG: SchuldR BT 10

GoA

77. AG: StR AT 16

Unterlassungsdelikte 2

78. AG: VwR AT 3

- subjektives öffentliches Recht
- Rechtsverordnungen
- Verwaltungsvertrag
- Satzungen

79. AG: SchuldR BT 11

Bereicherungsrecht 1

80. AG: StR AT 17

Konkurrenzen

81. AG: VwR AT 4

- Subventionierung, Zweistufentheorie, Verwaltungsprivatrecht
- Plan und Planung
- Realakt

82. AG: SchuldR BT 12

Bereicherungsrecht 2

83. AG: StR BT 1

Körperverletzungsdelikte (§§ 223–226a, 230, 232, 340 StGB)

Selbstlerneinheit 2 VwR

- Verwaltungsverfahren
- Verwaltungsvollstreckung
- Verwaltungsorganisation
- Verwaltungsgerichtsbarkeit allgemein

84. AG: VwGO 1

Anfechtungsklage

85. AG: SchuldR BT 13

- Bürgschaft
- Schuldanerkenntnis
- Schuldversprechen, Leibrente, verbriefte Forderungen, Anweisung, Vergleich

86. AG: StR BT 2

- Sachbeschädigung (§§ 303, 303c StGB)
- Hausfriedensbruch (§ 123 StGB)
- Widerstand gegen die Staatsgewalt (§ 113 StGB)

87. AG: VwGO 2

Verpflichtungsklage

88. AG: SchuldR BT 14

Unerlaubte Handlungen 1

89. AG: StR BT 3

- Diebstahl
- Unterschlagung

90. AG: VwGO 3

Allgemeine Leistungsklage

91. AG: SchuldR BT 15

Unerlaubte Handlungen 2

92. AG: StR BT 4

Raub und Erpressung

93. AG: VwGO 4

Feststellungsklage und Fortsetzungsfeststellungsklage

Selbstlerneinheit SchuldR BT

- Spiel, Wette
- Einbringung von Sachen bei Gastwirten
- Vorlegung von Sachen
- neuere Vertragsarten (Leasing, Factoring, Softwareüberlassung)
- typengemischte Verträge

94. AG: SchuldR BT 15

Unerlaubte Handlungen 3

95. AG: StR BT 5

- Aussagedelikte
- Beleidigungsdelikte

96. AG: VwGO 5

vorläufiger Rechtsschutz, §§ 47 VI, 80, 80a, 80b, 123 VwGO

97. AG: SachenR 1

- Prinzipien des Sachenrechts
- Besitz

98. AG: StR BT 6

Mord und Totschlag

99. AG: VwGO 6

- Normenkontrollklage
- Kommunalverfassungsstreit
- außergerichtliche Rechtsbehelfe (Fachaufsichtsbeschwerde, Dienstaufsichtsbeschwerde, Gegenvorstellung, Widerspruchsverfahren)

100. AG: SachenR 2

Erwerb und Verlust des Eigentums an beweglichen Sachen 1

101. AG: StR BT 7

- Aussetzung
- sonstige Tötungsdelikte, fahrlässige Tötung

102. AG: PolizeiR 1

- repressives und präventives Verwaltungshandeln

- spezielle Gefahrenabwehrrechte
- öffentliche Sicherheit
- Gefahrenbegriff
- Störer
- Zweckveranlasser
- Störerauswahl

103. AG: SachenR 3

- Erwerb und Verlust des Eigentums an beweglichen Sachen 2
- Ansprüche aus dem Eigentum, Eigentümer-Besitzer-Verhältnis

104. AG: StR BT 8

- Begünstigung
- Hehlerei
- Strafvereitelung

105. AG: PolizeiR 2

- Zweckveranlasser, latente Gefahr, Dereliktion, atypische Risiken
- Polizeiliche Standardmaßnahmen

106. AG: SachenR 4

formelles und materielles Grundstücksrecht

107. AG: SachenR 5

Hypothek

108. AG: StR BT 9

- Freiheitsberaubung
- Nötigung
- Bedrohung

109. AG: PolizeiR 3

- Inanspruchnahme des Nichtstörers
- Rechtsnachfolge bei Ordnungspflichtigkeit
- Ordnungspflicht von Hoheitsträgern
- Ordnungsverfügung

110. AG: SachenR 6

- Grundschuld
- Pfandrechte an beweglichen Sachen und Rechten

111. AG: StR BT 10

Betrug 1

112. AG: PolizeiR 4

- Anspruch des Bürgers auf Einschreiten
- Entschädigungsansprüche gegen die Behörde
- Rechtsverordnung zur Gefahrenabwehr
- Ordnungsbehördliche Erlaubnis
- Kostenrecht

113. AG: SachenR 7

- Miteigentum
- Dienstbarkeiten

114. AG: StR BT 11

Betrug 2 und Untreue

115. AG: BauR 1

116. AG: HandelsR 1

117. AG: StR BT 12

- Straßenverkehrsdelikte
- Vollrausch
- Unterlassene Hilfeleistung

118. AG: BauR 2

119. AG: HandelsR 2

120. AG: StR BT 13

- Brandstiftungsdelikte
- falsche Verdächtigung

121. AG: KommunalR 1

- Öffentliches Sachenrecht
- öffentliche Anstalten und Einrichtungen

122. AG: GesellschaftsR

123. AG: StR BT 14

- Urkundenfälschung
- Straftaten im Amt

124. AG: KommunalR 2

125. AG: FamilienR

126. AG: StR BT 15

- Straftaten gegen die öffentliche Ordnung
- Verletzung des persönlichen Lebens- und Geheimbereichs

127. AG: KommunalR 3

128. AG: ErbR

129. AG: StPO

130. AG: ZPO

Lernplan Nr. 3 „Klassiker mit Schwerpunktphase"

Im folgenden Plan sind besonders wichtige oder komplizierte Themen als Schwerpunktphase vorgezogen, um möglichst früh Sicherheit im Klausurenkurs zu erhalten. Daran schließt sich eine breit angelegte Vertiefungsphase an, in der der Stoff noch einmal vollständig und systematisch durchgearbeitet wird.

Der Plan wurde von vier Göttinger*innen (Niedersachsen) erarbeitet.

In den insgesamt 93 Sitzungen, von denen 20 auf die Schwerpunktphase und 72 auf die Vertiefungsphase entfallen, ist das Strafrecht etwas stärker, das Öffentliche Recht dafür etwas schwächer gewichtet, als es der Anzahl der in Niedersachsen zu absolvierenden Klausuren entspricht (Strafrecht – Zivilrecht – Öffentliches Recht im Verhältnis 20:40:40).

Soweit sich bei einem Thema der Vermerk „Ü" befindet, bedeutet dies, dass die Prüfungsordnung hier nur Überblickswissen erwartet.

1. Schwerpunktphase

1. AG: BGB 1

– BGB AT: Rechtsgeschäft und Willenserklärung, Begriff des Rechtsgeschäfts
– Willenserklärung: Tatbestand, Auslegung, Bindung (fehlendes Erklärungsbewusstsein, Rechtsbindungswille), Abgabe und Zugang, konkludente Willenserklärung

2. AG: ÖR 1

Staatsorganisation: Rechts-, Bundes-, Sozialstaats- u. Demokratieprinzip

3. AG: BGB 2

– Einwendungen: Nichtigkeit (§§ 134, 138 I, II BGB), Anfechtung (§§ 142 I, 119 I, 143 I BGB)
– rechtsvernichtende Einwendungen (z. B. § 362 I BGB)
– rechtshemmende Einreden

4. AG: StR 1

Kausalität, objektive Zurechnung, Vorsatz, Rechtfertigungsgründe

4a. AG: BGB 2a

Geschäftsfähigkeit 1, Stellvertretung

5. AG: BGB 3

Verschulden, vorvertragliche Schuldverhältnisse, Verletzung vertraglicher Nebenpflichten (im einseitigen und im gegenseitigen Schuldverhältnis)

6. AG: ÖR 2

allgemeine Grundrechtslehren, ausgewählte Grundrechte (z. B. Menschenwürde, freie Entfaltung der Persönlichkeit, Recht auf Leben und körperliche Unversehrtheit, Gleichheitsgebot, Meinungsäußerung, Berufsfreiheit, Eigentumsgarantie)

7. AG: BGB 4

Überblick über die Leistungsstörungen, Unmöglichkeit im einseitigen Schuldverhältnis, Unmöglichkeit im gegenseitigen Schuldverhältnis

8. AG: StR 2

Tatbestandsirrtum, Verbotsirrtum, Irrtum über Rechtfertigungsgründe und Entschuldigungsgründe

9. AG: BGB 5

Schuldnerverzug, Gläubigerverzug, andere Leistungsstörungen, jeweils im einseitigen und im gegenseitigen Schuldverhältnis

10. AG: ÖR 3

Prozessgrundrechte, verfassungskonforme Auslegung, Verfassungsbeschwerde, Normenkontrolle, Organstreit

11. AG: BGB 6

Kaufrecht, Gewährleistung

12. AG: StR 3

Täterschaft und Teilnahme 1

13. AG: BGB 7

Bereicherungsrecht 1 (§§ 812 ff. BGB)

14. AG: ÖR 4

Verwaltungsrecht AT: Verwaltungsakt und Nebenbestimmungen

15. AG: BGB 8

Bereicherungsrecht 2 (im Mehrpersonenverhältnis), Überblick Schadensersatz (§§ 249 ff. BGB)

16. AG: StR 4

Versuch und Rücktritt vom Versuch

17. AG: BGB 9

Deliktsrecht, §§ 823 ff. BGB

18. AG: ÖR 5

Ermessen und unbestimmter Rechtsbegriff, Klagearten und Sachurteilsvoraussetzungen (Anfechtungs-, Verpflichtungs-, Feststellungs-, Fortsetzungsfeststellungs- und allgemeine Leistungsklage)

19. AG: BGB 10

Eigentumserwerb an beweglichen Sachen, Überblick Eigentumsherausgabe, EBV

20. AG: StR 5

Fahrlässigkeit, Unterlassungsdelikte, Konkurrenzen

2. Vertiefungsphase

21. AG: StR 6

Täterschaft und Teilnahme 2: limitierte Akzessorietät der Teilnahme (§ 28 StGB, Abgrenzung von Irrtümern, i. V. m. §§ 211 ff. StGB und Amtsdelikten)

22. AG: BGB 12

– Grundbegriffe, Rechtssubjekte (juristische Person usw.), Willenserklärung, Rechtsgeschäft
– Vertragsschluss 1 (Gefälligkeit, Schweigen im BGB und HGB)

23. AG: ÖR 6

– Verfassungsbeschwerde
– allgemeine Grundrechtslehren
– Grundrechte aus Art. 2, 6, 10, 11, 13, 16, 16a GG

24. AG: BGB 13

– Vertragsschluss 2 (Dissens, Form, AGB)
– Geschäftsfähigkeit 2 (Minderjährige, Betreuung)

25. AG: StR 7

Einverständnis, Einwilligung (Selbstgefährdung, Irrtümer)

26. AG: BGB 14

– Stellvertretung 2 (Ü: Vertretung von Gesellschaften, Handelsvollmacht, Handelsgehilfe)
– Eigenhaftung des Vertreters

27. AG: ÖR 7

– Eigentum und Sozialisierung
– Beruf, Schule
– Versammlung
– Vereinigung & Koalition

28. AG: BGB 15

Irrtum 2, Motivirrtum im Erbrecht, §§ 134, 138 BGB, sonstige rechtshindernde Einwendungen

29. AG: StR 8

Schuld, actio libera in causa, Abgrenzung von § 323a StGB

30. AG: BGB 16

Erlöschen der Forderung 1: Erfüllung, Surrogate, Verjährung, Fristen

31. AG: ÖR 8

– Rechte aus Art. 5 GG, Religions- und Gewissensfreiheit (Ü: Art. 136–141 WRV)
– Gleichheitsgrundrechte
– Art. 19 GG, Prozessgrundrechte und übrige Grundrechte

32. AG: BGB 17

Erlöschen der Forderung 2: Gestaltungsrechte (Rücktritt, Kündigung, Widerruf, Haustürgeschäft, Fernabsatzvertrag, Verbraucherkredit)

33. AG: StR 9

Täterschaft und Teilnahme 3: Mittäterexzess, sukzessive Mittäterschaft, psychische Beihilfe, Anstiftung zur Qualifikation

34. AG: BGB 18

Treu und Glauben, faktische Verträge, Inhalt von Schuldverhältnissen, Haupt- und Nebenpflichten

35. AG: ÖR 9

Allgemeine Grundsätze des Verwaltungsrechts, Gesetzmäßigkeit der Verwaltung, Abgrenzung zum Privatrecht, Verwaltungsorganisation, Zulässigkeit des Verwaltungsrechtsweges

36. AG: BGB 19

Kaufrecht 2, Ü: Handelskauf

37. AG: StR 10

Unterlassen 2, echte und unechte Unterlassungsdelikte, spezielle Probleme von Täterschaft, Teilnahme und Versuch

38. AG: BGB 20

Ü: Handelsrecht: Kaufmann, Firma, Register, OHG, KG, GmbH, GbR

39. AG: ÖR 10

Lehre vom Verwaltungsakt, Bestandskraft, Rücknahme, Widerruf, Nichtigkeit

40. AG: BGB 21

Abweichung von der kaufrechtlichen Gewährleistung bei Miete, Werk- und Reisevertrag

41. AG: StR 11

Konkurrenzlehre

42. AG: BGB 22

Vertrag zugunsten Dritter, Vertrag mit Schutzwirkung zugunsten Dritter, Drittschadensliquidation

43. AG: ÖR 11

Öffentlich-rechtlicher Vertrag, Realakt, Plan, Verwaltungsprivatrecht

44. AG: BGB 23

Kreditsicherung, Darlehen, Bürgschaft, Schuldner-/Gläubigerwechsel, Gesamtschuld

45. AG: StR 12

StPO, Verfahrensgrundsätze, Instanzenzug, Beweisverwertungsverbote, Revisionsgründe

46. AG: BGB 24

Atypischer Vertrag, Unentgeltliche Geschäfte (Leihe usw.), Abgrenzung

47. AG: ÖR 12

Klagearten der VwGO, Anfechtungsklage, Verpflichtungsklage, allgemeine Leistungsklage, Fortsetzungsfeststellungsklage, Normenkontrolle

48. AG: BGB 25

Ü: Arbeitsrecht 1: Dienstvertrag, Inhalt und Begründung des Arbeitsverhältnisses, Hauptpflichten, individuelle Leistungsstörungen

49. AG: StR 13

Straftaten gegen das Leben, §§ 211 ff. StGB

50. AG: BGB 26

Ü Arbeitsrecht 2: Beendigung (Kündigung, Kündigungsschutz), kollektives Arbeitsrecht

51. AG: ÖR 13

– Ü: Verfahrensgrundsätze, gerichtliche Entscheidung, Prüfungsumfang, Gerichtsorganisation, Rechtsmittel, vorläufiger Rechtsschutz
– Verwaltungsvollstreckung
– Zwangsmittel

52. AG: BGB 27

Unmöglichkeit 2, Verzug 2

53. AG: StR 14

Körperverletzung, §§ 223 ff. StGB, Vorsatz-Fahrlässigkeits-Kombinationen

54. AG: BGB 28

Vorvertragliche Schuldverhältnisse 2 (Haftung für Dritte, Fallgruppen), Verletzung vertraglicher Nebenpflichten 2, Wegfall der Geschäftsgrundlage

55. AG: ÖR 14

Allgemeines Gefahrenabwehrrecht, Polizeibegriff, Prävention/Repression, Begriff der öffentlichen Sicherheit, Gefahrbegriff, Störerverantwortlichkeit, Generalklausel

56. AG: BGB 29

GoA, Auftrag

57. AG: StR 15

Diebstahl und Unterschlagung, §§ 242 ff. StGB (Zueignung und Gewahrsam, Regelbeispiele, Hehlerei, Begünstigung)

58. AG: BGB 30

Ü: ZPO 1: Erkenntnisverfahren

59. AG: ÖR 15

Einfluss der Grundrechte, Verhältnismäßigkeit, Notstand, Rechtsschutz, Entschädigung, Standardmaßnahmen, Polizeiorganisation, Ordnungsverwaltung

60. AG: BGB 31

Ü ZPO 2: Erkenntnisverfahren

61. AG: StR 16

Raub und Erpressung, §§ 249 ff. StGB

62. AG: BGB 32

Deliktsrecht 2: Schwerpunkt Verschuldenshaftung

63. AG: ÖR 16

Bauplanungsrecht (städtebauliche Zulässigkeit, Bebauungspläne, Flächennutzungspläne, Innen- und Außenbereich, BauNVO)

64. AG: BGB 33

Deliktsrecht 3: Schwerpunkt vermutetes Verschulden und Gefährdungshaftung

65. AG: StR 17

Betrug und Untreue, §§ 263 ff. StGB

66. AG: BGB 34

Bereicherungsrecht 3: Schwerpunkt Leistungskondiktion

67. AG: ÖR 17

Bauordnungsrecht (Genehmigungsverfahren, Bauaufsicht)

68. AG: BGB 35

Bereicherungsrecht 4: Schwerpunkt Nichtleistungskondiktion, Abgrenzung zur Leistungskondiktion

69. AG: StR 18

Urkundenfälschung, §§ 267 ff. StGB i. V. m. Betrug und Untreue und den entsprechenden Amtsdelikten, §§ 352, 353 StGB

70. AG: BGB 36

Schadensersatz 2: Zurechnung, Inhalt und Umfang, Mitverschulden

71. AG: ÖR 18

Ü: Kommunalrecht (Verfassungsrechtliche Grundlagen, Aufgaben und Tätigkeitsbereiche, Kommunalverfassungsstreit)

72. AG: StR 19

Ü: Beleidigung, §§ 185 ff. StGB und Amtsdelikte

73. AG: BGB 38

– Sachenrecht: Erwerb und Verlust von Eigentum an beweglichen Sachen
– § 1004 BGB

74. AG: ÖR 19

Ü: Staatshaftungsrecht, Amtshaftung nach Art. 34 GG, § 839 BGB, Enteignung und enteignungsgleicher Eingriff, § 80 I 2 NdsSOG, Folgenbeseitigungsanspruch

75. AG: BGB 39

Sachenrecht 2: Grundstücke

76. AG: StR 20

Straftaten gegen die Rechtspflege u. ä., §§ 153–163, 164, 145d, 138, 139 StGB

77. AG: BGB 40

Sachenrecht 3: Besitz, Erwerb und Schutz, §§ 862, 1007 BGB

78. AG: ÖR 20

Ü Europarecht (Rechtsquellen, Grundfreiheiten und ihre Durchsetzung, Organe, Handlungsformen)

79. AG: BGB 41

Sachenrecht 4: Anwartschaften, Sonderfälle der Kreditsicherung, Eigentumsvorbehalt, Sicherungsübereignung

80. AG: StR 21

Straftaten gegen die persönliche Freiheit, §§ 239 ff. StGB, insbesondere § 240 StGB (i. V. m. mittelbarer Täterschaft, §§ 164, 145d StGB usw.)

81. AG: BGB 42

Sachenrecht 5: EBV, § 985 BGB, Erbschaftsanspruch §§ 2018 ff., Konkurrenzen

82. AG: ÖR 21

– Organstreit
– konkrete und abstrakte Normenkontrolle 2 (Zulässigkeitsvoraussetzungen)
– Rechtsstaatsprinzip 2 (Gewaltenteilung, Gesetzmäßigkeit der Verwaltung, Vertrauensschutz, Rückwirkungsverbot, Bestimmtheitsgrundsatz, Normenhierarchie)

83. AG: BGB 43

Ü: Sachenrecht 6: Nießbrauch, Dienstbarkeiten, Reallasten, Grundschuld, Hypothek, Pfandrecht, Miteigentum

84. AG: BGB 37

Ü: ZPO 3: Zwangsvollstreckung

85. AG: StR 22

gemeingefährliche Straftaten, insbesondere §§ 315b, 315c, 316 StGB, Ü: §§ 306 ff. StGB und Umweltdelikte

86. AG: BGB 44

Ü: Familienrecht 1: Ehe, Gütertrennung

87. AG: ÖR 22

Demokratie-Prinzip, Wahlrecht und Parteien, Bundestag, Gesetzgebungsverfahren

88. AG: BGB 45

Ü: Familienrecht 2: Eltern, Vormund, Pflege, Betreuung

89. AG: ÖR 23

Bundesstaatsprinzip, Bundesrat, Gemeinsamer Ausschuss, Art. 23, 24 GG

90. AG: BGB 46

Ü: Erbrecht 1: gesetzliche und gewillkürte Erbfolge (Testament, Erbvertrag, usw.)

91. AG: ÖR 24

– Übrige Staatsorgane (Bundespräsident, Bundesregierung, Bundesversammlung, BVerfG)
– Judikative
– Ü: Nds. Verfassung

92. AG: BGB 47

Ü: Erbrecht 2: Pflichtteile, Annahme, Erbengemeinschaft, Haftung

Lernplan Nr. 4: „Lernen in Potenzen"

Mit dem folgenden Lernplan hat sich eine Dreier-Lerngruppe auf ihr Examen in Freiburg (Baden-Württemberg) vorbereitet. Die Lerngruppenpartner*innen haben sehr viel Zeit auf die Erstellung des Plans verwendet, da ihre Vorbereitung vorrangig auf den im Semester zweimal, in den Semesterferien dreimal wöchentlich stattfindenden AG-Treffen beruhte.

Der Plan beinhaltet auch die vorbereitende Literatur für jede Lerneinheit. Bei jeder AG-Sitzung werden außerdem bereits behandelte Themen nach den Regeln des „Lernen in Potenzen" (→ Siehe S. 70 in Teil 2) wiederholt (wobei die Anzahl der Wiederholungseinheiten auf fünf pro Lerngruppeneinheit beschränkt wurde).

Die Verteilung der 110 Sitzungen auf die Rechtsgebiete erfolgte proportional zu der Anzahl der Examensklausuren in Baden-Württemberg in etwa im Verhältnis Zivilrecht (1/2), Öffentliches Recht (1/3), Strafrecht (1/6).

Std.	Thema	Literatur	Referent*in	Wh1	Wh2	Wh3	Wh4	Wh5
1	BGB AT 1 Grundlagen, nat. und jur. Personen, Rechtsobjekte, subjektive Rechte, Rechtsgeschäft, Willenserklärung: Arten, Wirksamwerden (Abgabe, Zugang, Widerruf), Auslegung, Vertragsschluss	Rüthers/Stadler §§ 4–8, 11–13, 14–19 Leipold §§ 10, 12–15, 30–33, 37	A					
2	Grundrechte 1 Allgemeine Grundrechtslehren, Verfassungsprozessrecht	Pieroth/Schlink §§ 3–6; 34–36 Hufen §§ 3–9	B	1				
3	BGB AT 2 Wirksamkeitsvoraussetzungen: Geschäftsfähigkeit, Formvorschriften, Verbote/Sittenwidrigkeit, Teilnichtigkeit, Umdeutung, Bestätigung, Bedingung/Befristung, Verjährung, Fristberechnung	Rüthers/Stadler §§ 20, 23–24, 26, 28 Leipold §§ 11, 16, 20–21, 28–29, 38	C	2				
4	Grundrechte 2 Art. 1, 2, APR, 11, 104	Pieroth/Schlink §§ 7–10, 20 Hufen §§ 10–14, 21 II	A	3				
5	BGB AT 3 Willensmängel, AnfechtungBGB AT 3	Rüthers/Stadler § 25 Leipold §§ 17–19	B	4	1			
6	StR AT 1 Allgemeine Grundsätze d. Strafrechts Objektiver Tatbestand: Kausalität, objektive Zurechnung Subjektiver Tatbestand	Wessels/Beulke §§ 1–7	C	5	2			
7	BGB AT 4 Stellvertretung	Rüthers/Stadler §§ 29–32 Leipold §§ 22–27	A	6	3			
8	Grundrechte 3 Art. 10, 13, 16, 17, Art. 19 IV, 101 I 2, 103 I, 103 II, 103 III	Pieroth/Schlink §§ 19, 22, 24, 25, 26, 30–33 Hufen §§ 17, 15, 19–20, 44, 21	B	7	4			

Std.	Thema	Literatur	Referent*in	Wh1	Wh2	Wh3	Wh4	Wh5
9	Schuldrecht AT 1 Begründung von Schuldverhältnissen, Kontrahierungszwang/AGG, cic; Erlöschen: Erfüllung und Erfüllungssurrogate, Hinterlegung, Aufrechnung, Erlass, Novation, Aufhebungsvertrag, verbraucherschützende Widerrufsrechte	Looschelders §§ 1, 3, 5–10, 19–21, 48, 50 Medicus/Lorenz §§ 8–14, 23–27, 42	C	8	5			
10	Grundrechte 4 Art. 4 (+ 140), 6, 7	Pieroth/Schlink §§ 12, 15, 16 Hufen §§ 22–23, 16, 32	A	9	6			
11	Schuldrecht AT 2 Inhalt: Auslegung, Treu und Glauben, Einzelheiten der Leistungserbringung, einseitige Leistungsbestimmung, synallagmatische Verträge (Zurückbehaltungsrechte), AGB	Looschelders §§ 4, 13–18 Medicus/Lorenz §§ 15–22	B	10	7			
12	StR AT 2 Rechtswidrigkeit, Schuld	Wessels/Beulke §§ 8–10	C	11	8			
13	Schuldrecht AT 3 Leistungsstörungen I: Begriff und Arten der Pflichtverletzung im Überblick, Rechtsfolgen: Schadensersatz, Rücktritt, Kündigung; Verantwortlichkeit	Looschelders §§ 22, 24–26, 40 Medicus/Lorenz §§ 28–35, 51	A	12	9			
14	Grundrechte 5 Art. 5 I, 5 III, 8, 9 I, 20 IV	Pieroth/Schlink §§ 13–14, 17, 18, 27 Hufen §§ 25–29, 33–34, 30, 31, 45	B	13	10	1		
15	Schuldrecht AT 4 Leistungsstörungen II: Unmöglichkeit (Wegfall der Leistungs- u. Gegenleistungspflicht, Schadensersatz, Rücktritt, anfängliche Unmöglichkeit)	Looschelders §§ 23, 29 III, 30–33, 37 Medicus/Lorenz §§ 36–37	C	14	11	2		
16	Grundrechte 6 Art. 12, 14, 15, 9 III	Pieroth/Schlink §§ 21, 23, 18 Hufen §§ 35, 38, 37	A	15	12	3		

Std.	Thema	Literatur	Referent*in	Wh1	Wh2	Wh3	Wh4	Wh5
17	Schuldrecht AT 5 Leistungsstörungen III: Schlechtleistung, verspätete Leistung, Nebenpflichtverletzung, sonstige Leistungsstörungen: Gläubigerverzug, Störung der Geschäftsgrundlage, Vertragsstrafe	Looschelders §§ 27–28, 29 I, II, 31–32, 35, 36, 38–39, 41 Medicus/Lorenz §§ 38–46	B	16	13	4		
18	StR AT 3 Irrtümer pers. Strafausschließungs- u. Aufhebungsgründe	Wessels/Beulke §§ 11–12	C	17	14	5		
	Urlaub (Weihnachten)							
	Urlaub (Weihnachten)							
19	Schuldrecht AT 6 Rechtsfolgen des Rücktritts/Widerrufs; Schadensrecht: Inhalt §§ 249 ff.	Looschelders §§ 42–51 Medicus/Lorenz §§ 48–51, 53–61	A	18	15	6		
20	Grundrechte 7 Art. 3, 33, 38	Pieroth/Schlink § 11 Hufen §§ 39–40	B	19	16	7		
21	Schuldrecht AT 7 Dritte im Schuldverhältnis I: VZD, VSD, DSLSchuldrecht AT 7 Dritte im Schuldverhältnis I: VZD, VSD, DSL	Looschelders §§ 47 IV, 52, 11 Medicus/Lorenz §§ 55 IV, 67–68	C	20	17	8		
22	Allgemeines Verwaltungsrecht 1 Grundlagen, Rechtsquellen, Handlungsgrundsätze, Ermessen/ unbestimmte Rechtsbegriffe, Verwaltungsorganisation	Detterbeck §§ 1–9 Maurer §§ 3–8; 21–23	A	21	18	9		
23	Schuldrecht AT 8 Abtretung, Schuldübernahme, Mehrheit von Schuldnern und Gläubigern	Looschelders AT §§ 53–55 Medicus/Lorenz §§ 62–66, 69–71	B	22	19	10		
24	StR AT 4 Versuch, Rücktritt	Wessels/Beulke § 14	C	23	20	11		
	Individuelle Wiederholungs- und Vertiefungswoche		A					

Std.	Thema	Literatur	Referent*in	Wh1	Wh2	Wh3	Wh4	Wh5
25	Vertragliche Schuldverhältnisse 1 Kaufrecht I: Rechte und Pflichten, Mängel	Looschelders BT §§ 2–10	B	24	21	12		
26	Allgemeines Verwaltungsrecht 2 VA I: Begriff, Bedeutung, Arten; Rechtswidrigkeit, Nichtigkeit	Detterbeck § 10 I–VI Maurer §§ 9–10	C	25	22	13		
27	Vertragliche Schuldverhältnisse 2 Kaufrecht II: Eigentumsvorbehalt, Verbrauchsgüterkauf, besondere Arten des Kaufs; Leasing	Looschelders BT §§ 11, 13–14, 24	A	26	23	14		
28	Allgemeines Verwaltungsrecht 3 VA II: Bestandskraft, Rücknahme, Widerruf; Wiederaufgreifen des Verfahrens; Nebenbestimmungen	Detterbeck § 10 VII–IX Maurer §§ 11–12	B	27	24	15		
	Puffer		C					
29	Vertragliche Schuldverhältnisse 3 Kaufrecht III: Factoring; Tausch; Schenkung	Looschelders BT §§ 12, 16–18	A	28	25	16		
30	StR AT 5 Täterschaft und Teilnahme I: Täterschaft	Wessels/Beulke § 13 I–III	B	29	26	17	1	
31	Vertragliche Schuldverhältnisse 4 Miete, Pacht, Leihe, Sachdarlehen	Looschelders BT §§ 22–23, 25–27	C	30	27	18	2	
32	Allgemeines Verwaltungsrecht 4 sonstige Handlungsformen I: RVOen, Satzungen, Realakte, Verwaltungsvorschriften, privatrechtliches Handeln	Detterbeck §§ 12–17 Maurer §§ 13, 15–18, 24	A	31	28	19	3	
33	Vertragliche Schuldverhältnisse 5 Werkvertrag, Dienstvertrag, Arztvertrag, Reise	Looschelders BT §§ 28–35	B	32	29	20	4	
34	Allgemeines Verwaltungsrecht 5 sonstige Handlungsformen II: öff.-r. Vertrag; Verwaltungsverfahren; Verwaltungsvollstreckung	Detterbeck §§ 11, 18, 20 Maurer §§ 14, 19, 20	C	33	30	21	5	

Std.	Thema	Literatur	Referent*in	Wh1	Wh2	Wh3	Wh4	Wh5
35	Vertragliche Schuldverhältnisse 6 Gelddarlehen (Verbraucherschutz), Ratenlieferungen, Bürgschaft, Vergleich, Schuldversprechen, Schuldanerkenntnis, Inhaberschuldverschreibung	Looschelders BT §§ 19–21, 49–51	A	34	31	22	6	
36	StR AT 6 Täterschaft und Teilnahme II: Anstiftung, Beihilfe	Wessels/Beulke § 13 IV	B	35	32	23	7	
37	Vertragliche Schuldverhältnisse 7 Auftrag, Geschäftsbesorgung, Zahlungsdienstleistungen, Anweisung, Verwahrung	Looschelders BT §§ 38–40, 45	C	36	33	24	8	
38	Allgemeines Verwaltungsrecht 6 Recht der öffentlichen Sachen	Detterbeck § 19	A	37	34	25	9	
39	Gesetzliche Schuldverhältnisse 1 GoAGesetzliche Schuldverhältnisse 1 GoAGesetzliche Schuldverhältnisse 1 GoA	Looschelders BT §§ 41–44	B	38	35	26	10	
40	Verwaltungsprozessrecht 1 Anfechtungs- und Verpflichtungsklage mit Widerspruchsverfahren	Hufen §§ 14–15, 24–26, 5–9 Detterbeck § 30 I–II	C	39	36	27	11	
41	Gesetzliche Schuldverhältnisse 2 Bereicherungsrecht I: Grundlagen, Leistungskondiktionen, Inhalt und Umfang des Bereicherungsanspruchs	Looschelders BT §§ 52–53, 55	A	40	37	28	12	
42	StR AT 7 Fahrlässigkeit	Wessels/Beulke § 15	B	41	38	29	13	
	Urlaub (Ostern)							
43	Gesetzliche Schuldverhältnisse 3 Bereicherungsrecht II: Nichtleistungskondiktionen	Looschelders BT § 54	A	42	39	30	14	

Std.	Thema	Literatur	Referent*in	Wh1	Wh2	Wh3	Wh4	Wh5
44	Verwaltungsprozessrecht 2 weitere Klagearten: Normenkontrolle, Normerlasklage, allgemeine Leistungsklage, Feststellungsklage, Fortsetzungsfeststellungsklage	Hufen §§ 16–22, 27–30 Detterbeck §§ 30 III–V, 31	B	43	40	31	15	
45	Gesetzliche Schuldverhältnisse 4 Bereicherungsrecht III: Mehrpersonenverhältnisse	Looschelders BT § 56	C	44	41	32	16	
46	Verwaltungsprozessrecht 3 Verfahrensgrundsätze; allg. Sachentscheidungsvoraussetzungen; Arten und Wirkungen von gerichtlichen Entscheidungen vorläufiger Rechtsschutz	Hufen §§ 4, 10–13, 23, 35, 38–39 Detterbeck 29 Hufen §§ 31–34 Detterbeck § 32	A	45	42	33	17	
47	StR AT 8 Unterlassungsdelikte	Wessels/Beulke § 16	B	46	43	34	18	
48	Gesetzliche Schuldverhältnisse 6 Deliktsrecht I: § 823 I und II, Produkthaftung	Looschelders BT §§ 57–63	C	47	44	35	19	
49	Gesetzliche Schuldverhältnisse 7 Deliktsrecht II: § 826, Ergänzungstatbestände, vermutetes Verschulden (§§ 831, 832, 833, 836–838)	Looschelders BT §§ 64–68	A	48	45	36	20	
50	Kommunalrecht 1 Einführung; Grundlagen: Begriff der Gemeinde; Rechtsstellung; Art. 28 GG: Garantie der Selbstverwaltung, Hoheitsrechte, finanzielle Gewährleistungen; Aufsicht (incl. Rechtsschutz); Aufgaben der Gemeinde	Burgi §§ 2, 4–9 Gern Kap. 2–7, 17–18	B	49	46	37	21	
51	Gesetzliche Schuldverhältnisse 8 Umfang und Inhalt des Schadensersatzanspruchs; Gefährdungshaftung	Looschelders BT §§ 69–70, 72–73	C	50	47	38	22	
52	StR AT 9 Konkurrenzlehre	Wessels/Beulke §§ 17, 18	A	51	48	39	23	

Std.	Thema	Literatur	Referent*in	Wh1	Wh2	Wh3	Wh4	Wh5
53	Mobiliarsachenrecht 1 Prinzipien des Sachenrechts, Besitz	Viehweg/Werner §§ 1–2	B	52	49	40	24	
54	Kommunalrecht 2 Organe der Gemeinde; Gemeinderatssitzung; gemeindliche Rechtssetzung (incl. Bürgerbeteiligung); Einwohner/Bürger: Stellung, Rechte, Pflichten (insb. Anschluss- und Benutzungszwang)	Burgi §§ (10), 11 I u. III, 12–16 Gern Kap. 8–12, 16		53	50	41	25	
	Pfingstpause: Urlaub / Puffer		C					
55	Mobiliarsachenrecht 2 Eigentum; rechtsgeschäftlicher Erwerb	Viehweg/Werner §§ 3–4	A	54	51	42	26	
56	Kommunalrecht 3 Kommunales Wirtschaftsrecht: Finanzierung der Aufgaben, wirtschaftliche Betätigung, Privatisierung; Landkreise, Bezirke; interkommunale Kooperation	Burgi §§ 17, 18 (ohne Abgaben), 19–20 Gern Kap. 14–15, 19–20	B	55	52	43	27	
57	Mobiliarsachenrecht 3 Erwerb vom Nichtberechtigten, gesetzlicher Erwerb, Erwerb durch Hoheitsakt	Viehweg/Werner §§ 5–6	C	56	53	44	28	
58	StR BT / StPO 1 Diebstahl I, Hausfriedensbruch; § 136 StPO	Rengier BT I § 2; BT II § 30 Beulke Fälle 3, 4	A	57	54	45	29	
59	Mobiliarsachenrecht 4 Vindikationsanspruch, EBV I	Viehweg/Werner §§ 7–8	B	58	55	46	30	
60	Polizeirecht 1 Aufgaben, Organisation, Generalklausel (Gefahr, Pflichtigkeit, Schutzgüter, Rechtmäßigkeit polizeilicher Verfügungen; Abgrenzung zu spezialgesetzlichen Ermächtigungsgrundlagen	Pieroth/Schlink/Kniesel §§ 4–10 Zeitler/Trurnit B–G	C	59	56	47	31	
61	Mobiliarsachenrecht 5 EBV II (Fortsetzung)	s.o.	A	60	57	48	32	

Std.	Thema	Literatur	Referent*in	Wh1	Wh2	Wh3	Wh4	Wh5
62	Polizeirecht 2 — Polizeiverordnung; Standardmaßnahmen I (Datenverarbeitung)	Pieroth/Schlink/Kniesel §§ 11, 12–15 Zeitler/Trurnit I–J	B	61	58	49	33	1
63	Mobiliarsachenrecht 6 — Mobiliarsicherheiten II: Eigentumsvorbehalt, Anwartschaft, Pfandrecht, Sicherungszession	Viehweg/Werner §§ 10–11	C	62	59	50	34	2
64	StR BT / StPO 2 — Diebstahl II, Unterschlagung (19. Abschnitt), unerlaubtes Entfernen vom Unfallort; V-Leute	Rengier BT I §§ 3–6 Beulke Fall 9	A	63	60	51	35	3
65	Mobiliarsachenrecht 7 — Mobiliarsicherheiten II: Sicherungsübereignung	Viehweg/Werner § 12	B	64	61	52	36	4
66	Polizeirecht 3 — Standardmaßnahmen II	Pieroth/Schlink/Kniesel §§ 16–19 Zeitler/Trurnit H	C	65	62	53	37	5
67	Immobiliarsachenrecht 1 — Grundbuchrecht, rechtsgeschäftlicher Erwerb (incl. Vormerkung, öff. Glaube des Grundbuchs), Vorkaufsrecht	Viehweg/Werner §§ 13–14, 16 VI	A	66	63	54	38	6
68	Polizeirecht 4 — Versammlungsrecht; Vollstreckung, Kosten, Ersatzansprüche	Pieroth/Schlink/Kniesel §§ 20–23; 24–26 Zeitler/Trurnit K–I	B	67	64	55	39	7
69	Immobiliarsachenrecht 2 — Beseitigungs- und Unterlassungsansprüche, Nachbarrecht	Viehweg/Werner § 9	C	68	65	56	40	8
70	StR BT / StPO 3 — Anschlussstraftaten (21. Abschnitt), Sachbeschädigung (27. Abschnitt); StPO: Verdachtsgrade	Rengier BT II §§ 20–23; 24 Beulke Fall 7	A	69	66	57	41	9
	Puffer							

Std.	Thema	Literatur	Referent*in	Wh1	Wh2	Wh3	Wh4	Wh5
71	Baurecht 1 Verfassungsrechtliche Grundlagen; Rechtsquellen; Bauleitplanung	Stollmann §§ 2–9	B	70	67	58	42	10
72	Immobiliarsachenrecht 3 Hypothek I	Viehweg/Werner § 15 I–II	C	71	68	59	43	11
73	Baurecht 2 Sicherung der Bauleitplanung; bauplanungsrechtliche Zulässigkeit von Vorhaben I (Geltungsbereich B-Plan)	Stollmann §§ 10–15	A	72	69	60	44	12
74	Immobiliarsachenrecht 4 Hypothek II, Grundschuld	Viehweg/Werner § 15 III	B	73	70	61	45	13
75	StR BT / StPO 4 Betrug (22. Abschnitt); StPO: Strafverteidiger, Nebenklage, Verständigung	Rengier BT I § 13 Beulke Fälle 5, 6	C	74	71	62	46	14
76	Baurecht 3 bauplanungsrechtliche Zulässigkeit von Vorhaben II: §§ 34, 35 BauGB; präventives Bauordnungsrecht, Genehmigungsverfahren	Stollmann §§ 16–18 Dürr III A–C.8	A	75	72	63	47	15
	Puffer							
77	Familienrecht 1 (Verlöbnis, Eheschließung, fehlerh. Ehe), Ehewirkungen: ehel. Gemeinschaft, Bürgschaft/Gesamtschuld, Zwangsvollstreckung, nicht eheliche Lebensgemeinschaft, Ehegatteninnengesellschaft, ehebedingte Zuwendungen; insb. §§ 1357, 1359, 1362; Güterrecht §§ 1363–1371, Ehevertrag § 1408	Schwab §§ 8–41, 91–101	B	76	73	64	48	16
78	Baurecht 4 repressives Bauordnungsrecht, Bestandsschutz, Nachbarschutz	Stollmann §§ 19–21 Dürr III C.9–V	C	77	74	65	49	17

Std.	Thema	Literatur	Referent*in	Wh1	Wh2	Wh3	Wh4	Wh5
79	Familienrecht 2 im Überblick: Unterhaltspflicht, Betreuung; Verwandtschaft (§ 1589), elterliche Sorge (§§ 1626, 1629, 1643, 1644), Vormundschaft (§ 1795)	Schwab §§ 42–90	A	78	75	66	50	18
	Urlaub							
	Urlaub							
80	Staatshaftungsrecht 1 Grundsätze, Amtshaftung, Folgenbeseitigung	Maurer §§ 25–26, 30 B/G/W Teil 2, Teil 3 Kap. 1 A, B, C II	B	79	76	67	51	19
81	Erbrecht 1 gesetzliche Erbfolge, Testierfähigkeit, Testierfreiheit und ihre Grenzen, Pflichtteilsrecht	Leipold §§ 4–8, 9, 10, 24	C	80	77	68	52	20
82	Staatshaftungsrecht 2 Entschädigung für Eigentumseingriffe, Aufopferung	Maurer §§ 27–28 Baldus/Grzeszick/Wienhues Teil 3 Kap. 2 A u. B I	A	81	78	69	53	21
83	Erbrecht 2 Verfügung von Todes wegen: Testament, Ehegattentestament, Erbvertrag; Rechtsgeschäfte unter Lebenden für den Todesfall	Leipold §§ 11–17	B	82	79	70	54	22
84	StR BT / StPO 5 Computerbetrug, Versicherungsmissbrauch, Untreue (22. Abschnitt), Vortäuschen einer Straftat; StPO: Verwertbarkeit Tagebücher/Selbstgespräche, Einstellung §§ 153, 153a	Rengier BT I §§ 14–16, 18–19 Rengier BT II § 51 Beulke Fälle 8, 10 JA 2013, 278	C	83	80	71	55	23
85	Erbrecht 3 Anfechtung, Annahme und Ausschlagung, Erbschaftsbesitz, Miterbengemeinschaft, Erbschein, Erbenhaftung, Erbschaftsanspruch (Nachfolge in Gesellschaftsanteile)	Leipold §§ 18–22	A	84	81	72	56	24

Std.	Thema	Literatur	Referent*in	Wh1	Wh2	Wh3	Wh4	Wh5
86	Staatshaftungsrecht 3 weitere Ansprüche, Konkurrenzen, Haftung für unionsrechtswidriges Handeln	Maurer §§ 29, 31 Baldus/Grzeszick/Wienhues Teil 3 Kap. 1 E, Kap. 2 B II, Kap. 3	B	85	82	73	57	25
87	Handelsrecht 1 Kaufleute, Publizität des Handelsregisters, (Handelsfirma)	Jung §§ 4–9, 10–13, 14–17	C	86	83	74	58	26
88	Staatsorganisationsrecht 1 Demokratie-, Republik-, Rechtsstaats-, Sozialstaatsprinzip, Staatsziele, Parteien (incl. Verbot), Wahl, Wahlprüfung	Degenhart §§ 1–2, 4 Maurer §§ 6–8; 11–12, 13 I, II	A	87	84	75	59	27
89	Handelsrecht 2 Prokura und Handlungsvollmacht, Allgemeine Vorschriften über Handelsgeschäfte, Handelskauf	Jung §§ 24–29, 32–38	B	88	85	76	60	28
90	StR BT / StPO 6 Straftaten gegen das Leben (16. Abschnitt); StPO: Revision, Strafbefehl, priv. Kenntniserlangung StA	Rengier BT II §§ 2–11 Beulke Fälle 2, 14 JA 2012, 504; Jura 2012, 652	C	89	86	77	61	29
91	Gesellschaftsrecht 1 Recht der GbR, OHG und der KG, Bruchteilsgemeinschaft, Gesamthandsgemeinschaft	Windbichler §§ 2–3, 5–17	A	90	87	78	62	30
	Urlaub							
	PROBEEXAMEN							
92	Staatsorganisationsrecht 2 Bundesstaatsprinzip, Gesetzgebung, Verwaltungskompetenzen, Bund-Länder-Streit, abstrakte u. konkrete Normenkontrolle	Degenhart §§ 3, 5 (ohne V, VI), 11 I, II 4–6 Maurer §§ 10, 17–18, 20 IV–VI	B	91	88	79	63	31
93	Gesellschaftsrecht 2 Errichtung, Geschäftsführung und Vertretung der GmbH	Windbichler §§ 20–22	C	92	89	80	64	32

Std.	Thema	Literatur	Referent*in	Wh1	Wh2	Wh3	Wh4	Wh5
94	StR BT / StPO 7 Straftaten gegen die körperl. Unversehrtheit (17.Abschnitt); gegen die Ehre (14. Abschnitt) StPO: Befangenheit § 24 StPO bei Zurückverweisung	Rengier BT II §§ 12–21; § 41; §§ 29–30 Beulke Fall 1	A	93	90	81	65	33
95	Arbeitsrecht 1 Individualarbeitsrecht I: Grundlagen, Parteien, Begründung, Inhalt und Störungen des Arbeitsverhältnisses	Juncker §§ 1–5	B	94	91	82	66	34
96	Staatsorganisationsrecht 3 Staatsorgane: BT, BR, BReg, BPr, BVerfG, Organstreit	Degenhart §§ 7–10, 11 II 1 Maurer §§ 13 (ohne I, II), 14–16, 19, 20 I–III	C	95	92	83	67	35
97	Arbeitsrecht 2 Individualarbeitsrecht II: Beendigung mit Bestandsschutz (Betriebsnachfolge)	Juncker § 6	A	96	93	84	68	36
98	StR BT / StPO 8 Straftaten gegen die pers. Freiheit (18. Abschnitt) ohne erpr. Menschenraub §§ 238, 239, 239b, 240, 241	Rengier BT II §§ 22–23, 24 V–X, 26a, 27	B	97	94	85	69	37
99	Arbeitsrecht 3 kollektives Arbeitsrecht: Abschluss und Wirkung von Tarifverträgen und Betriebsvereinbarungen	Juncker §§ 7–8, 10 V	C	98	95	86	70	38
100	Staatsorganisationsrecht 4 Verfassungsänderung, Schutz der Verfassung; auswärtige Beziehungen, europäische Integration	Degenhart §§ 3 IV 4, 5 VI Maurer §§ 4, 22–23	A	99	96	87	71	39
101	ZPO 1 Verfahrensgrundsätze, Prozessvoraussetzungen, Arten und Wirkungen von Klagen	Lüke §§ 2, 13, 11–15	B	100	97	88	72	40
102	StR BT / StPO 9 Raub, Erpressung (20. Abschnitt), § 316a, § 239a, Widerstand gegen Vollstreckungsbeamte § 113 StPO: Rechtsbehelfe gg Zwangsmaßnahmen im ErmittlgVf	Rengier BT I §§ 7–12 Rengier BT II § 53 Beulke Fälle 9, 15; Jura 2011, 787, JA 2013, 349	C	101	98	89	73	41

Std.	Thema	Literatur	Referent*in	Wh1	Wh2	Wh3	Wh4	Wh5
103	ZPO 2 Arten und Wirkungen von gerichtlichen Entscheidungen, Prozessvergleich und vorläufiger Rechtsschutz	Lüke §§ 27–31, 21 III, 88–89	A	102	99	90	74	42
104	Europarecht 1 Rechtsquellen, Rechtsnatur; Institutionen: Kommission, Rat, Parlament, EuGH; Handlungsformen (Rechtsakte); Verhältnis zum innerstaatlichen Recht	Haratsch/Koenig/Pechstein Kap. 2 I, VI	B	103	100	91	75	43
105	ZPO 3 Arten und Rechtsbehelfe der Zwangsvollstreckung I	Lüke §§ 51–86	C	104	101	92	76	44
106	StR BT / StPO 10 Brandstiftung, Verkehrsstraftaten, unterlassene Hilfelstg (28. Abschnitt); StPO: Zeugnisverweigerungsrechte; U-Haft	Rengier BT II §§ 40, 42–46 Beulke Fälle 12, 13	A	105	102	93	77	45
107	ZPO 4 Arten und Rechtsbehelfe der Zwangsvollstreckung II	s.o.	B	106	103	94	78	46
108	Europarecht 2 Grundfreiheiten des AEUV und ihre Durchsetzung	Haratsch/Koenig/Pechstein Kap. 3 IV	C	107	104	95	79	47
109	IPR Grundlagen; Allgemeiner Teil; EGBGB: Recht der nat. Personen, Rechtsgeschäfte, Sachenrecht; Verordnungen Rom I und II: Schuldverhältnisse	v. Hoffmann, Thorn	A	108	105	96	80	48
110	StR BT /StPO 11 Urkunden (23. Abschnitt), Aussagedelikte, falsche Verdächtigung (9. und 10. Abschnitt); StPO: Wahlfeststellung/proz. Tatbegriff, Lügendetektor	Rengier BT II §§ 32–34, 36–37, 38 II; §§ 49–50 Beulke Fall 11	B	109	106	97	81	49

Lernplan Nr. 5: „Abschichtung eines Rechtsgebiets"

Der folgende Lernplan stammt von Jan Flindt, der sich mit einer anderen Person zu zweit auf das Examen vorbereitet hat (→ s. Interview S. 143). Der Plan ist auf ein Jahr mit drei Lerngruppeneinheiten pro Woche ausgelegt. Dem Lernplan liegt der Pflichtstoff der Ersten Prüfung in Niedersachsen zugrunde. Aus dem Lernstoff wurde das Strafrecht ausgelagert und nach einem gesonderten Strafrechtsplan außerhalb der Lerngruppe privat erarbeitet. Dies ist besonders gut für Kandidat*innen geeignet, die im Rahmen des Staatsexamens die Möglichkeit haben, ein Rechtsgebiet abzuschichten und sich daher gezielt auf das eine abgeschichtete Fach vorbereiten wollen.

Eine inhaltliche Besonderheit des Lernplans liegt darin, dass der allgemeine Teil des BGB parallel zum Schuldrecht erarbeitet wurde, sodass die erste Vorbereitungsphase sehr zivilrechtslastig gestaltet ist. Diese Vorgehensweise dient dazu, den AT-Stoff systematischer zu erarbeiten, gezielt in Verbindung mit dem besonderen Zivilrecht zu erlernen und auch im Hinblick auf den Klausurenkurs im Zivilrecht schneller Fortschritte zu erzielen.

In den eingestreuten Wiederholungseinheiten wurden Themengebiete anhand von Fragen und der bereits erarbeiteten Lernmaterialien in der Lerngruppe wiederholt.

Der Lernplan gewichtet das Zivilrecht etwas stärker als die anderen Fächer. In den 108 Einheiten in der Lerngruppe sind 70 für das Zivilrecht und 38 für das Öffentliche Recht eingeplant. Der private Lernplan für das abgeschichtete Fach sieht 21 Lerneinheiten für das Strafrecht vor.

Lerngruppenplan (Zivilrecht und Öffentliches Recht)

1. AG: SchuldR AT 1
Schuldverhältnis – Entstehung, Erlöschen (insbesondere Erfüllung, Aufrechnung, Rücktritt)

2. AG: BGB AT 1
Rechtsgeschäft und Willenserklärung: Vertragsfreiheit, Rechtsgeschäft und Vertrauenshaftung, Arten und Abgrenzung der Rechtsgeschäfte

3. AG: Verfassungsprozessrecht 1
Verfahrensgrundsätze, Verfahrensarten: BVerfGG, Verfassungsbeschwerde, Organstreitverfahren, Normenkontrollen, sonstige Verfahren, einstweilige Anordnung

4. AG: SchuldR AT 2:
Leistungsverweigerungsrecht (§§ 273, 320 BGB), Kündigung von Dauerschuldverhältnissen

5. AG: BGB AT 2
Der Vertragsschluss I: Die Willenserklärung (innerer und äußerer Tatbestand)

6. AG: Verwaltungsprozessrecht 1
Allgemeine Sachentscheidungsvoraussetzungen (§ 40 I VwGO, Zuständigkeit, Verfahrensablauf, Klagebegehren); Anfechtungs- und Verpflichtungsklage, Widerspruchsverfahren, Normenkontrollklage;

7. AG: SchuldR AT 3
Verbraucherschutz: Unternehmer/Verbraucher; Vertriebsformen, Widerruf (Voraussetzungen, Rechtsfolgen, Ausschluss), unbestellte Leistungen

8. AG: BGB AT 3
Der Vertragsschluss II: Abgabe, Zugang und Widerruf von Willenserklärungen

9. AG: Verwaltungsprozessrecht 2
Fortsetzungsfeststellungsklage, Allgemeine Feststellungsklage, Allgemeine Leistungsklage, Einstweiliger Rechtsschutz

10. AG: SchuldR AT 4
Inhalt von vertraglichen Schuldverhältnissen: Gattungsschuld, Stückschuld,

Wahlschuld, Vorratsschuld, Geld-und Zinsschuld, Ersetzungsbefugnis, Konkretisierung, Leistungsbestimmungsrechte

11. AG: BGB AT 4,
Der Vertragsschluss III: Antrag und Annahme
Wiederholungseinheit: Verwaltungsprozessrecht

12. AG: StaatsorgR 1
Demokratieprinzip: Staatsgewalt, Legitimation, Parlament, Parteien, Wahlen, Verhältnis zur EU

13. AG: SchuldR AT 5
Leistungsstörungsrecht 1: Unmöglichkeit

14. AG: BGB AT 5
Der Vertragsschluss IV: Konsens und Dissens, Auslegung von WE und Verträgen, Pflichten aus Geschäftsverbindungen

15. AG: StaatsorgR 2
Rechtsstaatsprinzip: Gesetzgebung (Verfahren, Zuständigkeit, Wirksamkeit), Verfassungsänderung, Rückwirkung von Gesetzen, RVO, Bundes- und Landesrecht, Unionsrecht und EMRK

16. AG: SchuldR AT 6
Leistungsstörungsrecht 2: Schlechtleistung, Verletzung von Nebenpflichten, c.i.c.

17. AG: BGB AT 6
Rechts- und Geschäftsfähigkeit

18. AG: StaatsorgR 3
Gewaltenteilung, Bundesstaatlichkeit, Staatsziele, Staatsstrukturprinzipien; Vorrang und Vorbehalt des Gesetzes, Föderalismus, Verwaltungskompetenzen, Finanz/Haushalt, Auswärtige Beziehungen und völkerrechtliche Verträge, Sozialstaatsprinzip, Umweltschutz

19. AG: SchuldR AT 7
Verantwortlichkeit des Schuldners: §§ 276 ff. BGB

20. AG: BGB AT 7
Beschränkte Geschäftsfähigkeit

21. AG: StaatsorgR 4
Staatsorgane: Bundesrat, Bundesregierung, Bundestag, Bundespräsident

22. AG: SchuldR AT 8
Wegfall der Geschäftsgrundlage, Vertragsstrafe, AGB (§§ 305 ff. BGB)

23. AG: ÖR GR 1
Allgemeine Grundrechtslehren, Prüfungsaufbau: Verhältnis zur EMRK, Grundrechtsfunktionen, Grundrechtsberechtigung und -bindung, Schutzpflichten, Schutzbereich, Eingriff, Rechtfertigung, Arten

24. AG: SchuldR AT 9
Schadensersatzarten und Schadensrecht: §§ 249 ff., Arten, Mitverschulden, Bereicherungsverbot, Vorteilsausgleich

25. AG: ÖR GR 2
Verfassungsbeschwerde, Art. 1, 2 u. 11 GG

26. AG: SchuldR AT 10
Verzug: Schuldnerverzug, Gläubigerverzug

27. AG: BGB AT 8
Wirksamkeitserfordernisse I: Formerfordernisse, Bedingung, Befristung
Wiederholungseinheit: SchuldR AT 1–4

28. AG: ÖR GR 3
Art. 3, 5, 8, 9 GG

29. AG: SchuldR AT 11
Einbeziehung Dritter in das Schuldverhältnis: Vertrag zugunsten Dritter, Vertrag mit Schutzwirkung zugunsten Dritter, Drittschadensliquidation, Abtretung, Gläubigerwechsel, Schuldübernahme und Schuldbeitritt

30. AG: BGB AT 9
Wirksamkeitserfordernisse II: Gesetzliche Verbote, gute Sitten, relative Unwirksamkeit
Wiederholungseinheit: StaatsorgR 1–2

31. AG: ÖR GR 4
Art. 12, 14 GG

32. AG: SchuldR AT 12
Mehrheit von Schuldnern und Gläubigern: §§ 420 ff. BGB

33. AG: BGB AT 10
Willensmängel: Scheingeschäft, Irrtum, Anfechtung
Wiederholungseinheit: SchuldR AT 5–8

34. AG: ÖR AllgVwR 1
Einführung und Grundlagen; Abgrenzung Privatrecht, Organisation, Handlungsgrundsätze, Gesetzmäßigkeit, Ermessen, subjektiv-öffentliches Recht

35. AG: SchuldR BT 1
Kaufrecht I: Kaufgegenstand und Gefahrübergang, Mangelgewährleistungsrecht, Verjährung, Garantie

36. AG: BGB AT 11
Verfügung eines Nichtberechtigten
Wiederholungseinheit: StaatsorgR 3–4

37. AG: Schuldr BT 2
Kaufrecht II & sonstige Veräußerungsverträge: Verbrauchsgüterkauf, Rechtskauf, Eigentumsvorbehalt, Schenkung, Tausch

38. AG: ÖR AllgVwR 2
Verwaltungsakt I: Begriff, Abgrenzung, Arten, Rechtswidrigkeit des VA, Bestandskraft, Rücknahme, Widerruf

39. AG: SchuldR BT 3
Darlehen: Sach- und Gelddarlehen, Verbraucherdarlehen

40. AG: ÖR AllgVwR 3
Verwaltungsakt II und sonstige Handlungsformen der Verwaltung: Nebenbestimmungen, RVO, Vertrag, Realakt, verwaltungsprivatrechtliches Handeln, Satzung und Pläne

41. AG: SchuldR BT 4
Mietvertrag, Pacht, Leasing, Leihe

42. AG: ÖR AllgVwR 4
Verwaltungsverfahren und Verwaltungsvollstreckung: Verfahrensarten, Ablauf, Rechtsschutz, Vollstreckungsvoraussetzungen; Grundzüge des öffentlichen Sachenrechts

43. AG: SchuldR BT 5
Werkvertrag, Werklieferungsvertrag, Dienstvertrag: Gewährleistung, Kündigung, Haftung, Vergütung, Abgrenzung

44. AG: BGB AT 12
Treu und Glauben
Wiederholungseinheit: SchuldR AT 9–12

45. AG: ÖR AllgVwR 5
Staatshaftungsrecht I: Strukturen, Amtshaftung, Entschädigung, Aufopferungsansprüche

46. AG: SchuldR BT 6
Weitere Vertragstypen: Auslobung, Reisevertrag, Maklervertrag, Auftrag, Geschäftsbesorgung; Gefälligkeiten

47. AG: Wiederholungseinheit ÖR
Verfassungsprozessrecht, Verwaltungsprozessrecht und ÖR GR 1–3

48. AG: ÖR AllgVwR 6
Staatshaftungsrecht II: öffentlich-rechtliche GoA, Erstattungsanspruch und Schadensersatz, Folgenbeseitigungsansprüche

49. AG: SchuldR BT 7
GoA

50. AG: Wiederholungseinheit ZivilR
BGB AT 1–7; SchuldR BT 1–2

51. AG: ÖR PolizeiR 1
Einführung, Organisation, Aufgaben, Aufgabenerfüllung, Handlungsformen, Abgrenzung zur StPO

52. AG: BGB SchuldR BT 8
Bürgschaft, Vergleich, Anerkenntnis, Verwahrung

53. AG: Wiederholungseinheit ÖR
ÖR GR 4; AllgVwR 1–4

54. AG: ÖR PolizeiR 2
Befugnisse der Polizei, Verfassungsrechtliche Begrenzung, polizeirechtliche Verantwortlichkeit, polizeilicher Notstand, Versammlungsrecht

55. AG: SchuldR BT 9
Bereicherungsrecht I: Leistungskondikti-on, Nichtleistungskondiktion, Dreiecks-beziehungen

56. AG: Wiederholungseinheit ZivilR
SchuldR AT 5–7; SchuldR BT 3

57. AG: ÖR PolizeiR 3
Schadensausgleich, Kostenerstattung, Vollstreckung, Rechtsschutz

58. AG: SchuldR BT 10
Bereicherungsrecht II: Umfang Bereiche-rungsanspruch, §§ 816, 817, 818 BGB

59. AG: Wiederholungseinheit ÖR
ÖR AllgVwR 5–6

60. AG: ÖR BauR 1
Einführung und Strukturen, Baupla-nungsrecht (Grundsätze, formelle und materielle Anforderungen, Rechtsfehler und Fehlerfolgen, Bebauungspläne, Bau-leitpläne, Haftungsfragen)

61. AG: SchuldR BT 11
Deliktsrecht I: Grundsätze, §§ 823 I, II BGB, Produkthaftung, Produzentenhaf-tung, Sonstige Haftungsgrundlagen (§§ 824, 825, 826, 831, 832)

62. AG: Wiederholungseinheit ZivilR
BGB AT 8–12; SR BT 4–6

63. AG: ÖR BauR 2
Formelles und materielles Bauordnungs-recht (Bauaufsicht und -genehmigung, Gefahrenabwehr, Bauordnungsmaßnah-men)

64. AG: SchuldR BT 12
Deliktsrecht II: Gefährdungshaftung, Mehrheit von Schädigern, Unterlas-sungs- und Beseitigungsansprüche

65. AG: Wiederholungseinheit ÖR
ÖR PolizeiR 1–3

66. AG: ÖR KommunalR 1
Verfassungsrechtliche Grundlagen; Ar-ten, Aufgaben und Tätigkeiten der Ge-meinde; Gemeindeangehörige (Rechte und Pflichten); Kommunalwahl; Organe und Verbände

67. AG: BGB SachenR 1
Prinzipien, Besitz (§§ 854 ff. BGB), Be-sitzarten, Schutz, Erwerb und Verlust, Ansprüche), rechtsgeschäftlicher und gutgläubiger Eigentumserwerb an be-weglichen Sachen (§§ 929 ff. BGB)

68. AG: Wiederholungseinheit ZivilR
SchuldR BT 7–8; SchuldR AT 9–11

69. AG: ÖR KommunalR 2
Kommunale Satzung und Ratsbeschluss, wirtschaftliche Betätigung, Aufsicht, Rechtsschutz, Kommunalverfassungs-streit, Finanz- und Abgabenrecht

70. AG: BGB SachenR 2
Gesetzlicher Eigentumserwerb: Verbin-dung, Vermischung, Verarbeitung, Aus-gleich für entstandenen Rechtsverlust, Ersitzung, Fruchterwerb

71. AG: BGB SachenR 3
EBV I: Überblick, Vindikationslage, §§ 986, 985, 1007 BGB, Anspruchskon-kurrenzen

72. AG: BGB SachenR 4
EBV II: System der §§ 987 ff., Nutzun-gen, Schadenersatz, Fremdbesitzer, Ver-wendungsersatz

73. AG: ArbeitsR 1
Inhalt, Begründung, Beendigung von Ar-beitsverhältnissen

74. AG: ArbeitsR 2
Leistungsstörungen und Haftung im Ar-beitsverhältnis; Tarif- und Betriebsver-fassungsrecht

75. AG: BGB SachenR 5
Grundstücksrecht I: Begründung, Über-tragung, Beendigung, Auflassung, Grundbuchrecht, Öffentlicher Glaube des Grundbuches

76. AG: ÖR GR 5 und Wiederholungs-einheit
Art. 4, 6, 7, 13, 19 IV GG
Wiederholungseinheit ÖR GR 1–4

77. AG: BGB SachenR 6
Grundstücksrecht II: Vormerkung und Vorkaufsrecht

78. AG: Wiederholungseinheit ÖR
ÖR BauR 1–3

79. AG: ÖR GR 6
Sonstige GR: Art. 10, 16, 16a, 17, 20 IV, 38 GG; Justizgrundrechte: Art. 101, 103, 104 GG

80. AG: BGB SachenR 7
Kreditsicherungsrecht I (an beweglichen Sachen): Sicherungsübereignung, Eigentumsvorbehalt, Pfandrecht (rechtsgeschäftlich und gesetzlich)

81. AG: Wiederholungseinheit ZivilR
SchuldR BT 9–10; BGB AT 1–7

82. AG: ÖR EuropaR 1
Historisches, Überblick: System und Organe der EU, Rechtsquellen, Stellung des Unionsrechts, Supranationalität

83. AG: BGB SachenR 8
Kreditsicherungsrecht II: Hypothek, Grundschuld, Sicherungsgrundschuld, Dienstbarkeiten, Nießbrauch

84. AG: Wiederholungseinheit ÖR
ÖR KommunalR 1–2; GR 5–6

85. AG: ÖR EuropaR 2
Institutioneller Rahmen: Organe, Kompetenzen, Rechtsnatur, Rechtssetzung, Vollzug des Unionsrechts (insb. unmittelbare Geltung einer Richtlinie)

86. AG: Wiederholungseinheit ZivilR
SchuldR BT 11–12; BGB AT 8–12

87. AG: ÖR EuropaR 3
Haftung und Rechtsschutz: Haftung der Mitgliedsstaaten und der Union, Verfahren vor dem EuGH und EuG, Verfahrensarten, vorläufiger Rechtsschutz

88. AG: ZPO 1
Grundzüge des Erkenntnisverfahrens: Verfahrensgrundsätze, Zuständigkeiten, Klagen, Rechtshängigkeit, Rücknahme

89. AG: ÖR EuropaR 4
Grundfreiheiten I: Binnenmarktkonzept, Einführung in die GF, Warenverkehr, Arbeitnehmerfreizügigkeit, Niederlassungsfreiheit

90. AG: ZPO 2
Zwangsvollstreckungsrecht I: Sachen, Forderungen

91. AG: Wiederholungseinheit ZivilR
BGB SachenR 1–2; SchuldR BT 1–2

92. AG: ÖR EuropaR 5
Grundfreiheiten II: Dienstleistungsfreiheit, Kapitalverkehr; Wettbewerbsrecht; Rechtsangleichung; Währungsunion

93. AG: ZPO 3
Zwangsvollstreckungsrecht II: Grundstücke, Rechtsbehelfe bei der Zwangsvollstreckung

94. AG: FamR 1
Ehewirkungen, Zugewinngemeinschaft; Geschäfte zur Deckung des Lebensbedarfs, Ehepflichten, Haftung, Verfügungsbeschränkungen und Eigentumsvermutung, Zugewinnausgleich

95. AG: Wiederholungseinheit ÖR
ÖR EuropaR 1–2; AllgVwR 4–6

96. AG: Wiederholungseinheit ZivilR
SchuldR AT 1–12

97. AG: FamR 2
Scheidung, Verwandtschaft, Kindschaftsrecht: Abstammung, elterliche Sorge, Kindesunterhalt, Vertretungsmacht, Scheidungsfolgen

98. AG: Wiederholungseinheit ZivilR
SchuldR BT 4–8; SachenR 3–4

99. AG: ErbR 1
Gesetzliche Erbfolge, Pflichtteilsrecht, Erbschein, Erbscheinhaftung, Erbschaftsanspruch, Miterbengemeinschaft, Erbenhaftung

100. AG: Wiederholungseinheit ÖR
ÖR EuropaR 3–5

101. AG: Wiederholungseinheit ZivilR
SchuldR BT 9–12; SachenR 5–6

102. AG: ErbR 2
Gewillkürte Erbfolge: Testament: Errichtung, Inhalt, Auslegung, Anfechtung, Erbvertrag, gemeinschaftliches Testa-

ment, Vermächtnis, Auflage, Teilungsanordnung, Vor- und Nacherbschaft

103. AG: HandelsR 1
Kaufleute (Ist-, Kann-, und Scheinkaufmann), Handelsregister (Registerpublizität und Rechtsscheinhaftung)

104. AG: HandelsR 2
Firma, Handelsgeschäfte, Handelskauf; Haftungskontinuität, Handelskauf und Rügeobliegenheit, besondere Vorschriften für Handelsgeschäfte im Überblick

105. AG: Wiederholungseinheit ZivilR
SachenR 7–8; ZPO 1–3

106. AG: GesellschaftsR 1
Begriff, Bedeutung und Prinzipien des GesR; GbR und OHG; Abgrenzungen, Rechts- und Parteifähigkeit, Vertrag, Entstehung, Vertretung, Haftung, Gesellschafterwechsel, Beendigung, actio pro socio

107. AG: GesellschaftsR 2
Weitere Personengesellschaften und Kapitalgesellschaften im Überblick: KG, GmbH und Co. KG, stille Gesellschaft, EWIV, Grundlagen der GmbH und der AG (Gründung, Kapitalaufbringung und- erhalten, Organisationsverfassung, Haftung)

108. AG: Wiederholungseinheit ZivilR
Nebengebiete (FamR, ErbR, Handels- und GesellschaftsR)

Selbstlernplan für das abgeschichtete Fach (Strafrecht)

1. Einheit: StPO 1
Überblick; Prozessvoraussetzungen und -maxime; Gerichtszuständigkeit und Organisation

2. Einheit: StPO 2
Die Verfahrensbeteiligten, Ermittlungsverfahren, Zwangsmittel und Grundrechtseingriffe (Rechtsschutz)

3. Einheit: StPO 3
Zwischenverfahren, Hauptverfahren, Beweisrecht

4. Einheit: StPO 4
Urteil (Rechtskraft und Durcbrechung), Rechtsmittel, besondere Verfahren

5. Einheit: StrafR AT 1
Kausalität, objektive Zurechnung, Vorsatz (Formen, Abgrenzung)

6. Einheit: StrafR AT 2
Die Rechtswidrigkeit (Notwehr, Notstände, Selbsthilfe, Festnahme, Einwilligung, Einverständnis)

7. Einheit: StrafR AT 3
Schuld (Schuldprinzip, alic, Notstand, Exzess, weitere Entschuldigungsgründe)

8. Einheit: StrafR AT 4
Irrtümer (Tatbestandsirrtum, error in persona, aberratio, Verbotsirrtum, ETBI)

9. Einheit: StrafR AT 5
Versuch und Rücktritt

10. Einheit: StrafR AT 6
Fahrlässigkeit (Aufbau, Sorgfaltswidrigkeit) Vorsatz-Fahrlässigkeit, Unterlassen (echte, unechte, Abgrenzung Tun/Unterlassen, Garanten, Kausalität, Versuch/Rücktritt, Täterschaft und Teilnahme)

11. Einheit: StrafR AT 7
Beteiligung (Täterschaft, Teilnahme, mittelbare TS, Beihilfe, Anstiftung, Versuch, Irrtum, Exzess, Vorsatz, Vorbereitung)

12. Einheit: StrafR AT 8
Konkurrenzen

13. Einheit: StrafR BT 1
Straftaten gegen das (ungeborene) Leben (Lebensschutz, Schwangerschaftsabbruch, Totschlag, Mord, Tötung auf Verlangen, Täterschaft und Teilnahme, Fahrlässige Tötung, Strafzumessung)

14. Einheit: StrafR BT 2
Straftaten gegen körp. Unversehrtheit (KV, gefährliche, schwere, mit Todesfolge, Misshandlung von Schutzbefohlenen, Heilbehandlung, Schlägerei, Aussetzung)

15. Einheit: StrafR BT 3
Straftaten gegen persönliche Freiheit (Freiheitsberaubung, Nötigung, Bedrohung, Stalking), Hausfriedensbruch und Ehrverletzungen (Beleidigung, Nachrede, Verleumdung, Rechtfertigung)

16. Einheit: StrafR BT 4
Diebstahl und Unterschlagung (TB, Regelbeispiele, Qualifikationen)

17. Einheit: StrafR BT 5
Raub (TB, Regelbeispiele, Qualifikation, räuberischer Diebstahl, Kraftfahrer) und Sachbeschädigung

18. Einheit: StrafR BT 6
Betrug und Untreue (Computerbetrug, Versicherung, Subvention, Kapitalanlage, Erschleichen von Leistungen, Scheck und Kreditkarten)

19. Einheit: StrafR BT 7
Erpressung, räuberische Erpressung und Anschlussdelikte (Begünstigung, Hehlerei)

20. Einheit: StrafR BT 8
Urkundendelikte und Straßenverkehrsdelikte

21. Einheit: StrafR BT 9
Aussagedelikte, Rechtspflegedelikte, Straftaten im Amt

Lernplan Nr. 6: „Grobe Einteilung"

Mit dem nachfolgenden Lernplan bereitete sich eine Berliner AG auf ihr Erstes Staatsexamen im Jahr 2004 vor. Der zu erlernende Stoff wird nur grob beschrieben und auf 99 Sitzungen verteilt. Der Plan ist weit weniger detailliert als die Vorgänger.

Das Zivilrecht ist so gewichtet, dass es in etwa so viel Raum einnimmt wie die Rechtsgebiete Öffentliches Recht und Strafrecht zusammen genommen. Das entspricht zwar nicht der Berliner Klausurgewichtung (Strafrecht – Zivilrecht – Öffentliches Recht im Verhältnis 2:3:2), aber den gefühlten Defiziten der AG.

1. AG: Rechtsgeschäftslehre
Grundzüge, Vertrag, Willenserklärung, kaufmännisches Bestätigungsschreiben

2. AG:
– StR: Einstieg
– ÖR: Einstieg Grundrechte

3. AG: Stellvertretung 1

4. AG: Verfassungsbeschwerde

5. AG: Stellvertretung 2 und Insichgeschäft

6. AG:
– StR: Kausalität und objektive Zurechnung
– ÖR: Art. 5 GG

7. AG: Geschäftsfähigkeit

8. AG:
– StR: Vorsatz
– ÖR: Art. 5 GG

9. AG: AGB und Widerruf einer Willenserklärung

10. AG:
– StR: Tatbestandsirrtümer
– ÖR: Art. 1 und 2 GG

11. AG:
– StR: Rechtswidrigkeit
– ÖR: Art. 3, 101, 103 GG

12. AG: Wirksamkeit einer Willenserklärung
Form, inhaltliche Schranken, befristete, bedingte und zustimmungsbedürftige Rechtsgeschäfte, Teilnichtigkeit

13. AG:
– StR: Rechtswidrigkeit
– ÖR: Art. 4, 6, 7 GG

14. AG: Willensmängel
§§ 116, 117 BGB, Irrtum, Anfechtung, Täuschung, Drohung, Motivirrtum

15. AG:
– StR: Rechtswidrigkeitsirrtümer
– ÖR: Art. 8 GG

16. AG: Geschäftsgrundlage

17. AG:
– StR: Schuld 1
– ÖR: Art. 11, 13 GG

18. AG: Einreden und Einwendungen

19. AG:
– StR: Schuld 2
– ÖR: Art. 11, 13 GG

20. AG: Allgemeines Schuldrecht
Gattungsschuld, Stückschuld, Geldschuld, Leistungsort, Bring- und Holschuld

21. AG:
– StR: Überblick Irrtumslehre
– ÖR: Art. 12 GG

22. AG: § 242 BGB, Erfüllung und Erfüllungssurrogate

23. AG:
– StR: Fahrlässigkeit
– ÖR: Art. 14, 15 GG

24. AG: Unmöglichkeit

25. AG:
– StR: Unterlassen
– ÖR: Art. 16, 16a GG

26. AG: Verzug

27. AG:
– StR: Täterschaft und Teilnahme 1
– ÖR: Art. 17, 17a, 18, 19 GG

28. AG: Schlechtleistung

29. AG:
– StR: Täterschaft und Teilnahme 2
– ÖR: Klagearten im Verfassungs-
prozessrecht

30. AG: Vertretenmüssen und Gefahrtragung

31. AG:
– StR: Versuch
– ÖR: Grundprinzipien der Staatslehre

32. AG: Schadensersatzrecht

33. AG:
– StR: Teilnahme am Versuch
– ÖR: Staatsorgane 1

34. AG: Leistungsverweigerungsrechte
des Schuldners

35. AG:
– StR: Konkurrenzen
– ÖR: Staatsorgane 2

36. AG: Erlöschen von Schuldverhältnissen
Rücktritt, Kündigung, Widerruf

37. AG:
– StR: Delikte gegen das Leben 1
– ÖR: Gesetzgebung

38. AG: Beteiligung Dritter am Schuldverhältnis

39. AG:
– StR: Delikte gegen das Leben 2
– ÖR: Verfassungsnormen zu Ver-
waltung und Finanzen

40. AG: Kaufrecht
Sachmängel, Rücktritt, Minderung,
Schadensersatz, Verjährung.

41. AG:
– StR: Körperverletzung 1
– ÖR: Parteien

42. AG: Miete, Leihe, Pacht, Leasing

43. AG:
– StR: Körperverletzung 2
– ÖR: Wahlen

44. AG: Werkvertrag, Dienstvertrag,
Reisevertrag

45. AG:
– StR: Delikte gegen Freiheit und Ehre 1
– ÖR: Gesetzmäßigkeit der Verwaltung

46. AG: Schenkung, Bürgschaft

47. AG:
– StR: Delikte gegen Freiheit und Ehre 2
– ÖR: Verwaltungsakt

48. AG: culpa in contrahendo

49. AG:
– StR: sonstige Delikte
– ÖR: Widerspruchsverfahren

50. AG: GoA

51. AG:
– StR: Amtsdelikte
– ÖR: Klagearten der VwGO

52. AG: Besitz und Besitzschutz

53. AG:
– StR: Delikte gegen die Rechtspflege
– ÖR: Anfechtungsklage

54. AG: Übereignung beweglicher Sachen (dingliche Einigung)

55. AG:
– StR: Urkundsdelikte 1
– ÖR: Nebenbestimmungen

56. AG:
– StR: Urkundsdelikte 2
– ÖR: Verpflichtungsklage

57. AG: EBV

58. AG:
– StR: Brandstiftung
– ÖR: Fortsetzungsfeststellungsklage

59. AG: Gutgläubiger Erwerb

60. AG:
– StR: Verkehrs- und Umweltdelikte
– ÖR: Leistungsklage

61. AG: Anwartschaftsrecht

62. AG:
– StR: Sachbeschädigung
– ÖR: Folgenbeseitigungsanspruch,
Erstattungsanspruch

63. AG: Pfandrechte

64. AG:
– StR: Diebstahl 1
– ÖR: Feststellungsklage

65. AG: Sicherungsübereignung

66. AG:
– StR: Diebstahl 2 und Unterschlagung
– ÖR: Normenkontrollverfahren

67. AG: Eigentumserwerb kraft Gesetz

68. AG:
– StR: Raub und Gebrauchsanmaßung
– ÖR: Vorläufiger Rechtsschutz

69. AG: Immobiliarsachenrecht: Vormerkung

70. AG:
– StR: Raub und Erpressung
– ÖR: Rechtsmittel, Unterlassungsanspruch

71. AG: Vorkaufsrecht, Dienstbarkeit, Wohnungseigentum

72. AG:
– StR: Betrug
– ÖR: Polizeirecht 1

73. AG: Hypothek

74. AG:
– StR: Betrug (Abgrenzung zum Diebstahl)
– ÖR: Polizeirecht 2

75. AG: Grundschuld

76. AG:
– StR: Computerbetrug, Leistungserschleichung, Versicherungsmissbrauch
– ÖR: Polizeirecht 3

77. AG: Deliktsrecht

78. AG:
– StR: Hehlerei
– ÖR: Baurecht 1

79. AG: Verkehrspflichten

80. AG: Leistungskondiktion

81. AG:
– StR: Untreue, Begünstigung, Geldwäsche, Missbrauch von Scheck- und Kreditkarten
– ÖR: Baurecht 2

82. AG: Eingriffskondiktion

83. AG:
– StR: Pfandkehr, Vereitelung der Zwangsvollstreckung, Siegelbruch
– ÖR: Baurecht 3

84. AG: Familienrecht

85. AG:
– StR: StPO
– ÖR: Staatshaftungsrecht 1

86. AG: Erbrecht

87. AG:
– StR: StPO
– ÖR: Staatshaftungsrecht 2

88. AG: Handelsrecht

89. AG: Kommunalrecht im Allgemeinen

90. AG: Gesellschaftsrecht

91. AG: Kommunalrecht in Berlin

92. AG: Arbeitsrecht

93. AG: Straßen- und Wegerecht, Wasserrecht, Recht öffentlicher Anstalten

94. AG: Internationales Privatrecht

95. AG: GVG und FamFG

96. AG: ZPO 1

97. AG: Europarecht 1

98. AG: ZPO 2

99. AG: Europarecht 2

Anhang

Der BAKJ – Selbstdarstellung und Kontaktadressen

Auf den folgenden Seiten findet ihr die Adressen der studentischen Initiativen, die sich im Bundesarbeitskreis kritischer Juragruppen (BAKJ) zusammengeschlossen haben. Bei den BAKJ-Gruppen könnt ihr Verbündete für ein Examen ohne Repetitor finden. Damit ihr auch wisst, mit wem ihr dann zu tun habt, geben wir dem BAKJ zunächst die Gelegenheit zu einer Selbstdarstellung.

Selbstdarstellung

Der BAKJ ist die bundesweite Koordination der linken kritischen Initiativen im juristischen Ausbildungsbereich. Er ist ein Zusammenschluss von studentischen Gruppen an juristischen Fachbereichen sowie RechtsreferendarInnen und interessierten Einzelpersonen. Hochschulpolitisch setzt sich der BAKJ ein für eine Ausbildung, die Theorie und Praxis vernetzt und so die sozialen Bezüge des Rechts reflektiert und den kritischen Umgang mit Recht fördert. Viele BAKJ-Gruppen setzen sich für diese Ziele auch im Rahmen der universitären „Selbstverwaltung" ein.

Der BAKJ tritt ein für eine antifaschistische, basisdemokratische und emanzipatorische Gesellschaft und wendet sich gegen jede Form von Diskriminierung, insbesondere Antisemitismus, Rassismus und Sexismus. Rechtspolitisch beschäftigt sich der BAKJ deshalb mit folgenden Themen: BürgerInnenrechte, Migrations- und Asylpolitik, Kapitalismuskritik, Feministische Rechtspolitik, Globalisierungskritik, Umweltpolitik und Anti-Militarismus.

Seit der Gründung im Jahre 1989 veranstaltet der BAKJ regelmäßig rechtspolitische Kongresse zu den oben genannten Themen. Daneben ist der BAKJ Mitherausgeber der Zeitschrift Forum Recht (www.forum-recht-online.de) und gibt seit 1997 jährlich mit verschiedenen BürgerInnenrechtsorganisationen den Grundrechtereport (www.grundrechte-report.de) heraus.

Kontakt

BAKJ, E-Mail: bakj@lists.riseup.net, Website: http://bakj.de.

BAKJ-Gruppen

Berlin:

arbeitskreis kritischer juristinnen und juristen an der HU Berlin
c/o Referent_innenrat HU Berlin
Unter den Linden 6
10099 Berlin
E-Mail: akj@akj-berlin.de
Website: http://akj.rewi.hu-berlin.de

Kritische JuristInnen an der FU Berlin
Vant-Hoff-Straße 8
14195 Berlin
E-Mail: kritischejuristinnen@gmx.net
Website: www.rechtskritik.de

Bremen:

AKJ Bremen
E-Mail: kontakt@akj-bremen.org
Website: www.akj-bremen.org

Frankfurt am Main:

Arbeitskreis kritischer Jurist_innen Frankfurt/M.
E-Mail: akj-frankfurt@gmx.de
Website: http://akjffm.blogsport.de

Freiburg:

Arbeitskreis kritischer Juristinnen und Juristen – akj Freiburg
c/o AStA Uni Freiburg
Belfortstr. 24
79085 Freiburg
E-Mail: info@akj-freiburg.de
Website: www.akj-freiburg.de

Göttingen:

Basisgruppe Jura
E-Mail: bg-jura@web.de
Website: http://bgjura.blogsport.de

Graz:

recht kritisch – kritische Jurist_innen an der Uni Graz
E-Mail: recht.kritisch@yahoo.com
Website: http://www.rechtkritisch.wordpress.com

Greifswald:

AKJ Greifwald
c/o Jugendzentrum Klex
Lange Straße 14
17489 Greifswald
E-Mail: akj-greifswald@systemausfall.org
Website: www.recht-kritisch.de

Hamburg:

Hamburgs Aktive JurastudentInnen (HAJ)
E-Mail: haj@nadir.org
Website: http://haj.blogsport.de

Kritische Jurastudierende (KJS)
Rothenbaumchaussee 33
20148 Hamburg
E-Mail: kritische.jurastudierende@googlemail.com
Website: http://www.paragraphenreiter.wordpress.com

Konstanz:

AKJ Konstanz
E-Mail: akj_konstanz@fastmail.fm
Website: http://akjkonstanz.wordpress.com

Leipzig:

Kritische Jurist_innen Leipzig
E-Mail: kjl@riseup.net
Website: http://kjl.blogsport.de

Marburg:

Arbeitskreis Kritischer Juristinnen und Juristen (akj) Marburg
E-Mail: akj-marburg@lists.uni-marburg.de
Website: https://www.facebook.com/akj.marburg.de/

Münster:

Kritische JuristInnen Münster
E-Mail: kritischejuristinnenmuenster@riseup.net
Website: http://kritischejuristinnenmuenster.noblogs.org

Tübingen:

AKJ Tübingen
E-Mail: akj-tuebingen@mtmedia.org
Website: https://akj-tuebingen.mtmedia.org

Die Autor*innen

Thorsten Deppner

35 Jahre, lebt in Berlin und arbeitet dort als Rechtsanwalt mit Tätigkeitsschwerpunkt Umweltrecht; Erstes Staatsexamen im Januar 2007 in Freiburg; Note: vollbefriedigend; Vorbereitung in einer AG.

Prisca Feihle

27 Jahre, lebt in Berlin und ist dort Referendarin; Erstes Staatsexamen im März 2015 in Berlin; Note: gut; Vorbereitung: AG und Unirep.

Matthias Lehnert

35 Jahre, lebt in Berlin und arbeitet dort als Rechtsanwalt mit Tätigkeitsschwerpunkt im Aufenthalts- und Asylrecht; Erstes Staatsexamen im September 2007 in Münster/Hamm; Note: gut; Vorbereitung: allein und begleitende AG.

Cara Röhner

29 Jahre, lebt in Frankfurt am Main und arbeitet dort als wissenschaftliche Mitarbeiterin; Redaktionsmitglied Forum Recht; Erstes Staatsexamen im September 2013 in Frankfurt; Note: gut; Vorbereitung: AG und Unirep.

Friederike Wapler

45 Jahre, lebt in Hannover und ist Professorin an der Universität Mainz; Erstes Staatsexamen im Sommer 1997 in Göttingen; Note: vollbefriedigend; Vorbereitung in einer AG.

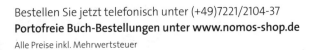

»wärmstens zu empfehlen«

Philipp Matzke, webcritics.de 5/2016

Rationeller schreiben lernen

Hilfestellung zur Anfertigung rechtswissenschaftlicher (Abschluss-)Arbeiten

Von Prof. Dr. Edmund Brandt

5. Auflage 2016, 164 S., brosch., 14,90 €
ISBN 978-3-8487-2325-6

nomos-shop.de/24793

In dem Band werden die typischerweise auftretenden Schwierigkeiten im Zusammenhang mit der Anfertigung wissenschaftlicher Abschlussarbeiten thematisiert und Schritt für Schritt konkrete Tipps zu ihrer Überwindung gegeben.

Ausgehend von den spezifischen Problemen, die sich vor und während des Arbeitsprozesses stellen, werden praktische Hinweise entwickelt, die die Leserinnen/Leser konkret umsetzen können. Besonderer Wert wird dabei auf die Verknüpfung von inhaltlichen und Gestaltungselementen gelegt.

Stimmen zur Vorauflage

>> *Ich lege dieses Buch allen Neulingen im Verfassen von wissenschaftlichen Arbeiten nahe und bestärke sie, sich neben der inhaltlichen Arbeit auch ausführlich mit dem eher Unscheinbaren zu beschäftigen.*

Ulrike Pillukat, studere-potsdam.de 6/2013

Der Gewinn, den sie...aus der Lektüre des Werkes ziehen können, liegt darin, Schreibhemmungen zu überwinden, den Arbeitsprozess effektiv zu gestalten und am Ende ein abgerundetes wissenschaftliches Produkt vorzulegen.

Mitteilungen des Schleswig-Holsteinischen Landkreistages 1-2/09 <<